THE RISE

KOBE BRYANT AND THE PURSUIT OF IMMORTALITY

MIKE SIELSKI
マイク・シールスキー
［著］

MISATO NAGARE
永禮美里
［訳］

2020年2月、コービーを偲ぶ壁画にメッセージを書くレイカーズファンたち。（写真提供：Joel Gardner）

1995-96 シーズンのローワー・メリオン・エイシーズのメンバー三人。左からオーラル・ウィリアムズ、ジャーメイン・グリフィン、コービー・ブライアント。（写真提供：Mike & Connie Egan）

左からグレッグ・ダウナー、コービー、ジャーメイン・グリフィン、マイク・イーガン。（写真提供：Mike & Connie Egan）

コービーはイタリアで過ごした少年時代にサッカーに夢中になった。（写真提供：Al Tielemans）

コービーとジャーメイン・グリフィンの間に写るマイク・イーガンは1994年にアシスタント・コーチとしてグレッグ・ダウナーのスタッフに加わった。（写真提供：Mike & Connie Egan）

1995-96 シーズンのローワー・メリオン・エイシーズ。（写真提供：Jeremy Treatman）

コービーが高校４年生で迎えたシーズンのエイシーズは最初の８戦中３試合に負け、遅れをとった。（写真提供：Jeremy Treatman）

1995 年 12 月のマートルビーチ遠征で初めて飛行機に乗ったというチームメイトも数名いた。
(写真提供：Mike & Connie Egan)

ビーチボール・クラシック大会のダンクコンテストにて左手でダンクをぶち込むコービー。
(写真提供：Jeremy Treatman)

珍しくベンチにいるコービー。(写真提供：Al Tielemans)

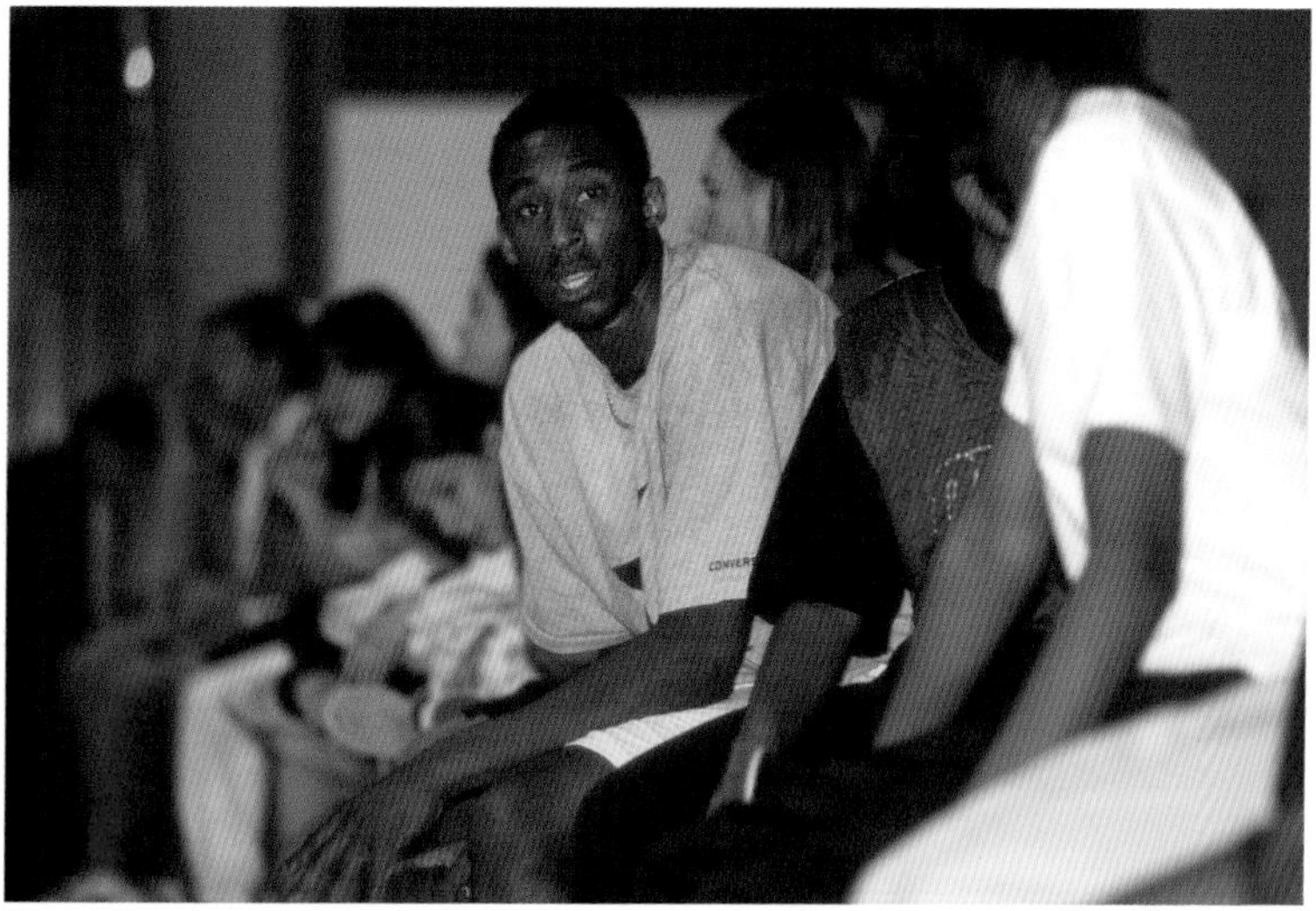
コービーが４年生になる頃にはローワー・メリオン高校で最も有名な人気者になっていた。(写真提供：Al Tielemans)

コービーはメンターとなったジーン・マストリアーノが教える英語と演説の授業を特に楽しんだ。（写真提供：Al Tielemans）

アシスタント・コーチのマイク・イーガンとジェレミー・トリートマンが見守る中、選手たちに指導をするグレッグ・ダウナー。最後にローワー・メリオン高校が州大会優勝を果たしたのは53年前の1943年だということを忘れないよう、コービーとエイシーズは背番号53番のウォームアップシャツを着た。（写真提供：Mike & Connie Egan）

グレッグ・ダウナーは 1996 年の第 1 地区大会決勝戦でチェスター高校のプレス相手に当初はコービーにボールを運ばせていたが、ハーフタイムで負けていたため作戦変更をした。（写真提供：Al Tielemans）

コービーは 1996 年の地区大会決勝戦の後半でエイシーズを大きな逆転劇に導き、その 1 年前チェスターに敗北した借りを返した。（写真提供：Al Tielemans）

チェスターのディフェンダーの上からダンクするコービー。（写真提供：Al Tielemans）

1996年の地区大会決勝戦でチェスター高校相手にコービーは34得点、11リバウンドを記録した。（写真提供：Jeremy Treatman）

グレッグ・ダウナーとジャーメイン・グリフィン（左）と 1996 年の地区大会優勝を喜ぶコービー。（写真提供：Al Tielemans）

エモリー・ダブニー（左）とジャーメイン・グリフィン（中）と。（写真提供：Al Tielemans）

学校でくつろぐコービー、彼のミューズはすぐ側に。（写真提供：Al Tielemans）

1996 年の州大会決勝戦でエリー・キャシードラル高校のディフェンダー２人を抜くコービー。この試合で記録した 17 点は、コービーが高校４年生時の試合で二番目に低い得点だった。（写真提供：Mike & Connie Egan）

州大会決勝戦終盤で２本のフリースローを決め、試合を同点にした。（写真提供：Mike & Connie Egan）

エイシーズの州大会優勝パレードにて、コービー、グレッグ・ダウナー、マイク・イーガン、ジャーメイン・グリフィン。（写真提供：Mike & Connie Egan）

1996 年のマクドナルド・オールアメリカンの晩餐会にて、記念撮影をするコービー。(写真提供：Mike & Connie Egan)

1996 年の NBA ドラフトでシャーロット・ホーネッツに 13 番目で指名された直後のコービー。(写真提供：Jeremy Treatman)

コービーは昔のコーチに会うために一年に一度ほどローワー・メリオン高校を訪れた。(写真提供：Gregg Downer)

“ガール・ダッド”になることが分かったグレッグ・ダウナーがそれを最初に伝えた相手の一人がコービーだった。(写真提供：Gregg Downer)

ローワー・メリオン高校がコービーのジャージを永久欠番にしたときに、母校を訪れたコービー。（写真提供：Mike & Connie Egan）

ローワー・メリオン高校は 2002 年にコービーの背番号 33 番を永久欠番にした。（写真提供：Mike & Connie Egan）

CONTENTS

はじめに

２０２０年1月27日のことは今でもはっきりと覚えている。

早朝目が覚めてツイッターを覗いた時に第一報を見たのだが、まだ頭が起きておらず再び眠りについた。九時過ぎに二度寝から起き、数時間前に見たニュースを思い出してツイッターで事故の経過を追う。夢でも見間違いでもなく、各メディアがコービー・ブライアントの事故死を報じていた。

その後何度涙を流しただろうか。出張先の仙台から帰京する新幹線の中で泣き、その日の午後に予定されていたYouTubeチャンネル"BASKETBALL DINER"の収録でも泣いた。当時毎週NBA Rakutenのサイトにコラムを連載していたが、その週は泣きながら執筆して30日木曜日に追悼コラムをアップしている。

正直なところ、コービーの死で自分が涙に暮れるとは意外だった。なぜなら私はコービーのキャリアを通して彼のアンチだったからだ。

伝え聞く言動は生意気なものばかりだった。史上最年少で出場したオールスターゲームでスクリーンに来たカール・マローンを追い払ったというエピソードはその典型だ。プレースタイルも独善的で、とても優勝チームのエースには見えなかった。シャックのおかげで優勝できたくせになんて生意気な奴なんだ……。

私以外にもそう思っていた人間は大勢いて、特にアメリカでは多かった。試みに検索してみると、米メディアBleacher Reportが２０１０年9月に出した歴代最も嫌われたＮＢＡ選手ランキングで堂々の一位に選出されている。２０１０年の9月と言えばコービーがパウ・ガソルと組んで連覇を達成した直後だから、いかに彼のアンチが多かったかがわかる。

しかし、コービーのキャリアが晩年に向かうにつれ、その風向きは変わってくる。理由の一つは、そのストイックな生活態度や練習姿勢が知られるようになり、独善的に見えるプレースタイルにも彼なりの根拠があるという評価を得たことだ。スーパースターになっても体育館に一番乗りし最後に帰ると聞けば、コート上でエゴを見せられても悪態をつき辛い。もう一つの理由は、彼がブランディングした「マンバメンタリティ」が世間に広く受け入れられたことだろう。

コービーは著書『KOBE BRYANT THE MAMBA MENTALITY HOW I PLAY』（２０１９年、イースト・プレス）の中でマンバメンタリティについてこう語っている。

その心境は、結果を求めるものではなく、むしろその結果にたどり着くためのプロセスに関わるものだ。そこに至る過程やアプローチに関するものであり、生き方であるとも言える。

私はその心境が、あらゆる精進の道において重要だと心から思っている。

「マンバメンタリティ」のブランディング成功により、コービーの求道者的なイメージはさらに強固なものになった。そのブランディングが、試合終盤にアキレス腱断裂という重傷を負いながらも片足でフリースローを決めた、などといった史実と混ざりあうことで、彼のパブリック・イメージはキャリア晩年に大逆転を果たしたのだ。

長年アンチを貫いてきた私も、コービーが引退を宣言した頃にはある種のリスペクトを抱くようになっていた。コービーの頑固さに根負けした形である。

そんなコービー・ブライアントの高校時代に焦点を当てた本書を読めば、多くのアンチが批判した頑迷さや自己中心主義、後にリスペクトを勝ち取ったタフさや求道的姿勢といった、コービーという人物を形成するあらゆる要素の原点を垣間見ることができる。

さらには、自身が脚本とナレーションを手掛け、２０１８年アカデミー賞短編アニメ賞を獲得した『親愛なるバスケットボール』に見られるような芸術分野への関心すら、すでにフィラデルフィア時代にそのルーツを辿ることができると知れる。

もしコービーが生きていれば、短編映画の他にもこんなことを成し遂げたかも知れない。そういう考えを巡らすこと自体、ファンにとっては辛かったことだろう。しかし、あれから三年半余りが経った今なら、コービーのルーツを辿ることで、改めて彼の業績やポテンシャルに想いを馳せるのも悪くないのではなかろうか。実際、あの日泣きながらコラムを書いた私も、この小文を綴りながら本書との出会いに感謝しているところだ。
この本が多くのコービーファン、コービーアンチに届き、彼らの心の隙間を埋めてくれることを願っている。

ダブドリ発行人　大柴壮平

序文　これから起こることの前触れ

コービー・ブライアントが死んだ翌日、高校のクラスメイトから不意打ちのように衝撃的なメールが届いた。「君が興味を持つだろうと思って」とベン・レイエスは綴った。そのメッセージには36秒の動画へのリンクが貼られていた。動画の分割画面の右側では、襟ぐりの深く開いたチャコール・グレーのセーターを着たコービーが、大きなチェリーウッドの机に向かい、目の前のノートパソコンに映しだされた映像に釘付けになっていた。彼は、ベンが新しいコンテンツを探す仕事をしていたYouTubeのエグゼクティブ・オフィスにいた。自ら創作した『Wizenard（ウィズナード）』という、スポーツとファンタジーと魔法をテーマにした児童書のシリーズを元にした番組を売り込むため、コービーは2018年の1月にYouTubeの南カリフォルニア本社を訪ねていた。当時YouTubeは子供向けの番組に出資していなかったため、その番組を買い取るには至らなかったものの「これまで聞いたプレゼンの中でも本当に素晴らしい部類のものだった」と後にベンは教えてくれた。「そのプロジェクトにとてつもない情熱を持っていて、コービー本人がすべてに関わっているのは明らかだった」。

動画の左側にはコービーの気を引いたその映像が映っていた。それはフィラデルフィア郊外の高校同士が対戦しているバスケットボールの試合映像で、一校はコービーの母校であるローワー・メリオン高校、もう一校は私の母校であるアッパー・ダブリン高校だった。ベンと私は当時シニア（※高校四年生。日本でいう高校三年生）だった。ベンはチームのバックアップ・フォワードを務めていた。一方私はというと、部活に入れるほどバスケのスキルと身体能力を持ち合わせておらず、学生新聞の編集をしていた。コービー・ブライアントは高校一年生。彼の高校バスケのキャリア2試合目だった。

1992年12月7日にフィラデルフィア・インクワイアラー紙（※フィラデルフィアの朝刊紙）は高校男子バスケのシーズン展望企画の一つとして、両校について短い記事を一本ずつ掲載した。両チームとも未熟で苦戦するのが予想されていたものの、ローワー・メリオン・エイシーズ（※ローワー・メリオン高校のチーム名）について書いたジェレミー・トリートマンによると、一人の選手に希望の光が見えたという。「この名前を覚えておいてほしい：コービー・ブライアント」。

翌週、その二校は4チームが参加したトーナメントの敗者復活戦で、ローワー・メリオン高校にて対戦することになった。その試合の36秒間を映した動画の中では、カメラに一番近いところにいたアッパー・ダブリン高校の選手がチームメイトのアリ・グリースにクロスコートパス（※片方のサイドから反対側のサイドへと、ボールがミドルラインを横切るパス）を出していた。ボビー・マキルヴェインという名の四年生のガードで、赤いジャージの背中にでかでかと24というコービーと同じ背番号をつけている。右ウィングでボールを受け取ったグリースは左手でドリブルをついてコービーを抜き、レーンからのフローターをバックボードに当てて決めた。その映像はベンの家族の知り合いが撮ったもので、コービーと会う機会があることがわかったベンは、長年取っておいたそのテープをデジタル化した。YouTubeとの会議が終わると、ベンはその動画をノートパソコンで流し、彼の同僚がそれを見るコービーのリアクションをしっかり動画に収めたのだった。その対比は現実を超越していた。14歳の自分を見つめる39歳のコービーを同時に見ることができたのだ。

「笑っちゃうね」とコービーは言った。「大したディフェンスだ、コービー……ひどいディフェンスだな……延々と見ていられるよ……なんてこった……いやあ！……ウケるな……俺たちはこの年は四試合しか勝たなかったんだ」。

２０２０年の一月にあのヘリコプターがカラバサスの山腹に激突したとき、あなたはどこにいただろうか？　台所で昼のおやつを作っていたところ？　リクライニングチェアでのんびりしていただろうか？　あるいはガレージを掃除していただろうか？　私はというと、息子二人を後部座席に乗せて運転していた。八歳の方が15時45分からのバスケの試合に備えて着替えられるように、急いで帰宅している最中だった。試合会場に着くと相手チームの選手の一人が、袖に黒のマジックで〝KOBE〟と書いた白いTシャツに緑のタンクトップを着て、細い小枝のような腕を下から覗かせていた。私はそれには気づかず、試合後に息子が教えてくれた。あのような一日のことは忘れないものだ。世界を震撼させた死のことを忘れることはない。

それがコービー・ブライアントの影響力であり、力だった。我々はアスリートに多くのことを関連づける。彼らが何をしてきて、彼らに何が可能なのかを見ている。それが彼らの引力であり、我々が彼らに魅了される理由だ。我々は理想とすべき基準を設定し、彼らを自分たちを測る物差しにする。コービーに至っては、それがバスケットボールに限られたことではなかったため、その引力はなおさら強いものだった。彼は引退後に書いた詩を元にした短編アニメーション『親愛なるバスケットボール（Dear Basketball）』のエグゼクティブ・プロデューサーを務め、アカデミー賞を受賞していた。側《はた》から見る限り、引退後のコービーは夫として妻のヴァネッサを愛し、四人の娘を溺愛する、厳しさも兼ね備えた父親だった。２００３年にコロラド州で起きたレイプ疑惑と逮捕という、一時は彼の評価を汚したスキャンダルも、時の経過、彼を許すことを望んだメディアやファンベース、ヴァネッサに贈られたどでかいダイヤの指輪などのおかげで、全員ではないにしろ世間のほとんどの人々にとっては取るに足らない出来事となっていた。彼はフィル・ジャクソンやシャキール・オニールとのつまらない諍いにもケリをつけていた。彼はこの先、いくつもの偉業を達成していくように見えた。五つのチャンピオンシップや15回のオールスター試合出場、通算３３，６４３得点、２００８年のＮＢＡ最優秀選手賞を超える偉業を。アリーナにいる全員がわかっている中、最後のショットを打つことができる自信を超える何かを。彼の中からまるで輝くように発せられる確固たる自信さえも超える、偉大な何かを成し遂げるように見えた。ところがその偉大さも、挽回された名誉も、将来の約束もすべて消えてしまった。それが意味するところを理解することは、我々には不可能だった。理解しようとすることさえ無駄に思えた。ただその場で事態を把握しながら呆然として、首を振るしかなかった。

コービーの偉業はフィラデルフィアとその周辺から始まったものだった。コービーはあまりにも長いことロサンゼルスの一部だったため、もはやそのようには感じられないかもしれない。彼は常にスポットライトに照らされ、ロサンゼルスで青年から大人へと成長した。そのせいで、まるで初めから美しいフォームのジャンプショットを持つ完成された17歳としてハリウッドの丘から出現したかのように感じられるかもしれない。でもそれは違う。彼の偉業はフィラデルフィアの西側に沿ったメイン・ラインという高級住宅地にあるローワー・メリオンで始まった。あの地域のコートや公園で、地元の高校の空気がこもった体育館や、その郡で行われたAAUトーナメントで始まったのだった。もちろん、フィラデルフィア出身者はいまだにコービーは厳密にはフィラデルフィア市の出身ではなく、よそ者だと強調する。だが、考えてみてほしい。尖っていて、殺《や》るか殺《や》られるかという競争心を持っている。そんなフィラデルフィアのバスケ選手を、彼ほど体現した選手がいただろうか？「ここではタフになること、ずぶとい神経を持つことを学んだよ」。２０１５年、セブンティーシクサーズ相手にフィラデルフィアで最後の試合をする前にコービーは言った。「この辺じゃトラッシュトークをせずにただバスケをするだけの公園なんてものは存在しないからね」。

コービーの偉業は高校時代のコーチであるグレッグ・ダウナーから始まった。彼はコービーを形成し、コービーによって形成された。コービーと共に優勝を果たしてもいる。コービーを愛し、いつまでも誠実を貫いた。コービーの死を知ったときには、信じられないという気持ちが急速に絶望へと変わる中、台所で崩れるように倒れた。コービーの偉業はトリートマンから始まった。彼は記事を書く側からコービーの友人となった。フリーランスのスポーツ記者からコービーが厚く信頼を寄せる相手となった。そしてそこから、フィラデルフィアのバスケ界における実力者となった。大手報道機関がコービーについて初めて触れたのが、彼が１９９２年にインクワイアラー紙に書いた記事だった。「この名前を覚えておいてほしい」。誰もが忘れないように、トリートマン自身もベストを尽くした。彼はダウナーに頼まれてローワー・メリオン男子バスケチームのアシスタントコーチになり、無数の取材依頼に対応したり、負担や邪魔にならない程度にメディアとの距離を保ちつつ、コービーという彗星の跡を追った。誰かがジョー・ブライアントの息子について何の気なしに軽く尋ねようものなら、コービーこそが次なる大物で、いずれみんな彼のことを昔から知っていたと言うようになるだろうと豪語し、実際にそうなった。彼とコービーとの仲は深まり、一緒に本を出すためにいくつものインタビューをしたほどだった。結局トリートマンがその本を書く機会はなかったものの、まだ20歳にも満たないコービーの当時の考えや記憶を記録したインタビューのカセットテープや書き起こしは保存されており、今回この本のために私にその利用を許可してくれた。トリートマンは1月26日、女子バスケのトーナメントを仕切るためにいたフィラデルフィアのイースト・フォールズにあるジェファーソン大学で携帯電話に出たとき、やっとの思いでこう口にした。「信じられない」。

コービーの偉業は、数年前まではまるで男子バスケットボールチームが存在しないかのように扱われていた学校で始まった。やがてコービーのおかげで州で一番のチームになり、まるで旅回りのサーカス団のように行く先々で注目を集めた。コービーの偉業は、人種的かつ経済的な多様性と調和を謳いつつも、実際のところは共通に誇れるものを切望していたコミュニティで始まったものだった。コービーの偉業はサマーリーグやピックアップゲームで始まり、そこでの出来事は瞬時にまるで作り話や伝説のように、その後何年も語り継がれる話となった。それらの物語は現実があまりにもあっと驚くものであるため、脚色する必要がなかった。17歳になるかならないかの若者が、そこらのコートでトップを誇る選手たちと同等かそれ以上のプレーを見せていたのだ。それはつまり、彼がすでにNBAの中でも上手い選手たちと同等か、あるいは彼らを超えていたということだった。コービーの偉業は、1990年代半ばにシクサーズの練習やワークアウトが行われていたセント・ジョセフ大学で始まっていた。体育館に現れたティーンエージャーのコービーは、幾人ものNBAのベテラン選手よりも注目を奪うような活躍をした。どうか自分のチームが彼をドラフトするぐらいの良識を持っているようにと、ヘッドコーチのジョン・ルーカスは願うしかなかった。当時ラサール大学の学部生で、学生新聞の編集者とスポーツコラムニストを務めていた私は、これらのワークアウトの噂を見聞きしていた。20勝を記録するようなシーズンやカンファレンス・チャンピオンシップ、NCAAトーナメントへの出場など、ほんの数年前までは珍しいことではなく当然だと思っていたような成功が、再びラサール大学男子バスケットボールチームに訪れることをキャンパス中の誰もが望んでいた。コービーが自身の父親にも関係の深いこの大学を選ぶことを、私もまた期待していた。「ジョー・ブライアントはラサール大の卒業生で、ラサール大のコーチだ！　彼とコービーの仲も良い！　これは運命だ、そうだろう？」。ところがプロ相手にも引けを取らず、彼らが陰険に肘を振り回しても怯むどころかやり返すことだってできるということにコービーが気づいた時点で、そのシナリオは一体どこまで現実的だっただろうか。コービーの偉業は、この気づきから始まっていた。この時点で始まっていたとしか言いようがない。

コービーの偉業は、スポーツでスターになるには選手たちが代々通ってきた道を辿るしかないと考えられていた頃に始まっていた。コービーはそれを辿りつつも、同時に避けることができた。コービーの偉業は、ある面ではいかにも典型的で、別の面では他のティーンエージャーが経験し得ないような、今では遥か遠くに感じられる青春時代から始まっていた。１９９２年の12月、コービーがまだ14歳の時に始まっていた。そしてそれらのすべてが集結した先にあったのが、あのコービーだ。

ベン・レイエスが30年近く保存していた短い映像の断片は、あの試合のすべてを物語っているわけではなかった。ローワー・メリオン高校はアッパー・ダブリン高校を74対57で下し、まるで琥珀の中に閉じ込められたかのようにあのハンディカムで永久に記録されたコービーの恥ずかしい一瞬は、その試合での彼の出来を象徴するものではなかった。彼は19得点を挙げ、ベンがその後見つけた五分間の試合映像ではコービーのプレーが一番目を引いた。ドライブから得点を決める。

さらにプルアップで2点。インバウンドプレーでフリーになって、左側のベースラインからオープンのジャンプショットを決める。この長めの動画は、しばらくの間まるでコービー一人だけのハイライト動画であるかのように見えた。コービーを見ていると、彼がラインナップにいる限りエイシーズは負けようがないと思えてくる。でも実際には負けた。コービーの記憶は正しかった。彼が一年生の間、この試合以外で勝ったのはたったの三回で、シーズンを4勝20敗で終えていた。

コービーがそのシーズンを完璧に記憶していたことよりも印象的だったのは、その試合を見ていた彼の表情だった。笑顔を見せながら呆れたように笑い、自分の怠惰なディフェンスに罵声を浴びせ、ガムを噛みながら目はコンピュータの画面を見つめつつも、頭では当時の神童だった頃の、自分の人生におけるその瞬間を思い起こそうと記憶を手繰り寄せていた。彼は明らかにその映像に不意をつかれ、遠い過去へと導かれていた。十分に記憶を遡れば、コービー・ブライアントの輪郭を見つけることができた。テンプレートはすでにできていた。コービーを作り上げ、特徴づけた彼らしさは、その頃からすでに存在していたのだ。生意気さ、競争心の強さ、状況や彼本人の願望や目的に応じて露わになる温かさと冷たさ、少年らしい不安定さ、名声への対応力、年齢を超越した最高レベルのバスケに対する献身と、それを実現するために必要なことへの並外れた理解。年を重ねてもなお、そのまま持ち続けた彼らしさ。時とともに失っていった彼らしさ。多くの場合記憶とは、箱の中に固く閉ざされ、隠されているプレゼントのようなものだ。あの試合の動画は、その箱を開けた鍵であり、コービーが当時の映像や音、場所や人物を再び身近に感じることを可能にした。彼は改めて自分を見つめることができたのだ。本書の趣旨は、コービーが記憶の箱を開けた時のように、フィラデルフィアにいた頃のコービー・ブライアントをもう一度見つめようという試みである。

01

炎の後

世間的には今の俺が文句なしの人生を送っているように見えるだろう。

——コービー・ブライアント

コービー・ブライアント体育館へと続く入り口の外にある通路では、グレーのコンクリートの上に作られた即席の祭壇が、まるで花壇のように様々な色と思い出で咲き乱れていた。ろうそくやリース、スニーカーにジャージ。ローワー・メリオン・エイシーズのマルーン（栗色）と白、ロサンゼルス・レイカーズのパープルとゴールド、バスケットボールの茶色とオレンジ色、そして薔薇の黄色と赤。白いボディにロイヤルブルーと水色の縞模様が入ったシコルスキーS－76Bヘリコプターが南カリフォルニアのオレンジ・カウンティにあるジョン・ウェイン空港から飛び立ち、ゴルフコースの上空を旋回したのち、まるでガーゼのように分厚く見通しの悪い霧を切り裂こうとして山あいの渓谷に激突し、搭乗していた9名が亡くなってから48時間が経っていた。乗っていたのはコービー、コービーの13歳の娘ジアナ、パイロット、そしてジアナのチームメイト二人を含むコービーのＡＡＵチームに携わっていた6名で、ロサンゼルスから45マイル北西に進んだ先にある、マンバ・スポーツ・アカデミーで行われるトーナメントに向かう途中だった。2020年1月26日、日曜日のことだった。その週の火曜日、フィラデルフィアの西にある郊外の澄んだ日の午後。風の冷たい平日の昼間だった。次の授業へと向かう生徒たちは祭壇に置かれた物を眺めるために立ち止まり、小声で会話をしていた。何人もの中年の男女が遠くに車を停め、まるで教会に足を踏み入れるかのように神妙に歩いてその場所へとやってきた。マーク・カーというニュージャージー州中央部出身の64歳のレイカーズファンは、コービーと何かしらの繋がりを感じたいがために、その日90分かけて妻と甥を連れてその追悼の場を訪れた。コービーがチームを州大会優勝へと導いた10年後の2006年に同じく州大会優勝を果たした男子バスケチームのうち三人が、額に入った写真を祭壇に置いていた。写真には彼らと一緒にベンチに座るコービーが写っていた。罫線の入った紙にラベンダー色のインクで書かれたWNBA選手からの手紙もあった。くるくるとしたパーマー・メソッドの筆記体で書かれた手紙には「少し傲慢かも知れませんが、あなたが私たちと一緒に実現できたかもしれないことをもう見られないのを残念に思っています」と綴られていた。

その二日間、グレッグ・ダウナーはテレビも見なければラジオの報道も避け、一度もその追悼の場を訪れることはなかった。顔を上げず、立ち止まることもなく、何度その場を通り過ぎて体育館に入っただろうか。サンタモニカ山地のふもとで、彼自身だけではなく世界が失ったものについて、何度考える必要があるのだろうか。答えはわからなかったが、祭壇の前で時間を過ごすことは彼にとってまだ耐えられることではないのはわかっていた。その場に置かれたものの多くには、彼自身も関わっていた。彼は57歳になっていた。コービーと過ごした頃よりも顔には細かいシワができていて、コービーとは大学のルームメイトと間違われるほど若く見えた30代前半と比べて年老いていた。二人の絆は強く、お互いをよく理解し尊敬しあっていて、本当にルームメイトであってもおかしくなかった。

その日曜日の午前から午後にかけて、ダウナーは自宅のキッチンで七歳の娘のブリンが友達と遊んでいるところを見守っていた。薄いブロンドの髪を二つに結んだブリンに会うとコービーはいつも彼女を抱き上げ、鼻をすり寄せて、まるで自分の五人目の娘であるかのようにギュッと抱きしめた。ダウナーが父親になったのは50歳の時で、コービーとヴァネッサにはその時すでにナタリアとジアナの二人の娘がいた。ブリンがコービーに会うときはいつも彼女の目はキラキラと輝いていて、コービーの目も輝いていたことにダウナーは気づいていた。ブリンとその友達がダウナーと彼の妻のそばをパタパタと通り過ぎた時、ダウナーの携帯が鳴った。記者からだった。ダウナーはその電話の理由を推測した。その前の晩、フィラデルフィアでシクサーズ（※フィラデルフィア・セブンティシクサーズ）相手にレブロン・ジェームズがコービーを抜いてNBAでの通算得点歴代三位になっていた。そのスポーツ記者はこのちょっとしたニュースについてダウナーからのコメントを求めているのだろう。妻のコリーンにそう伝えた。わざわざ電話には出なかった。ところがそれから90秒間携帯は鳴り止まず、まるで悪霊にでも取り憑かれたかのように携帯電話は震えて飛び跳ねていた。ようやく彼はコービーが死んだという最初の報道をしたTMZの投稿をツイッターで読み、そのゴシップサイトがどうか間違っていて、どこかのイカれた奴によるひどいいたずらであることを願って五分間祈った後、ブリンの友達との遊びは終りを迎え、ダウナー家のキッチンは涙の谷となった。

二階へ上がり、また一階へと下り、玄関を出て15年前にコリーンと移り住んだ郊外の新興住宅地を歩き、茶色く枯れた芝や冬の間は閉鎖されたプールを通り過ぎ、彼らの友人や、近所にコービーのコーチが住んでいると知っている人たちのところを通り過ぎた。それでも精神的にも感情的にも気力は取り戻せなかった。これは本当に起こったことなのだろうか？　あのヘリコプターには他に誰が乗っていたのだろうか？　このことをすでに耳にしているのは誰だ？　自分が他の人にも知らせないといけないのだろうか？　同じくローワー・メリオン高校でコービーのコーチを務めた面々。その昔ティーンエージャーだった頃のコービーと親しかった元選手やチームメイトで、コービーがスターになりロサンゼルスに拠点を移してからは連絡が減った「コービー・ブライアントとかつてチームメイトで友人だった奴ら」。ローワー・メリオン高校で30年間英語を教えていて、バスケチームとは正式な繋がりはないものの、コービーの内なる知的好奇心を促し、それが燃え盛るように煽った、メンターのジーン・マストリアーノ。彼らには誰が伝えるんだ？涙が発作的に流れた。彼の自宅のテーブルでは携帯が音を立て続け、かかってくる電話やテキストメッセージの一つ一つが悲しみと恐怖で編まれた網を構築する糸のようだった。彼はまず誰に連絡すべきかも、果たして携帯を手にすることができるのかさえもわからないまま、帰路に着いた。

彼らの四人の子供達は全員11歳以下で、その冬の日曜日の午後は家でやることもなく、ありあまるエネルギーを溜め込んで退屈していた。そこでフィルとアリソン・メレットは彼らの立場と住んでいる環境を利用することにした。彼らは１９９８年にローワー・メリオン高校を卒業していて、四年生の頃に付き合い始めて以来ずっと一緒だった。母校でスペイン語を教えていて、外国語課の主任だったアリソンは週末でも構内に立ち入ることができた。さっと荷物をまとめ少し車を走らせると、一家はあっという間にブライアント体育館に着いた。アリソンは体育館から廊下を進んだ先にある部屋のランニングマシーンへ、フィルは子供達とバスケットボールをしたりフットボールを投げたりしていた。彼は体育館の壁に携帯を立てかけていた。その横には、ポケットにグラノーラバーやアップルソースのパッケージが詰まった子供達のジャケットや長袖のシャツが、体育館のじめっとした暖かさのせいで脱ぎ捨てられ、重ねて置かれていた。

その体育館は、2010年にコービーが41万1000ドル（※当時のレートで約三千六百万円）を学区に寄付した時にコービーの名前を冠することになった。フィルが1995－96シーズンにコービーとチームメイトだった頃に一緒にプレーしていた体育館よりも大きかった。当時のコービーはシニア（※日本でいう高校三年生）の超新星、現在では企業弁護士でもう何年もコービーとは連絡を取りあっていなかったフィルはベンチにいるだけで満足だったソフォモア（※日本でいう高校一年生。アメリカでは二年目の生徒）の痩せたガードだった。可動式の観覧席が壁際に押しやられていて、その日の体育館はなおさら大きく見えた。まるで峡谷の底にでもいるかのように子供達の声が響いていた。彼ら以外で学校にいるのは用務員だけだった。それでもフィルは自分の携帯がテキストメッセージで唸ったり光ったりしていることに気づいた。メッセージは古い友人たちから届いた最悪のニュースだった。

彼はそれらを読みながら、不思議な虚しさに襲われた。コービーと連絡を取り続けてはいなかったものの（州大会のチャンピオンシップや昔の友情で繋がっていたとはいえ、実際にコービーとの関係を保っていたのは何人いただろうか？）、フィルはコービーと一緒にプレーすることができ、彼を少し知ることができたのを幸運に思っていた。仕事で投資家や株主、他の弁護士などに出会うことがあるたびに、彼は自分とコービーとの繋がりをどうにかして会話に盛り込んでいた。誰かと打ち解けるには、子供について聞いたりゴルフなんかのありきたりな話をするよりも格段の効果があった。「コービーと同じチームでプレーしてた？　ぜひその話を聞かせてくれ！」彼らの顔はパッと輝き、フィルは当時を思い返して話すことに小さな電撃が走るような興奮を覚えた。その電線が今では断ち切られてしまった。彼の人生で意義のあった断片はなくなってしまったのだ。

20分もすると、用務員が彼とアリソンと子供達に帰るように伝えに来た。構内は立ち入り禁止になるとのことだった。

高校から2キロ半ほど離れたペンシルバニア州ナーバースにあるアクミ（※スーパーマーケットのチェーン）の冷凍食品棚の前で、エイミー・バックマンは自分と夫テリーのための買い物を済ませようと、手に取った野菜の袋をバリバリ言わせながらガラス越しの商品を吟味していた。1982年にローワー・メリオン高校を卒業していたバックマンをローワー・メリオン学区が2018年の三月に広報担当として雇う前、彼女はフィラデルフィアのＡＢＣ（※アメリカの大手テレビネットワーク）系列であるチャンネル6アクションニュースのプロデューサー及び番組内レポーターを四半世紀務めていた。自宅でテレビを見ていたテリーは彼女にテキストメッセージを送った。二人は結婚して32年。彼には彼女が把握しておくべきことが何なのかわかっていた。「コービーのヘリコプターが墜落したという報道が出ている」。

彼女が会計を済ませようと急ぐ間、彼は最新の情報や確認されていること、その他の詳細を伝え続けた。家まで車を走らせ買った物をしまうと、彼女は学校区教育長であるロバート・コープランド、高校の校長であるショーン・ヒューズ、そして学区の施設長であるジム・リルにテキストメッセージを送った。「今からオフィスに向かいます。我々はニュースに出ることになります」。彼女はダウナーに電話をかけ、次にダウナーのアシスタントコーチの一人で、コービーの元チームメイトであり、彼女の前に学区の広報担当だったダグ・ヤングに電話をかけた。暗く、途切れ途切れにささやくダウナーの声を電話越しに聞く限り、彼が公に話すことはまだ無理だというのがわかった。彼は六つの単語でできた一文を述べ、バックマンはそれを自分のデスクで書いた189語の声明に加えた。単に仕事の一環として声明を書いているだけではなかった。ダウナーやヤング、その他大勢のコービーと繋がりを持つ人たちと違って、彼女はそれを書けるだけの距離と視点を持ち合わせていた。彼女はコービーには会ったことがなかった。テレビの仕事をしている間、彼女はO・J・シンプソン裁判（※元NFL選手のO・J・シンプソンが元妻と友人を殺害した容疑の事件の刑事裁判で、1995年当時は全米で注目された）の取材をし、オプラ・ウインフリーにインタビューをし、朝のトークショー番組のプロデューサーを務め、何人ものフィラデルフィアのニュースメーカーと話をしてきた。「ニュースメーカー」とは業界用語で、一時間ある地元番組の六分半を埋めるようなシェフやお年寄りや非営利団体のディレクターのような人たちを指す言葉だ。コービーは地元の著名人が成す星座の北極星で、ニュースメーカー中のニュースメーカーだった。それでも二人が出会うことはなかった。現在の彼女にとって、そのことは障害にはならなかった。むしろ利点だった。誰かコミュニティを代表して話せるほど頭の中が整理されている人が必要だった。コービー・ブライアントが死んだ日に、コービー・ブライアントの母校の顔となる人物が必要だった。

即席の祭壇はすでに聖なるつる草のように体育館前の歩道から入り口のドアにまで広がっていた。記者やテレビカメラの撮影班がそこにたむろして、訪れた人たちにインタビューをしながら、その晩の放送で使う映像を撮影するために校内に入る機会をうかがっていた。トロフィーケースとその中に並ぶ記念品、体育館の壁に掲げられたコービーの名前などの、ありきたりな映像だ。午後四時半に、バックマンはその扉のすぐ外にしっかりと立ち、声明を読み上げた。

「ローワー・メリオン学区のコミュニティは、我々の輝かしい卒業生であるコービー・ブライアント氏の突然の悲報を受け、深く悲しんでおります。彼がＮＢＡへと進む前にプレーしていたローワー・メリオン高校とブライアント氏の繋がりは、我が校と学区の名を世界に知らしめました……。

グレッグ・ダウナーは１９９２年から１９９６年の間、ブライアント氏のコーチを務めました。ブライアント氏は１９９６年にチームを州大会優勝へと導きました。ダウナーはこのニュースにひどくショックを受けており、『エイシーズ・ネイションの鼓動を失った』とコメントしております。ローワー・メリオン学区のコミュニティ全員がブライアント氏の家族に心からお悔やみ申し上げます」

報道陣には校内に入って撮影を許可することを伝えた。撮影ができるのはこの時だけだった。追加撮影のために月曜日にやって来ても、誰も入れてはくれない。月曜日は授業があるからだ。記者たちは順番に入ってきてニュース映像に挿入するサブカットを撮影した。ピカピカのハードウッドコート、体育館内に飾られた優勝バナー、体育館の外壁に描かれた万華鏡のようなコービーのモザイク、ガラス張りのトロフィーケースに飾られたコービーのスニーカー五足、１９９６年の州大会優勝トロフィーと一緒に写るコービーの額入り写真四枚、その晩ハーシー（※ペンシルバニア州大会が開催される町およびアリーナの名前）で彼が頭上に掲げた金色に輝くバスケットボール。

記者たちはぞろぞろと出て行った。追悼に訪れる人々はあとを絶たなかった。地面を埋め尽くす手紙や花やバスケットボールは入り口まで伸び、扉を封鎖し、消防法違反を招いた。のちに職員たちは４００個以上のバスケットボールを収集し、多くは地元の子供達の放課後プログラムに寄付され、残りは学校で展示されるまでの間、箱や黒いゴミ袋に入れられて倉庫の棚に並べられた。バックマンとヒューズとリルは近くの芝生をロープで仕切って、紙切れやユリやバラの花をまるで吹きたてのガラスを扱うかのように注意深く丁寧に拾い上げて運び、枯れた低木とマルチング材と土のある一画に置いていった。全てを移動させて学校への出入り口を確保するには、月曜日未明の暗がりになるまでかかった。エイミー・バックマンはアクミ・スーパーに着ていった黄褐色のコーデュロイレギンスと黒のダウンコートを着たままだった。

その朝、旧友を乗せたヘリコプターが飛び立ったのと同じ時間に、ダグ・ヤングはアラバマからノースカロライナへの短いフライトのために身体を折りたたんでエコノミー席に座っていた。彼はコミュニケーション戦略の専門家としてシニア・ボウル（※大学アメフトのドラフト候補生をフィーチャーしたポスト・シーズンのオールスター試合）のためにアラバマ州モービルで一週間を過ごしたところだった。NFLチームの幹部やコーチが大学生の選手をスカウトする場であり、トレーナーや新進気鋭のコーチ、自らのブランドやビジネスを伸ばそうとしているクォーターバックの指導者などといったヤングのクライアントにとっても、人脈作りをする良い機会だった。ヤングの母校に対する誠実な忠誠心と愛情は、彼の193センチ痩せ型でお洒落な風貌と洗練された立ち居振る舞いとは相反するものだった。ローワー・メリオン高校と、特にその男子バスケットボールプログラムの歴史について彼ほど詳しい者はおらず、ダウナーを除けば彼ほどコービーと母校との繋がりを保つために奔走した者もいなかった。例えば2018年にチームがコービーを訪ねてロサンゼルスに行った時は、ヤングが日程と宿泊の手配をし、コービーと選手たちとがコービーの事務所で90分間話す場を設け、選手全員がサイン入りの彼の著書『THE MAMBA MENTALITY（ザ・マンバ・メンタリティ）』を受け取るように取りはからった。ダウナーが選手たちに刺激を与えたいときには、彼らに激励の言葉をかける電話がコービーの予定にうまいこと組み込まれるように手を尽くした。彼の高校三年生と四年生がコービーの一、二年生だった時期と重なっていた。彼はコービーの夜明けに立ち会っていた。

飛行機が飛んでいた1時間45分の間、ヤングは携帯もノートパソコンの電源も切っていた。ところが、一旦着陸すると、周りの乗客が何人か泣いていて全員が携帯を見ながらその場で固まっていることに気づいた。一人一人座席ごとに、ショックと悲しみがまるでドミノのように押し寄せてきた。彼は携帯の電源をつけ、次に身体の感覚を失った。

フィラデルフィア行きのフライトが待つターミナルにフラフラと向かうまで、彼は今自分がいる場所の巡り合わせに気づかなかった。シャーロット・ダグラス国際空港。シャーロットはホーネッツの本拠地。コービーをドラフトしたチームだ。

墜落事故からの二日間、ダウナーは日曜日にかかってきた電話のほんの数本にだけ、折り返し連絡をした。あの午後に陥った半放心状態から抜け出せず、ヒューズには学校に来ないように言われていた。「家にいろ。必要なだけ時間をかければいい」。ダウナーはコービーの従兄弟のジョン・コックスとテキストメッセージでやり取りはしたものの、コービーの両親、ジョーとパムからの連絡はなかった。誰も彼らからの連絡を受け取っていなかった。彼らからの公的な発言は何もなかった。彼らと近々連絡が取れることを願いつつも、ダウナーにはもっと早急に対応すべきことがあった。ヒューズとローワー・メリオン高校のアスレチックディレクターを務めるジェイソン・ストループが、チームの通常練習の前にダウナーの選手たちを集めて話をすることになっていた。火曜日の晩には試合があった。最近のロサンゼルス遠征で選手の何人かはコービーにも会っていた。彼らを落ち着かせ、安心させ、自信を持ってコービーがどういう人間で、彼らに何を伝えたかったかを話すという大役を、ヒューズとストループに託したくなかった。ダウナーは選手たちとのミーティングのために学校へと車を走らせた。

彼は選手たちに向かって10代の男子にも響くようにコービーの死について語った。「今はいろんな感情がたくさん渦巻いていると思う」とダウナーは言った。「その10や15個ほどある感情を、三つか四つぐらいにするんだ。こんな状況のときにコービーが何を望むだろうかと考えたとき、恐らくすぐにでもボールをつきたいと思うだろう。火曜日には大事な試合がある。我々はボールをつきたいと思うはずだ。スニーカーで床を鳴らしたいと思うはずだ。死にものぐるいで戦いたいと思うはずだし、そうするだろう。自分たちが健康であることに感謝しよう。我々はバスケをすることができることに感謝して、思う存分楽しみながらやろうじゃないか」。

バックマンが声明を出して以来、ダウナーは公には何も発言していなかったが、もはやせざるを得なくなっていた。学区の事務所にはダウナーへの取材依頼が山ほど届いていた。それに応えるべく、バックマンは午後にダウナーとヤングが出席する会見を事務局で開くことにした。現代の広報におけるお手本的なやり方で、コービーの名声を考えるとそうするのも理解できた。地元テレビ局や新聞社やサイト、それにニューヨーク・タイムズ紙やワシントン・ポスト紙などの、数時間ほどかけてフィラデルフィア郊外まで足を伸ばすかもしれない全米規模の報道機関を相手に、一度だけコービーのコーチと話す公平な機会を与える。その後はダウナーやローワー・メリオンの他の誰にもコービーについて質問することを学区はしばらく許可しない。バックマンは現れた30人の記者たちを集め、この条件を明言した。ダウナーにはまだコーチすべきバスケットボールチームがあった。喪に服す時間も必要だった。みんなそうだった。記者たちに与えられたチャンスはこの一度だけだ。

ダウナーの会見のために20人から25人ほどの報道陣が一人ずつ会議室に入り、それぞれの場所を確保し始めた。部屋には大きなU字型のテーブルと分厚い木でできた椅子があり、密集した三脚がU字の開いた部分を閉じていた。テーブルの上座の後ろにはマルーン色のバナーが掲げられていた。高校の試合中に撮られたコービーの写真がポスター大に引き伸ばされてイーゼルに置かれていた。白いジャージを身につけ、右手にバスケットボールを抱えたコービーは、口を開け、ボールを投げてリバースレイアップを決めるために目は頭上のネットの方向へと向けられていた。

彼のコート上の運動能力と優雅さが垣間見える一瞬が完璧に捉えられていた。

　ダウナーはバナーの後ろにあるドアから会議室に入り、ヤングが後に続いた。彼の職業にありがちな短く刈り込まれた髪はグレーがかった藁色で薄くなりつつあり、ダウナーが20年以上この学校で体育教師を務めているということをよく表していた。彼はほんの数分前に、体育館の横にある倉庫のクローゼットから貴重な遺品を掘り起こしていた。コービーのジュニアとシニア（※日本でいう高校二年生と三年生）シーズンの白いウォームアップジャケットで、袖には33番がついていた。コービーが最後に着てから24年間、そのクローゼットにずっとしまってあった。24、それはローワー・メリオンでコービーが最初につけた番号であり、レイカーズでは二番目につけた番号だった。奇妙な偶然と言うべきだろうか？　それともその場にふさわしかったと言うべきだろうか？　両方かもしれない。報道陣を出迎える前に、ダウナー自身がそれをまるで自分を守ってくれるマントであるかのように身につけた。彼はそれを着ればなぜか少し安心でき、強くなれる気がして、着なければならないと思った。

「こんなときに、彼が私に力をくれています」とその午後ダウナーは言った。「昨日を一日やり過ごせるか、自分でもわかりませんでした。自分の感情をコントロールできるかわからなかった。でもどうにかして……できました。彼のおかげです。このようなジャケットに身を包むことができるのは、かけがえのないことです。彼が着ていたこのウォームアップジャケットで私と彼との間に少しでも繋がりができるのなら……」

彼はテーブルの上座に座り、ヤングはその左側でダウナーに向かって敬意を表すべく身体をかがめるようにして座っていた。「お待たせして申し訳ありません」とダウナーは集まった報道陣に言った。「ここ数日は睡眠も食欲もひどいもので、涙をたくさん流しました」。それは彼のむくんだ顔と真っ赤な目を見れば明らかだった。彼の右手には元選手やコーチ、卒業生、ダウナーの友人たちなど、チームと関係のある男たちが部屋の角に数人集まっていた。ジェレミー・トリートマンもその中に混ざって、腕を組み、まるで襟首からフックで吊るされているかのように深く頭を垂れて立っていた。

そこに集まった人たちはコービーの人柄の証であると同時に、ダウナーに対する証でもあった。コービーのエイシーズとしての最初のシーズンは、ダウナーのヴァーシティーチーム（一軍）のヘッドコーチとしての三年目だった。コービーが八年生（※日本でいう中学二年生）のときに彼がプレーするところを初めて見たダウナーは「あと四年は確実にここにいたいものだね」と冗談を言った。四年がいつのまにか30年になっていた。その間、ローワー・メリオン高校は15回リーグ優勝を果たしていた。１９９６年にコービーと州大会を優勝し、その後も二度優勝していた。サインやチケットを求める人たち、大勢の観客、メディアからの注目、試合はまるでロックコンサートのようになった。コービーのシニアシーズンのような一年を、ダウナーはあれ以来体験したことがなかった。でもあの一年がなければ、その後続いた成功なんて一切不可能だったと彼は信じていた。「彼と出会わなければ、我々のこのプログラムが辿った道は全く違ったものになっていたでしょう」と、テーブルについたダウナーは語った。「彼が我々に勝ち方を教えてくれたのです。彼が我々に力を尽くすことを教えてくれたのです。彼が我々に近道をするなと教えてくれたのです。求められる水準はだいぶ高くなりました。素晴らしい選手であり、素晴らしい人物である彼と出会うという恩恵が無ければ、このプログラムがこうして成果を上げることはなかったと思います」。

彼が言葉につまると誰かが「コービーの家族の誰かと話しましたか？」と質問し、さらに言葉を探すのが難しくなった。その質問は、彼の心を切り裂いた。ジョーとパム・ブライアントはダウナーとも家族同様だった。ジョーはコービーの在学中にジュニア・ヴァーシティー（二軍）のコーチも務めたほどだった。ところが、レイカーズで過ごす間にコービーと彼の両親との関係にはヒビが入ってしまっていた。彼が21歳、ヴァネッサが18歳というあまりの若さで結婚する決断をしたことと、彼個人の品や記念品を売却したパムとの諍いが理由だった。「結婚なんてまだ早い」「そんなことはない」「あなたの物をいくつか売るつもりなの」「ダメだ」。確執に冷戦、つかの間の和解から決裂が繰り返された。それでもまだ、もしかしたら関係が修復される可能性がわずかに残っていたかもしれない……そんな諍いも、結局のところは高校やレイカーズのユニフォームだの、チャンピオンシップ・リングだの、所詮は物を巡ってのことで、いまとなってはそんな物に一体何の意味があるというのだろうか？　パムとジョーの傷はあまりにも深く、そのせいで息子の死についてまだ公にコメントを出していないのだとダウナーにはわかった。ダウナーはヴァネッサには会ったことがなかったものの、コービーとの関係は続いていた。ここ18ヶ月でも、コービーとは三回会っていた。チームとロサンゼルスを訪れ、フィラデルフィアでも本のサイン会で会っていた。コービーは2019年の三月に小学生向けの小説シリーズを出していて、サイン会ではその本を売らずにただで配っていた。ダウナーがコービーと直接会って話したのはそれが最後だった。ジョーとパムと最後に直接会って話したのはいつだったのかも、会わないままでも最後に話したのがいつだったのかすらダウナーは思い出せなかった。それなのに今こんな質問が、しかもカメラの前で……。

「パムとジョーとは良い関係でした……ジョーからはコーチングについて教わりましたし、彼のことは尊敬しています……もし彼らに届くのなら、ヴァネッサや残された3人の娘たちの支えになりたいと心から思っています。どんなに小さなことでも、力になれるのなら何でもしたいです。それにもちろん……あの……ジョーとパムとも連絡を取りたいと思っています」

そう言うと、彼は泣き出した。言葉はもう出なかった。

「ジョー、パム、我々は素晴らしい人を失ってしまった。私はコービーを愛している。ジョーとパムのことも愛している」

彼はテーブルの上においたレモン・ライム味のゲータレードのボトルに手を伸ばした。それを口へ運び、数秒ほどそのままでいた。右手で目を拭き、左手でも目を拭いた。会議室は物音一つしなかった。

その一ヶ月後、ロサンゼルスのダウンタウンにあるステープルズ・センター（※現クリプト・ドットコムアリーナ）で行われたコービーとジアナ・ブライアントの追悼セレモニーの翌日、2月25日火曜日の朝八時に、ダウナーはその晩七時半に予定されていた地区プレーオフの試合のために急いで帰るべく、フィラデルフィア行きの飛行機に乗っていた。彼は直近の練習を四回も欠席しており、エイシーズの対戦相手であるペンリッジ高校のフィルムを一秒たりとも観ていなかった。アシスタント・コーチ陣とは連絡をとっていて、選手たちも試合の準備は万全だという確信はあった。しかし実際のところ、彼は前日の出来事が頭から離れずにいた。

ダウナーとトリートマンとヤングは、コービーの死から間もなくして立てた試案を実行することができた。レイカーズがいつコービーの追悼セレモニーを計画しようと、彼ら三人でそれに出席するために西海岸まで行く。ダウナーは思い出していた。入手できる数自体が少なかったのと、ヴァネッサの意向でセレモニーがあまりにもNBA及びロサンゼルス中心だったため、セレモニーのチケットを手に入れるのは至難の技だった。しかし、レイカーズのビジネス部門の上級副社長であるティム・ハリスが彼らのために仲介役を務めてくれた。ハリスはそれだけでなく、さらに2枚余分にチケットを取ってくれ、ジーン・マストリアーノとダウナーの弟ブラッドも参加することができた。

彼らはセレモニーの当日朝早くにホテルを出て、ブラッドの運転でステープルズ・センターへと向かった。グレッグにとってそもそも10分前は10分遅れと変わらない上に、彼らの予想通り道路は普段のロサンゼルスのラッシュアワーと比べてもひどかった。通行止めになっている通りもあった。通れる道はすべて渋滞していた。アリーナの外では彼が亡くなってから描かれたコービーの巨大な壁画が幻想的な色合いでレンガの建物を彩り、道ゆく人々の上にそびえ立っていた。彼らの多くはレイカーズのジャージを、そして中にはローワー・メリオン高校のジャージを着ている者もいた。カリフォルニアで、さらに中国でもローワー・メリオン高校のジャージが着られていた。その影響力……コービーの影響力……こんな状況でも……。ヤングはたった一人の人間がこのコミュニティを作り上げたことに驚嘆した。行商人がコービーのTシャツを売っていた。「こんなのを買う人がいるのか?」とダウナーは思った。あまりにも不謹慎で、気分が悪くなった。コービーの亡霊はそこかしこにあり、15ドルを出せばレーヨン素材にプリントされたそれを手に入れることができた。

彼らは警備員とX線の保安検査を通りすぎ、ステープルズの中へと入った。別の時、別の状況であれば、ダウナーを取り囲むアリーナ内の景色は夢のように見えただろう。ペンシルバニア州メディア（※ペンシルバニア州にある町）出身でブルーカラーのグレッグ・ダウナーが、マイケル・ジョーダン、ビル・ラッセル、カリーム・アブドゥル゠ジャバー、エルジン・ベイラー、ジェリー・ウェスト、シャキール・オニール、マジック・ジョンソン、ティム・ダンカンに囲まれていた。彼らのような偉人たちと同席するのは、コービーが殿堂入りするときだろうと思い込んでいたダウナーにとって、この集まりは最大の悪夢だった。まだ新しい現実を処理しきれずにいた。

20年間、コービーの奮闘や喜びを毎晩追うために、五時間睡眠でやり過ごすことを覚え、西海岸に合わせた時間で過ごしていた。ルーキーシーズンであの屈辱的なプレーオフ敗退を経験することになったユタでのエアボールも、81得点試合も、五つのチャンピオンシップも、すべて観ていた。２０１８年の秋に亡くなるまで、ダウナーの父ロバートは遅い時間にあったレイカーズの試合をすべて録画して翌朝それを観ると、息子との電話で開口一番決まって「昨晩のコービーを観たか?」と尋ねた。その試合でコービーの調子が悪かった場合は、ロバートは黙って録画を消した。しかしグレッグにとって、消すにはあまりにも思い出が多すぎた。レイカーズの練習の前に、昔のザ・フォーラム（※１９９９年までレイカーズが本拠地に使っていたアリーナ）でコービーとフリースローを打ったこと。太平洋を望むコービーの自宅のプールで泳ぎ、食事を共にしたこと。彼のプレーを見たいがために、全国の都市を訪ねたこと。コービーのバスケットボール・キャンプの手伝いをしたこと。戦術についてメールを交わしたこと。二人になったときにローワー・メリオン高校の廊下で自分が父親になることをコービーに打ち明け、コービーが彼を抱きしめたこと。

次の記憶はもっと新しいものだった。セレモニーが終わった後にジョーとパム・ブライアント、そしてコービーの二人の姉、シャリアとシャヤと同じようにギュッと抱き合った。そこにはトリートマンとヤングもいて、みんなで一緒に涙を流した。セレモニーは素敵だったが、ローワー・メリオン的観点からいうと物足りなかった。コービーの高校時代についても、さらにはジョーとパムについても触れられていなかった。プログラムの内容もテーマもヴァネッサが担当しており、もちろん夫と同様に娘のことを偲ぶ目的があったとはいえ、彼女とコービーの両親との冷たい関係が明らかに見て取れた。トリートマンが見た限りでは、セレモニーの前後や間にも彼らは一度たりとも交流もしなければ、お互いの方を見もしなかった。

コービーの元エージェントでレイカーズのゼネラル・マネージャーであるロブ・ペリンカがスピーチをした。コネチカット大学の女子バスケットボールコーチのジノ・アウリーマと彼の教え子の中でも偉大な選手の一人であるダイアナ・トーラジもスピーチをした。ヴァネッサ本人のスピーチもあった。シャックも、マジックも、マイケルも話した。ダウナーは最後のジョーダンのスピーチには心を大きく動かされた。コービーと過ごした年月の間で彼がコービーと交わした会話の数々を思い出し、コービーが15歳、16歳、17歳のころにあからさまにコート上でのジョーダンの動きや仕草を真似していたことを思い出した。あのいつも冷静で誇り高いジョーダンがついにコービーのことを「弟」と呼び、類稀なる選手だと言ったことにダウナーは感動していた。何歳の頃であろうと、彼の短すぎた人生のいつであろうと、コービーがそれを聞いたらどんなリアクションをしただろう！　セレモニーが終わり、彼がトリートマンと一緒にジョーとパムの席の方へと急ぐと、トリートマンを目にしたパムが「ジェレミー！　ジェレミーじゃないの！」と叫んだ。警備員が二人を止めようとすると、ダウナーはそれまで言ったことのない、切ったことのない切り札を使った。彼は警備員を見てこう言った。「私はコービー・ブライアントの高校時代のコーチだ。我々は彼の両親に会わなければならない。そのために来たんだ」。警備員は彼らを通してくれた。それまでシャックとハグを交わしていたジョーは彼を離し、代わりにダウナーを掴んで抱き寄せ、大きな笑みを浮かべ、まるで疲れと緊張と彼らが共に感じていた苦痛をほぐすかのようにダウナーの肩を揉みながら何度もこう繰り返した。「我々が育てた子は世界のものになった」。ジョー・ブライアントは言った。「我々が育てた子は世界のものになった」。

スピーチがすべて終わったいま、次は何だ？　ダウナーはいつも四つの観点から自分を捉えていた。教師、コーチ、父親、夫。次にどうすればいい？　彼にはよくわからなかった。ローワー・メリオンには思い出や記憶がそこらじゅうにあった。一年のうち10ヶ月の間、週六日、コービーが資金を出し、コービーが建て、コービーの名前を冠した体育館でコーチを務めていた。いつ何時でもいかなる理由でコービーのことを思い出すかわからなかった。数週間前のある朝、自分でも説明できない衝動に駆られ、なぜかダウナーは不意に床に身体を落とし、タイルに胸を押し付けて24回腕立て伏せをした。

彼は頭に浮かんだ考えやアイディア、そして格言を紙に書き始めた。「コービーが私に求めるのは、強くあることだ。いまの選手たちにはそれが必要だ。生徒たちも必要としている。これまで30年間してきたように、選手や生徒たちにポジティブな影響を与え続けないといけない。コービーが私に求めるのは、堂々と振る舞うこと、そして決意を固めることだ」。

彼は娘のブリンのことを思った。コービーが以前、夜のトーク番組で自分のことを〝girl dad（※娘を持つ父親）〟と呼んでいた動画がバズったことをきっかけに、事故の数日後にSNSで野火のように広がったハッシュタグについて考えた。いまの彼には、このムーブメントがより具体性のあるものに感じられた。これこそが求めていたコービーとの繋がりなのかもしれない。ブリンはいつも父親のバスケの試合に来ていた。自分のクリップボードを持参した。試合動画の分析や試合前のペップトーク（※激励のスピーチ）にも参加していた。ロッカールームで勝利を祝って父親に水をかけたりもした。一緒に泳いだり、暖炉のそばで一緒にお泊まり会をしたりもした。父親とサッカーや野球もした。最近では高さ10フィートのバスケットに初めてシュートを決めた。

ダウナーは書く手を止めなかった。

「彼女は何にでもなれるし、何よりも私はいい時でも悪い時でも彼女を導きたい。コービーの娘たちへの愛と、父親として残したものが私を強くする。コービーとの関係を通して手に入れた一番の宝は、お互いに娘を育てることで得た絆だ。私が一番インスパイアされるのはそこだ。自分自身のモチベーションと心の平安のために、この三つの言葉に集中しよう。勇気、不屈の精神、そして愛」

コーチとはいかなる状況に対してもゲームプランが必要なものだと彼は信じていた。コービーと初めて出会ってから30年近く経ったいま、1月26日以来初めてゲームプランがあると思うことができた。グレッグ・ダウナーを乗せた飛行機は雲の間をぬって、彼を家路へ、旅が始まった場所へと導いていた。

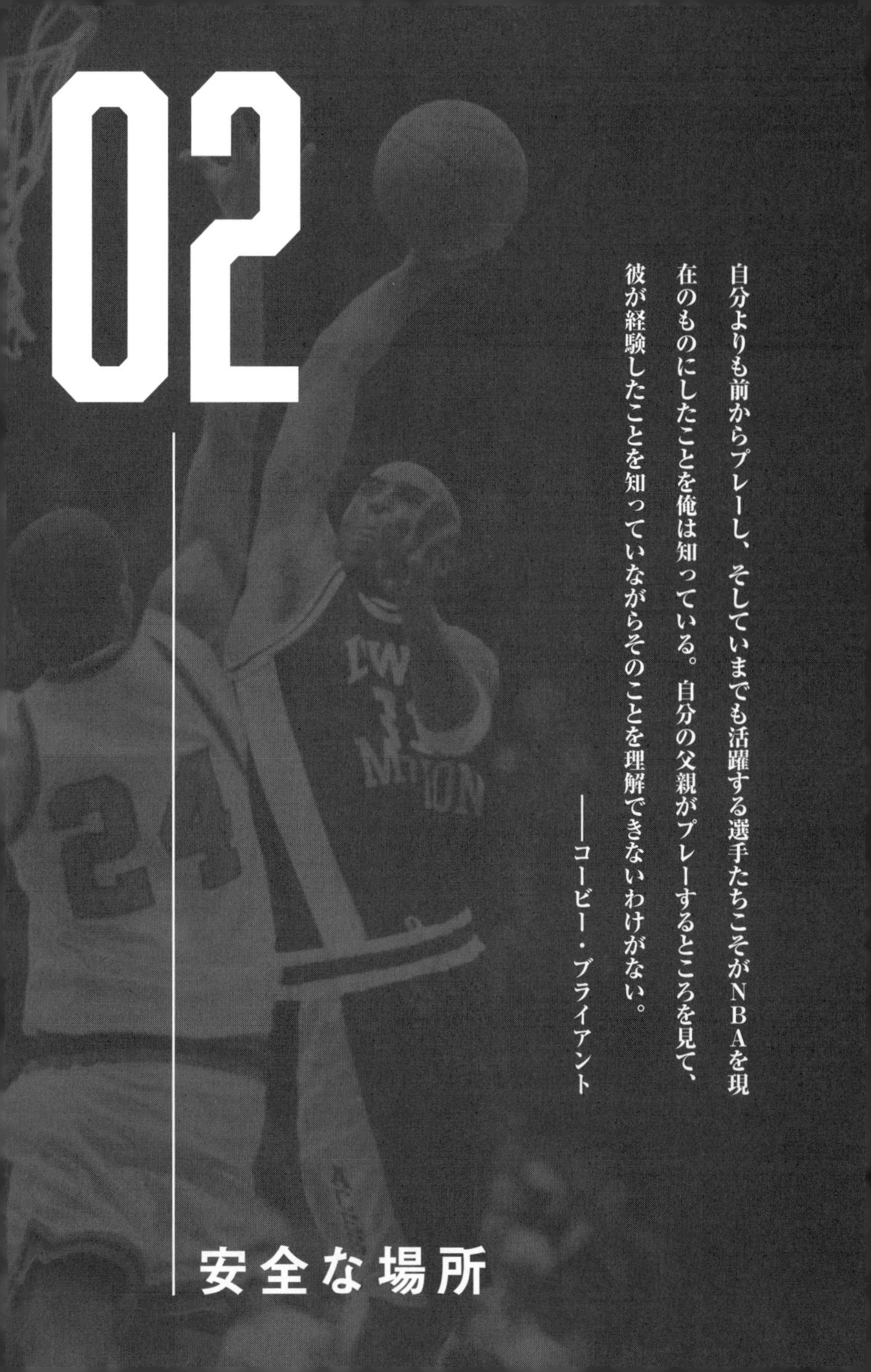

02

自分よりも前からプレーし、そしていまでも活躍する選手たちこそがＮＢＡを現在のものにしたことを俺は知っている。自分の父親がプレーするところを見て、彼が経験したことを知っていながらそのことを理解できないわけがない。

――コービー・ブライアント

安全な場所

1978年8月23日、レインケナウ病院でのコービー・ビーン・ブライアントの誕生にまつわる詳細や報告は、公私を問わず実に曖昧さと誤りに溢れていた。フィラデルフィアの人々はいつまでたってもコービーを完全には受け入れず、この町のスポーツファンの多くは彼の人生を通して「あいつはよそ者だ」と憤りを含んだ排他的な態度をとってきた。コービーは実際にフィラデルフィア市の出身ではないという彼らにとっては最高に美味しい事実を引き合いに出せば、さらにその態度を強固なものにすることができた。レインケナウは最初の93年間こそフィラデルフィア市内にあったものの、1953年にモンゴメリー郡のローワー・メリオン・タウンシップにある、37ヘクタール以上広がる郊外の土地へと移転した。そのため厳密に言えば、コービーはフィラデルフィア出身ではないというのは正しかった。とはいえ彼の出生を報じた二紙の新聞が犯したひどい間違いに比べると、彼の出生地がたまに誤表記されることはまだましだった。堅気の新聞社であるフィラデルフィア・インクワイアラー紙と、荒いタブロイド紙のフィラデルフィア・デイリー・ニュース紙が両社とも彼の出生を報じるにあたって、名前の綴りを〝Cobie〟と間違えて記載していた。

理由はどうであれ、このようなミスをするのは理解ができた。風変わりな由来の、風変わりな名前だった。1978年の八月も終わりを告げる頃、シクサーズのトレーニング・キャンプが始まり、ジョー・ブライアントがチームとの四シーズン目を迎える頃には、とあるレストランが彼のお気に入りになっていた。ペンシルバニア州プルシアにあるコウベ・ジャパニーズ・ステーキ・ハウス。そのレストランはヒルトンホテルに隣接しており、そのエリアの名所であるキング・オブ・プルシア・モールから目と鼻の先にあった。１９７０年代初頭にオープンしたそのレストランはオーナーであるクライスト・ディミトリ曰く、エキゾチックでありながらエキゾチックすぎず、味の保証があったとしても退屈なアメリカン・ステーキ・ハウスに代わるものだった。メニューはいわゆる鉄板焼きスタイルで、食材は火を通しており、寿司や刺身はなく、皮肉なことに神戸牛もなかった。日本での口蹄疫の流行が原因で、そのジューシーな牛肉をアメリカ合衆国に輸入することは違法になっていた。

ジョーがシクサーズに在籍している間、チームは毎年九月にあるトレーニングキャンプを当初はアーサイナス大学で、のちにフランクリン＆マーシャル大学で行っていた。フィラデルフィアやウィンウッドから西へと向かうドライブはどちらも長距離で、寄りたければ途中でコウベ・ジャパニーズ・ステーキ・ハウスに寄ることもできた。このレストランはキャンプへと通うシクサーズの選手たちが集う場所となり、ディミトリはジュリアス・〝ドクターＪ〟・アーヴィングやモーリス・チークスを含む数名とも仲良くなった。ブライアント家もよく通っていた。

「当時は日本料理は珍しかったんだよ。だからシクサーズのみんながよく来てくれたんだ。料理はどれも新鮮だった。楽しかったね」とディミトリはのちに語った。

ジョーは１９９８年にスポーツ・イラストレイテッド誌で彼とパムがコービーと名付けた理由を語った際に「権利を主張されると困るから理由を言うべきかはわからない」と認めた。しかしジョーが心配する必要はなかった。ディミトリはブライアント家から使用料を求める気はなかった。いくら気に入っていたとはいえ、一人息子の名前をレストランにちなんでつけるなんて一体どんなやつなんだと言う人がいたとしても、彼のコウベがあのコービーと関連づけて語られる機会があるだけで満足だった。

ジョー・ブライアントが子供時代のほとんどを過ごしたウェスト・フィラデルフィアにあるウィローズ・アベニューの５８００番地は、ジグザグした歩道が１６２メートルほど続く通りだった。今ではひび割れたコンクリートの間から四方八方へと伸びた雑草が覗いている。ベニヤ板で代用されたドアと、風できしむ錆色がかった網戸がついた崩壊間際の七つのロウハウス（※長屋）、そして道路の脇にはジグソーパズルの端のピースのようにぴっちりと停められた車が並んでいる。そのロウハウスの一軒を出て角を曲がり、コブズ・クリーク・パークウェイを渡って北へ向かうと、そこにはオアシスがある。太陽の光が輝く、緑に覆われた公園だ。ジョー本人も少年の頃にプレーしたフルコートのバスケットボールコートがあり、今ではその二つのバスケットに新品の白いナイロンでできたネットがかかっている。ところがその界隈自体は、より自由な生活を約束した、かつての野心溢れる輝きをほとんど失っていた。コービーの祖父であるジョー・ブライアント・シニアも、それに惹きつけられて、ジョージア州ドゥーリー郡からグレート・マイグレーション（※アフリカ系アメリカ人の大移動。１９１６年から１９７０年にかけて、人種差別を避けより良い職や環境を求めて６００万人ほどの黒人がアメリカ南部の田舎から北東部、中西部や西部へと移動した）の一環としてフィラデルフィアへと移ってきた何十万もの黒人の一人だった。彼らは主にフィラデルフィアの北部と南部、そして西部のエリアに移り住んだ。西にはロシア系ユダヤ人、南にはイタリア系と、すでに近所に定着していた他の民族の人々と時には隣り合わせで、時には交わりながら20世紀の最初の20年間、工業化が進んだフィラデルフィアでチャンスを掴んだ。製鉄所の合間に建てられたロウハウスの集まり、カーペットや洋服の製造業者、日用雑貨店の上に積み上げられるように建てられたアパート、窓のない薄茶色いレンガ建ての倉庫の横をゴロゴロと通り過ぎる路面電車。フィラデルフィアに住む黒人の家の所有率は、一時はメイソン＝ディクソン線（※アメリカ合衆国の北部と南部の境界とされている線）の北にあるどの都市よりも高かった。彼らは建設作業員や製鋼業者、トラックの運転手として懸命に働いた結果、涼しい晩に自宅の玄関先や玄関前の階段に座り、彼らに与えられた町のほんのわずか一部の細い通りで子供達が遊ぶところを見渡す権利と喜びを得ることができた。彼らは地獄から抜け出し、安定したより良い生活を作り上げることができたのだ。彼らは決して金持ちではなかったが、金持ちである必要はなかった。彼らが稼いだ金は彼らのものであり、それこそが価値のあることだった。ジョー・シニアが25歳になる頃には、彼もその男たちの仲間入りを果たした。ジョー・シニアは夫であり父親であり、１８３センチを優に超える身長と大きな樽のような身体、低いしゃがれた声で存在感があった。彼もまた彼らと同じような旅路を経て家を二軒購入していた。一軒目はウェスト・フィラデルフィアにある42丁目とレイディ通りが交差する場所、二軒目はその3マイル南の八丁目とウィロウズ通りが交わる場所だった。彼もまた、他の男たちと同じような職を確保した。制服のレンタル会社で16年間工場長を務めた。彼は妻と二人の息子と娘という家族を築いた。特に可愛がっていた長男には自分と同じ名前をつけた。

こんな奇妙な光景を思い浮かべてほしい。すきっ歯のせいでなおさら大きく輝いて見える笑顔をした、糸のように細い身長205センチの16歳の青年がひたすら走っているところを。ブライアント家の規則を破ったことに対する言い訳は一切聞く気がないとジョー・シニアにきっぱりと言われ、父親と衝突したジョー・ブライアントはよくそうやって飛び出していった。規則の一つは「この家に朝日を持ち込まないこと」。つまり、理由はどうであれジョーが夜遅く帰宅することは許されず、もし破った場合は父親の鉄拳制裁が待ち構えていた。

ビッグ・ジョーはその時代の父親にありがちな厳格な気質だった。とはいえ、ジョーが帰宅していないことで彼が心配する理由は十分にあった。1960年代を通してフィラデルフィアはストリートギャングの温床で、その数はどんどん増え続け、フィラデルフィア犯罪委員会の推計では1969年には75組のギャングと3000人のギャングメンバーがおり、45件の殺人と267人の負傷者を出す原因となっていた。ジョーが10歳、11歳の頃は校庭やフェアマウント公園の公立プールでそれなりのいざこざに関わっていた。一度、彼と何人かの友人で「39丁目とポプラ」

というギャングとやりあったこともあった。彼らは名前の由来であるその交差点をまるで自分たちの城のように守っていた。ジョーは仲間内では一番年下だった。喧嘩が始まると、左の腰あたりに針で刺されたような感覚を感じた。見ると血が細く足をつたって、足元に血だまりができていた。彼はナイフで刺されていた。その傷跡は何年も残った。

彼にとってはバスケットボールが安全な場所だった。彼はもう長いことバスケに夢中になっていた。九年生が終わる頃には198センチになっていて、バートラム高校のスター選手兼陸上選手として、いつでも町のどこででもバスケをすることができた。58丁目とウィロウズ通りの交差点には、ボルトで電柱に固定されたバックボードとフープがあった。コブズ・クリーク公園にもあった。祖母の家の角を曲がったところにあるニュー・ベツレヘム・バプティスト教会で日曜の礼拝を済ませたあとは、隣にあるコートでプレーすることもできた。バートラム高校では、陽気だけれどチームには厳しく、大きなもみあげをしたコーチのジャック・ファレルの下でプレーしていた。夏はフィラデルフィアや郊外で開催されるサマー・リーグでプレーした。ジョーはローワー・メリオン・タウンシップのナーバース・リーグから、そのうち市内でも最高レベルのサニー・ヒル・リーグへと移った。そこは、見込みのある選手がフィラデルフィア市内、そして全国の高校のコーチや大学のリクルーターに見てもらえる場だった。フィラデルフィア・パブリック・リーグ（※フィラデルフィアの公立高校から成るリーグ）で一番の選手とみなされていたジョーは、そこでフィラデルフィア・カトリック・リーグで一番の選手であるセント・ジョセフ・

プレパラトリー・スクールのシニア・ポイントガード、モー・ハワードと出会った。

ジョーはどこであろうと、プレーができるならそこへ走っていった。10キロ近くある街並みを通り抜けてノース・フィラデルフィアにあるハワードの自宅へも走って行き、ストリートやコートでハワードの援護を求めつつ、ジョーのような若くて背の高いアスリートにしかできないようなリスクを犯した。ギャングのカルチャーには規律があり、その中で唯一の救いだったのが、有能なアスリートは見逃してもらえる可能性が高いということだった。過去に労働組合のまとめ役を務めていたサニー・ヒルは人を惹きつける力があり、お祭りの客引き並みにセールストークに長けていて、その交渉術を使ってギャング間の停戦を取り持ったり、リーグでプレーする選手たちを見逃してやるように働きかけて親を安心させることができた。噂は広まり、ジョーのようにサニー・ヒル・リーグに参加していて、ジョーのように高校のチームで活躍していれば、何か大きなことを成し遂げ、より良い状況を手に入れることができるかもしれないと近辺の人たちから一目置かれるようになった。尊敬の対象となり、暴力からも守ってもらえた。ジョー・ブライアントも、自らも父親になった時にようやくそのありがたみを完全に理解することができた。バスケを通してならアンタッチャブルになることが可能で、都心部の不快で心地悪い部分を生き延び、利用することができるという貴重な教訓だった。対戦相手がどこから来た連中で、どのように相手を判断するのか。彼らがメンタルとフィジカルの両面で優位に立つためにどんな方法を取るのか。こういったことを理解するためには、市内に住む必要はなかったが市内でプレーしなければ身につかないことだった。

ジョーがバスケットボール選手として、そしてアスリートとして素晴らしかった点は、スピードだけではなかった。コーチに言われたことや、チームメイトにとって必要なことはなんでもできた。コートで彼が参考にしていたのはバートラム高校の卒業生で、NBAではボルチモア・ブレッツとニューヨーク・ニックスでプレーし、いずれ殿堂入りを果たすキャリアを送ったアール・モンローだった。ジョーの身長は最終的には190センチのモンローよりも15センチ以上伸びたものの、パール（※アール・モンローのニックネーム）のスタイルとスキルに匹敵するものを目指した。痩せた身体に筋肉がついてからも、持ち前の華麗な反射神経を失うことはなく、もっと小柄なガードのようにボールを股下に通してドリブルしたり、背中の後ろで回したり、回転しながらバスケットに向かうことができた。

実際に、ジョーはガードを務めることもあった。彼は似たような背丈の選手が持ち合わせていないような、もしくは持っていても使うことが許されないような能力を持っていた。2メートル以上の選手がいたら、たいていのコーチはその選手をポストに置き、チームのオフェンスとディフェンスの中心にした。バスケットの近くにいろ。レイアップを打て、フックショットでもいい。リムプロテクトをしろ。ところがジョーは、シニア・シーズンには平均27.4点、17リバウンド、6アシスト、6ブロックを記録した。パブリック・リーグでボック工業高校相手に57点を奪い、バートラム高校での最後のホームゲームではオーバーブルック高校相手に40点、21リバウンドを記録した。ジョーはバートラム高校の陸上部で1マイル（※約1．6キロ）を4分56秒で走り、880メートルは2分1秒、走り幅跳びは5．8メートル、三段跳びは12．1メートルを記録した。ジョーはとびきり運動神経が良く、運動している姿もとびきり格好良かった。液体のように滑らかで尖ったところがなく、常に自分のペースでプレーをし、バレエに見えるまでスピードを落としたジルバを踊っているかのようだったので、コートで一緒にプレーしていた仲間からはグレン・ミラー（※ジャズ・ミュージシャン）の古いビッグバンドの曲のタイトルをスラングにしたものにちなんであだ名がつけられた。「ジャムは震えないからゼリー（ジェリー）に違いない！」。ジョーのプレースタイルは滑らかで、なおかつキレのある動きだった。こうしてジョーはただのジョーでなく、ジェリービーンになった。完璧だった。「毎日2キロ近くジェリービーンズを食べてるよ」と高校生の頃の彼は言った。それが例え大げさだったとしても、ジョーは子供にしても子供っぽいという、みんながわかっていたことを再認識させるようなセリフだった。

ジャック・ファレルはバスケ狂いのこの町でもジョーが「市内で一番」のトップ選手だと記者に伝え、ジョーも謙遜や謙虚な姿勢を見せつつも内心は自分でもそう思っていることを、友達や仲間に隠さなかった。彼こそが一番だった。バートラム高校が試合に勝つと、彼らに電話をかけ悪気なく自画自賛をし、この町の真の王子は誰なのかを知らしめた。ところがバートラム高校が負けたときは、なぜかジョーはいつも自宅には不在だった。不思議なことに、毎回そうだった。

03

彼らの中の神と悪魔

家族に愛されて育った俺は恵まれている。誰もが俺のような家族に囲まれているわけではないからね。

——コービー・ブライアント

コックス家は教会を生活の中心としていた。1893年に創設され、城のようなグレーの石壁をした聖イグナチオ・デ・ロヨラ教会は、フィラデルフィア大司教区によると「フィラデルフィアで最古の黒人の小教区」だ。初期の会衆の中の一人は教会から800メートル先に住んでいて、コロンブス騎士会のメンバーでもあり、聖イグナチオ教会のリサイクルショップを40年以上管理したジョン・A・コックス、コービー・ブライアントの曽祖父だった。いずれコービーの母方の祖父となる彼の一人息子、ジョン・コックス・ジュニアはコービー・ブライアントの家系を築くには申し分のない人物だった。

コービーは父と母の両方からバスケの血を引いていた。16歳の時には地元のボーイズクラブのリーグで1シーズンにおける最多得点を記録し、成人を迎えつつある中でバスケを辞めたジョン・コックス・ジュニアはその原点でもあった。1953年の二月に軍隊に志願し、彼が20歳の時、17歳のミルドレッド・ウィリアムズと結婚した。二人はパムとジョン三世の二人の子供をもうけ、1949年に人種統合を始めたばかりのフィラデルフィア消防署に入り、副隊長としてキャリアを終えた。彼がそこまでの地位に昇りつめることができたのは、彼がいかに真面目に働き、いかにきちんと任務を果たし、いかに根気強かったかを示していた。彼の厳格な性格にある鋭さは、彼にとって必要なものだった。

幼少期にあまりにも丸々としていたので家族にはチャビー（※ぽっちゃり）と呼ばれていたジョン3世は、その不屈の精神とバスケへの愛を父親から受け継いでいた。パムにはジョン・ジュニアのタフさとミルドレッドの優しさが混じり合っていて、彼女なりに遊びでバスケをすることはあったものの（コービーは以前「なかなかのジャンプショットを打つらしいと聞いているよ」と言っていた）、彼女の主な関心事はスポーツ以外のものだった。オーバーブルック高校からジョン・ワナメイカー・デパート（※アメリカで最初にできたデパートの一つ）のティーン理事会に選ばれた二人の女子生徒のうちの一人で、フィラデルフィア中心部にあるその有名なデパートで青少年向けのイベントをいくつか企画した。とある記事によると、ワナメイカーの職員らから成る委員会は「学業、性格、身の振る舞い、外見」を元にパムを選出した。身長は１７８センチ、頬骨が高く光沢のある美しい黒髪のパムは、年齢を重ね大人になると歌手のダイアナ・ロスを彷彿とさせた。実際に、理事会に選出されたことで彼女はデパートで開催されるいくつかのファッションショーにモデルとして出演する機会を得ることができた。

後になって振り返ると、彼女がジョー・ブライアントと出会うのは必然であり、時間の問題だった。彼女の祖父母はジョーの祖父母と同じ通りに住んでいた。ジョーがある日友達と一緒にロウハウスの玄関先の階段に腰掛けていると、パムが通りがかった。すると彼らはお互いに囁き合い、彼女に向かって口笛を吹いたり声をかけ始めた。「パムを見てみろよ！　いい女だ！」その中でジョーだけがこう言った。「いつか彼女と結婚するんだ」。

校舎はノース・フィラデルフィアのオールニーというエリアの二世帯住宅や店先、低層アパートなどの建物の合間に隠れ、キャンパスに男子バスケットボールチームのためのろくなアリーナもない、それどころかアリーナそのものを持たないこの学校に、大学バスケの中でも優秀だとされるプログラムが存在するとは思わないだろう。ラサール大学は学生の大半が通学生で、町に住むブルーカラーのカトリック系の家族にとっても学費は手頃で、バスや車や路面電車でもアクセス可能だった。学生がバスケのホームゲームを観戦するには、そういった交通手段のどれかを使わなければならなかった。徒歩で行ける距離ではなかった。エクスプローラーズ（※ラサール大学のチーム名）のホームゲームはパレストラかフィラデルフィア・シビックセンターのいずれかで行われ、どちらもウェスト・フィラデルフィアにあり、キャンパスからは車で15分かかった。

それでもフィラデルフィアにはバスケの才能が溢れていて、ラサール大を含めビッグ・ファイブ（※フィラデルフィア・ビッグ5）を形成するその他四校のディビジョンIの大学（ヴィラノヴァ大学、テンプル大学、セント・ジョセフ大学、ペンシルバニア大学）は常に人材に事欠かなかった。ラサール大は1952年にナショナル・インビテーショナル・トーナメントで優勝し、1954年にはNCAAトーナメントを優勝した。主役はトム・ゴーラという198センチのガード兼フォワードで、当時大学バスケのスター選手だった彼は、生まれも育ちもオールニーという地元のヒーローだった。コーチが数人の選手に金銭を支払い、他の選手からは奨学金を取り下げるというスキャンダルのせいで1960年代に二年間謹慎処分を科せられたのち、ラサール大はゴーラをヘッドコーチに採用することで社会的地位と世間の評価を取り戻そうとした。ゴーラが就任した1968－69シーズンのエクスプローラーズはポストシーズンに参加することは禁じられていたものの、23勝1敗を記録し、コーチ・ジョン・ウッデンとルー・アルシンダー（カリーム・アブドゥル＝ジャバーの当時の名前）率いるUCLAブルーインズに次いで全国二位の成績を残した。50年以上経った今でもこのチームはビッグ・ファイブ史上最高のチームとみなされている。

1968－69シーズンの輝きは、その三年後にフィラデルフィア一の高校バスケ選手が進学先を考慮する頃にも、まだ明るく暖かな光を放っていた。1972年の春、ジョー・ブライアントはディビジョンIの大学のコーチたちにアピールするために、様々なオールスターゲームやトーナメントに参加することにほとんどの時間を費やしていた。特にピッツバーグで行われたダッパー・ダン・ラウンドボール・クラシック（※高校バスケ選手のオールスターゲーム）で最優秀選手に選ばれた時は、コーチたちから注目を集めた。ペンシルバニア州のトップ選手を全米の選手と対戦させる形で行われたこの大会は、ペンシルバニア州西部出身のビジネスマン兼プロモーターであるソニー・ヴァッカロが企画と運営をしていた。

進学先の候補をラサール大学、テンプル大学、オレゴン大学、そしてシンシナティ大学に絞ると、ジョーと彼の両親は次第にリクルートの過程に困惑し始めた。あまりにも情報が多すぎて、誰を信じればいいのかわからなかった。事を単純化し、心地よさを保つため、ジョーは両親の近くに残ることを最優先事項の一つにした。「ホームシックになるかもしれないし」と以前彼は言った。「通行料を40セント払えば家に帰れるし、歩いて坂を下れば祖母の家にも行ける」。さらに、ラサール大は他の大学にはない利点があった。2シーズンで辞任したゴーラの後任、ポール・ウエストヘッドの自由かつオフェンスを中心としたコーチングは、ジョーの様々なスキルにぴったりなように見えた。ジョーを勧誘するウェストヘッドは率直で、見栄を張ることもなかった。「地元に残って友達や家族の前でプレーするんだ。バートラム高校での成功を、ラサールでも続けられる。自然な流れだ」。ジョーもそれに同意した。

「選手を全国的にリクルートするのが普通になる前の話だ」とウェストヘッドは言う。「地元の選手は地元に残ることを好んだ。ジョー・ブライアントの時代の選手が『アリゾナ大学に行こうか』とか『カリフォルニア大学バークレー校にだって行ける』なんて言うのは現実的ではなかった」。

ウェストヘッドによるフィラデルフィアにおけるリクルート現場の分析は大まかに言って正しかったが、例外もあった。あまりにも支配的だったウィルト・チェンバレンは、オーバーブルック高校で平均37得点という成績を収め、フィラデルフィア市内において通算得点の最高記録を達成した。希望する大学ならどこへでも行くことができた彼は、1955年にカンザス大学を選んだ。ウェスト・フィラデルフィア高校のジーン・バンクスは、1977年にデューク大学に進学した。ラシード・ウォーレスは1993年にサイモン・グラッツ高校から南部の郊外にあるチャペル・ヒルとディーン・スミス（※長年ノース・カロライナ大学の男子バスケチームのヘッドコーチを務め、教え子にはマイケル・ジョーダンも含まれる）の才能に惹かれてノース・カロライナ大学へと進んだ。ウェストヘッドの主張とは裏腹に、誰しもが地元に残りたがるわけではなかった。時にはずば抜けた選手が現れ、たとえフィラデルフィアやその周辺の郊外出身でも、別の何かを求めてビッグ・ファイブ以外の場所へと進むこともあった。

ジョーは学力面でフレッシュマン（※大学1年生）としてプレーする資格がなかったため、1972-73シーズンは毎試合ベンチに座って過ごした。デビューが先延ばしになったことでなおさら彼に対する期待は高まった。ラサール大での最初の試合は、両親が見守る中その期待に応えて見せた。19得点、15リバウンド、1ブロックにビハインド・ザ・バックパス三本。リーハイ大学相手に50点差をつけて勝利した。ところが彼にとって、その晩のハイライトはコート上の活躍ではなかった。

ラサール大対リーハイ大はその日パレストラで行われたダブル・ヘッダーの一戦目で、二試合目はヴィラノヴァ大対リッチモンド大だった。ヴィラノヴァ・ワイルドキャッツは四人のフレッシュマンの活躍によってその試合を71対58で制した。そのうちの一人がポイントガードのジョン・〝チャビー〟・コックスだった。パムはピッツバーグにあるクラリオン大学の学部生で、地元に戻って両親のジョン・ジュニアとミルドレッドと一緒に兄の試合を観に来ていた。ジョーはコックス夫妻に挨拶をしようと、体育館の中を移動した。パムもブライアント夫妻に挨拶をしに行くところだった。

「ミス・ピギーとフロギー（※マペットという人形劇のキャラクターで、ミス・ピギーとカーミットは恋人同士。フロギーはカーミットのこと）みたいな感じだよ」とジョーは語ったことがあった。「『やあ、調子はどう？』みたいな感じでね。その晩、初デートに行ったんだ」。

二人は翌年の夏が来る前に結婚した。どちらも未成年で、どちらも大学三年生になるところだった。距離にして300マイル（※482キロ）のペンシルバニアの大地に隔てられずに済むようにパムはヴィラノヴァ大に転校し、ラサール大でプロキャリアに向けて励むジョーの側にいられるようにした。

ジョーのことをよく知る人たちにしてみれば、この変化は個人的にも社交的にも大事《おおごと》だった。ジョー彼はプレイボーイ、もしくはパーティー好きとも言えた。ジョーはチャーミングだった。ジョーには高校時代を通してリンダ・サルターというガールフレンドがいたものの、ジョーはどうしたってジョーだった。相手が若い青年なら、たったいま初めて目を合わせて握手を交わしたとしても、まるでずっと友達だったかのような気にさせた。若い女性だった場合は、つい数秒前に存在に気づいて笑顔を向けたばかりだったとしても、ジョーはまるでその相手が彼の世界の中心であるような気にさせることができた。あるライターは、ジョーを的確にこう形容した。彼は相手が誰だろうと最低でも二分は時間を割くことができるが、誰だろうと二時間も相手をすることはできなかった。
ところがパムは例外だった。パムは彼の人生の展望を広げることができた。「これは死ぬまで言い続けるよ。パムはジョーにとても合っていた」とモー・ハワードは言った。「誰もがみんな、自分が育ったような家庭かそれ以上の物を求めていた。パムは、ジョーがもう少し集中して責任感を持てるような状況に彼を置くことができた。ジョーは自由人だったからね。パムとの関係や彼女が育った環境のおかげで、ジョーがどんな父親になるかが決まった。彼はようやく身を固めることができたんだ」。

ラサール大でのジョーにとって、リーハイ大相手の衝撃的な試合のようなことは当たり前になった。あの試合には彼の大学でのキャリアを表すすべてが詰まっていた。派手なスタッツ、ショーマンシップ、息を飲むような多彩なプレースタイル。彼は二年生ながら平均18.7得点、10.8リバウンドを記録し、エクスプローラーズは18勝10敗の成績を収め、ミドル・アトランティック・カンファレンスのイースタンディビジョンを勝ち上がり、カンファレンスの決勝に進出した。翌秋、まだ二年間大学でプレーする資格が残っていたにも関わらず、ウェストヘッドの事務所には、ジョーの代理人を務めたいという旨の手紙が次々と届き始めた。ジョーが三年生のシーズンを終えてからNBAのドラフトに参加するには、ハードシップ・ステータスを申請しなければならなかった。表向きには経済的な理由でプロになることをリーグが認めるためのものだったが、実際には判を押すだけのことだった。

当初、ジョーは大学を去るかどうか、まだ決めかねていた。ジョーとパムが学生の間は、彼の父親から金銭的な援助を受けていた。ところが、冬にジョー・シニアが転んで背骨を骨折し働けなくなったことで、ジョーは将来について考え直し始めた。「彼は特定のライフスタイルを維持することを望んでいるが、それが困難になってしまった」と、当時ジョー・シニアは言った。「彼は誰かを頼りにするのは好きじゃないんだ。どんなオファーが来るか次第だろうね」。

大学コーチという立場上、ウェストヘッドにとってジョーの状況は利害の対立があるため、複雑な心境だった。もちろんそれはジョーが決めることで、彼自身や家族にとって一番良い選択をしなければならなかった。のちにNBAで六年間コーチを務めることになるが、この時点ではまだリーグで働いたことがなかったウェストヘッドは、ジョーにリーグ入りの準備ができているかを聞かれ、「プロがどんなものかはわからない」と弁明した。ただし、ジョーを他の大学生選手と比較したときは、もっとはっきりと答えることができた。「少なくとも言えるのは、あと一年大学で経験を積めば全米一のバスケ選手になれるだろう」。

ところがジョーは先延ばしにする必要はないと日に日に思い始めていた。ジョー自身がリーグに入りたくてうずうずしていた上に、そのシーズンの彼の成績を見るとそれ以外の選択肢を選ぶよう説得するのは困難だった。毎試合21得点以上を記録し、ビッグ・ファイブの中でも得点ではトップだった。彼を一際目立たせていた技や派手さが、世界中のトップ選手が集うNBAでも通用するのか。それを知りたいという欲求が試合ごとに膨らんでいった。ジョーがバートラム高校でみんなを熱狂させたスタイルでプレーすることを、ウェストヘッドは許可していた。彼はそれを奨励することもなければ反対することもなかった。単にジョーにはそういったことがつきものだと捉えていた。ジョーはたまにポイントガードのようにボールを運ぶこともあれば、シューティングガードのように20フィート（※約6メートル）離れた場所からシュートした。センターのようにリバウンドを取ったかと思えば、そういう気分だったからという理由で足の間にボールを通してフェイクを入れ、ダブルパンプをしてチェックの上からシュートを打つこともあった。例えば二年生のシーズン終盤ではライダー大学相手に大学でのキャリア最高得点である37得点を記録し、27本中17本のシュートを決め、派手なショーはやめてレイアップやバスケットへのドライブで試合を制した。この試合は彼がいつもこうプレーするべきだという好例だったにも関わらず、それさえも気まぐれでやったように見えた。試合後に彼は記者に向かって「明日はもうちょっとリバウンドをした方がいいかもね」と何でもないかのように伝えた。そうだな、ジョー。彼にもっと現実的になれと諭すことは不可能だった。しかし、システムにとらわれず自由なプレーができたとはいえ、一つだけ例外があった。エクスプローラーズに得点が必要になったときに、いつもウェストヘッドが頼りにしていたセットプレーだった。ジョーをバスケットから2、3メートル離れたところでポストアップさせ、ガード陣に必ずボールを入れるよう指示した。ジョーはそこから軽やかなターンアラウンドジャンパーを決めた。それ以外では、ジョーのオフェンスの選択肢を限定することに意味もなければ利点もなかった。「ビッグマンに求められるプレースタイルというものに彼は従わなかった」と、後にウェストヘッドは言った。「当時は全員にそれぞれの役割があった。コーチには戦術があり、みんなそれを守っていた。形式というものがあったけれど、ジョーは確実にその形式を破っていた」。

１９７５年、ペンシルバニア州イーストンにあるカービーセンターで、ラファイエット大学相手にＮＣＡＡトーナメント進出をかけたイースト・コースト・カンファレンス・トーナメントの決勝戦を迎えたラサール大の戦績は21勝６敗だった。その晩、ジョーは別の何かを破ることになった。今ではあまりにも古めかしいルールでおかしく思えるが、当時は大学の試合においてダンクは禁止されていた。ＮＣＡＡは１９６７年にダンクを禁止していた（表面上の理由としては、ビッグマン、特にアルシンダーの影響力を制限したかったからだった。実際の理由としては選手の身長ではなく人種によるところが大きかっただろう。ＮＣＡＡは黒人選手がバスケを制している、という表現であるダンクを抑え込みたかったのだ）。あからさまに馬鹿げたこのルールの意図が何であれ、ルールであることに違いはなかった。試合中にダンクをした場合、審判はその選手にテクニカル・ファウルを課し、相手チームにはフリースロー二本とポゼッションが与えられた。

ジョーを含め、全員がこのルールを知っていた。最終的に彼は28得点し、ラサール大は92対85で試合に勝ってエクスプローラーズはカンファレンス優勝とＮＣＡＡトーナメント進出を決めることになった。ところが残り七秒、ラサールが八点リードしている時点でジョーはハーフコートでボールをスティールし、ラファイエット側のバスケットを見定めながらドリブルを始めると、どうしても我慢できなくなった。彼の考えがまるで吹き出しのように浮かんで見えるようだった。「この試合はもう決着が付いている。シーズン中ずっと規則は守ってきた。一度もダンクはしていない。一回くらいはしなくちゃ！」。

2シーズン分たまっていたダンクへの欲求が、振ったばかりの炭酸水のように噴出した。彼は悪びれる様子もなくとどろくようなスラムダンクをかました。

カービー・センターは凍りついた。ウェストヘッドは信じられなかった。ジョーは満面の笑みを浮かべながら彼のいたラサール大のサイドラインへと向かった。

「コーチ」ジョーは言った。「やらずにいられなかった。やらないわけにはいかなかったんだ。一年中この時を待っていたんだ」。

「まったくジョーらしい」とウェストヘッドは思った。本能がすべてで、計算はなしだ。何年もあとになってコート上でのジョーとコービーの差を見たウェストヘッドは驚いた。ジョーは頭に浮かんだことがあれば、それをそのまま試合でやった。ノールック・パス？　やらない理由はない。バランスを崩しながらのジャンプショット？　もちろんだ。コービーは正反対だった。コービーはすべてを計算していた。「左に三歩、次に右へとスピンする」。ウェストヘッドが見た限り、コービーがやっていたことはすべて緻密に計算されていた。ジョーは流れがすべてだった。ジョーは自由だった。１９７5年、シラキュース大学相手にパレストラで行われたＮＣＡＡトーナメント東地区準決勝という彼の大学におけるキャリアで一番大事な試合さえも、コブズ・クリーク・パークのコートで過ごす午後と同じようにプレーすることができた。

そんな試合でさえも、夏の公園での普通のピックアップゲームのように見せることができたのだ。ジョーは39分間で25得点した。シラキュース大は彼を相手に為す術もなかった。当然のことだった。そこはパレストラだったからだ。彼が一番よく慣れ親しんだ体育館で、個人的にもコート上でも良い思い出が詰まっていた。パムとの出会い、華々しい活躍で得点を重ねた試合の数々。この活躍もまた、そこに追加される思い出になろうとしていた。試合は残り60秒で71点の同点だった。ウェストヘッドはエクスプローラーズにショットクロックが残り10秒になるまで時間を使わせてから、一番信頼できるあのプレーに頼った。ジョーのポストアップだ。彼らはいつも通り、バスケットから2メートル以内のところでジョーにボールを渡した。ジョーは相手選手に背を向け、シュートがブロックされる可能性がない状態で、振り向いてあの柔らかなフェイダウェイを打つと……

……ボールはリングの手前に当たり……

……リングの上をくるくると回転し……

……ブザーが鳴り……

……ボールはリングからこぼれ落ちた。

試合は延長戦へともつれたが、延長戦でのジョーはひどいものだった。残り1分42秒で彼はファウルアウトした。シラキュース大はバックドア・レイアップを決めて終盤にリードを取った。試合は87対83でシラキュース・オレンジメンが勝利し、ラサール大のシーズンは幕を閉じた。

ジョーの大学でのキャリアも同様だった。履修登録していた授業を一つ一つ辞めた。単に出席するのをやめた授業もあった。彼ははっきりと大学を辞めたわけではなかった。そうするためには教授や大学の教務係やウェストヘッドなど誰かの目を見てきっぱりと自分の意図と行動を説明し、反対や非難される可能性を受け入れる必要があった。ジョーはそういった気まずいことはなるべく避けることを望んだ。「少し身を引いたんだ」と彼は言った。「授業をサボるのはみんなやっていることだ。普通のことだよ」。NBAドラフトを一ヶ月半先に控えた四月初旬に、ジョーはハードシップ・ステータスの申請をし、リーグはそれを認めた。リーグ入りの準備はできていただろうか？　数字を見る限りはできていた。平均21．8得点、11．8リバウンド、シュート成功率は51．7パーセントで、全米で大学バスケのトップとされている町でも一番の選手だとみなされていた。

パムはまだそれなりに疑問を持っていた。彼女とジョーは新婚夫婦で、二人ともまだ大学生の年齢だった。もしジョーがどのチームにもドラフトされなかったら？　もしドラフトされたチームから外されたら？　もし地元チームのシクサーズにドラフトされ、フィラデルフィアでプレーすることになったら？　フィラデルフィアで大学バスケのスター選手の妻を務めることでさえ大変だった。彼女は地元新聞紙のジョーの取り上げ方に対して身構えていた。「ジョーは大抵活躍しているけれど、そういうときは『こういう間違いを犯した』と指摘する以外はほとんど彼について触れない」と彼女は言った。「さらにもっと良い時は『もっと活躍するべきだ』と言われる」。ジョーが正真正銘のプロになれば批判はさらに厳しく鋭いものになるだろうし、何らかの理由でNBAでの成功を掴めなかった場合はどうなるだろうか？　彼のせいでさえない場合だってあるかもしれない。もしベテランばかりで良い選手が足りないようなチームに行くことになってしまったら？　もし彼のスキルを最大限に生かすことができず、特定のポジションを持たないし持ちたいとも思わない身長2メートルの選手を許容しないようなコーチに当たってしまったら？　ジョーが平均的なNBA選手に比べて痩せすぎていて、ポストで相手に手荒に扱われるだろうと思うようなコーチだったら？　もしただの地元のヒーローで終わるような、期待外れな結果になったとしたら？　リーグ入りの準備もできておらず、バスケの最高峰でやっていけるほど成熟していない、大げさに騒がれただけのハズレ選手になってしまったら？

ジョーは早めにリーグ入りを目指すことで、そういった批判を招いていた。彼は気にしなかった。「自分の立場はわかっている」と彼は言った。「自分がどこへ行こうとしているのかもわかっている。何も問題はない」。ドラフト当日の晩、実際に問題はなかった。つい四日前にNBAチャンピオンシップを勝ち取ったゴールデン・ステート・ウォリアーズが一巡目の全体14位でジョーをドラフトしたのだ。ジョーがウォリアーズの一員としてキャリアをスタートさせることを妨げていたのはたった一つ、「ドラフトした選手の権利を維持するには9月1日までにその選手に契約書を提出しなければならない」という、あまり知られていないリーグの決まりだった。そうでない場合は、その選手はフリーエージェントになった。そのルールは形式的なもので、ウォリアーズ側からジョーのエージェントであるリッチー・フィリップスに簡単な手紙を送れば済むことだった。難しいことではないように思えた。ジョーとパムは西海岸へと向かうはずだった。

シクサーズのゼネラルマネジャーであるパット・ウィリアムズが知る限りでは、NBAで特に目立ったことが起きることもなく9月1日は過ぎていった。自分が招集したチームは完成され、あとはトレーニングキャンプに行くだけだと思っていた。契約書提出の締め切りが過ぎてから数日経ち、ジョー・ブライアントのエージェント及び弁護士であるリッチー・フィリップスから電話がかかってくる直前までは、そう思い込んでいた。

「ウォリアーズから契約書を受け取っていないんだ」。フィリップスはウィリアムズにそう伝えた。「それはつまり、ジョーはどのチームとも自由に契約を交わすことができるということか?」

「リッチー」ウィリアムズは答えた。「私はそう理解している」。

「というのも」フィリップスは言った。「まだ契約書を受け取っていないんだ。彼がフリーエージェントだとしたら、君たちは彼に興味があるかい?」。

ウィリアムズは契約書が届くのをあと一日、二日待つようにフィリップスに助言した。結局届くことはなかった。ウォリアーズは、単に送り忘れていたのだった。この事務手続きのミスによって、彼らはジョーと契約する権利を失った。ジョーはどのチームと契約することもできたが、フィラデルフィアに残ることを希望し、ウィリアムズも納得した。彼はジョーと長期契約を交わした。以前ウィリアムズが書いたものによると、その契約は5年で年間14万ドル（※当時のレートで約4千2百万円）だった。当時の報道によっては、最大で6年140万ドルというさらに法外な額を伝えているところもあった。結局どの新聞紙も、実際の詳細について確定的なことはわからずじまいだった。具体的にどうであろうと、ジョーにとってそれは魔法のような金額で、白いダットサン280Zというスポーツカーを購入するのに使った。「信じられないよ」とジョー・シニアは言った。「自分の息子が中学、高校、大学、さらにNBAでも同じ町でプレーするところを見られる人なんて一体何人いる?」。

ところが、しばらくの間は、とても見られたものではなかった。ジョーはプロになってから最初の36本中、30本のシュートを外した。12月初旬の試合でカンザスシティー・キングス相手に勝ち、ようやく10得点したときは、記者からの注目を堪能するあまり、チームメイトの数人に笑われた。「冗談を言っただけだよ」とジョーは言った。「なかなか以前のように冗談なんて言えないからね」。

シクサーズは五年ぶりにプレーオフ進出を決め、ファースト・ラウンドでバッファロー・ブレイヴズ相手に敗退した。その頃にはジョーは控え選手としての役割に収まっていた。毎試合16分出場し、7、8点取った。完全に集中していてシュートが入っているときは即席で得点を供給し、そうでないときは一貫性のないプレーをした。四月中旬になっていた。つい一ヶ月前にシャリアが生まれ、ジョーとパムは親になっていた。夏にはクリスマスイブに8万2千ドル（当時のレートで約2千4百万円）で購入した、ウィンウッドのレミントン・ロード1224番地にあるコロニアル様式の5ベッドルームの家に、パムとふたりで落ち着く予定だった。ジョーは夫であり、父親だった。ジョーの生活は安定していて財産もあり、彼が望むなら前途有望なプロのバスケ選手としてさらに良い日々が待ち受けているはずだった。ジョー・シニアが言った通り、ジョーは特定のライフスタイルを望んでいた。彼はそれを手に入れることができた。ところがジョーはまだ21歳と若く、ジョーはやはりどうしたってジョーだった。

1976年5月5日水曜日23時37分、フィラデルフィアのフェアマウント・パーク・ウェスト付近のパトロールを担当していたフィラデルフィア市警第18管轄区の2人の警官は、彼らの乗ったパトカーを通り越していった白いダットサン280Zに気づいた。テールランプがひとつ切れていた。中にはジョー・ブライアントと元ガールフレンドのリンダ・サルターという21歳の女性が乗っていた。

警官らはダットサンに近づき、ジョーに運転免許証と車検証を見せるよう求めた。ジョーは車から降りて車検証を手渡し振り返ると車内に戻った。運転免許証を取り出すためだと思われた。

ところが彼は何も取り出さなかった。そのまま運転席に座り、キーを回し、ヘッドライトも付けずに走りだし、南へと向かった。

警官のうちのひとりであるジョン・ピアースはパトカーでジョーを追う前に無線で援護を頼み、そこに覆面パトカーに乗ったロバート・ロンバルディという警官が加わり、高速カーチェイスが始まった。追跡は4．8キロ続き、最終的にはサウス・ファラガット・ストリートの900番地でスティーブ・マックイーンの映画よろしくクライマックスを迎えた。ダットサンは一時停止の標識にぶつかり、通りの向こう側まで勢いよく疾走し、駐車禁止の標識に激突して後ろ向きに外れ、別の標識に突進した。停まっていた車の左前方にぶつかり、跳ね返って別の車の後方に、そしてまた別の車の前方に衝突した。さらに歩道の縁石を乗り越えてからようやく壁に激突して停止した。

ジョーは飛び降りて逃げようとしたが、ダットサンから1．5メートルほどしか離れることができなかった。「そこで彼を掴みました」とロンバルディはのちに裁判所で宣誓をした上で話した。「彼が拳をあげたので、打ちました。制圧して、手錠をかけました」。「打ちました」も「制圧」も実際は別のもっと具体的かつ乱暴な行為の婉曲表現だったことだろう。ジョーはその晩、フィラデルフィア総合病院で6針縫うことになった。

彼は運転免許証がなく、期限の切れた仮免許証しかなかったと警察に説明した。警察がダットサン内を捜索するとプラスチックの袋が2つ見つかり、中にはそれぞれコカインの入った小瓶が入っていた。

ジョーは薬物所持と無謀運転、2つの起因で逮捕抵抗の罪を問われることになった。ジョーの裁判ではリッチー・フィリップスが20人もの性格証人（※人の性格について証言する証人）を市役所の285番裁判室に連れてきた。ジョーと共に現れたパム、シャリア、ジョー・シニアは、彼を援護する家族とチーム及びコミュニティの共同戦線を作り上げていた。ユナイテッド・プレス・インターナショナル通信社が撮影し配布した写真は、翌日のフィラデルフィア・デイリー・ニュース紙に掲載され、ジョーとパムが裁判室に入るところが写っていた。ジョーは濃いめのスーツに身を包み、分厚い三角形に結ばれた長いネクタイをつけ、口は半開きだった。彼の右側にいたパムは、明るい色のドレスを着て額にスカーフを巻き、右手の指は顎を触っていて、驚きと不安を同時に掻き立てられるような話をちょうど耳にしたかのような表情をしていた。

証人たちによる情状酌量の嘆願は裁判長のJ．アール・シモンズを説得するに至った。彼は少なくとも法的にはジョーの罪状を帳消しにし、コカインの小瓶が見つかった捜索を「単なる交通違反に対する不要な対応」とし、違法であったとの判決を下した。彼は残りの罪状についてもジョーを無罪とした。

ジョーはフィリップスの法律事務所に戻り、二人でフィル・ジャスナーというデイリー・ニュース紙のスポーツ記者からの取材に応じた。ジョーはこの先もっと一生懸命にプレーに集中する、とジャスナーに話した。「この件でどういう振る舞いを心がけるべきかを学びました。この先一生、人からこの出来事について触れられることになるけれど、そういった批判を気にせずに、おかげで人間として成長できたと思うしかありません」。若いアスリートが過ちを犯し、厳しい教訓を得て人生を改め、それが成功へと繋がる。罪滅ぼしの物語を確立させるという典型的なメディアへの対処法だった。でも、コート外やカメラのいないところで過ごすときは？　ジョーとパムが二人きりのときに、彼の裏切りとぞんざいさが二人の間に重くのしかかるようなときはどうだろうか？

二人の関係のそういった面について、当時も今でも理解できるのは、ジョーとパムとごく親しい人たちだけだった。パムはいつでもジョーと家族を最優先していて、彼らを守り、サポートし、甘やかしさえした。彼女にとって「死が二人を分かつまで」というのは単なるセリフではなかった。彼女はなぜ残ったのか？　パムをよく知る人にとっては聞くまでもないことだった。彼女は敬虔な黒人のカトリック教徒で、夫婦は一度結婚したら別れるものではなかった。それだけだった。何があろうと妻は夫の味方でいるべきであり、母親として子供の味方でいるべきだった。どんな結婚生活にも困難はあるもので、ブライアント夫妻にとってはたまたまそれが世間に見える形で起こっただけで、彼らの息子もいずれ同じ経験をすることになった。

誰もが想像する通り、コービー・ブライアントは幼いうちからバスケ漬けだった。ブライアント家がシクサーズのホームゲームを観戦した回数はあまりにも多く、スペクトラム（※当時シクサーズがホームゲームで使用していたアリーナ）は、自宅の居間の一部と言えるほどだった。ジョーの両親はアリーナのセクションHに座っていて、ブライアント一家はもはや常連だった。パット・ウィリアムズは、背中の怪我のせいで今では杖をついて歩くジョー・シニアと、ベビーカーに乗せたコービーを押すパムに毎試合挨拶をするのが習慣になっていた。「コービーはスペクトラムで育った」とウィリアムズは語った。

ところがジョーは赤ん坊である息子に比べると自分の置かれた状況に満足していなかった。表面上、彼は陽気なジョーだった。派手な絹のシャツに厚底の靴、頭にベレー帽を乗せてさりげなく見せる笑顔。あの逮捕以来、オフコートで問題を起こすこともなく、真面目にやっていた。とはいえ、控えのフォワードで、チームでは八番手か九番手の選手だという自分の立ち位置を彼は屈辱的だと捉えていた。あの一件があってからシクサーズがしたことと言えば、今後も成長し続けるだろうと彼を信じる代わりに、ＡＢＡのニューヨーク・ネッツから６００万ドル（※当時のレートで約1億7千6百万円）でジュリアス・アービングを獲得し、ジョーをよりベンチの奥深くへと追いやることだった。１９７9年9月のある晩、シクサーズがトレーニングキャンプを行っていたペンシルバニア州ランキャスターにあるモーテルのバーの外でジョーが二人の番記者と話していたときに、とある選手の名前が話題に上った。その選手はレイカーズのルーキー選手で、アーヴィン・〝マジック〟・ジョンソンだった。ジョーの言葉に含まれていた苦々しさは、あれから40年経ったいまでもはっきりと伝わってくる。

「彼がリーグに来ていろいろやると、みんなからは魔法《マジック》だと言われる」とジョーは言った。「同じことを俺が何年もやってきたのに、みんなには『校庭のお遊び』だと言われる」。

ジョーがＮＢＡにおける自分の立場を嘆いた一ヶ月後、コービーが生まれてから14ヶ月経った頃に、シクサーズはジョーをドラフトの一巡目指名権と引き換えにサンディエゴ・クリッパーズへトレードした。ジョーは「将来振り返ったとき、シクサーズはトレードに失敗したように見えるだろう」と断言し、環境の変化を歓迎した。「ディフェンスもオフェンスもできるし、両方できる選手は多くない。私にはそれをする能力が備わっている。自分にはそういう自信がある。覚えておいてほしい。私がいなくなっても、忘れられることはない」。

ウィンウッドの自宅を残しつつ、彼とパムと子供達は南カリフォルニアへと移り、初めてフィラデルフィアや彼らの家族と離れることになった。ジョーがシクサーズを去り、数年ぶりにスペクトラムのセクションＨには二つの空席ができた。ある少年の父親と兄がシーズン・チケットを持っていた席から、六つ左の席だった。その左に六つ離れた席は、グレッグ・ダウナーという少年の席だった。

04

世界の子

イタリアで育ったおかげで、まずバスケの基礎から教わり、正しいプレーを学ぶことができた。イタリアのコーチたちに教わったことはこの先もずっとありがたく思うだろう……文化の違いもあって、新しい体験になることはわかっていた。初めて家でテレビをつけたときのことを覚えている。イタリアのアニメをやっていて、二人の姉と大笑いした。爆笑したよ。「見ろよ、このアニメ」。イタリア語だったけど、アメリカでやっていたのと同じアニメだったんだ。まったく同じ番組なのに、言葉だけイタリア語だった。変な感じだったよ。びっくりした。

——コービー・ブライアント

三歳にしては早熟なその子は、サンディエゴにある一家の仮住まいの廊下に立っている。ミニサイズのバスケットボールを、その小さな手で拾い上げる。片手で持つには大きすぎて、両手の中のボールはまるで月のようだ。彼が素晴らしいバスケットボール選手へと成長するには、その手のサイズは障害になるかと思われた。ところが、実際には正反対だった。彼は青少年期を通して片手でバスケットボールを掴むことができなかった。世界一素晴らしい選手になったあとも手の大きさは9インチ（※約22・8センチ）という、NBAでは特に大きくも小さくもないサイズまでにしかならず、ダンクをするときはボールを手首と挟むように持つ必要があった。そのおかげで彼は基礎を徹底的に磨き、フットワークやシュートなどの技術的なスキルを完璧で狂いのないものに仕上げることになる。しかし、そうやって大抵一人で行うことになる練習に取り組むのは、まだ何年も先の話だった。いまはただ、ミニサイズのバスケットボールを両手に持ち、廊下の先の子供用のバスケットゴールとその前に置いてある小さなトランポリンを見つめ、これまでもこれからもずっと彼に喜びをもたらすことになる、あの技を繰り返すだけだった。廊下を走り、トランポリンに飛び乗ると、トランポリンは彼を宙へと運び、彼はボールをリングに叩きつける。少年の母親は「ダンクはしちゃダメ。リングが壊れるわよ」と注意する。彼はまたボールを拾い上げ、再びダンクをする。少年は三歳だ。

シクサーズがジョー・ブライアントをクリッパーズにトレードする前に、彼のフィラデルフィアのチームメイトたちはすでにコービーにあだ名をつけていた。あの1970年代後期のシクサーズには、のちに一流のバスケットボール選手になる息子を持つ選手が異様に多かった。ヘンリー・ビビーには、1998年のNBAドラフトで二位指名になり、14年間リーグで活躍したマイクがいた。マイク・ダンリービーには2002年のNBAドラフトで三位で指名され、リーグに15年間在籍したマイクJr.と、ヴィラノヴァ大学でプレーしたベイカーがいた。でもジョーにはコービーがいた。他の選手やその家族、さらに自分の両親にまで「選ばれし者」や「ゴールデン・チャイルド（※神の子）」と呼ばれていたのはコービーだけだった。

そのゴールデン・チャイルドがゴールデン・ステート（※カリフォルニア州のニックネーム）で幼少期を過ごすことになったことを、当初ジョーは嫌がっていた。彼はトレードされる直前までトレードされたいと思っていた。ところが地元のチームに本当に必要でないとみなされ、実際にそう扱われたという事実に彼は傷ついた。ジョー曰く、彼はシクサーズに「胸をえぐられた」のだった。トレードが成立したのは25歳の誕生日を迎える二週間前で、ちょうど肉体的にも全盛期だった。クリッパーズは、プレータイムを増やし新しいスタートを切れるという明らかなアドバンテージを与えてくれた。

ジョーのプレータイムはシクサーズにいた頃の二倍になったにも関わらず、結果は同じだった。シュートは打たせてもらえず、彼らしくボールを扱う妙技を発揮することもできなかった。フィラデルフィアではわずかながらもチームの勝利に貢献しているという満足感を得ることができたが、クリッパーズはあまりにもゴタゴタしていてそれさえ無かった。クリッパーズはジョーが来た一年目と二年目を比べても、戦績は35勝47敗から36勝46敗とほんのわずかにしか向上しなかった。1981年に彼は両足の親指の手術を受けた。毎年夏になるとベイカー・リーグでプレーするために家族と一緒にウィンウッドに戻ってきていたのを見れば、ジョーがフィラデルフィア周辺を恋しく思っていたのは明らかだった。それに加えてジョーは毎試合後、父親に電話をかけていた。ビッグ・ジョーは、その会話からニュースになりそうなちょっとした内容をザ・ブレティン紙やザ・トリビューン紙などの地元新聞紙に流した。

サンディエゴの良い点はただ一つ、町そのものだった。天候も住人も良好で、素敵でくつろげた。ジョーとパムは子供達をディズニーランドやシーワールドやサンディエゴ動物園へ連れて行った。ジョーは親しみやすく、シャチのTシャツを着たりネズミの耳のついた帽子を被ったりと他の父親となんら変わらなかったので、ファンも気軽に手を振ったり握手を求めたりした。シャリアとシャヤとコービーは学校に通っていた。幼児だったコービーは、まるで23時のニュースでハイライトのナレーションをするスポーツキャスターのように、先生にジョーの最新情報を伝えるのが好きだった。「パパのチームは昨日勝って、パパがスラムダンクしたんだよ」。夜、テレビで父親の試合を見るときは、大人の選手たちと同じように肩にタオルをかけた。「ママ、汗かいちゃった」。

クリッパーズの成績は1981－82シーズンに急降下し、結果は17勝でパシフィック・ディビジョン最下位となった。ドケチとして悪名高かったオーナーのドナルド・スターリングが経費削減を行った際には、ジョーはシーズン終了後にトレードしろと挑発しそうになるほど腹を立てた。スターリングは出費を節約するために、クリッパーズのコーチ陣と選手たちにファーストクラスではなくエコノミーに乗るように言い渡したのだった。「もっと若いやつらは貨物と一緒でも乗っただろうけど」とジョーは言った。「でも、ベテランとして選手の権利のために立ち上がったんだ」。２０１５年に愛人との会話でスターリングの人種差別的発言が発覚し、ＮＢＡコミッショナーのアダム・シルバーから終身追放を命じられたことを考えると、当時のジョーの反発はあの時から33年間のスターリングの言動に対する警鐘として、もっと注意を払われるべきだったと言えるだろう。１９８２年にクリッパーズがヒューストン・ロケッツとトレードを成立させたときには、ジョーはそれをありがたく思った。

その頃、ジョーは大学のコーチになることを検討していた。毎夏フィラデルフィアで過ごす間はベイカー・リーグでプレーし、さらにサニー・ヒル・リーグの大学生部門のコーチを務めていた。彼はその経験を楽しんでいて、ビッグ・ファイブのチームのアシスタントコーチとして、さらに彼の社交的な性格上、リクルーターとしても役に立てるのではないかと考えた。「トップの選手たちに地元に残るよう説得することができると思う」と彼は言った。「そこから彼らが能力を最大限に発揮できるよう、私が精一杯手助けをする」。

四歳にしては早熟なその子は、白い空手着を着てテキサス南東部の道場の外に立っている。彼はその年齢からもわかるようにまだ格闘技の初心者ではあるものの、先生には彼が内に秘める何かが見える。先生は彼を試すことにする。先生は少年に、同じ道場の年上でたくましくて経験もある茶帯の生徒と対戦するように命じる。すると少年は涙を流し始める。

「ぼくよりずっと大きい」と彼は言う。

その情けない発言は先生を怒らせる。「戦うんだ！」。

頭部をヘッドガードで覆い、光沢のある赤いグローブを着けた少年はすり足でマットの上へと移動する。ボコボコにされるところを見ようと、他の生徒たちは彼と大きな子を囲む。少年は不利な状況だ。少年は怯えている。大きな少年が彼にパンチを食らわせ、キック、またパンチと続くが、少年は泣くのをやめてリングから下りることなくパンチを食らいつつも打ち返す。驚いたことに、良いパンチがいくつか入る。試合には負けたものの、相手に立ち向かうことはできた。試合が終わると、彼はあることに気づいて解放感を覚えた。最悪の結果を想像していたが、試合の結果も戦ったことの代償も思っていたほどひどくはなかった。この本能的な気づきは、彼を一生形作ることになる。少年は四歳だ。

ジョーがヒューストンという行き詰まった弱小チームに再び身を置くことになると、ムラのある彼のＮＢＡキャリアに対する疑問の答えが、より明確になった。置かれた状況が彼にとって毎回不利だったのか、それともこのような腹立たしい状況を作り出していたのは彼自身だったのか。カンザスシティでは、朝のシュートアラウンドへ向かうチームバスに二分遅れたため置いていかれ、前の晩にポーカーで現金を使い果たしていたので練習へ向かうためのタクシーを呼ぶこともできなかった。そこで彼はホテルの部屋へ戻って寝ることにした。パムは「ジョーが次の遠征に出かけるときは靴下の中に5ドル札を隠しておくわ」と家族に冗談を言った。ジョーがもっと勤勉な習慣を身につけ、もっとプロの自覚を持って振舞っていれば、コーチ陣からも信頼を得ることができ、結果として行き着くチームやキャリアそのものがもっとましだったかもしれないということに、ジョーは気づいていないように見えた。少なくとも当時は、そういう考えは浮かばないようだった。

サンディエゴでの最終シーズンはひどかったが、ヒューストンで過ごしたたったの1シーズンはさらにひどかった。コーチのデル・ハリスの指揮の下、ロケッツはリーグ最低の14勝68敗という戦績を収めた。チームは再建モードだった。少なくともコート上にジョーの居場所は無かった。彼の契約は切れ、ヒューストンからもその他のＮＢＡチームからも声がかからなかった。ロケッツの業務執行社員だったチャーリー・トーマスはジョーに好意的で、彼に別の仕事のオファーをし、ジョーはそれを引き受けた。トーマスは50件ほどの車のフランチャイズの持分権を持っていて、その多くはフォード社のディーラーだった。28歳のジョーは、もはやＮＢＡ選手ではなかっ

た。既婚者であるジョーは、三人の子供たちを養わなければならず、ジョーは車のセールスマン

になった。

何年も前のあの晩、フェアマウント・パークで下した数々の間違った判断のことは忘れるとしよう。当時のジョーは少なくともバスケのスターだった。シクサーズは彼を見捨てることなく、再びチャンスを与えてくれた。いまが彼にとってのどん底だった。コート上でもロッカールームでも、彼に価値を見出す者はもう誰もいなかった。これまでの評判や実情が合わさって、彼にはお調子者のイメージがついていて、それは簡単に払拭できるものではなかった。最悪なのは、彼はスキルが衰えて落ち目になった年配選手というわけですらなかったことだった。彼はまだ30歳にも満たなかった。ジェリービーンはまだシュートだって打てたし、シェイクすることもできた。でも誰が彼に再びチャンスを与えるというのだろうか？

彼にそのヒントをくれたのはサニー・ヒルだった。「ヨーロッパに挑戦してみるといい」とサニーは提案した。「あそこでなら、君は評価される」。なるほど、海外へ行くんだ。もっともだった。海外のプロリーグでも稼ぐことはできたし、そのような劇的な生活の変化もブライアント＝コックス家にとっては前例が無いわけではなかった。ジョーの義理の兄のチャビー・コックスがすでにやっていたことだった。1978年にシカゴ・ブルズにドラフトされたもののロスターに残ることができなかった彼は、しばらくコンチネンタル・バスケットボール・アソシエーションで無為に過ごしてから、ベネズエラのカラカスにあるチームに移籍した。そこで彼は活躍した。

カラカスで彼と妻のヴィクトリアの間にコービーの従兄弟である息子のジョン4世が生まれ、のちにフィラデルフィアへと戻った。チャビーにできたなら、ジョーにだってできるはずだった。彼とパムはヒューストンにあった物を全て売り払った。彼はメルセデスをパムの実家へと走らせ、ガレージに停め、二人は子供達と一緒に大西洋を越えた。見知らぬ土地でよそ者になる覚悟だった。

九歳にしては早熟なその子は、イタリアの街中や田舎を通って高速道路や土埃の立つ道を通り抜けるバスに揺られ、弾むように歩いている。少年はもはや、そう小さくはなかった。足が長いため胴体は短く腰の位置は高くて、ティーンエージャーになれば身長が6フィート（※約182センチ）を超えるのは明らかだった。試合へと向かうイタリア人のバスケ選手やコーチでいっぱいのバスの中を弾みながら移動し、最後列にいる二人のアメリカーニ（※アメリカ人）のところまで行くと立ち止まった。一人は彼の父親で、もう一人は父親の友人だった。

少年はこういった遠出が大好きだ。よく父親に同行していた。試合の場所によっては二、三時間で着くこともあれば、五、六時間かかることもあった。経路によって、その地方や町ならではの香りが車内にあふれた。ボローニャでは露天市で売られているチーズの強い匂い、ベネチアでは潮の香りを漂わせた魚の匂い、南東側の海岸ではバジルの香りを乗せた風がそよいだ。少年の父親とその友人はチームで唯一のアメリカ生まれで、移動中はよく家族のことについて会話を交わしていた。少年が話に参加する。

「僕がいつかお父さんたちみたいな年寄りにプレーの仕方を見せてやる」少年はそう彼らに言う。

「僕のプレーを見せてやるよ」。

「おまえ」彼らは腹を抱えて笑いながら言う。「その細っこい身体で冗談言うんじゃないよ！」。

ある日、少年の父親は友人に打ち明ける。父親の祖母はその昔、いつかこの家族の構造も方向性も完全に変える者が現れ、偉業を成し遂げ、家族に新しい生活を与えるだろうと予言をしたことを。

父親は友人に向かってこう言う。「それが俺じゃないことはわかっている。俺はもう全盛期も終わりに差しかかっている」。二人のアメリカ人はバスに揺られながら歩く少年に目をやると、父親は言う。「あいつかもしれない」。二人とももう笑ってはいなかった。


コービー・ブライアントが六歳のときにイタリアへと引っ越したことは、発育期の彼に多大な影響を及ぼした。ジョーがNBAでキャリアを続けることにもっと熱心で、他のチームが彼にキャリアを継続させる機会を与えていたら、一家は各地を転々とする生活が続いていただろう。しかしそれはアメリカ国内に限られただろうし、いくら国内にも多様性があって様々な人たちや暮らしがあるとはいえ、イタリアのような異国の文化に浸かることはできなかっただろう。さらに、その後何年も続いたこの家族のあり方や関係性が育まれることもなかったはずだ。ジョーが在籍していたセバスティアーニ・リエティも含め、イタリアのプロバスケットボールクラブはNBAと比べてスケジュールに余裕があり、ゆとりがあった。レギュラー・シーズンは30試合しかなく、チームは週一度、日曜日にしか試合が無かった。ローマから一時間ほど北東のアペニン山脈の山あいにある人口四万人以上のリエティという町で、チームはブライアント一家のために木製のゲートと庭と外壁にバスケットが取り付けられた小さな家を探し当てた。ジョーには新しいBMWを与え、子供たちの学校のために必要な手続きも済ませた。子供たちは週に六日チームが雇った運転手の運転で、当初はローマの北部にあるアメリカン・スクールに通い、のちにリエティにある小学校へと転入した。学校では朝8時半から12時半までの4時間をイタリア語浸けで過ごし、家に帰ってからもシャリアとシャヤとコービーは一緒に新しい言語を練習し、両親よりも早くイタリア語を習得した。さらにコービーには、午後ジョーの練習に帯同する時間もあり、10時きっかりの就寝時間にもきちんと間に合った。元々家族の仲は良かったが、ヨーロッパに住む黒人の家族として、ブライアント一家はさらに強く固い絆で結ばれ、結束力を高めた。この土地では物珍しい上に有名だった彼らは、街を歩けば見知らぬ人からコーヒーやレストランでの支払いを代わりに申し出されたり、コービーや娘たちにはパスタやチョコレートを味見させてくれたりした。「あそこでは他人をみんな同等に扱う」と高校生のコービーは言ったことがあった。「彼らの間に不信感はない。道で会えば挨拶をする。そして家族。家族をとても大事にしている」。

遠征中に空いた時間を色々な楽しみで埋めていたジョーは、今ではパムと二人で8、9キロほどジョギングをしていた。今では、まるでここがハーメルンでジョーが笛を吹いているかのように集まってきた近所の子供達とコービーとで、ドライブウェイにあるバスケットゴールに向かってシュートを打っていた。最初の頃は小さな子供を持つ父親として「気をつけろ！」という意味の「アッテント」などの単語をいくつか知っているだけだったのが、今ではイタリア語を勉強して物にしていた。今では、コービーのためにジョー・シニアが送ってきたＮＢＡの試合が録画されたビデオテープの小包を開けていた。いくつかの試合は特にコービーを魅了した。それはだいたいロサンゼルス・レイカーズが関わっている試合だった。大胆なゴールドとパープルのジャージ、マジック・ジョンソンが試合をコントロールする様子、カリーム・アブドゥル＝ジャバーのファンキーなゴーグル、それぞれが持つ独創性と自制心の組み合わせ。コービーは彼らから目が離せなかった。マジックには間違ったプレーというものがないのはどうしてなんだ？　その上、彼の瞳に映る喜びはコービーが自分の父親に見たものと一緒だった。それにカリームはどうやってあのスカイフックを編み出したんだ？　他に誰もやっていなかった。「まるで映画でも見るかのように試合を観ていて、俳優の次のセリフも知っていた」と、後にシャヤは語った。しかも彼の横にはジョーが座って、一緒にテープを観ながら次に何が起こるか、この選手やあの選手がどんな理由で何をしようとしているのかをコービーに説明しながら分析や解説をした。コービーは夢中になった。「オラジュワンがポストで取った位置を見てみろ。ベースラインに向かってスピンするのに有利な状態だし、スペースもある」。頻繁に何度も繰り返して熱心に試合を観たせいで、コービーはあらゆるニュアンスを吸収した。二度と出たくなくなるようなワクワクする秘密の世界へと立ち入ることを、ジョーに許可されたかのようだった。父親の靴下をボールのように丸めてゴミ箱へと投げていたのは、6歳の少年ではなかった。彼は満席のグレート・ウェスタン・フォーラム（※1967年から1999年までレイカーズの本拠地として使われていたアリーナ）で叫ぶ観客と最前列を飾るジャック・ニコルソンやダイアン・キャノンの前でプレーするレイカーズの一員になっていた。庭のそばにあるバスケットでビデオで見たことの真似をした。母親が見ていない隙を狙って二階のバルコニーから庭へと降り立ち、危険なハイウェイを小走りで渡り、原っぱを駆け抜けて、カトリック教会の近くにある公園で、20キロ先にある雪に覆われたテルミニッロ山の息を飲むほど美しい景色を背景に、彼はさらにバスケの技を磨いた。セバスティアーニ・リエティのゼネラルマネージャーの息子であるクラウディオ・ディ・ファジに勧誘されて二、三歳年上の少年向けのリーグでプレーするようになると、ドリブルとシュートを繰り返し、たくさんの得点をあげた。初めての試合ではチームの最初の10点を一人で得点したため、残された九人の選手は泣き出し、親たちからはこの自分勝手なスクーロ（※色黒）を下げろと叫ばれた。ディ・ファジが言うことを聞いてコービーをベンチへ下げると、今度はコービーが泣き出してスタンドにいるパムのところへ駆け寄って慰められる番だった。ジョーはアトランタやポートランドやソルト・レイク・シティといった、何千マイルも離れたどこかのホテルにはいなかった。彼は毎日そこにいて、息子が得点し、ふてくされ、夢をみるところに立ち会っていた。

「すっかり家庭的になったよ」とジョーは1985年にニューヨーク・タイムズ紙に言った。「アメリカにいた頃はどちらかというと遠征ばかりだったからね」。

とはいえ、一家の真のリーダーはパムだった。全てをきちんと整え、子供達が人として豊かに育つことを強く求め、他人を自分がされたいように扱うことを教え、新しい環境を受け入れるようにしつけをしつつも、のびのびと育てた。子供達は、彼らにとって新しく、異国情緒のあるヨーロッパの一面を受け入れた。「色々な場所に旅行することで彼らは様々な人々や宗教を目にすることができた」とジョーはいつか語った。「彼らは人を肌の色や宗教ではなく人間として見ている。だから、ステレオタイプに囚われずに済んだと思う」。コービーはもちろんバスケに没頭したが、サッカーにも夢中になった。シャリアとシャヤはバレーボールと出会った。彼らは大人や同年代の子供相手に礼儀正しく接していたが、その大人や同年代の子供たちが何かしら度を超えた態度を取った場合は、母親に習って強くはっきりとした態度を取り、揺るぎない反発を示した。パムが朝ジョギングをしていると、車に乗った男がウィンドウを下げて大きな声で気を引こうとすることがたまにあった。行き過ぎた不適切なことを言われる前に、パムは走る足を止めることなく何でもないかのように振り向いて「ファックユー」と答えていた。子供達は自習用のイタリア語のレッスンを基に、イタリア語をものにしていた。イタリアのテレビからもよくインタビューを受けるほどで、それがさらなる上達につながった。パムは彼らにできる限りアメリカのポップカルチャーにも触れる機会をもうけた。コービーが蝶ネクタイをつけて行った友達の誕生日パーティーにパムも同行したときは、コービーが不意にブレイクダンスを披露して、他の子供達や大人に感心された。パムはカトリック教義を彼らの生活と思想の念頭に置いた。一家がトスカーナ地方に住んでいた頃、コービーは濃紺のブレザーと真っ白のスラックスに白いシャツを着て、普通の教区学校に通う普通のアメリカの二年生と同じように、パムが少女だった頃にしたように、クラスメイトと一緒に初聖体拝領式に参加した。コービーがレイカーズに来た初期、チームの飛行機で一人でヘッドフォンを着け、席にうずくまって映画『十戒』を繰り返し見ていたのには、理由があったのだ。

ジョーは過去に知り会った顔に再会し、彼らはコービーの将来に影響を与えることにもなった。シクサーズ時代のチームメイトであるハーヴィー・キャッチングズもタージャとタミカという二人の娘を連れてイタリアに来ていた。タミカはコービーの一歳年下だった。子供達は仲良くなり、時にはピザを分け合う仲だった。コービーがレイカーズでのキャリアを進める間も連絡を取り合い、タミカは女子バスケットボールアメリカ代表としてオリンピックで四つの金メダルを獲得し、WNBA優勝を果たし、WNBAの最優秀選手賞に輝いた。「俺たちには人とは違った人生の展望があった」とコービーは自分とタミカについて話したことがあった。「すごいことだよ。俺たちは何でもできると信じて育ったんだ」。2021年5月15日、二人は同じ晩にネイスミス・メモリアル・バスケットボール殿堂で殿堂入りを果たした。「これがハッピーエンドになるはずだった」と彼女は言った。

レオン・ダグラスはピッツバーグで開催されたダッパー・ダン・クラシック（※アメリカで初の高校生を対象としたオールスターゲーム）で二人が17歳の頃にジョーと出会い、その後ジョーはラサール大学へ、ダグラスはアラバマ大学へとそれぞれの道を歩んだ。ダグラスはリエティのライバルの一つであるフォルティトゥード・ボローニャで先発のセンターを務めていて、その新たな繋がりがアメリカのプロバスケというプレッシャーから遠く離れた二人の友情を再燃させ、ブライアント家が新しい環境に馴染む手助けにもなった。イタリアでの試合は大学のアメフトの試合やヨーロッパのサッカーの試合に近い雰囲気があり、旗がなびいて純粋で楽しそうなムードがアリーナに響いていた。ジョーが得点して試合を支配しだし、ウィングでボールを受けて相手を見極める場面になると、パムと娘たちとコービーはスタンドから「やっちゃえ！　やっちゃえ！」と叫んだ。誰一人としてジョーにチームバスケをするように、トップでピックをセットするようにと叫ぶ者はいなかった。ずっと望んでいたけれどＮＢＡでは許されなかったタイプの選手になることができた。ゾーン・ディフェンスの上から遠めのジャンプシュートを打ち、一対一で守ろうとする相手をドライブで抜き去る身長2メートルのスモールフォワードだ。彼のあだ名は言うまでもない理由から「ザ・ショー」だった。リエティでの2シーズン目、彼は最初の25試合で平均34・8得点を記録した。得点とアシストで共にリーグ1位だった。アシストのスタッツに関しては、主に彼がボールを持っていることが多かったことが理由だった。オープンになっているチームメイトを探してパスを出すのも、相手のディフェンダーの膝が崩れるような360度のスピンムーブを決めてからだった。もしくはノールックで出すような場合だけだった。はたまたあるいは、そのプレーに派手さがある場合だけだった。試合で60点以上取ることも珍しくなく、そのプレーには計画性も気配りも無かった。自己満足のために一人でトリックショットを試しているのとなんら変わらなかった。数年後、ピストイアにあるイタリアン・リーグのチームがジョーの契約を11万5千アメリカドル（※当時のレートで約1千7百万円）で買い取り、彼とダグラスの二人を勧誘した。ダグラス家はコンドミニアム、ブライアント家は山腹の別荘と、お互いから車で30分の距離に住み、よく交流した。子供達は誕生日を一緒に祝い、同じ学校に通った。シャリアとシャヤとコービーはダグラス家の娘レネイのベビーシッターもした。ジョーとレオンは毎日昼食を共にし、ジョーが喜んで昼食代を割り勘で払ったとしても、コート上で分け合う気はなかった。

「とても仲のいい友人とプレーできたという点ではよかったけれど」とダグラスは言った。「ジョーは滅多にパスをしなかった。コービーのもそこから来ているんだよ」。

毎週、徐々に吸収することで学んでいった。コービーは選手の微妙な動きを捉えることが可能な安全な場所に腰をおろして試合の前半を見てから、ハーフタイムになるとモップやほうきを手にとってコートを掃いた（ピストイアのオーナーの会社を宣伝するトレーナーを着てオールスター試合で働く際に「いいよ、このトレーナーを着てモップがけをするかわりに赤い自転車が欲しい」と掛け合ったこともあった。オーナーは約束を守った)。そこから、今度は自分のバスケットボール・ショーを開催した。レッグスルーやジャンプシュートの練習や遠すぎる距離からシュートを打ったりと、つい先ほど見たばかりのことを真似するコービーは、まるでジョーのミニチュア版だった。そのままじっと見ていたアリーナの観客たちを少年は気に留めることもなかった。本物の試合の後半を再開するために審判にコートを追い出されるまでやっていた。コービーは、ルカ・ルスコーニというジョーのコーチの息子と仲良くなった。彼はワークアウトの相方として完璧だった。家ではプラスチックの花瓶の底を切り取り、ガレージの上に取り付けてバスケットに見立てた。ジョーの試合の前にシュートを打ち合い、コービーは2歳年上のルカ相手にスリーポイントで競い合う挑戦をした。コービーは10本全てを決め、それを見たルカは驚いて言葉を失い、ボールを手から離し手を伸ばしてコービーと握手をしたあとで歩き去った。移動中のバスでコービーは将来の予定を話し、彼が大口を叩くのを父親とダグラスは笑って聞いていた。観客を前にして一人でコートに立つということの状況も、そのために必要な第一歩だったのだ。

「彼は恐れていなかった」とダグラスは言う。「人はわかっていないんだ。偉大な選手というのは揺るがない自信を持ってプレーできる。偉大な選手が他の選手と違うところは、時にはその自信の度合いだ。精神的にダメージをくらうようなネガティブな状況に置かれると、普段やっていることを避けてしまうことがある。コービーにはそういうことが無かった。彼の父親も同じだった。悪いショットなんてものは無かった。10本落としたら、次の10本は決めるかもしれない。プロ選手に囲まれていたことで、コービーにはそういう考えが強まったんだろうね」。

しかし、コービーに印象を残したのは、プロの中でもある特定のタイプの選手だった。コービーは父親からバスケの個人主義的な面と、一つのことにのみ集中するタイプの選手の劇的なまでの自己中心さを知ることができた。イタリアにいたころのコーチに対する感謝の言葉も、社交辞令でありリップサービスに過ぎなかった。実際のところ、彼を囲いに入れようとするコーチと、彼を解き放とうとする父親とで比べたら、どちらからより多くを学ぶことができただろう？　ジョーは単に曲芸的な自分のシグネチャームーブをコービーに手取り足取り教えただけではなかった。自分のＮＢＡキャリアが実際の結果よりも遥かに実りのあるものにできたはずだと今でも信じているジョーから、もしもの話を聞かされていたコービーは、ジョーの嘆きに完全に共感していた。父さんはあんなにチームメイトやコーチやファンに対して敬意を持って接していた。リーグにまだたったの8チームしかなく、ロスター入りするのが今よりも難しかった時代に八年もリーグでプレーすることができていたではないか。それに、その間もずっと身体を鍛えていた。父さんは何事も与えられて当然だとは思っていなかった。彼は彼らしく、彼のやり方でプレーをし、それを守った。それに、イタリアであげた得点を見てみろ。人々から賞賛され、家族全員が国中から温かい抱擁で包まれた。与えられるべきチャンスがＮＢＡで得られなかったのは、父さんのせいではなかったのだ。いずれ自分がそれを変えるんだ。彼はいつかその間違いを正すことを誓った。

とはいえ、ジョーの良い部分を吸収するのと同時に、ジョーが対戦した選手たちを通じて、父親がさほど注意を払わなかったシステムや規律の良い部分をいかに吸収することができるかコービーにはわかってきた。バスケの基礎と、その重要さを理解することができた。ディフェンダーがほんの少し後方へ重心を移すように自分の足をそこに置けば、上からシュートが打てる。自分を守っている相手の周りをキャンディーケーン（※杖の形をした飴）の縞模様のごとくタイトにカールするために、この角度に身体を落としてリムへ切り込む。パワーフォワードはあそこにいるポイントガードからちょうど6フィート半（※198センチ）のこの位置にいるべきで、そうでないとタイミングと動きを合わせて遂行すべきオフェンスのセットプレーが、混み合って台無しになる。

ジョーがスタンダ・レッジョ・カラブリアというまた別のチームに在籍していた1986年から1987年の間、コービーはユースのバスケットボールチームでプレーしていた。全員に礼儀正しく振る舞い、他の子供たちとも溶け込んでいた。リーグで彼のコーチを務めたロッコ・ロメオは「素晴らしい笑顔が顔に張り付いていた」と彼を形容した。ところがスクリメージや試合が始まると、コービーはロメオに向かって「ロッコ！　ボールだ、ボール！」と叫んだ。ロメオはコービーを黙らせるため、そして子供に怒鳴られる恥ずかしさから逃れるために、他の選手に向かって「ほら、君たち。ボールを回して……」と促した。コービーが一度ボールを手にすると、予想通り手離すことはなかった。パスを戻すこともなく、にこりともしない。ディフェンスには関心を示さなかった。コート上でのコービーの振る舞いには父親のようなスタイルと母親の強さ、そしてロメオが後にコービーのＮＢＡキャリアを通して目にした整然とした優雅な動きや動作が見て取れた。「まるで豹のような動きだった」とロメオは言う。言葉にせずともコービーが特別な選手だと理解していた。そうした評価は大抵言葉にされることはなく、彼の両親も彼が特別だという考えを本人に否定することはほとんどしなかった。ある日ジョーがコービーを練習に連れていった時のことだった。レッジョ・カラブリアのヘッドコーチであるサンティ・プグリシは、練習して適用したい戦法のコンセプトを説明するために選手たちをコートの中央に集めた。膝下までくる父親のダボダボのチームＴシャツを着たコービーはバスケットボールを掴んでコートの端でドリブルを始めた。気が散ったプグリシは笑いながら「コービー、座っていなさい」と言った。コービーは彼を見つめた。

「ファックユー」と彼は言った。「ファックユー」。

大人に向かってそんな口を聞くような子供をどう扱えばいいだろうか？　自分自身を信じ、信頼するようにと彼を励ますことと、自分より年上の人の言葉をまるでどうでもいいかのように扱い、権威のある者からの妥当な要求に唾を吐くような真似をするほど完全に自由にやらせること。その線引きはどうするべきか？　ジョーとパム・ブライアントの場合、コービーを規律が厳しくて学業でも試されるような私立の学校へ送り、バスケやそれに関連することについては甘やかした。父親がイタリア北部のレッジョ・エミリアでプレーしていたコービーが11、２歳だった頃、イタリア語がペラペラになっていたコービーは、同名の商業ワイナリーがスポンサーのカンティーネ・リュニティというジュニアチームでプレーしていた。チームの白いユニフォームには赤と青のアクセントがついていて、２００８年の北京オリンピックでコービーとバスケットボール男子アメリカ代表の面々が着たジャージに似ていた。当時の写真で、特に象徴的な一枚がある。リュニティのコーチ２人と13人の選手が写る、前列は座って後列は立っているという典型的なチーム写真だ。選手の何人かは笑顔だった。あと数名は退屈そうな表情をしていた。左端に写ったコービーは、自信たっぷりに頷いている瞬間を撮られたかのように顎をあげて睨んでいた。その表情は「俺は最高だ」と語っていた。もしその事実を受け入れなかったり気に入らなかった場合は、パム・ブライアントとその息子から何と言われるかは容易に想像できるだろう。

毎年五月ジョーのシーズンが終わって夏になると、ブライアント一家はフィラデルフィア近辺に帰って、レミントンロードにある自宅とフィラデルフィアのグリーン・ヒル・ファームズにあるパムの両親宅を行き来した。八歳になったコービーには、従兄弟という遊び相手ができていた。チャビー・コックスの長男で11歳のシャリーフ・バトラーと、五歳のジョン・コックス四世だ。三人は兄弟のように仲が良かったが、まだ幼かったにも関わらず、ジョンはコービーにとっては遊び相手というよりも将来のバスケスターが上達するために必要なツールとなる練習相手だった。彼らはお互いに取り引きをした。もしコービーがジョンに一時間バスケにつきあって欲しい場合は、そのあと一時間はジョンのフィギュアで一緒に遊ばなければならなかった。コービーがさらにバスケをしたければ、それも問題なかった。でもあとで同じだけ祖父母の家のプールで泳いだり、バットマンとロビンの真似事をしたり、取っ組み合いをしたりしなければならなかった。そうして初めてジョンはコービーの日課のハイライトになることに同意した。その日課とは、マジック・ジョンソン率いるレイカーズや、時にはラリー・バードの試合映像を観て、そこで観たばかりのことをドライブウェイで練習することだった。

コービーとジョンが大きくなるにつれ、どんどんバスケをして過ごすことが増えていった。あまりにもバスケばかりしていたので、パムはバスケットボールを彼らの〝ガールフレンド〟と呼び、ボールを脇に抱えていないのを見かけるたびに二人をからかった。「ガールフレンドはどうしたの?」と彼女は言った。「ガールフレンドをどこに置いてきたの?」。コービーにとって、年下の従兄弟との日課は年上の従兄弟との日課からの息抜きでもあった。彼とシャリーフはレミントン・ロードやウェスト・フィラデルフィアにあるタスティン公園やアードモアにあるそこら中のコートで毎日1オン1で対戦したが、コービーの初めての空手の対戦と比べても一方的なものだった。シャリーフは13歳になる頃には身長190センチになっていて、年の割にはガタイも良く、コービーは敵わなかった。二人は一体何回対戦したのか?　ジョン曰く、1000回対戦して、コービーは1000回負けていた。さらに最悪なことに、シャリーフは時に残酷なまでのトラッシュトークの嵐で彼を苦しめた。「ファックユー」も今度はコービーからでなく、彼に向かって放たれた。「シャリーフは嫌な野郎だった」とジョンは言った。「でもいつもコービーがもっ

と タフになるようにやっていたことだ」。
他にもコービーの成長を手助けする者たちはいた。1991年にジョーはコービーをサニー・ヒル・リーグに登録した。コービーはそこで初めて、シャリーフをはじめフィラデルフィアの選手なら誰もが慣れ親しんで育った荒いバスケに触れることになった。このリーグはコービーを肉体的にも精神的にも試すことを約束した。自分の環境や遺伝子や育ちを通して、バスケ選手とはどういうもので、どんなプレーをするものなのかという定義を持っていた彼は、まんまと標的にされた。彼は棒のように細い足を鎧のように分厚いニーパッドで覆っていた。バスケのしすぎで膝の骨と腱に炎症と痛みと脆弱性をもたらすオスグッド・シュラッター病（※成長期の子供に多いスポーツ障害）を患っていたのと、NBA選手やバレーボールをするときの姉など、ほかの選手が身につけているのを見たのが理由だった。視力に問題はなく、目に怪我をしたわけでもないのに、ゴーグルをつけていた。NBAの最優秀選手に六回選出され、六度の優勝を果たした、レイカーズにおける彼のヒーローの一人であるカリーム・アブドゥル＝ジャバーがゴーグルをつけていたからだった。もう一人偉大なレイカーズの選手であるジェームズ・ウォージーもゴーグルをつけていた。彼自身もつけない理由はなかった。さらに、コービーはアメリカのスラングをほとんど知らなかった。イタリア語に堪能だったことで出会う大人を感心させることはできても、リーグの試合が開催されていたテンプル大学のマクゴナガル・ホールでは情けをかけてもらえることはなく、他のフィラデルフィアの少年たちにこてんぱんにやられた。

選手としての最晩年、フィラデルフィアでシクサーズ相手にキャリア最後の試合をする前に、コービーはウェルズ・ファーゴー・センターの会議室いっぱいに集まった報道陣を相手に、感慨深い思い出としてサニー・ヒル・リーグでプレーしたことを挙げ、１９９２年の夏は特に大切な思い出だと語った。しかし当時は決してそうは思わなかっただろう。レベルを一段階上げて一、二歳年上の少年たちと一緒にプレーしていた彼は、25試合に出て一度も得点をあげることができなかった。圧勝している試合での無意味なレイアップもなければ、やけくそで打ったジャンプシュートすらなかった。父親と伯父に恥をかかせることになったコービーは、一瞬バスケを諦めてサッカーに集中することを考えた。ヨーロッパに住んでいたことを考えると自然かつ安直な移行だった。しかし、実際にはコービーは再びバスケに打ち込むことに決めた。マイケル・ジョーダンが高校のチームから落とされたという半分本当の話（実際にはジョーダンはジュニア・ヴァーシティーのチームに送られただけだった）を聞き、バスケの最も偉大な選手との共通点を見出すことをモチベーションにしたのだ。再び鋭い目で試合映像を見ることにした。再びバスケの歴史と進化と時代を超越した基礎を勉強することに励んだ。屈辱はモチベーションになり、モチベーションは執念になっていった。「あれが転機になったんだ」と彼は言った。「本当にそうなんだ。夏の間一点もとれなくて、次にサニー・ヒル・リーグに戻ってきたときには準備ができているようにしなくては、という大きなモチベーションになったんだ。やる気を与えてくれた」。

ジョーにはもはやそれは残っていなかった。フランスのミュルーズというチームで1シーズンだけプレーして、それきりだった。彼は正式に引退した。あと二年はプレーできる気はしたものの、罪悪感と希望の両方に打ち負かされていた。妻と子供達は彼と彼のキャリアのために犠牲を払ってきていて、次は彼が犠牲を払う番だった。家に帰る時が来たのだった。１９９１年の11月にマジック・ジョンソンがＨＩＶの診断を受けた時、パムの両親は深夜二時に彼女とジョーに電話で知らせた。その知らせを聞いたコービーはショックを受けたあまり、一週間ほとんど食事も摂らなかった。彼の悲しみぶりはシャリアを動揺させた。彼女は「会ったことのない人に対してそこまでの感情を抱けるなんて思ってもみなかった。まるで家族の誰かだったかのように彼は傷ついていた」と語った。ジョーは息子の痛みに同情した。それと同時に、コービーに自分の母国との繫がりを失って欲しくないと思った。アメリカにおけるバスケットボールの影響力を理解して欲しかった。その秋、ブライアント一家はウィンウッドに戻り、コービーはバラ・キンウッド中学校に八年生として転入した。

イタリアで過ごした気ままな生活が恋しく、友達とピアッツァ（※広場）に集合してジェラートを分け合えたらいいのにと大人になるまで言っていたコービーだが、その頃には185センチになっていた。しかし、コービーがなるべくして生まれてきたと思うレベルの選手になるためには、イタリアに残るわけにはいかなかった。コービー自身もよくわかっていた。ジョーにとって、一家がローワー・メリオンに戻ったのはギリギリのタイミングだった。彼は「イタリアが鍵になった」といつか言ったように、コービーが早いうちに成熟したのは海外で過ごしたことが元になっているといつも言っていたが、同時にコービーが英語を忘れる前にアメリカに戻って永住したいとも冗談めかして言っていた。

11歳にしては早熟なその子はアシュリー・ハワードという名前だ。バスケが大好きで、父親がプレーするのを見たり、時には一緒にプレーするためにフィラデルフィア中の体育館や公園へとついて行った。ある日曜日の朝、アシュリーは父親のモーと一緒にセンター・シティーのブロード通りとパイン通りの交差点にあるザ・ガーシュマン・Y（※ユダヤ系のカルチャーセンター）へ、究極の父子ピックアップゲームに参加するために連れ立った。参加していた大人は全員ディビジョンIかNBA、もしくは両方でプレーしていた。モーとアシュリーがいた。1973年にフェニックス・サンズにドラフトされたリン・グリア・シニアは、のちにジョン・チェイニー監督の下、テンプル大学でスター選手になるリン・グリア・ジュニアと一緒だった。セント・ジョセフ大学でプレーしたマイク・モローはマイク・ジュニアと来ていた。チャビー・コックスはジョンを連れていた。そしてジョー・ブライアントも来ていた。コービーも一緒だった。

これは毎週日曜日にある試合で、普段は父親たちがフルコートの五対五をプレーする間、息子たちは脇にあるコートで規定の10フィート（3m5cm）より低いゴールに向かってシュートを打っていた。ところがこの日は違っていた。父親が一人来れなかった。人数は九人しか揃っていない。息子たちの一人がプレーする機会を与えられた。コービーは13歳だった。コービーが参加することになった。

「へえ」とアシュリーは思った。「どうなるか見ものだ」。

最初のポゼッションでコービーはボールを運んだ。モー・ハワードにガードされている。ジョー・ブライアントがティーンエージャーの頃からの友人で、フィラデルフィア・カトリック・リーグの年間最優秀選手に選ばれたこともあるモー・ハワードだ。１９７０年代半ばにメリーランド大学でジョン・ルーカスと組んで大学バスケ最高のバックコートを結成した、あのモー・ハワードだ。ＮＢＡで32試合に出場し、まだ40歳にもなっていなかった。

チャビー・コックスは甥に向かって叫んだ。「行け。あいつに向かって行け」。この先どうなるのか、少年は興味津々だった。コービーはモーに向かってドリブルし、シェイクし、プルアップジャンパーを沈めた。少年は唖然とした。「お父さんはディフェンスが自慢なんじゃなかったっけ？」とアシュリーは思った。「きっとコービー相手に手加減しているんだ。子供に意地悪をしたくないんだ」。

次にコービーが来ると、モーはプレスをかけた。コービーはスリップして彼をドライブで通り越し、バンクショットのレイアップを決めた。モーには困惑した表情が浮かんだ。「くそ、もっときつくガードしないとダメみたいだ」。脇のコートからまだ見ていたアシュリー・ハワードは、その様子を記憶に留めた。彼はこのとき初めてコービー・ブライアントが本気でプレーするのを見た。コービーは臆していなかった。コービーは誰かにパスされる望みもなく単にコート上を走り、プレーしているフリをしているわけではなかった。彼は大人相手にそれなりにプレーできていた。コービーは鍛えられ、教えられた通りのことをやっていた。従兄弟、対戦相手、友人、そしてすべての嫌な野郎たち。彼らに対するコービーの報復は強烈なものになることが予見された。

05

夜明けの天使たち

バスケが上手いからといって学校で特別扱いされたくはなかったし、母校は当時も今でも教育水準が高いことで知られているので、どのみちそんな待遇を受けることはなかっただろう。

——コービー・ブライアント

レミントン・ロード1224番地の実家にあるコービー・ブライアントのクイーンサイズのベッドの上、ヘッドボードや彼が頭を乗せた枕の後ろにある壁に、彼の母親は一枚の絵を飾っていた。金の額縁に飾られた縦長のその絵には、左に男、右に女の黒人の守護天使が描かれていた。琥珀色の影がかかり、ワシのような羽を背中から突き出した男の天使は、ちょうど飛翔から着地したかのように落ち着き払った様子で、まるで番をしているかのように教会の高い窓の前に立っていた。彼は左手に杖のような白い剣を持っていて、先端は窓の手前の床を突き刺していた。女の天使は白い布に包まれ、雪に覆われた山頂を見下ろして両手を頭上に上げていた。両手の間には青い光を放つ天使の輪が浮かんでいた。二人の天使の間には次の言葉が書かれていた。

神は我々一人一人に
天使を与えてくださった

その家はメイン・ライン（※フィラデルフィア西方の高級住宅地区）のオールドマネー（※代々続く金持ち）の住む豪華なエリアに比べると普通だった。静かな路地裏ではなく、人通りの多い大通りにある315平米の家は、グレーの石と淡い褐色の外壁、白いフェンスと赤いバラが生い茂った花壇に、半円型のドライブウェイ（※邸宅の門から車寄せ・車庫までの車道）があった。家の中はほぼすべて黒か白か緑で、インテリアは温かく優しい雰囲気だった。ティーンエージャーが読書をしたりボードゲームで遊ぶような部屋の中心には、アフリカンウッドでできた美しいテーブルが置かれていて、1階と2階の壁にはブラック・カルチャーをテーマにした絵が飾られていた。ソファと大きなテレビのある家族が集まる部屋には、小さな庭に続くガラスの引き戸があった。家の床下を這う暖房の配管に誰かが黒い油性マーカーで、大文字を使って「2階コービーの部屋」と書いていた。2008年にジョーとパムが家を売ったときに、この家を購入したリチャードとケイト・ベイヤーという夫妻はそのディテールがとても気に入り、家の修理と改修を行った際にはそれが見えるように断熱材を切り取ってもらったほどだった。ジョーとパムの寝室にはクッションのついた2つの黒い椅子がベッドの前で、大きなテレビの方を向いて置かれていた。ジョーの書斎の壁に取り付けられた棚には、いくつもの本やイタリアの雑誌が並んでいた。アメリカに帰国してから間もなくしてコービーはスポーツ・イラストレイテッド誌の購読を始め、いくつか取っておいたバックナンバーを書斎に保管し、ジョーの机に積んでおくこともあった。その一つはコービーが14歳になる2ヶ月前の1992年6月22日、シカゴ・ブルズがNBAのファイナルでポートランド・トレイルブレイザーズを破った一週間後に発行されたものだった。そこにはたった一人の選手が表紙を飾っていた。勝利の葉巻を吸うマイケル・ジョーダンだった。

ドライブウェイにはもちろんバスケットゴールがあった。黒いポールに錆びついたオレンジ色のリム、そしてキャンバスのように白いバックボードが2台用ガレージの二つの扉の間に設置されていた。ゴールはガレージの中央に取り付けられ、ドライブウェイは家を囲むように通っていたので、フルコートの試合でやるようなことなら何でもシミュレーションできるほどの広さがあった。時が経つにつれ、リムの手前は下方向へ1インチ（※約2．5センチ）ほど曲がり、その欠陥のおかげで一層金属製のフープに革のボールを通しやすくなった。それは朝昼晩とジョーとコービーがそこで1オン1に明け暮れていたことの証でもあった。ぶち込まれたダンクの数々、胸やみぞおちに突きつけられた肘、すべてのバンプもポンプフェイクも勉強のうちだった。二人の対戦は周りの景色や近所の環境音に織り込まれていた。コービーが一人でドライブウェイで練習して過ごした絶え間ない時間も同様だった。どちらもあまりにもよく目にする光景だったので、ウィンウッドを車で通過する人が運転席の窓越しにコービーが修行している姿を見ることは珍しくなかった。いずれこの家はローワー・メリオン・タウンシップ版リバティ・ベル（※自由の鐘）のようにちょっとした観光名所になり、道ゆく人にとって物珍しく、歴史的価値のある場所となった。彼らは通りの角に車を停めたり3マイルのジョギングの足を止めて玄関のドアをノックし、ベイヤー夫妻に「コービーはここに住んでいたんですか？」と訪ねる。「そうです」とベイヤー夫妻は答える。「そうですよ。どうぞ、お入りください。ご覧になってください」。ブライアント一家はここでコミュニティの一部になった。このコミュニティにとって息子であり弟でもあるコービーは、この場所に戻った瞬間から生涯ずっと、コミュニティの一部でありながらも、コミュニティと一線を画していた。

ローワー・メリオンについて語らずにコービー・ブライアントを語ることは不可能だ。ローワー・メリオン・タウンシップ、学区、その歴史と多様性、安直なステレオタイプと複雑な現実、高校全体と、特に男子のバスケットボール・プログラムについて。彼がこの環境によって形成された以上に、彼が形作ったことの方が多かった。彼はまるで宇宙飛行士のように現れ、新しい環境に気づき、探索しようと意気込む一方で、この土地の歴史や風習、言語に馴染みがなかった。コービーはこの地域に限らず、アメリカ社会の進化及び集団思考に染みついていた一定の傾向や思い込みのようなものには、ほとんど当てはまらなかった。彼は型にはめられることを拒否した。コービーにも問題なく当てはまる傾向もあったが、こうであるはずだという思い込みを押し付けられることを彼は嫌がった。

ブライアント一家の家が建っていた場所も、彼らがそこに落ち着くまでの道のりも、比較的特異だった。ブライアント一家がウィンウッドに住んでいたということ自体が、ローワー・メリオンの明確な社会学的パターンから逸脱していた。そのパターンは、ペンシルバニア鉄道というたった一つの存在によって定義づけられていた。「どんな人物や存在よりも、メイン・ラインを作り上げたのはペンシルバニア鉄道だ」とその地域の歴史は語っている。詳しく説明しよう。1857年に鉄道会社の幹部が州からフィラデルフィア・アンド・コロンビア鉄道を購入した。そして、フィラデルフィアにアクセスできる近さと、ほどよく離れた距離にある農場や土地を買い、その一等地を金持ちと上流階級のための田舎のサンクチュアリとして開発した。ブリンマーという集落が住宅地として出現したが、そのほかのエリアは上流階級のための避暑地やリゾートになった。澄んだ空気とアザレアの香りを胸深く吸って、プラタナスやカエデや榎に囲まれて目覚めることができるなら、七月のうだるような暑さの中、土とスモッグと工業化の進んだ街の空気中に漂う堆積物を肺いっぱいに吸い込み、痰がからんだ咳が出るようなフィラデルフィアなんかにいる必要はなかった。今でもローワー・メリオンにあるグラッドウィンは全米でも裕福なコミュニティにランクインしていて、2018年の時点ではアメリカ北東部で2番目に裕福である。ドライブウェイは曲がりくねっていて、人目に触れないようになっている。歩道もほとんどない。40キロあるスクーカル・エクスプレスウェイには通行者をグラッドウィンで下ろす出口はたった一つしかなく、フィラデルフィアから遠ざかるように西へ向かった場合、その出口を通り過ぎると次の出口まで8キロ走らなければならなかった。グラッドウィンはすべてにおいて上流階級専用の排他的なエリアなのだ。

ペンシルバニア鉄道が駅や車両を増やすにつれて、資産や特権のある男女がフィラデルフィア近郊で住むのに望ましい場所はメイン・ラインだと思い始めた。いや、それどころかメイン・ラインこそが最も望ましい居住地だと考えるようになった。19世紀後期からジャズ・エイジ（※1920年代から1930年代のジャズが栄えた時代）までの半世紀の間、水分と日光の役割を金銭が担うかのようにメイン・ラインには次々と豪邸が芽吹いた。鉄道関連の実業家やその友人たち、その他の開発者や有力者がそれらを建て、購入した。「金さえたくさんあれば、黄金期の生活は申し分なかった」と近くのペンシルベニア州バックス郡で生まれた作家のジェームズ・ミッチェナーは綴った。「冬はフロリダで過ごす。夏になるとニューポートへと移る家族も少しはいたが、ほとんどの人たちは穏やかな田舎のバー・ハーバーで過ごすことを好んだ。多くの家庭はフィラデルフィアの名高いリッテンハウス・スクエアに都会の住まいを持っていた。そこにいない時はメイン・ライン沿いにある豪邸に住んでいた。それらの巨大で広大な家々は壮観だった」。駅舎一つをとっても、ヴィクトリアン様式の建物だった。ウィンウッドにあったストローブリッジ・アンド・クロージアーというデパート店チェーンの共同創立者であるアイザック・クロージアーの自宅は、メイン・ラインの中でも最もこれ見よがしな建造物だったかもしれない。1885年に建てられたその建物は、小塔がある銃眼のついた城で、番兵のための詰所が四つあった。馬や馬車、そしてのちに自動車のために便利な出入り口となる車寄せと、そこを守るかのように土地の周りを半分ほど囲む屋根付きの玄関もあった。さすがにそれだとやりすぎだと思ったのか、堀に囲まれるまでには至らなかった。

20世紀初頭にはこの地域の人口のほとんどがプロテスタントで、この地域がWASP（※アメリカのアングロ・サクソン系のプロテスタントの白人で、イギリス系の上流階級である場合が多い）のための特権的な安息の地だという当時のイメージは、今でも変わっていない。のちに訪れた人口構造の変化は、富裕層とワーキングプアが近くで隣り合わせになり、持てる者と持たざる者との差がそれまで以上に明らかになったことで、そのイメージをさらに強化することになった。鉄道があるということは、職があることを意味した。鉄道があるということは、近隣の住民が豪邸を建てるための労働者や、彼らのために働く使用人を雇うということを意味した。イタリアの石工がナーバースに住み着き、黒人の男女が執事や女中や運転手、洗濯や庭仕事などに従事する労働者、または家庭内労働者としてアードモアのロウハウスや2世帯住宅に住まいを見つけることを意味した。その結果、大勢のプロテスタントはさらに西にあるラドナーやコネストーガといった郊外へと移って行き、都会を出たがっていたフィラデルフィア南西部のユダヤ系や黒人の家族にメイン・ラインを明け渡す形となった。小学校と中学校はほとんどが黒人、イタリア系、アイルランド系、そしてユダヤ系とそれぞれ分かれ、同じ人種同士が集まって集団を形成していた。しかし、1894年に開校したローワー・メリオン高校と、この人口増加と推移に対応するために同じ学区内に1958年に開校したハリトン高校は、より多様な構成になっていった。当時ユダヤ系や黒人に対して存在した不動産の譲渡の規制や誓約の実情はひどいもので、メイン・ラインの一部が解放されていったとはいえ、いまだに残る人種差別はすぐに洗い流されはしなかった。「あのエリアにある家の譲渡証書には、黒人には売るべからずと書かれていることを知らない人は多いです」とデイナ・トルバートは語った。彼女の家族はシンシナティからバラ・キンウッドに移住し、彼女はブライアント一家の近くで育ち、ブライアント家の三人の子供達全員と友達だった。「実際に『この家は黒人に売るべからず』と印刷されています。私の家は1926年に建てられました。我々がこの家に引っ越せたのは、州外から来ていて紙面からは私の両親が黒人だとはわからなかったからでした。契約書にサインするためにその場に現れるまで気づかなかったんです」。

そういった過去が植物のツルのように伸び、いずれ様々な方法でコービー・ブライアントに絡みつくことになった。

アーン・テレムが生まれ、人生の最初の六年間を過ごしたのはロシア系ユダヤ人の移民が住む地域だった。彼の両親はテンプル大学に通い、父親の影響でビッグ・ファイブのバスケを知り、のめり込んだ。親戚は全員近くにいた。「半径10ブロック（※区画）以内にいる人なら全員が知り合いだった」とテレムは言った。「祖父母に曽祖父母、おば、おじ、いとこの全員がいた。シナゴーグ（※ユダヤ教の礼拝堂）に歩いていく途中に親戚の家を通り過ぎることができた」。彼の子供時代はジョーやパム・ブライアントと瓜ふたつで、同じような一体感と、一族と言えるような体験を共有していた。

１９６１年のケネディ大統領の就任式の直後、テレムの両親はタウンシップの中のペン・ヴァレーというエリアに家を購入し、ユダヤ系のエリアからまた別のユダヤ系エリアに移った。イタリアに引っ越すのとは比べられないにしても、家族に混乱を招いたことには違いなかった。「父親と祖父と車に乗っていたんだ」と彼は言った。「スクーカル・エクスプレスウェイを通ってペン・ヴァレーに向かっていた。祖父にはなぜ我々が郊外に引っ越すのかが理解できなかった。郊外の何がそんなにいいんだ？　なんの意味がある？　町を出るというのは大きな世代的な変化だった。生活様式が変わった。いい時も悪い時も一緒に過ごし、分かち合うことに距離が生まれたんだ。核家族中心になっていった」。

それでもテレムはビッグ・ファイブとフィラデルフィアの高校バスケに対する熱意を失うことはなかった。1972年にハリトン高校のシニアだった彼はパレストラで行われた市大会決勝戦のチケットを購入し、セント・トーマス・モア高校がバートラム高校を下すところを観た。そこでふわふわのアフロに黒いロートップのKedsを履いた選手に魅了された。ジョー・ブライアントだった。「満席だった」と彼は言った。「ワクワクしたよ。ジョーはどこからでもプレーすることができて、信じられないほどのスキルを持っていたのが印象的だった」。テレムはレミントン・ロード1224番地から5キロもないところにあるハヴァフォード大学に進学し、ミシガン大学で法学の学位を取り、スポーツ・エージェントの道へと進んだ。あの日のパレストラとそのあとに続いた全てのことについて何度も思い返すことになろうとは、当時ティーンエージャーだった彼は知る由もなかった。

ウェンデル・ホーランドはグラッドウィンやウィンウッドでは育っていなかった。彼の先祖たちはデラウェア州の南部からアードモアへと流れた。使用人として働いていた母親と高級アパートでドアマンを務めていた父親は、彼が呼ぶところの「昔ながらのメイン・ラインの黒人」だった。アードモアにも利点はあった。メイン・ラインには他にも黒人の家族が住む地域があったが、中でもアードモアの、特に南西部の5ブロックほどの区画は黒人にとって最も「安全」な場所だった。そこでは近隣住民が心底お互いのためを思っているかどうかを疑問に思ったり、疑う必要がなかった。ホーランドが友人たちと土曜日の午後に徒歩か自転車でアードモアの北部にあるサバーバン・スクエアへ出かけ、映画を観たりストローブリッジ・アンド・クロージアーのスポーツ用品コーナーをブラブラしたら、警察に呼び止められるか店主に睨まれる可能性があった。彼らのよく見知った地域ではそんな不安な状況に陥る心配はなかった。ホーランドの住む近所には白人の家族は二組しかいなかった。「ブラック・アードモアの素晴らしいところは、自分と同じような人たちに囲まれていたことだった」と彼は言った。「メイン・ラインの中のナイロビだったんだ」。一番の利点は、当時でも全国的に優秀だとされていたローワー・メリオンの公立学校に子供を通わせることができたことだった。

しかし優秀とはいえ、欠点がないわけではなかった。ホーランドが1958年にアードモア小学校に入学した当時、そこは事実上、人種分離教育の典型だった（※実際には1954年に公立学校における白人と黒人の分離教育は違憲となっていた）。黒人生徒は学区内の9パーセントほどしか占めていなかったにも関わらず、アードモア小学校の85から90パーセントの生徒は黒人だった。教科書には折り目がついていて、最新のものではなかった。教師陣も学区内で最も不適任で、定年までの時間をやり過ごしているだけのような者が多かった。グラッドウィンにある平均的な家の前庭三つ分ほどの広い芝のフィールドが隣接されていたものの、生徒は休み時間にそこで遊ぶことは禁じられていた。生徒たちは代わりに縄跳びやホップスコッチ、ソフトボール、キックベース、タッチ・フットボールにタックル・フットボールといった遊びを学校の駐車場で行った。ホーランドはそういった遊びにすべて参加した。金曜日の晩になると、ダウンズ体育館でエイシーズのミッチ・マクダニエルズという、ローワー・メリオン高校史上初めて1000得点を記録した飛び抜けたバスケ選手を観に行った。マクダニエルズとローワー・メリオン高校のバスケはホーランドにとってヒーロー的存在となった。彼らのおかげで希望を感じることができた。「我々学生は無気力と反抗心を強く感じていた」とホーランドは言った。「修道女に手を叩かれるような教区学校に通うのに似ていた。そういった体罰は珍しくなかった。三歳から六年生までの教育の重要性について語る指導者は多いけれど、我々はその期間をほぼ失ったのも同然だった。どうやってそれを乗り越えたかって？　成功したいという強い意思があったからだ。なぜか？スポーツに深く関わってきた歴史を持つ家族とコミュニティの一員だったからだ」。

ＮＡＡＣＰ（※全米黒人地位向上協会）メイン・ライン支部からのプレッシャーで、1963年8月26日にローワー・メリオンの教育委員会によってアードモア小学校を閉校することが可決されたのは、激動の一年のなかではごく小さな出来事だった。その投票が行われたのはワシントン大行進の二日前で、アラバマ州知事のジョージ・ウォレスが「今ここで人種隔離を、永遠に人種隔離を」と要求したスピーチの七ヶ月後でもあり、三週間も経たないうちにバーミンガムにある16番通りバプティスト教会爆破事件が起こり、三ヶ月以内にケネディ大統領が暗殺されていた。ホーランドと彼のクラスメイトたちはペン・ウィン小学校へ転入することになった。彼やほかのアードモア出身の生徒たちにとっては穴の空いたお下がりの服や靴を身につけたり、昼食にチーズサンドイッチだけでやり過ごすのはいつものことだった。それでも行き帰りのバスの中で自分よりも裕福な生徒と一緒にいると、ホーランドは生まれて初めて自分が貧しいと感じた。女子はみんなシミ一つないサイズの合ったドレスを着ていて、男子はみんな新品のスニーカーを履いていた。12月になると、一部の生徒たちは休暇にフロリダ旅行に行くのを楽しみにしていた。フロリダ？　ホーランドにとって、フロリダも火星も同じことだったし、ペン・ウィンは風格のあるアイビーリーグのキャンパスのようなものだった。「昼休みになって外に出ると、初めて僕らが遊ぶことが許された芝生が目に入ったんだ。まるでフランクリン・フィールド（※ペンシルベニア大学のスポーツスタジアム）でも眺めている気分だったよ」と彼は言った。

ホーランドはいずれバスケットボール奨学金を得てフォーダム大学へ進学し、ラトガーズ・ロースクールを卒業することになる。ペンシルベニア州公共事業委員会の判事と委員長になり、フィラデルフィア市と中国及び南アフリカとの間に貿易使節団を派遣し、１９９４年にはネルソン・マンデラの大統領就任式に出席した。いまでも当時の選挙の投票用紙を記念に持っている。彼は妻とブリンマーに住んでいる。父親がかつて給仕をし電話に出ていた家の向かいにあるメリオン・クリケット・クラブに入会したという事実を、彼はいまでも噛み締めている。彼とコービーとの違いは、彼が思い出すたびに涙ぐんでしまうこの話に現れている。１９６９年の三月に、ウェンデルの従兄弟でありローワー・メリオン高校バスケチームのシニアキャプテンだったビリー・ホーランドが、白人の教師と口論になり停学処分になった。ウェンデルと54人の黒人生徒は、ビリーに対する教師の厳しく不当な扱いがビリーを怒らせた原因だったとして、罰に対して座り込みの抗議をした。抗議は五時間続き、ビリーの停学は取り消された。

コービーはこうした体験をすることはなかったし、する可能性もなかっただろう。ウェンデル・ホーランドが抗議をしたことは、大いに意義深いことだった。彼はチームで一番の選手で、毎試合平均20得点を挙げるしなやかなシューティングガードだった。コービーが背番号33番をつける以前に33番をつけていたのは彼だった。「我々の10年前も10年後も同じような思いをした者は、コービーや他の誰にもいなかっただろう」と彼は言った。「アスリートはグレーな存在だ。黒人《ブラック》でもなければ白人《ホワイト》でもない。その立場のおかげで、特例でいることができるという特権がある。コービーはその象徴だった。それは恵みであると同時に呪いでもある」。

ホーランドがローワー・メリオン高校における自らのアスリート活動をいかに捉えるかという視点を身につけたのはアードモア通り公園という場所と、ヴァーノン・ヤングという一人の人物のおかげだった。彼は長年高校の陸上コーチを務め、この地域の公園と娯楽施設のプログラムを管理していて、ホーランドいわく「公園の権力者」だった。ローワー・メリオン高校の男子バスケットボールチームは１９４１年から１９４３年の間に三年連続で州大会優勝を果たしており、１９４３年にジュニア（※高校二年生）のガードだったヤングは、その年の決勝戦で決勝点となったフリースローを決めていた。彼は地域の子供達によくその話をし、アードモア出身者としてローワー・メリオン高校でプレーすることに対する自尊心を植えつけた。「そこには自分の父親でもなく、近所の人の父親でもないヴァーノンという人物がいて、我々に最善を尽くすようにと激励してくれた」とホーランドは語った。「暑い夏の日に公園でトラッシュトークなんかをしていて『どうだ、見たか』と言うと『でも州大会優勝を果たしてはいないだろ』と返された。八歳ぐらいの時から、州大会優勝が目標だったよ」。ウェンデル・ホーランドが在籍中にエイシーズはリーグの48試合のうち43勝したものの、州大会優勝を果たすことはできなかった。いずれそれを果たすことができる生徒が現れたら、彼を支え、祝福することを光栄に思うだろう。そう彼は誓った。

その生徒はその後20年以上現れることはなかった。エイシーズは１９７６年と１９７８年に地区優勝を果たしたものの、その優れた活躍を持続させることはできなかった。そこからの後退は著しかった。１９７９年から１９９０年の間、七勝以上できなかったシーズンが六回あった。ユニフォームはボロボロのお下がりで上下で合っていないことも多く、43番のショーツに背番号21番のジャージを着ているというようなこともあった。代わりにサッカーやラクロス、レスリングなどがローワー・メリオン高校で人気かつ評判の高いスポーツとなったが、その地域の歴史や人口構成を考えると驚くことでもなかった。「ローワー・メリオンに住む人は全員まるでビバリーヒルズでメルセデスを乗り回すようなとんでもない高飛車だと思われていることはわかっているけれど、この場所の良いところはいろんな人たちがいるということだ」とコービーの友人でチームメイトだったエヴァン・モンスキーは言った。「良い人もいる。嫌なやつもいる。インテリもいれば、愚か者もいるし、キモいやつもいる。どこに行っても、大体似たようなものだ」。とはいえ、統計で見るとその地域が裕福なのは否定できなかった。2004年には学区の平均世帯収入は8万6千ドル（※当時のレートで約930万円）、住宅価格の中央値は33万4千500ドル（※約3千6百万円）、そして学区は各生徒につき毎年1万9千ドル（※約2百万円）を費やしていた。ボルボやBMWやスポーツカーは地域の道をくねくねと通るに留まらず、高校の駐車場を埋めていた。薄褐色のレンガでできた校舎の入り口のすぐ外に「学ぶために入り、仕えるために行け」という学区のモットーがセリフ書体で大きな石に掘られていて、いずれ1400人を超えることになる入学者数は、そこでの教育及び生活水準がいかに魅力的かを反映していた。そこではバスケットボールは二の次だった。バスケットボールのプログラムにはイメージもなければ雰囲気も美学もなく、ローワー・メリオンを象徴するものは人種多様な生徒以外には何もなかった。生徒の構成は三分の二が白人、8から12パーセントが黒人で、その比率は年によって少しずつ変化していた。生徒の多くは学業優秀でSATで高得点を取って名門大学へと進学し、奨学金やペル・グラント（※連邦政府支給の奨学金）を必要としなかった。評判としては悪いものではなかった。USニューズ&ワールド・レポート誌（※時事解説誌で、毎年大学ランキングを発表することで知られている）やほかの似たような機関や出版物は例年ローワー・メリオン高校をペンシルベニア州の中でもトップの高校に挙げており、国立メリット奨学金のセミファイナリストに選出された10人から12人の生徒を発表するプレスリリースが学区から出されるのは春の恒例行事になっていた。とはいえ、学業の評判がいくら高くても、フィラデルフィアのバスケットボール界隈では彼らを恐れる者は誰もいなかった。ブライアント一家が海を渡って帰ってくるまで、その世界ではローワー・メリオンは他となんら変わらない、単なる郊外の男子バスケットボール・プログラムだった。

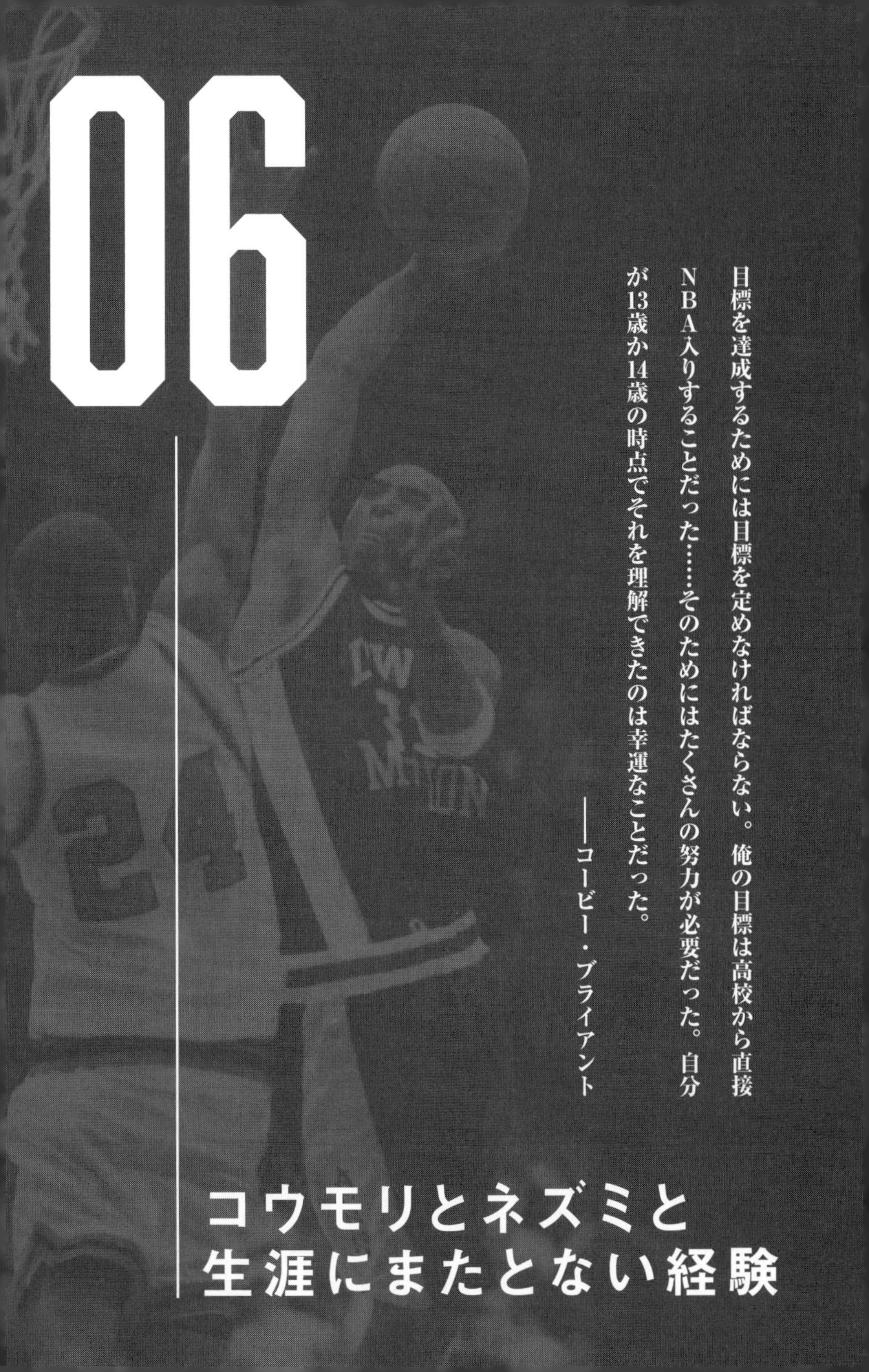

06

目標を達成するためには目標を定めなければならない。俺の目標は高校から直接ＮＢＡ入りすることだった……そのためにはたくさんの努力が必要だった。自分が13歳か14歳の時点でそれを理解できたのは幸運なことだった。

――コービー・ブライアント

コウモリとネズミと生涯にまたとない経験

ローワー・メリオンの学区でコービー・ブライアントの一番最初のコーチとなったのは、テンプル大学で健康教育学の博士号を取った健康的な43歳の男で、毎日昼休みになると1マイル（※約1．6キロ）を五分のペースで走り、中学校のバスケットボールチームでは誰かがシュートを打つ前に最低でも三回パスを回すべきだと考える人物だった。ドクター・ジョージ・スミスはメディア関係者と一人も話すことなくほぼ四半世紀を過ごした。ありきたりな名前のせいで検索が困難だったからかもしれないし、コービーがバラ・キンウッド中学校に在籍したのは八年生の一年にも満たない期間だったので、スミスをわざわざ探す価値があると考えた記者が誰もいなかったからかもしれない。１９９６年に、ある記者がコービーについて彼にいくつか質問をしていた。それ以降は何もなかった。彼はそれでも構わなかった。スミスは自分の匿名性を心地よく感じていた。

「コービーがレイカーズに行ってから、彼と連絡を取り合うことはなかった」とスミスは言った。「でも彼について書かれた記事はずっと読んでいたよ」。

コービー・ブライアントの人生とキャリアについて最も基本的なディテールについて知るためには、彼とスミスがなぜ長年の文通相手にならなかったのかを理解する必要がある。アードモア出身でローワー・メリオン高校の卒業生だったスミスは、バラ・キンウッド中学校で27年間体育教師として勤務し、アメフトと陸上とバスケットボールのコーチを務め、周囲からも尊敬され評価されていた。バスケの試合の前には毎回ジャージ姿からボタン付きのシャツにきちんとしたスラックスと革靴という、よりプロフェッショナルで整った印象の服に着替えた。若い選手たちにバスケットボールの基礎がしっかりと身につくよう、彼はいつもチームプレーを強調した。ディフェンスは常に基本的な1-3-1ゾーンで、相手チームも大体ゾーンでプレーしていたため、相手のディフェンスに穴ができるまでパスを回すようにとスミスは穏やかながらもはっきりと指示をした。「一度のパスでシュートを打つと相手にディフェンスを強いることにならない」とスミスは言い、三度目のパスの前にシュートを打った選手はベンチで彼の隣に座らされた。そういった指示も戦術もプログラムそのものも、4、50年前から変わっていないかのように見えた。1991年の12月に彼のオフィスのドアをノックした同僚の教師に「イタリアから来たばかりの転入生を連れてきました」と言われたとき、ドクター・ジョージ・スミスはその先彼に何が待ち構えているかを知る由もなかった。

「どうも」とコービー・ブライアントは言った。「バスケがしたいんです。父もバスケをやっていました。すぐにプレーしたいです」。

「それは少し難しいかもしれないな」とスミスは答えた。「トライアウトはすでに終わっているし、明日はスクリメージがある。身体検査が済むまではプレーさせるわけにはいかない」。

翌朝、コービーは書類を揃えてスミスのオフィスに戻ってきた。「はい、これでプレーする準備はできました」。

スミスはコービーに24番の白いユニフォームを渡し、試合に出る機会はないかもしれないと忠告しつつ、午後のスクリメージに間に合うように彼をバラのロスターに加えた。「君はまだオフェンスを知らないから」とスミスは言った。「我々がやっていることはわからないだろうからね」。

コービーは頷いた。「問題ありません」。

彼は新しいチームメイトたちの隣に座った。チームはスミスの時代に影響を受けないガチガチのゲームプランを守り、スクリメージの最初の数分間をそれなりに上手くプレーした。そこでスミスはコービーの様子を見るにはいいタイミングだと考え、彼を試合に投入した。コービーは瞬時にオフェンスに混ざると、ディフェンダーの周りをドリブルして徐々にもっとシュートを打つようになるなど、微妙に自己主張をし始めた。ベンチに座っていた生徒たちがスミスの方を見ると、彼は肩をすくめた。そんな話は聞いていなかった。

「想像もしていなかったことだった」とスミスは言った。「その時点からシーズンが終わるまで、彼はとにかくすごかった。彼があそこまでの選手になるということに気づかなかったのは後悔している。気づいていればもっと彼を使うことができただろうけれど、たった一人の選手にボールを渡したくはなかったんだ。私はきっと彼を制限しすぎたのだろう。当時の彼ができたことを今思い返すと信じられないよ」。

コービーがバラの生徒になったとき、そのことについてもちろん発表などはなかった。将来殿堂入りする選手が八年生になったという知らせは誰のところにも届かなかった。この鉛筆のように細く、快活で歯擦音混じりのアクセントで話す黒人の少年は、ただある日学校に現れただけだった。すると事実と推測が混じり合った不思議なミルクシェイクのような噂話が流れ始めた。「おい、数学の授業にいるあの転校生、八年ぐらいイタリアにいたらしいぞ」「父親がシクサーズでプレーしてたって話だ。姉が二人いて、ローワー・メリオン高校に通っているらしい。毎日リムジンで通学しているとか……」「あいつがプレーしているのを見たことがあるか？　めちゃくちゃうまいぞ……」「初日に誰かがコービーとの1オン1に挑んで完敗したらしい」。噂によると、神か遺伝子かあるいはその両方の強力なエネルギーが働き、ジョー・ブライアントの一人息子に特別な才能が授けられた。そしてその息子はドクター・スミスやバラにいた誰もが見たこともないような逸材だという話だった。ローワー・メリオン高校のヘッドコーチになってまだ二年目だったグレッグ・ダウナーの下にもその噂は届き、彼は自らの目でその天才を見てみたいと思った。1992年初頭のある午後、彼はコービー・ブライアントがバスケをするところを初めて観るために試合に立ち寄った。

試合は散々だった。

コービーの中でドクター・ジョージ・スミスが決めたルールはとっくに億劫なものになっていた。いくらコービーに才能があったとしても、スミスは彼のスキルを磨くことを最優先してはいなかった。チーム全体を監督することが最優先だった。コービーはこれに従うことはできなかった。一度すぐにシュートを打った。するとスミスはコービーをベンチに下げた。再びすぐにシュートを打った。スミスはまた彼をベンチに下げた。コービーはコートを去るたびに毎回ふくれっ面をして顔をしかめ、あまりにも不機嫌な態度を取るので彼を落ち着かせるために父親がイタリア語で何か囁いた。

ダウナーは試合のあとにコービーのところへ行って話しかけた。才能があるのは明らかだった。「我々のヴァーシティー・チームと一緒に練習してみないか」とコービーに持ちかけた。「そうすればもう少し君のプレーをよく見ることができるかもしれない」。

ダウナーの練習には三回パスをする決まりもなければ、数日後スクリメージに参加したコービーが癇癪《かんしゃく》を起こすこともなかった。選手たちも噂は耳にしていた。耳にしないはずがなかった。マット・スナイダーという二年生でチームのセンターを務め、ローワー・メリオン高校のアメフトチームでもスターになりつつあった選手の弟である、スティーヴィーはバラ中学に通っていた。バスケットボールのシーズン中、スティーヴィーは帰宅すると毎日のように息を弾ませながら「イタリアから来たコービーってやつがいるんだ」と話していた。「誰にも止めることができないんだ。すごいんだよ」。マットは「ふうん、それはどうかな」と答えていた。サルタン・シャバズという二年生のガードは、コービーがバラ中学に来る前のコービー的な存在だった。支配的な選手だったため、あらゆる噂話の中心となって周囲の期待を背負っていた。そのブライアントとかいうやつが自分と比べてどれだけすごいというんだ？「『連れて来てみろよ』って感じだった」とシャバズは言った。「来ればいいじゃないか」。

そして彼はやって来た。体育館の隅に無表情で立っていたジョー・ブライアントと一緒に来た13歳のコービーは、自分よりも大きくて強い年上の選手たち相手にやりたい放題だった。彼らにはコービーの勢いを止めることはできず、二人同時に守っても無駄だった。その長い腕で細い身体の後ろにボールを回し、ダブルチームをかわす。コービーのハンドリングをどうすることもできなかった。ましてやリム付近で止めることなんて到底無理だった。練習開始から五分経つと、ダウナーはアシスタントコーチたちに向かって言った。「こいつはプロだ」。それがいかに控えめな評価だったかは当時の彼は知る由もなかったが、次にダウナーを待ち受けるものが何なのかはすぐに理解できた。

グレッグ・ダウナーは後に語った。「生涯にまたとない経験に、私は乗る気満々だった」。

フィラデルフィアから西へ12マイル、デラウェア郡のメディアというブルジョワな郊外にあるダウナー家のドライブウェイは、1970年代初頭における恵まれたバスケ環境を体現していた。バスケットゴールは一つだけではなく、二つあった。一つは規格通りの10フィートのものだった。もう一つは7、8フィートで、グレッグと彼の二歳上の兄ドリューと七歳下の弟ブラッドがダンクできるように少し低くなっていた。グレッグは冬になるとドライブウェイの雪かきを済ませてプレーする準備ができる頃には暖かくなっているように、三つか四つのバスケットボールを家の暖房のそばに置いた。温まったバスケットボールは寒さの中で、より正確により高く弾んだ。彼は一日中そのドライブウェイでバスケをした。近くに設置したスポットライトのおかげで日が暮れてもしばらくはプレーすることができた。左利きで小柄、柔らかなブロンドの髪はジャンプシュートを打つたびに子羊の毛のようにふわふわとはねた。近所の人たちがうるさいと文句を言い出して、頭上の木を住処にしていたコウモリたちが暗闇の中を飛び始める頃になるまで続けた。吸血鬼《コウモリ》が飛び交うようになると家の中に入る時間だという合図だった。

怒鳴りあいが始まると、それを逃れるためにコートに行った。母親のマージョリーは学習障害のある生徒のための小中学校で何年も教師をしていた。父親は生まれながらのセールスマンで、いくつか違う会社で働いた。スコット・ペーパー・カンパニー（※製紙会社）では幹部を務めた。フーバー社の掃除機を戸別訪問で販売していたこともあった。ロバート・ダウナーは商品を売るためには多少のズルをすることも厭わなかった。「奥さん、あなたはご自分の掃除機を使ってください。私はフーバーを使います」と言って、真に受けた主婦が見ていない隙にポケットに持ち歩いていた土をひとつまみ床へ撒いて残念そうに首を振った。「あれをご覧ください。汚れがまだ残っています」。彼とマージョリーはグレッグが10歳のときに離婚した。

同じセントラル・リーグでローワー・メリオン高校のライバル校の一つだったペンクレスト高校で、グレッグは二年生の時にヴァーシティーのバスケットボール・チーム入りを果たし、いずれ先発出場するまでになった。三年生では27勝6敗という戦績を残し、１９８０年のペンシルベニア・インタースコラスティック・アスレチック・アソシエーション（※ペンシルベニア州の中学および高校のスポーツの統治機関の一つ）第1地区AAAクラス（※学校間のスポーツにおいて公平性を保つために設定されている分類で、学校の生徒数などの規模による場合が多い）の決勝戦で、最後の六分半まで四点差でリードしていたチームのシューティング・ガードを務めた。結局ノリスタウン高校が逆転して六点をつけて試合に勝利し、その敗北によってダウナーは競技スポーツを続けたいという願望をより強く抱くことになった。卒業後は全国でも一流の寄宿制の進学校で一年過ごすために、マサチューセッツ州のウースター・アカデミーへと向かった。彼はまだ17歳で、自分を試したいと思い家を出ることにした。ところが父親の大きな青いリンカーン・コンチネンタルに乗って、のどかで広大なキャンパスにゆったりと到着した後、その車が遠ざかっていくのを見ると、グレッグの興奮は収まった。「僕はここに一人っきりで、知っている人間は誰もいないんだ」。この体験とその時に感じた気持ちが、後にローワー・メリオンで出会う一人の選手と繋がる上で役に立つことになった。

ウースターを出て、ヴァージニア州にあるリンチバーグ大学で四年間ディビジョンⅢのバスケットボールをプレーし、体育学部から学位を取得して卒業したダウナーには、たった一つだけわかったことがあった。自分にはシャツとネクタイは向いていないということだった。銀行員にも会計士にも弁護士にもセールスマンにもなりたくなかった。メディア市にあるスポーツ用品店で働いているときに初めてペンクレストのフレッシュマン・チームのコーチという仕事を引き受けるまでは、自分が何をしたいのかは見当もつかなかった。次にブリンマーにあるシップリー・スクールという私立の全日制学校が、彼を体育教師と男子バスケットボールのコーチとして雇った。ヴィラノヴァ大学のキャンプとメイン・ラインで夏に行われるいくつかのリーグ（ナーバース・リーグが中でも一番だった）を通して、カブリーニ大学という地元のディビジョンⅢの学校でヘッドコーチを務めていたジョン・ジクと知り合った。ジクはダウナーをボランティアのアシスタント、つまり給料なしの見習いとして雇った。ダウナーはもう二度とスポーツ用品を売る生活に戻ることはなかった。当時まだ27歳だった彼は、徐々にメイン・ラインにおけるバスケットボール界で名を知られるようになった。若くて頭が切れて、情熱があって仕事に熱心だった。１９９０年にマイク・マニングがローワー・メリオン高校のコーチを引退した時、ダウナーは求人に応募した。アスレチックディレクターのトム・マクガヴァーンはダウナーとの面談で、このプログラムを復活させることができるコーチを探していることを伝えた。ローワー・メリオン高校は広域で多様な地域から選手を引っ張ってくることができるため、チームが良くなるポテンシャルがいかに高いかをダウナーは説いた。「大当たりの適任者を見つけたんだ」とマクガヴァーンは言った。

しかし、ダウナーが同じようには思わなかったとしても、彼を責めることはできなかった。マニングの下でエイシーズは過去2年間で13勝しかしていなかった。ローワー・メリオン高校は金持ちが勉強に励む場所で、バスケができる人間の行く場所ではないというイメージがあり、それは間違っていなかった。セントラル・リーグの他のチームはほとんどがフィラデルフィアの南や西にある主に労働者階級の白人が住む町出身で、エイシーズを手荒に扱うことができた。競争も才能のレベルも段違いに高いフィラデルフィア出身のチームとなるとなおさらだった。それが特に露呈したのはセントラル・リーグでも代々トップにいるリドリー高校と対戦して、54対13で負けた試合だった。ロスター入りしていた選手の多くがすでに学力のせいで出場資格を失っていた上に、さらに試合中に数人がファウルアウトしたため、最終的にエイシーズは四人の選手で戦うはめになった。学校のロッカールームでは冷房から床へとしたたる大粒の水滴が部屋の角に水たまりを作り、ロッカーが錆びていた。体育館は乾いた汗の臭いがした。「バスケットボールの臭いだ」とダウナーは楽観的に言った。バックボードと観覧席の木材は古かった。新入生のうち、誰がバスケットボールの才能に長けているかといった情報を提供されることはほぼないということをダウナーはすぐに察知した。若い選手を次のレベルに繋げるパイプラインはなかった。八年生の選手たちをジュニア・ヴァーシティーやヴァーシティーに向けて準備させよう。高校ではこういったことをこういうやり方で教えるから、そのための用意をさせよう。そんな手配や合意も中学のコーチとの間になかった。バラ中学とローワー・メリオン高校の間にも、スミスがやっていることとダウナーが希望することにも共通点はなかった。プログラムの舵を取る者は誰もいなかった。

ではダウナーは選手たちとの初めてのミーティングで何をしたか？ 彼は自らもスニーカーを履き、こう言った。「君たちもスニーカーを持ってきているかな？ いまからバスケをするぞ」。

彼は選手たちのリスペクトを勝ち取り、彼らに耳を傾けてもらう必要があり、そのためにはヘッドコーチである彼がコート上でも彼らを負かすことができて、傲慢な態度には付き合うつもりがないことを示すのが一番手っ取り早いと考えた。ダウナーがコーチになったときに新入生だったダグ・ヤングは「彼は遠慮なく正直に何でも言うけれど、特にこの地域の若者は聞こえの良いことを言われたり褒められることに慣れていた」と言った。「彼は我々に厳しい真実を伝えることをためらわなかった」。

エイシーズの成績はたちまち向上し、ダウナーの最初のシーズンには9勝、次のシーズンには20勝を記録した。それでも中学校から伝わってきた噂を辿ってコービー・ブライアントがバスケをしているところを初めて目にするまでは、このプログラムの可能性について真剣に考えたことはなかった。それから間もなくして、高校で優秀な生徒向けのプログラムを教えていたリン・フリーランドと会う機会があった。彼女は熱心で人気があり、〝ミセス・ローワー・メリオン〟と呼ばれていたほどだった。彼女はバラ中学でコービーと同じ8年生だった娘のスーザンからすでにコービーの噂を聞きつけていた。

「見ていてください」とダウナーは彼女に伝えた。「面白いことになりますよ」。

新学期が始まってから二ヶ月も経ってやってきた生徒にしては、コービーはバラで強い印象を残した。「彼は誰とでも気軽に接していた」とスーザン・フリーランドは言った。遠足でハーシー・パークに行った時は二人でジェットコースターに乗り、コービーはスーザンやクラスの他の女子生徒のためにバスケのシュートゲームでぬいぐるみを勝ち取ったりもした。バスケットボールを続けるためには良い成績を維持しないといけないというパムの言いつけを守るため、毎晩食事を済ませると階段を登って二階の自室に行くか図書館へ向かうかして宿題を終わらせた。さらに、気晴らしが自分にも可能だとまだ思っていた当時は、リラックスできると言って中学の野球チームで一塁手もやっていた。

コービーは学年で四人選ばれる、優秀なアスリートのうちの一人に選出された。1991－92シーズンのバラ・キンウッド中学のイヤーブックをめくると、そこに写る彼は社交面でもスポーツ面でも学校にとって欠かせない人物のように見えた。写真には膝にバスケットボールを抱え、ハイトップフェードに刈り上げられた髪型で石塀に座るコービーが、フットボールを掴んでいる二人の男子生徒とフィールドホッケーのスティックを持った茶髪の女子生徒と一緒に写っていた。バスケットボールのチーム写真の後列には直立して両手を背中で組み、いかにも自然に写っているコービーがいた。しかし、野球チームの写真は違っていた。写真にはコーチを務めていたロバート・スミスという野暮ったい理科の教師と17人の選手の計18人が写っていた。選手たちは二列になって膝をつくか立っていた。一人を除く全員がバラ中学のユニフォームにズボンを身につけ、スニーカーまたはスパイクを履き、手にはグローブをつけていた。コービーは右端に立ち、嬉しそうな笑顔を浮かべていた。彼はチームで唯一の黒人生徒で、独りユニフォームを着ておらず、代わりに暖かそうなコートとボタンを一番上までとめた白い襟のついたシャツの上にカラフルなセーターを着ていた。写真を見ると彼が真っ先に目に留まった。その場に馴染んでいなかった。まだ子供っぽさが残る彼は単なるバスケットボール選手ではなかった。それでも、この写真から彼の人生がどのような方向へ向かうかを想像するのは難しくなかった。

「彼は野球が大好きで、実際になかなか上手かったんです」と友人のデイナ・トルバートは言った。「みんなが彼をマイケル・ジョーダンと比較し始めたときは、マイケルと他にも共通点があることにみんな気づいていないと思いました。コービーはただバスケに集中していたんです。私たちは彼の成長を目の当たりにしました。少年のようにプレーしていたコービーが、大人のようにプレーするようになるまでの過程を目の前で見ていたんです。それは驚異的でした」。

レミントン・ロードの自宅から3ブロック先にはウィンウッド・ヴァリー公園があり、コービーはよく友達のマット・マトコフと一緒に行ってふざけあった（バスケに関してコービーがふざけることになる場面は限られていたとはいえ）。コービーはマトコフを信用して、彼をその先四年間駆り立てることになる秘密を打ち明けた。八年生の時点で、彼はNBAを目指していた。夢などではなかった。それは計画であり、限られた人にだけ打ち明けた。バラ中学ではマトコフのことを親友だと認識していたにも関わらず、丸一年待って、九年生になってから初めて「高校を卒業したらそのままNBA入りするという選択も視野に入れている」と話した。マトコフはコービーを信じていなかったからではなく、その考えがあまりに突拍子もないものだったため驚いた。コービーのことは信じていた。コービーに将来の予定を告白される以前から、八年生のクラスメイト全員に「あいつはいつかプロになる」と言っていたほどだった。

「『あいつはまだそこまで上手くない』と言われたけれど、それはコーチに打たせてもらえなかったからだった」と以前コービーは言ったことがあった。

そこで、コービーはまるでドクター・スミスや彼を疑う連中に知らしめるかのように、賭けを持ちかけた。高校では毎年フープ・イット・アップと呼ばれる、生徒間で行われる3オン3のバスケットボール・トーナメントが開催されていた。コービーがマトコフと別の友人のデイブ・ラスマンと登録して優勝できるかどうかという賭けだった。「そんなわけあるか。じゃあ賭けるか？　高校生が相手だぞ？　勝てるわけがない」。コービーはマトコフとラスマンと優勝すると、自分が来季はヴァーシティー・チームで先発するだろうと予言した。

「全員笑い出したよ」とコービーは当時を思い出しながら話した。「『勝手に言ってろ』って。クラスメイトがだよ！　笑っちゃうよ。当時はなかなか信じてもらえなかった。マットが『あいつはディビジョンⅠの大学の選手になる』と言っても『まさか。そんなことはできるはずがない。できっこないよ』。あの頃はみんなが疑っていた。するとあいつは『コービーはプロになるだろうし、高校を出てそのまま行こうと思えば行ける』と言ったんだ」。

とはいえ、いくらコービーに対するマトコフの忠誠心が確固たるものだったとしても、いくらいつもコービーと練習したがったとしても、たとえいくらマトコフがコービーを信じていて彼の旅のお供をする気があったとしても（マトコフ自身がプロになれるとは思っていなかったとはいえ、バットマンに対するアルフレッドのようにコービーと共に歩むことができるかもしれなかった）、彼らの間には才能の格差がありすぎて、長い時間一緒に過ごすのは非生産的だった。近所にある郊外の公園で練習していても、大した上達は見込めなかった。友情を育むにはよかったが、プレーを磨くためには時間の無駄だった。マトコフは高校生活を通しても親しい友人だったものの、コービーにほかの友達はそれほどいなかった。二人の姉はすでにローワー・メリオン高校にいた。彼は中学で頼れる人は誰もおらず、カルチャーショックを和らげる手助けをする者はいなかった。日中、貴重品にロックをかけて保管しておく？　彼もシャリアもシャヤも、イタリアの学校でロッカーを使ったことがなかった。アメリカではなぜそんなものが必要なのだろうか？　誰かに物を盗まれたとき、彼は驚いた。彼はアメリカの典型的なティーンエージャーが使うような今時の言葉《スラング》を知らず、そのせいで誰かとすぐに打ち解けることもできなかった。友達やクラスメイトや同級生が彼にはいまいち理解できないようなことを言った場合、ただ黙って頷いていた。彼はスーザン・フリーランドが言うように誰とでも気軽に接してはいたものの、同級生との間には距離を保っていた。彼自身はそれでよかった。その分、バスケに打ち込むことができた。

　コート上でもコート外でもコービーはまさしく「23歳のマイケル・ジョーダンの13歳版」だった。自分一人で全てやることが可能であり、自分はこのチーム唯一の希望と救いであると信じ、パスをすることは本質的に無益だと考えており、彼が打つシュートはすべて自らのエゴを満たすものだった。ジョーダンはリーグ入りしてから七年目の1991年六月、コービーが八年生になるまで初めてのチャンピオンシップを勝ち取ることはできなかった。やがて六度のNBA優勝を果たしたジョーダンだが、そのうちの一つの優勝決定戦では、最後の一分でジョン・パクソンを、また別のではスティーブ・カーを信頼することを学んだ。ジョーダンはフィル・ジャクソンとテックス・ウィンター、そして自己を犠牲にして団結することが不可欠となるトライアングル・オフェンスに身を捧げた。そのおかげで全盛期を迎えたジョーダンは、まだサナギから羽化し姿を現したばかりだった。コービーにもこの完全体に近づいたジョーダンを近くで見せるべきではないか？　元NBA選手のジョーにはそれが実現可能だった。シカゴ・ブルズがシクサーズと対戦するためにフィラデルフィアに来たときに、コービーをスペクトラムに連れて行けばいいのだ。

そしてそれは実現した。1992年3月8日の試合前に、父は息子をアリーナのロッカールームへ連れて行き、コービーはマイケル・ジョーダンに挨拶した。ジョーダンは挨拶を返し、彼にリストバンドを渡した。ジョーダンに会ったコービーが緊張していたり言葉につまったりたじろいでいたという記録はない。二人の間で交わされた会話はその挨拶だけだった。ジョーダンは他に言うこともなかった。コービーも同様だった。彼はブルズのフォワードだったホーレス・グラントに自己紹介した。

「君もバスケをするの？」とグラントは尋ねた。

「はい」とコービーは答えた。「でもまだ八年生なんです」。

「君はいつかスーパースターになるのかい？」

「はい」とコービーは答えた。「なるかもしれません」。


コービーがそこで彼の原型となる人物に初めて出会った日から20日後のスペクトラムでは、のちに大学バスケ史上最高の試合と謳われるようになる試合が行われた。ＮＣＡＡトーナメントの東地区決勝戦、デューク大学対ケンタッキー大学の試合だ。ブルー・デビルズ（※デューク大学のチーム名）は前年の全国チャンピオンだった。マイク・シャシェフスキーというスーパースターコーチ、そしてロスターにもスーパースターが揃っていた。センターのクリスチャン・レイトナー、ポイントガードのボビー・ハーリー、フォワードのグラント・ヒル。ケンタッキーを牽引していたのは派手で早口で革新的なリック・ピティーノだった。彼は当時大学バスケでは珍しいほどスリーポイントシュートを重視したスタイルでプログラムを再生させていた。デューク大は31勝2敗の戦績で第1シード、ケンタッキー大は29勝5敗の戦績で第2シードだった。オーバータイムまでもつれた試合は、コートを縦断するヒルの見事なパスをキャッチしたレイトナーがボールをついてからブザーと共に決めたターンアラウンドジャンパーで終了した。デューク大104点、ケンタッキー大103点だった。

翌週、ブルー・デビルズは準決勝と決勝戦でインディアナ大学とミシガン大学を下し、1970年代半ばのジョン・ウッデン率いるＵＣＬＡブルーインズ以来初めて2年連続全国優勝を果たした。レイトナーはその春卒業したが、ハーリーはあと一年、ヒルはあと二年大学でプレーすることが可能だった。その時点ではデュークが大学バスケのトップに君臨し続けない理由は考えられなかった。マイク・シャシェフスキーはデューク大のプログラムを著しく引き上げ、大学バスケのみならず全国的にも名声を手に入れた。そのため、アイビーリーグ級の厳しい教育に対応できるような、もしくはそれを求めるようなトップレベルの有望選手ならほぼ誰でも獲得することができた。

ビル・〝スピーディ〟・モリスがヘッド・コーチを務めていた六年間のうち、ラサール大学男子バスケットボール・プログラムがNCAAトーナメント出場を果たしたのはその年で四度目だった。エクスプローラーズは1ラウンド目でシートン・ホール大学に二点差で負けたのは事実だったが、とはいえメトロ・アトランティック・アスレティック・カンファレンスのチームに対する期待は大したものではなく、モリスとラサール大はその期待に応えるだけのことはしていた。全米の大学バスケのコーチを見渡しても、彼ほど限られた資源で成果を出しているコーチはいなかった。

では、どれほど限られていたのだろうか。その前の2シーズンは女子チームのコーチを務めていたモリスが1986年にラサール大学男子チームのコーチに就任するまで、大学はバスケットボール・プログラムを近代化するために最小限のことしかしていなかった。1989-90シーズンにラサール大は30勝2敗の戦績を残し、ＮＣＡＡトーナメントではあと少しでベスト16を逃すというところまで行った。それを受けてラサール大学の卒業生の中でも最も尊敬されていたトム・ゴーラが８０００席のアリーナをキャンパス内に建設する計画を評議員会に提出した。建設費は５００万ドル（※当時のレートで約7億2千5百万円）だ。ゴーラは資金集めを申し出たが、評議委員と経営陣に却下された。あまりにも高額すぎる。必要がない。ＭＡＡＣ（※メトロ・アトランティック・アスレティック・カンファレンス）ではラサール大学は財布の紐を堅く締めたままマンハッタン大学やシエナ大学、セント・ピーターズ大学を相手に毎シーズンのようにカンファレンス・タイトルやトーナメント進出を狙うことができた。モリスがリクルーティングに使う経費は2万4千ドル（※約３５０万円）を超えることはなかった。毎シーズン、十分な支払いを受け取ることができるような対戦相手との試合を三試合、大抵アウェー戦としてスケジュールに組み込み、プログラムの資金を賄う手助けをした。彼が男子チームのコーチとして受け取った初任給は3万7千ドル（※当時のレートで約６３０万円）だった。インフレ調整をすると、２０２０年では8万8千ドル（※約９５０万円）にも満たない額だ。

モリスはそれ以上必要なものはないと公言していた。彼はフィラデルフィア市内で生まれた。初めてコーチを務めたのは母校のローマン・カトリック高校で、彼が24歳でまだ市内のマナヤンクにあるローハウスに住んでいた頃のことだった。12歳の頃、チームがランニングをしていた時にのろのろと走っていたらユース・バスケのコーチが「走れ、スピーディー！」と叱咤したことからそれがニックネームになり、それ以降は会う人からそれ以外の名前で呼ばれることはなかった。バーの元オーナーでたまにスタンダップ・コメディもやっていたモリスは丸いサンタクロースのような腹をしていた。試合中に選手のミスや審判の悪いコールに腹を立てると、ラミネート加工された分厚いゲームプログラムをバトンのように丸めて選手の頭を叩いたり、怒りに任せて放送禁止用語を噴出させることもあった。全米のディビジョンⅠのバスケットボールコーチの中で大学を卒業していなかったのはスピーディー・モリスだけだったが、彼を支持する人たちにとってその事実はどうでもよく、ラサール大学が勝ち続ける限りはその他の人たちにとってもどうでもいいことだった。彼はフィラデルフィアを体現していた。あるライター曰く、「彼はローハウスとその近隣地域そのものであり、バスの排気ガスで味付けされたソフト・プレッツェルであり、胸焼けを起こしそうなチーズステーキ（※フィラデルフィア名物の炒めた薄切り牛肉と溶けたチーズのサンドイッチ）であり、生涯ジムに入り浸っているような人物」だった。

モリスが毎夏ディレクターを務めていたバスケットボール・キャンプがそれにぴったり当てはまった。七月になると三日三晩、朝の八時から夜の八時までラサール大学スポーツ本部のヘイマン・ホール三階にある練習用体育館に300人の子供達が集まった。体育館には冷房がなく、オーブン並みに暑かった。モリスはマナヤンクやロックスボローから知り合いの非番の警官を呼び、すべて問題なく進むように見守らせた。キャンプの指導員はフィラデルフィアと繋がりのあるコーチたちだった。コーチ陣も選手も全員、コンクリートの壁で囲まれたラサール大学の学生寮で寝泊まりした。ただし、夜通し交わされるフィラデルフィア史上最高のガードは誰かといった会話や、天井パネルの上を走るネズミの足音、午前二時にチョコアイスではなくもっと強烈な何かを売るアイスクリーム販売トラックの音色など、その場ならではの環境に気が散って眠れない場合は別の場所に泊まった。

「あれは真の意味でフィラデルフィアのバスケだった」とヴィラノヴァ大学のヘッドコーチであるジェイ・ライトは言った。彼は23歳の頃ローチェスター大学でアシスタント・コーチを務め、モリスのキャンプで働いたこともあった。「到着すると、部屋に持っていくようにとスピーディーが箱入りのビールをくれるんだ。夜になると夜更かしをしてバスケについて話し合った。みんなフィラデルフィアバスケのやつらだった。高校だったり、ストリートだったり、サニー・ヒルのやつらだったり、大学のやつらだったり。みんなでピーナッツやプレッツェルをつまみながらビールを飲んでバスケの話ばっかりしてたよ」。

それは何年もの間、変わることもなく続いたが、その先には大きな変化が待ち構えていた。翌シーズン、アスレチック・ディレクターのボブ・マレンの発案でラサール大学はMAACを去り、ミッドウェスタン・カレッジエイト・カンファレンスに加入することになった。ラサール大学はウィスコンシン大学グリーンベイ校、デトロイト・マーシー大学、イリノイ大学シカゴ校を含むそのカンファレンスの他の大学とほとんど共通点はなかったものの、ゼイビア大学、デイトン大学、デュケイン大学の三校も加入する予定だった。強豪リーグへの加入はラサール大の収益増加にも繋がるという期待と約束を元にマレンはカンファレンス変更を了承した。エクスプローラーズは、言うなれば階級を上げることになり、モリスには西へと進出を図るプログラムのためにより良い選手を勧誘するプレッシャーが生まれた。

春から夏へと季節が変わると、コービーのバスケットボール教育にも変化が訪れた。ドクター・ジョージ・スミスによって課せられた制限はもはやなかった。夏はサニー・ヒル・リーグの育成レベルでプレーしたり、様々なキャンプに参加してプレーするか、指導員としてボランティアをした。ラサールのキャンプはそのうちの一つでしかなかった。1992年の夏はコービーにとってローワー・メリオン高校のチームを中心とした長期的な目標と、彼個人の長期的な目標を両立させることの始まりだった。それはNBA入りするまで続いた。バスケ以外の場で見せる行儀よく礼儀正しい振る舞いと、コート上での無慈悲な態度を両立させることでもあった。その数ヶ月間の変化の軌跡を辿れば、彼が何者であり、何者になろうとしていて、どこへ向かっているのかがはっきりと見て取れた。

その夏はグレッグ・ダウナーが恩師のジョン・ジクに頼みごとをするためにかけた一本の電話から始まった。ダウナーは誤って同じ週に二つのバスケットボール・キャンプの予定を入れてしまい、両方の指揮をとることは無理だった。そのうちの一つは日中のキャンプで、朝九時から午後三時まで3、40人ほどの子供達を対象に、ブリンマーにあるアグネス・アーウィン・スクールで行われるものだった。ジクがどちらかを指揮してくれないだろうか？　「喜んで」とジクは答えた。しかも、ハヴァフォード・スクールでソフォモアのガードだったジクの息子のマイクが、ジョンの指導員を務めることもできると言う。

「それはちょうどいい」とダウナーは言った。「もう1人、コービー・ブライアントってやつも寄こすよ」。

ジョンとマイクとコービーは、1週間キャンプの基礎練習を指導した。「実際にはお守りみたいなもんだよ」とマイクは言った。一番の楽しみは昼休みだった。毎日、コービーとマイクは四、五回ほど1オン1やH－O－R－S－E（※条件付きのシューティング対決）の対戦をした。ジャンプシュートの名手で何年もサニー・ヒル・リーグでプレーしていたマイクが毎日勝っていた。そして毎日、コービーはそれに対してどうってことないとでも言うように肩をすくめた。「関係ないね。俺はいつかプロになるんだ」。

「いい選手になるだろうとは思ったけれど、あそこまでになるとは思いもよらなかった」と、その後ペンシルベニア大学でプレーしたマイク・ジクはのちに言った。「当時のフィラデルフィアは才能の宝庫だったんだ。カッティーノ・モーブリー、ラシード・ウォーレス、アルヴィン・ウィリアムズ。ほかにもまだまだいた。コービーはもちろん彼らの年下だったけれど、周りを見渡すと『どうかな。やつらはみんな一流だ。彼があいつらほどの選手になれるだろうか？　ましてや超えることなんてできるか？』と思ったね」。

そう思ったのはマイク・ジクだけではなかった。コービーの自信とは裏腹に、サニー・ヒル・リーグが彼の選手としての限界をさらすのに時間はかからなかった。14歳の誕生日を迎えようとしていた若者にとっては当然だったが、まず彼はそういった欠点を補う術を素早く学び、次にそれを完全になくすことを学んだ。フィラデルフィア市内の南部にあるポイント・ブリーズという地域出身の有望な八年生だったドニー・カーは、コービーと初めて会って対戦する前から彼の噂を耳にしていた。フィラデルフィアのバスケットボール・コミュニティは育成リーグからシクサーズに至るまで結びつきが強く、ブライアント一家が再び地元に戻ってきて以来、カーはずっとコービーの話ばかり聞かされてきた気がしていた。今、実際に同じ体育館にいて、彼を品定めすることができる。コービーはエレクターセット社のロボットのように細長く、膝と肘にはパッドを装着し、顔にはゴーグルをはめていた。同じコートで身体をぶつけ合い、コービーよりもどっしりとして頑丈な身体を彼に押し付けたカーは、こんなものかと思った。

「大したことないと思った」とカーはのちに語った。「遅かったし、細かった。それに、あまりにも直立していて、身体を曲げることができなかった。バスケでは低い方が勝つのは誰でも知っていることだから、下に入り込んで彼をいる場所から退けることができたんだ。運動神経はよくなくて、ただ背が高いだけだった。ドリブルはできるけれど、下に入り込めばこっちが彼の動きを決めることができた。正直言って、あの時点では何も特別なことはなかったね」。

とはいえ、そのように感じていたのはジクとカー以外にそう何人もいなかった。アシュリー・

ハワードがあのパッドとゴーグルの出で立ちをしたコービーを見たとき、簡単に標的になるとは思わなかった。センター・シティで毎週日曜の朝に行われていたあのピックアップ・ゲームからそれまで、コービーはどこを取ってもバスケの経験が浅い選手の域を超えていた。コービーと対戦することになったとあるサニー・ヒルの試合では、父親同様ポイントガードだったハワードがボールをスティールして速攻で走り出すと、後ろから気配を感じた。コービーが追いかけてきていた。ゴールまで近づくと、コービーはジャンプし、かがんだハワードの上を飛び越え、ハワードはそのままバックボードに当ててレイアップを決めた。2人が駆け足でコートの反対側まで戻る途中、コービーは彼に囁いた「あれはお前に打たせてやったんだ」。別の試合では、コート上で最年少だったハワードはボールを受け取るとすぐにパスを出し、自分は邪魔にならないように退いて、コービーがあらゆる方法で試合をコントロールする様子を堪能した。「チームで一番背が高いのに、まるでガードのようにボールを扱っていた」とハワードは言った。「的確なパスを出して、ポストアップをして、スリーを打っていた。速攻でダンクを決めていた。14歳以下の試合でだ。『こいつとはつい最近まで日曜の朝YMCAで一緒だったんだ!』って思ったよ」。

一番印象的だったのは、毎年夏になると市内のそこかしこで朝も昼も盛り上がるピックアップゲームのうちの一つである、イースト・フォールズにあるガスティン・レクリエーションセンターにコービーが現れたときのことだった。試合が終わるごとに、彼は氷の入った袋を膝に巻きつけた。筋力を保ち、痛みを防ぎ、関節や筋肉や腱を保護するためにイタリアでプロ選手がやっていたことだった。父親もやっていたことだった。彼がやってもおかしくないはずだった。彼もやらない理由はなかった。ハワードは最初は理解できず「なんだこいつ？」と思った。あとになって、その早熟な考え方とそれが意味することに気づいた。「彼は幼い頃からあのような選手になるように教えられ、育てられてきたんだ」とハワードは言った。「彼の父親はフィラデルフィアの偉大な選手の一人だった。彼の伯父もフィラデルフィアの偉大な選手の一人だった。家系と両親の遺伝子を見ると、コービーを形作っていた大部分は遺伝的なものだったことがわかる。でも、何かを自分で見て覚え、完璧になるまで仕上げるという彼の考え方はとてつもなくて、信じられないほどすごかった」。

気づいたのはハワードだけではなかった。フープ・スクープというリクルート・サービスのスカウトだったアレン・ルービンもガスティンに来ていた。この少年は誰だ？　ルービンはフィラデルフィア周辺の上手い高校生選手のことは全員知っていた。でもこの少年には見覚えがなかった。誰かに尋ねた。「ああ、あれはジョー・ブライアントの息子だよ。コービーって名前だ。秋からローワー・メリオンの一年生だ」。ルービンは毎年七月にニュージャージー州の中部か北部で行われる名門のＡＢＣＤキャンプによく選手を推薦していた。まだ八年生？　名前を覚えておくことにした。「一年待とう」とルービンは自分に言い聞かせた。一年経ったら、ＡＢＣＤキャンプの企画と運営を担当し、１９７０年代終盤から Nike 社で草の根バスケのディレクターを務め、幾人もの優秀で著名な大学バスケのコーチに何十万ドルもの契約金を手渡し、マイケル・ジョーダンと初めてスニーカーの契約を交わし、彼を世界的なアイコンに仕立て上げた男に電話をかけよう。そう、一年待とう。一年経ったら、ルービンはソニー・ヴァッカロに電話をかけ、コービー・ブライアントの話をすることにした。

07

敗北

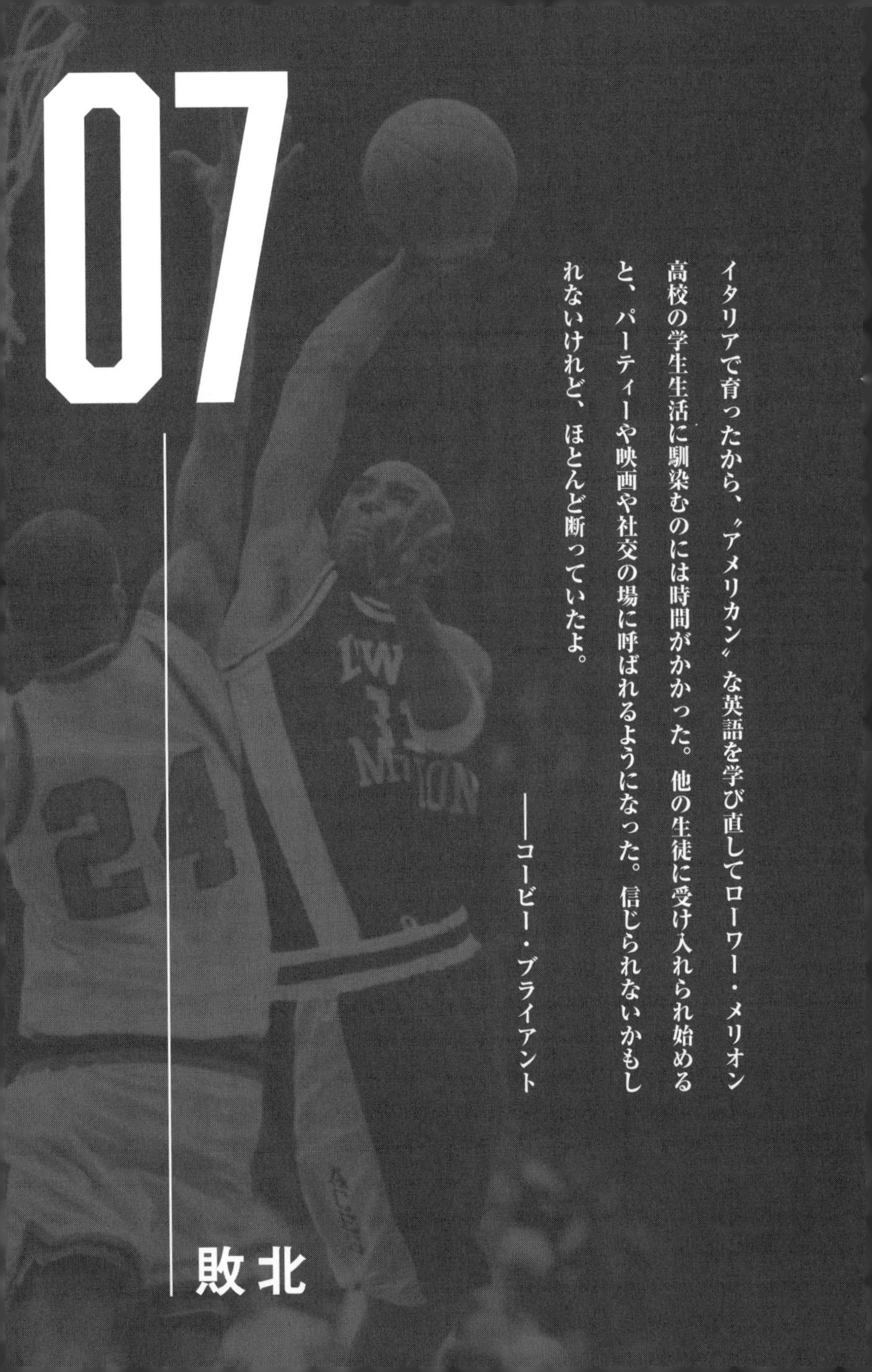

イタリアで育ったから、〝アメリカン〟な英語を学び直してローワー・メリオン高校の学生生活に馴染むのには時間がかかった。他の生徒に受け入れられ始めると、パーティーや映画や社交の場に呼ばれるようになった。信じられないかもしれないけれど、ほとんど断っていたよ。

——コービー・ブライアント

コービーと二人の姉は九ヶ月もの間ずっと、平日は毎日高校のキャンパスを颯爽と歩いた。彼らは他の多くの生徒たちよりも背が高かった。時には自分たちの黒人としてのルーツに敬意を払ってダシキ（※主に西アフリカで着用される衣類）を着たり、また時には着慣れていた大きなロゴや派手な色のイタリア製のシャツやスカートやガウンといった服を着ていた。廊下でお互いにすれ違うと、まるで言葉でハイタッチするかのように挨拶を交わしたり、質問を投げかけたり、からかい合ったりした。そういったやりとりも大体イタリア語で、アメリカの郊外に住むティーンエージャーとしての生活というまだ新しい環境がどれほど不安やストレスをもたらそうと、この三人の姉弟にはお互いがいるんだということを忘れずに済んだ。コービーと姉のシャリアとシャヤは何の問題もなく徐々にローワー・メリオン高校での生活に慣れ、じきに躓くこともなくなったと信じたいところだ。しかし、実際には多少躓くこともあった。特にコービーはそうだった。「彼らが帰国したときは、ちょっと大変だったんだ」とコービーの一学年上でチームメイトだったガイ・スチュワートは言った。「イタリアにいたから、周りにこれだけマイノリティがいる経験がなかった。当時彼らが着ていた服をいまでも思い出せるよ。みんなが目の前で笑い者にしたわけではなかったけれど、噂はしていた。それをやり過ごすのはそれなりに大変だったんじゃないかな」。

大変とはもちろん相対的に言っての話だった。ローワー・メリオンには他のフィラデルフィア市内や周辺の高校にはないようなリソースや規範が学区内にもコミュニティにもあった。それにコービーがいくら嫌な一日を過ごしたとしても、家に帰ればパムが世話をしてくれた。ドライブウェイでジョーに11点先制のゲームに挑まれると、全ては元どおりになった。コービーが特に恵まれて育ち、ジョーがバスケットボールで得た名声やキャリアを通して稼いだお金のおかげで、ブライアント一家は何にも困らない生活をしていた、というのは今ではちょっとした都市伝説だ。ブライアント家は経済的にちょうど良い位置にいた。彼らは典型的な上位中流階級で、コービーの友達やクラスメイトには彼よりも物質的に恵まれている者も大勢いた。「私が育った家の方が大きかった」と友人の一人は言う。それでもコービーが環境に馴染もうとしていて、それに苦労しなかったと言うと間違いになる。

例えば彼はまだアメリカのスラングを知らず、当時の流行語に困惑した。バギンアウト（※パニクる）？　イート・マイ・ショーツ（※アニメ『シンプソンズ』のバート・シンプソンのキャッチフレーズで「パンツでも被ってろ」と訳される。くそくらえ、というような意味）？　彼は1990年代初期のポップカルチャーや当時の価値観の感覚がわからず、ビル・クリントンがアーセニオ・ホールの深夜トークショーに出演したこと（※当時大統領候補だったクリントンはこの出演がきっかけでマイノリティと若者の間で人気を得た。大統領選での勝利にも貢献したと言われるほど重要な出来事だったとされている）がいかに目新しく斬新だったかも理解できなかった。それに、マジックやマイケルの映像を研究しなければいけないのにテレビを見る時間なんてあるはずがなかった。高校生がのけ者になるには、こういった無邪気さと無知だけで十分だったりするものだ。学区内の黒人生徒は、どこで誰と交流しているかによって、態度や話し方を変えることにずっと前から慣れていた。教師や白人の友達の親の前にいる時と、もっと似た者同士の、例えばアードモアで黒人同士といる時ではまったく別だった。「振る舞い方が違うんだ」とスチュワートは話した。「それは自覚していた。小学校でも中学校でもすでに自覚していて、高校に上がるころにはもうそれが当たり前になっているんだ。その時点では、誰と親しくできるかそうじゃないかがわかっている」。ところがコービーにはまだその二つの世界を行き来するための文化的なボキャブラリーが身についていなかった。彼はそれを身につける決心をした。

またそれとは別に彼は真っ先に冷やかしと悪ふざけの対象になる理由があったが、これに関しては彼に限ったことではなかった。彼は九年生（※日本では中学三年生にあたるが、アメリカでは高校一年目であることが多い）だったのだ。ローワー・メリオン高校では毎年13日の金曜日になると上級生が一年生にいたずらをするという長年のしきたりがあった。「フレッシュマン・デー」と呼ばれるそのしきたりには、ありったけの工夫が凝らされていた。上級生は新入生相手にスーパーソーカー（※大型の水鉄砲）で水をかけたり、腕を殴ったり、頭に生卵を落としたり、顔面にシェービングフォームを塗りたくったり、香水や小便をかけたりした。ある生徒はボング（※大麻を吸うための水パイプ）の水をかけられたこともあった。当時身長が１９０センチあったコービーは相手を威嚇できる程度には背が高かったため、そこまでひどい目に合わずに済んだ。少なくとも一度は本人の知らぬところで侮辱を免れている。彼の知り合いで二年生だったスターリング・キャロルはコービーが階段を駆け上がってくるところに出くわして「ここまで背が高くなかったら、いまここでやってやるのに」と思った。「でもコービーは相手からリスペクトされるようなやつだった」とキャロルは言う。「たとえお遊びだったとしても、彼の足や腕を殴ったりなんてできなかったよ」。

コービーが単なるフレッシュマンではないことは、彼が登場したときから明らかだった。ウェンデル・ホーランドや彼の同年代の者たちが進歩を促してきたとはいえ、コービーはローワー・メリオンの黒人生徒やその親が何年も要求してきたようなリスペクトをキャロルのような先輩からも得ることができた。黒人ではなかった九割の生徒たちにとって学校は主に人種間の緊張もなく、あらゆる人種やバックグラウンドを持った生徒が、社交的な調和を保ちつつ公立学校で高レベルの教育を受けられる場だった。しかし残り一割の多くの生徒は自分たちが不利な状況に置かれていると感じざるを得なかった。1980年代を通して、そして1990年代に入ってからも、黒人の生徒は教育委員会会議に出席しては自分たちに対する扱いや、白人生徒らに比べて学習面でサポートされていないことについて訴えていた。コービーが卒業してから10年以上たった2007年には七組の黒人家族が学区に対して「アフリカ系アメリカ人の生徒を適正の学年以下のクラスに入れることで意図的かつ組織的に差別していた」として民事訴訟を起こした。2014年には連邦控訴裁判所が差別は意図的ではなかったとして訴訟を退けたが、数字で見る限りあからさまだった。学区にいる500人の黒人生徒のうちギフテッド（※平均よりも高い知的能力を持っているとされ、特別な教育を受けることも可能）であると認定されたのはわずか27人、すなわち5％で、それに比べて白人生徒では13％（６０００人中７９０人）だった。さらに黒人生徒の四分の一は特殊学級に登録されていた。

ブライアント姉弟はそういった力関係のアンバランスをある程度超越していたが、それは驚くことでもなかった。ダグ・ヤングは言った。「まるで皇族がローワー・メリオンに現れたかのようだった。彼らは我々の生活に多大なる影響を及ぼした」。シニアだったシャリアは身長１７８センチで女子バレーボールチームの優秀な選手だった。シャヤは身長が１８９センチあり、バレーボールとバスケットボールをやっていた（どちらの姉妹もイタリアにいる間はチームでのバスケットボールはやってはおらず、女子チームのコーチだったデニス・ドゥールは「彼女は基礎がなっておらず、コート上でのアグレッシブさに欠け、自信もない」とシャヤの経験の浅さに不満をもらした）。ブライアント家は、ビッグ・ジョーを含むコックス家と共に、子供達が参加する試合は毎回家族揃って観覧席の一角を占領する形で観戦した。その頃にはビッグ・ジョーは糖尿病のため車椅子に乗っていて、呼吸しやすいように肺に酸素を送り込む酸素タンクと共に移動していた。姉弟は頭が良く、真面目で協力的であり、教師やコーチや目上の人に対しては決まって礼儀正しかった。姉妹は二人とも生徒会に入っていて、彼女たちの友達がそのままコービーの友達にもなり、10人から15人ほどが彼を包み込むように支え、彼が問題を起こしたり問題に巻き込まれないように見守っていた。ソール・シャックというアードモアのコミュニティ・センターはバスケの試合やお祭りなどが開催される場所で、彼らの放課後のたまり場だった。「面倒を見ているような感じでした」とデイナ・トルバートは言った。「コービーはシャヤなしではどこへも行きませんでした。彼はとても頭が良く、いつどこにいるべきで、何をすべきではないかをわかっていました。彼がとにかく楽しんでバスケができれば満足だというのは私たちもわかっていました。そのためには、信頼できて愛情があって自分のためを思っていてくれる人が周りにいないとダメだったんです。彼の周りにはそういう人たちがちゃんといました」。

学校内で彼らをまとめていたのは、長年図書館司書を務めていたカトリーナ・クリスマスが設立したステューデント・ヴォイスというローワー・メリオン高校における黒人学生組合に当たる団体だった。この団体は地元の子供達のために芝居を上演したり、ゲストスピーカーを呼んで講演会や集会を開いたり、コンサートをしたり、教員や学校当局に対して黒人や他の有色人種の生徒のために声を上げた。この団体は黒人生徒に限られてはおらず、アジア系アメリカ人やヒスパニック系アメリカ人も参加していたものの、ほとんどのメンバーが黒人だった。「ローワー・メリオンの全てのアンダードッグたちが含まれていました」とクリスマスは言った。新入生として手探りの高校生活を送っていたコービーは、そういう意味ではアンダードッグだった。「私はフレッシュマンとはあまり関わらないけど、彼とはフレッシュマンのときに出会いました」とクリスマスは言った。「普段は新入生をまともに相手にしている時間なんてないんです。でも彼は少し大人びていました」。コレラ・ベリーという友達グループのリーダーの一人が、コービーにステューデント・ヴォイスへの参加を勧めていた。学期が進むにつれ、コービーはバスケの練習時間に間に合うようにステューデント・ヴォイスのミーティングを早退しなければならないことが増えた。でも練習がない日はわざとバスには乗らず、ベリーが運転して帰るのを待つようにキャンパスの外をゆっくり歩いた。

「コレラ」と彼はよく呼びかけた。「乗せてってくれる?」。

「コービー」と彼女は答えた。「そこにバスが来てるじゃない!」。

バスの中から生徒たちは「コービー、早く! 乗り遅れるよ!」と呼びかけた。「でも結局は彼には弱くて」とベリーは言った。「家まで乗せていってあげていました」。彼らの会話でバスケットボールが話題になることはなく、コービーがベリーに好意を抱いていることは明らかだった。よくラップやゴスペルなどの音楽の話をした。ベリーは歌うことが好きで、ステューデント・ヴォイス合唱団でも中心的存在だった。コービーはまるでインタビューでもしているかのように彼女を質問攻めにして、彼女にとって音楽が大切になった理由や過程を知ろうとした。「誰がクールで、誰と友達になろうか模索している感じで、色々知りたがっているのがわかりました」と彼女は言った。「『コレラ、君が歌っているのが好きだ。君が歌うと鳥肌が立つ』なんて言われて。だからからかって『それはあなたの中にいる聖霊だよ』と答えました。『どういう意味?』と聞くので『鳥肌が立つのは聖霊の仕業だよ』と言いました」。

コービーとブライアント一家が社交面で安心して過ごせる場はウィンウッドのユダヤ人コミュ

ニティセンターにまで拡大した。ジョーはそこのフィットネスセンターでパートタイムのトレーナーとして働いていて、イスラエルで開催されるマカビア競技大会（※四年に一度開催されるユダヤ人アスリートのための国際総合競技大会）のためにトレーニングを行う選手のコーチを務めた。コミュニティセンターの鍵を持っていたので、夜や週末になるとコービーもやって来て、土曜日の朝と昼にはティーンエージャーや20代の若者を相手に、日曜の朝には中年の男たちを相手にピックアップゲームに参加した。父子はそこですっかり顔馴染みになった。「父親も彼と似ていた」とコービーのクラスメイトのオードリー・プライスは言った。「満面の笑顔で優しくて、彼と話したがる人とは誰とでも話した」。とはいえ、もっとコーチをしたかったジョーはそこのトレーニング・セッションだけでは満足できず、メイン・ラインのメリオン・ステーションにあるアキバ・ヘブライ・アカデミーで女子バスケのコーチの仕事を引き受けた。その学校は六年生から12年生までの生徒が320人在籍していて、生徒たちはヘブライ語以外にもう一つ外国語が必修になっており、ジュニア（※高校二年にあたる）になるとイスラエル留学の機会もあった。ジョーにとっては初めての正式なコーチとしての仕事で、シクサーズを去って以来ずっと検討していた職に徐々に慣れるにはちょうどよかった。「私の目標は楽しみつつ戦うことだ」と彼は言った。

ジョーの人を惹きつける性格はまだ健在だった。今では試合の出場時間やナイトライフが最優先だった頃とは違い、家族という別の楽しみを持っていた。ジョーは、コービーがまだ八年生のときに高校のヴァーシティーチームのワークアウトに参加し、最終的に練習を支配したあの日にグレッグ・ダウナーと出会っていて、二人はすぐに打ち解けた。ダウナーはジョーに思い出話を語るだけでよかった。「昔、よくスペクトラムのセクションHであなたのご両親の近くに座って、あなたがプレーするところを観ていました」。それだけで二人の間には信頼が生まれた。その前年の夏に、ダウナーはナーバースサマーリーグでコーチをしていたとき、参加できる試合を探し求めていたコービー相手にバスケをしていた。ダウナーにとってコービーが自分のこの先四年間を決定づける選手だということはわかっていて、その選手をもっと知るには良い機会だった。コービーは13歳にして何度もダウナーに勝ち、ダウナーはこの子がただ特別なだけではないことを確信した。コービーのポテンシャルを最大限に引き出し、同時にチームのポテンシャルも生かすためには、ダウナーは大胆で型にとらわれない考え方をする必要があった。ダウナーのスタッフには空きがあり、ジュニア・ヴァーシティー・チームのコーチを探していた。彼はある日ジョーに提案をした。

「このチームを手伝ってくれないか?」

「ああ」とジョーは答えた。「手伝うよ」。

ダウナーの提案には長期的な策があった。若いコーチだったダウナーは完成形からは程遠く、まだ学ぶことも多いということをわかっていた。これはジョーともっと親しくなる絶好のチャンスだった。ジョーにジュニア・ヴァーシティー・チームのコーチを頼むことで、グレッグ・ダウナーは自分に自信がありつつもエゴはないということを示すことができた。そして何より、コービーのコーチを務めるためにはジョーとパムと良い関係を築くことが極めて重要だった。理想としては、ジョーはこのチームに二つの重要な要素をもたらしてくれるはずだった。一つは豊富なバスケの知識。そしてもう一つは、コービーを管理し、安心させること。ヴァーシティーレベルでプレーするフレッシュマンなら当然とはいえ、彼はまだ成熟しきっておらず気まぐれなところがあったのだ。あとはダウナーが自分自身の方針でチームをコーチすることをジョーが邪魔しないでさえいてくれれば良かった。ダウナーとジョーは毎日一緒にコーチングをする必要すらなく、お互いの主張で競い合うこともなかった。練習もヴァーシティー・チームとJV（※ジュニア・ヴァーシティー）は別の体育館で行えば良い。より直接的な指導ができるため、ダウナーはこの二つのチームを分けることを好んだ。とはいえ、ダウナーにとってもそれなりに危険が伴う提案ではあった。もしコービーにもっと厳しく、もしくはもっと優しくコーチングするべきだとジョーが言った場合は？　もしお互いの意見がまったく合わなかったら？　練習や試合でいざという時にコービーはヘッドコーチと父親のどちらの言うことを聞くだろうか？　コーチングスタッフとして正式な役割を与えた以上、ジョーにはそれなりの権限が渡り、その答えはより複雑になる可能性があった。ダウナーはジョーとの交流を通して、そのリスクを負うだけの価値はあると信じた。それに応えるかのように、１９９２年12月のローワー・メリオン高校の学校新聞ザ・メリオナイトに掲載されたジョーの就任を告げる記事は、彼のこの言葉で締めくくられていた。「きっと楽しくなるはずだ！」。

ダウナーの戦略の次の段階は、コービーと膝を突き合わせて話すことだった。いっその事、スピーチでも書いて暗記すればよかったかもしれない。

コービー、君はフレッシュマンだ。シニアではマクドナルド・オール・アメリカン（※毎年開催されるアメリカ合衆国とカナダの高校を卒業した男子と女子の選手によるバスケットボールのオールスター試合）に選出されるのが目標だ。高校生の選手にとってそれは最大級の栄誉だ。そうだろう？　それに選出されるためには、全国のシニアの中でも上位15選手のうちに入らないとダメだ。そうなるために、私は君に四年計画を用意した。

現在君のような能力があるフレッシュマンのバスケットボール選手は全国に１００人ほどいる。そのうちの半数はドラッグや悪い成績や態度の悪さ、真面目に取り組まないことなどが理由で毎年脱落する。来年は君と同じ能力があって可能性のあるソフォモアの選手がまだ50人いることになる。ジュニアになる頃にはそれが25人になっている。そしてシニアになる頃には……。

真面目に取り組むことは不可欠だ。コーチの言うことを聞くのも大事だ。学校の成績も良くなければならない。ドラッグに手を出してはダメだ。君が進歩し続けることができれば、「君と同じような能力を持つ選手」の数を１００人から10人か12人程度まで減らすことができる。

その計画通りに物事を進めるということは、トンネルを狭め障害物を排除し犠牲を払うということで、いずれにしろコービー自身が責任を持ってやらなければならないことだった。高校への移行を楽にするためか、それともイタリアで過ごしたことへの想いからだろうか。入学当初、コービーはヴァーシティーのサッカーチームのトライアウトを受けることにした。当時ローワー・メリオン高校ではバスケットボールよりもサッカーの方が人気があって地位も高く、成功も収めていた。ダウナーがヘッドコーチに就任して二年目の1991－92シーズンにエイシーズが地区プレーオフに進出したことで、ようやく校内でバスケットボールは興味深く尊敬に値する競技として再浮上したのだった。校内ではサッカーの方が浸透していたものの、コービーのサッカーチームとの関わりは一週間ほどしてダウナーとジョーに見つかることで終わりを迎えた。ダウナーはアスレチックディレクターのトム・マクガヴァーンの元へ行き、こんなことは許されない。彼をチームから降ろしてくれ、と直談判をした。中学での野球同様、サッカーはコービーにとって趣味で、将来に向けて専念すべき対象ではなかった。諦めることはできた。ガイダンス・カウンセラーのフランク・ハートウェルとの年度頭の個人面談で、コービー本人がそう認めていた。1970年からローワー・メリオン高校で教師とカウンセラーを務めていたハートウェルは、高校への移行や将来そのものについての不安や不確かな気持ちを抱いているという推測の下、すべてのフレッシュマンと面談を行なうことになっていた。ハートウェルがコービーに興味の対象や長期的な目標について訪ねたとき、彼に不安や不確かな様子はなかった。コービーはすでにウェストポイント陸軍士官学校から初めてのリクルーティング・レター（※大学が優秀なアスリートを勧誘するために送る手紙）を受け取っていて、ハートウェルにはＮＢＡでプレーするのだと伝えた。

眼鏡をかけて生真面目なハートウェルは、根っからのインテリのように見えたかもしれない。だが実際は１９７０年代初頭に高校のアイスホッケークラブを創設し、彼自身も若い頃はニューイングランドでプレーしていた。スポーツというものがティーンエージャーを惹きつける力を持っていることについては理解していたのだ。とはいえ、彼はコービーがバスケをするところを見たことがなかったし、見たとしても何を目にしていて、あの細い身体に秘められたものが何なのかに気づくことはできただろうか？　彼はコービーにも、どんな高校生のアスリートに対しても「プロを目指すことに全力を注げ」というアドバイスをするような人物ではなかった。

「これが僕の夢なんです」とコービーは言った。

「それは理解している」とハートウェルは答えた。「でも忘れないでほしい。その夢を叶えることができる人間はほんの一握りしかいない」。

２０１５－16シーズンにレイカーズでの最終シーズンを記念して次から次へとインタビューをこなしていたコービーは、ＮＢＡのキャリアを振り返りながらとある〝ガイダンス・カウンセラー〟に夢を諦めるように言われた話をした。「『そんなに実現するのが難しいなら、それだけに全力を注がなければ一体どうやって実現なんてできるんだ？』と思った」とコービーは言った。

「『100％集中しなければ、絶対に叶えることはできない』とね」。コービーは、慎重になれというハートウェルの提案を賢明な助言としては受け取らなかった。むしろ挑戦か、もしくは侮辱とさえ捉え、忘れることはなかった。

ジェレミー・トリートマンはなんでもすぐに欲しがった。すべてを今すぐ欲しがった。何十万もの考えやアイディア、提案や企画が彼の脳内を駆け巡り、彼の口から小さな矢のように飛び出しては周りの人の耳に刺さった。いつでもそうだった。彼の家族は1970年代初期にメイン・ラインのグラッドウィンへと移ってきた数少ない最初のユダヤ系の家族だった。彼はキンダーガーテン（※小学一年生の前の学年で、幼稚園卒業後にキンダーガーテンに入る）から一年生を飛び級してそのまま二年生になった。学力面で乗り越えるのは難しくなかったものの、小柄でスポーツ好きな少年にとって、社交面は悪夢のようだった。七歳で四年生レベルの算数の授業を受け、まだ13歳なのに九年生に上がり、クラスメイトはみんな少なくとも一歳は年上で身長差も頭一つ分あり、みんなが思春期を終える頃に思春期を迎え、周りにほとんどユダヤ系がいない中でユダヤ系として過ごすのは、居心地の良いものではなかった。彼の兄は学校でいじめられていた。父親がカブスカウト（※7歳から12歳までを対象としたボーイスカウトのプログラム）のリーダーになると、他の親から「なんでこの人が我々の子供達のリーダーなんだ？」という声が聞こえてきた。ジェレミー・トリートマンは、周りの人間と少し違うというのがどういうことかを、正確に知っていた。

彼が自分のアイディアの中で一番気に入っていて、何よりも求めていたのはスポーツ・メディアで働くことだった。彼はよく父親と一緒にベテラン・スタジアム（※かつてフィラデルフィアに存在したスタジアム。主に野球とアメフトに使われていた）の遠くの席に座り、フィリーズ（※フィラデルフィアの大リーグのチーム）の試合を観戦した。朝刊に載っているNBAとNHLのボックススコアを暗記した。テンプル大学へ進学し、コンテストに勝って女子バスケットボールチームのラジオ実況を担当することになり、学生ラジオ局のためにフィラデルフィアのスポーツ報道を担当するようになった。19歳にしてジュリアス・アーヴィングやロン・ジャウォースキーやラリー・バードにマイクを向けていた。テンプル大学卒業後はそのままフィラデルフィア・インクワイアラーでメイン・ラインの高校スポーツを担当し、同時にジューイッシュ・エクスポーネントという別のローカル紙でフリーランスもしていた。

トリートマンはグレッグ・ダウナーの最初のシーズンにローワー・メリオン高校の取材を担当することになった。二人は地元のバーで出くわして、一晩中ビールを飲みながら朝まで語り合い、親しくなった。そしてトリートマンはある日とある男子バスケ選手について取材するためにアキバ・ヘブライ・アカデミーへ行った。そこでトム・ライリーというチームのヘッドコーチと親しくなった。ダウナーと同じように、ライリーにもナーバース・リーグに関わるべきだと促された。彼はその通りにした。ライリーからアキバの男子JVチームのコーチが辞めたことを聞いた頃には自ら名乗りを上げてその仕事を任されるほどにはコーチとしての経験も積んでいた。こうして彼はメイン・ラインの高校バスケを取材しながら一校ではコーチを務め、もう一校ではそこのヘッドコーチと親しい関係を持つことになった。この人脈と記者としての仕事とコーチ業の変わったちゃんぽんは、１９９２年の秋にジェレミー・トリートマンがアキバの体育館で14歳の少年がダンクをしなかったところを見た時についに完成した。

トリートマン自身も当時はまだ26歳だったが地元のバスケ史に精通していて、男子ＪＶチームの練習が終わったあともジョー・ブライアントと話すためによく体育館に残っていた。ジョーがコーチをしていた女子選手たちはスキル面で補うところが多かったとはいえ、彼は自分自身のプレーを特徴づけた陽気なスタイルを彼女たちに教えこんでいて、ボールフェイクや派手なフットワークをドリブルやシューティングの基礎に取り入れていた。彼は１５００ドルの給料を懐に入れるだけでこのバスケ初心者たちを放っておくようなことはしなかった。彼はスクリーンに対する守り方を教えたり、ハンドリング上達のためにカラーコーンの間をドリブルさせたり、段階を追ってセットプレーの説明をしたりした。トリートマンはジョーは非常に熱心だという感想を抱いた。女子選手たちも彼の下でプレーするのを楽しんでいた。トリートマンは彼とバスケの話をするのが大好きだった。コーチングのアドバイスからシクサーズやクリッパーズ、ロケッツで過ごした頃の話、ヨーロッパでのキャリアについて。多くの面で恵まれていた人生に対して彼は気楽な考え方を持っていて、いつも明るく、いつも「そうだね、君が正しいよ！」というお気に入りの同意のセリフを会話に散りばめていた。

そこへある日、それ以降何度も訪れるようになるコービーが、初めてジョーについて練習に現れた。彼は父親と選手たちがやっているドリルからは遠く離れた体育館の横にあるゴールに行き、個人練習を始めた。彼を止める者やダブルチームに来る者は誰もいなかった。そこにはただコービーだけがいて、バスケットボールを手に持って何度も何度も飛び上がっていた。ダンクできるほどの高さだったが、彼はダンクはせずに、まるで通りすがりに紙くずをゴミ箱に放り投げるように、ただボールをゴールに沈めていた。

「彼はどんな選手になるんですか?」とトリートマンはジョーに尋ねた。「まさか第二のジョー・ブライアントになるとは思っていませんよね?」。

「あの子は私が同じ年齢だった頃に比べるとずっとうまいよ」とジョーは答えた。「冗談じゃなく」。

「つまり」とトリートマンは聞き返した。「あなたを超える選手になるということですか? あなたはシクサーズとクリッパーズとロケッツでプレーして、イタリアではMVPにも選ばれているではありませんか。それにあなたは身長が2メートルある」。

「あの子は私なんかよりもずっといい選手になるよ」とジョーは言った。「冗談じゃなく」。

二人が話している間中、少年は個人練習を続けた。彼は時折踏ん張って喉を唸らせたが、それだけだった。あれほど細い子があそこまで高く跳べるなんて信じられなかった。でも……

跳んで、沈める。

跳んで、沈める。

跳んで、沈める。

それは彼にとって容易いことだった。とても簡単なことだった。それ以来、コービーがあそこまでの選手になると初めて思ったのはいつかと誰かに聞かれると、この時のことを話した。1992年の秋、ユダヤ系の学校の体育館で見たことが除幕式の真の始まりだった。跳んで、沈める。目が離せなかった。ジョーを超える選手に？「そうだね、君が正しいよ！」。世の中がいずれその全貌を目の当たりにすることを先に覗く稀有な機会を与えられたジェレミー・トリートマンは、それを思う存分味わった。


コービー・ブライアントが母校のバスケットボール・プログラムに与えた影響を理解するためには、彼をじわじわと効いてくる薬だと考えてほしい。彼の存在がもたらした恩恵はすぐには形にならなかった。エイシーズが20勝を上げた1991－92シーズンのチームでもトップ選手の一人だったギャリー・ケリーは、卒業してメリーランド州にある短大へと進学することができた。しかし、そこからいくらコービーがチームに加わるとはいえ、プログラムに完全なルネッサンスを起こすには良いシーズンが1シーズンあるだけでは十分でなかった。その次のシーズンはフェアフィールド・カレッジ予備校とのスクリメージのため、コネティカット州への遠征から始まった。コービーはこの時初めてローワー・メリオン高校のジャージを着ることになったが、選手たちのウォームアップギアの方が印象的だった。そのTシャツには「ドラッグではなくフープにハイになろう」と書かれていて、シャツにはタンクトップの輪郭が印刷されていた。ダウナーがコービーを先発メンバーに入れると、先輩選手たちの嫉妬や不満がすぐに露わになった。なんでこいつがこんなに出場時間をもらっているんだ？　俺たちの番だろ。その晩チームが泊まったモーテルでは騒ぎが起き、窓が割られた。しかしコービーは部屋から一歩も出なかった。「彼は高校時代にバスケ関係で宿泊を伴う遠征をするときはその後もずっとそれは変わらなかった。「彼はくだらないことに参加することにまったく興味がなかった」とダグ・ヤングは言った。「彼には最初から真剣さがあった。『誰だ、ふざけているやつは？』という感じだった。コートの外ではそういったことを気にしなかったし、問題にもしなかった。でも、バスケットボール選手として尊敬できるかどうかは真っ先に判断していた」。

アイオワ州からローワー・メリオン・タウンシップに引っ越してきた二歳年上のマット・スナイダーは、コービーに彼自身の体験を重ね合わせていた。「人見知りだと、人と打ち解けるのにも時間がかかるんだ。誰が友達になるのか、誰を信用するのか。彼がそう考えているのがわかったし、僕は気にならなかった。彼はチームメイトの何人かとはあまり話さなくて、彼と僕がチームのトップ選手になることは彼もなんとなくわかったようだった」。二人の関係は友好的ではあったが、よく競い合った。二人は選手としては正反対だった。スナイダーは１８８センチで岩のようだった。アメフトではタイトエンドとディフェンシブ・エンドのポジションをプレーし、のちにディビジョンIでアメフトをプレーするためにリッチモンド大学へと進学し、その後二年以上NFLに在籍し、グリーンベイ・パッカーズとミネソタ・バイキングズでプレーした。コービーは身長190センチで体重は63キロだった。試合後二人は決まって、どちらの方が多く得点したかを確認するために、スコアブックに目を通した。六試合中五試合負けるようなペースのシーズンで、将来プロアスリートになる二人はどんな些細なことにでも喜びを見出そうとしていた。そうでもしなければ喜びは皆無だった。「本当にひどかったよ」とヤングは言った。「あの年は完全なる大惨事だった」。何年も後にYouTubeのオフィスでコービーがノートパソコンで見返したあのシーズンのエイシーズは、二試合目にアッパー・ダブリン高校に勝ってから八連敗した。どれも完敗だった。アードモア・ロータリー・クラブ主催のクリスマス兼ホリデートーナメントでは、コービーが父親の母校相手に25得点したものの113対76でバートラムに恥をかかされた。翌日はマルヴァーン予備校に74対47で負けた。コービーは47点中24点を得点した。コネストーガ高校相手にはダブル・オーバータイムの末2点差で負け、マープル・ニュータウン高校には2点差で負けた。コービーのプレータイムの多さだけでなく、彼のプレーそのものに対する反感がチームを蝕んでいた。コービーの野心的なメンタリティや、コート上の動作がいちいち大げさなところ、自分が一番だと見せつけようとしているのが明らかだったところ。「彼のプレーは気まぐれで、どこか陳腐でさえあった」とエヴァン・モンスキーは言う。「やる必要のないシェイク&

ベイク（※ドリブルで相手を抜きさる技術の一つ。相手をドリブルで横に振った後にボールをギャザーしながら反対方向にジャンプすること）なんかが多かったんだ」。チームの先発ポイントガードだったジュニア・ジョー・ディクソンはシーズンが終わり次第ハリトン高校へ転入することを考えた。負けてばかりいたのと、あまりにもコービーばかりが注目されていたからだった。「嫉妬している人は多かった」と彼は言った。それでも、負けるたびに記者からの質問に答える前に気持ちを落ち着かせようと歯を食いしばるコービーの姿をエイシーズのロッカールームで目にしていれば、彼が自分のポテンシャルを最大限に引き出す努力を惜しまないだろうと周りの者が信じるのも理解できた。12月には地元のライバル校であるアッパー・ダービーとのホーム戦でローワー・メリオンは19点差で負け、チームで唯一8点以上を記録したコービーは17得点した。試合が終わると、トリートマンは自分のロッカーの前に立つコービーに語りかけた。「嬉しそうじゃないね」。

「負けたんで」とコービーは険しい顔をしながら刃物のように鋭い声で答えた。

彼と似たような姿勢の者はチームメイトの中にはほとんどいなかった。チームの先輩選手たちにとって、バスケットボールは必ずしも高校生活の中心ではなかった。中には自分の実力を過信している選手もいた。学業不振のため出場停止になっている選手もいた。停学になっている者もいた。チームのプレーメイカー、そしてスコアラーとして期待されていたサルタン・シャバズは、足首の靭帯損傷のためにシーズン最初の七試合に出場することができなかったが、その後出場できるかどうかも次第に不確かになっていった。毎回練習後はコービーが近くから、スリーポイントラインの向こうから、と何百本もシュートを打つ間、一緒に居残ったジョーかダウナーがリバウンドをしてチェストパスを出していた。コービーがシャバズに「なあ、どうしてお前も残らないんだ?」と聞くこともあった。コービーやダウナーや他の選手たちのほとんどが、シャバズが練習後にSEPTA(※南東ペンシルベニア交通局)の105番線のバスに乗って、ウィンウッドからウェスト・フィラデルフィアのあるエリアまで通っていたことを全く知らなかった。彼はそこで一晩中クラックやコカインを売りながら、自分自身もマリファナを吸い、翌日の授業や練習に間に合うように急いで戻っていた。昼食一つとっても彼とコービーの習慣の差は歴然としていた。コービーはジャンクフードを避け、チームメイトの牛乳を集めてはカフェテリアのトレーに小さな牛乳パックを五、六個並べていた。飲まないの? じゃあ貰うよ。「あいつはあの年で食べる物にも気を遣っていて、すでにNBAでプレーするための身体づくりをしていたんだ」とシャバズは当時を振り返る。「人に『どう思う?』と聞かれて当時を思い返すけど、『俺が見たことをお前たちは見ていない』と答えている」。コービーが市内のどこの誰が相手でも自分を証明したがっていることを知っていたシャバズは、週末になるとピックアップゲームのためにドラッグの縄張りのど真ん中である57番街とハヴァフォードの交差点にある体育館へと、コービーを連れ出した。コービーはその遠出をすることでプレーを磨き、人々に印象を残すという目的を果たすことはできたが、そのうちシャバズがそこでよく時間を過ごしていた理由がわかると行くのをやめた。「あいつを守るために、連れて行くのをやめたんだ」とシャバズは言った。「あいつにはキャリアがあるのを知っていたから」。そのキャリアはシャバズ自身が手に入れることも可能だったかもしれない。しかし自ら捨て去ってしまったと、シャバズは何年も経ってから認めた。彼がシニアになる頃にはウェスト・フィラデルフィアの街角で毎晩6千ドルから7千ドルほど稼ぐようになっていて、バスケを続けるには学業不振だと診断されるとローワー・メリオン高校を退学し、戻ることはなかった（シャバズはのちに高卒の資格を得てチェイニー大学を卒業した）。

シャバズを頼れなくなったダウナーは、シーズン終盤にコービーをポイントガードに任命し、負けが込んでいてもこの神童の成長にはなんら影響がないと主張し続けた。ダウナーは一月の時点で「彼の成長は予定通り進んでいる」と言った。そう、予定通りだった……二月にコービーが対戦相手と衝突するまでは。オスグッド・シュラッター病と細い体格のせいで膝が弱かったコービーは、その衝突で膝蓋骨を骨折した。コービーは最後の二試合を欠場したが、最終的にはフレッシュマンとして平均17．1得点を挙げ、チームトップのスリーポイント成功数とフリースロー成功率を記録した。

この通り、総じてひどかったエイシーズのシーズンにスーパーマンはいなかった代わりに、スーパーフライ（※1970年代に登場した黒人による黒人のための映画の代表作でもある1972年の『スーパーフライ』のこと。「超イケてる」という意味）はいた。1992－93シーズンのセントラル・リーグで一番クールなジュニア・ヴァーシティーのバスケコーチがジョー・ブライアントだったかどうかを明言できる者はいない。しかし確かなことは一つだけあった。彼は徹底的にそのタイトルを狙っていた。まるでローワー・メリオンが高校ではなくディスコであるかのように、真っ赤な革製のスーツを着て練習に現れた。「いかにも快適そうに気取って歩いてたけど」とそのJVチームでポイントガードだったモンスキーは語った。「きっと汗びっしょりだったんじゃないかな。彼はもう28歳のNBA選手ではなかった。30代後半で三人のティーンエージャーの父親だったのに、まだ赤いレザーなんて着ようとしていた。でも僕らにとっては神のような存在だった。元シクサーズの選手で、バスケの細かいニュアンスをたくさん知っている人がいるのは最高だった。彼や恐らくコービーにとっては簡単なことでも、JVの選手には考えつきもしないようなことを教えてくれたんだ」。選手たちがもっと洒落たプレーをしないからといって練習を中断するコーチがいるだろうか？　ジョーはセットの途中で信じられないといった様子でプレーを止めた。このパスがあることを知らないのか？　見たらわかるだろう？　そう言って彼がボールを取り上げ、三人の選手の間にバックビハインドのパスを通すと、選手たちは顔を見合わせた。「ジェリービーン、身長2メートルのポイントガードであるあなたには当たり前でも、僕らのような175センチのソフォモアの集まりには無理です」。練習が停滞気味になるとジョーは選手たちにサッカーをさせた。ある試合のハーフタイムでは、選手たちは彼がロッカールームに入ってくるのをずっと待っていた。数分間そこに座ったまま、ジョーが一体どこへ行ってしまい、彼らはなぜ放置されたのか考えていた。しばらくすると、何人かが後半の戦略について話し出した。あの選手のことをもっとよくガードした方がいいと思う。ロッカールームを出ると、ジョーはそこで誰かとお喋りをしていた。「10年生にあんなことをする人はいない」とモンスキーは言ったが、ジョーは何千回ものハーフタイムを経験していた。時にはコーチが黙って選手たち自身に解決法を探らせることも必要だった。ジョーはすでにコービーとこういった考えを共有していた。この下級生たちはコービーが高校生プレーヤーとしてのピークを迎えるとき、ジュニアやシニアになっているはずだ。彼らがなりたいような選手やチームになるには、できる限りコービーの勤勉さや賢さについていく必要がある。それを理解させるためには、ダウナーの激しさとは反対のリラックスしたコーチングでたまには選手たちが自分で答えを見い出すように仕向けるのも悪い考えではなかったかもしれない。

六月、七月になるとダウナーはコービーと他の選手との間にはっきりとした境界線を引いた。チームにおけるコービーの真の立ち位置を示すものであり、フィラデルフィア周辺の高校生選手の間でも日に日にその立ち位置は確立されつつあった。のんびりとした郊外のサマーリーグでも、ローワー・メリオンは今までには勝てなかったような学校相手に急に勝ち始めた。相手はセント・ジョセフ予備校、アーチビショップ・キャロル高校、モンシニョール・ボナー高校などといったフィラデルフィア・カトリック・リーグの強豪校だった。しかしコービーの地位を明確にしたのはこのような勝利そのものではなく、とある出来事だった。

その出来事は、次のようなものだった。当時まだサマーリーグの試合のコーチもしていたダウナーは、チームが一点差で負けている時点でタイムアウトを取った。スナイダーもこの試合ではMVPに匹敵する活躍をしていた。スナイダーの方が先輩だった。ボールは当然スナイダーに渡ると思うだろう？　ところが違った。ダウナーはコービーのためのプレーを指示した。

モンスキーは耳を疑った。「ダウナーは馬鹿なのか？」と思った。マット・スナイダーはまるで雄牛だった。マット・スナイダーは猛獣だった。しかしチームが一点差で負けている中、残り時間が0：00に近づいている状況でボールを手にしたのは、マット・スナイダーではなかった。それはコービーだった。コービーはプルアップ・ジャンパーを打ち、外した。ローワー・メリオン高校は負けた。ダウナーは選手たちをコートの隅に集めた。

我々はやれるだけのことはやった。最後にチームで一番の選手にボールを託した。勝てるチャンスはあった。入らなかったけれど、それでもいい。

エヴァン・モンスキーは何年も経ってから事実を認め、それを自虐的に回想した。あのハドルでコービー・ブライアントがラスト・ショットを打つべきではないと思った馬鹿は一人だけで、それはグレッグ・ダウナーではなかった。

ラサール大学が1992－93シーズンに残した14勝13敗という戦績は、スピーディー・モリスがエクスプローラーズのヘッドコーチとして勝ち越した最後のシーズンとなった。シーズンが終わるとモリスのアシスタント・コーチの1人だったランディー・モンローは別れを告げた。彼はヴァンダービルト大学でアシスタント・コーチを務めるためにナッシュビルへと旅立った。モリスは昔からサニー・ヒルと親しかった。フィラデルフィアのバスケットボールに関わっている者で、彼と親しくない者はいなかった。ヒルはモンローの後釜に、ある人物を推薦した。ジョー・ブライアントだった。モリスはそのアイディアに乗り気だった。ジョーはラサール大学の卒業生だった。サニー・ヒル・リーグではフィラデルフィアでもトップレベルの高校生数人のコーチを務めたこともある元プロ選手でもあった。しかもあの人当たりの良い性格の持ち主ときた。ジョーはリクルートの手助けにもなるだろう。それだけでも雇う価値はあった。理由はあともう一つあった。

「もちろん、彼にはコービーがいた」とのちにモリスは言った。「それも考慮していた」。

その年はソニー・ヴァッカロにとって激動の一年だった。1991年にNikeは彼を解雇した。その当時もその後も彼自身やNikeがその理由を語ることはなかった。しかしヴァッカロがABCDキャンプとダッパー・ダン・ゲームの権利を手放すことはなく、依然として草の根バスケに精通していた。スポーツシューズ市場でNikeに挑む機会を逃すまいと、Adidasは彼を雇った。マーケティングの予算が他の競合他社とは比べものにならないほど巨額だったNikeはまだ強豪だったとはいえ、Adidasはヴァッカロをこの戦いにおいて同点打を打つポテンシャルを持った世界一のバッターのように考えていた。

アレン・ルービンは、一年前に自分に誓った通りのことを実行した。ヴァッカロに電話をかけ、フィラデルフィア郊外にコービー・ブライアントという少年がいて、その夏ABCDキャンプに参加できるほどの選手だということを伝えた。フレッシュマンはあまり欲しくないんだよ、とヴァッカロは言った。「プレッシャーが重すぎるからね。上級生を中心に見ているんだ」。ルービンはコービーの父親が誰かについては触れず、ヴァッカロもブライアントという名前を聞いてもその繋がりには気づかなかった。

1993年の晩春から夏にかけて、当時フィラデルフィアに繋がりのあるプロと大学選手のグループが市内の体育館を周回していた。体が鈍るのを避け、調子を保つためだった。コミュニティ・カレッジ・オブ・フィラデルフィアやラサール大学のヘイマン・ホール、ベレビュー・ホテルにあるフィラデルフィア・スポーティング・クラブ、テンプル大学のマゴニグル・ホール。シクサーズのメディカルスタッフに所属するトレーナーも現れ、その選手が誰でどのチームの選手だろうと関係なく足首にテープを巻いた。シュートに定評のあるラサール大学出身のガードで、NBAでは3シーズン目、ダラス・マーヴェリックスで1年目を終えたばかりのティム・レグラーは、ある朝トレーニング・テーブル（※コンディショニング用の施術台）の上から目の前で繰り広げられていた試合を何気なく眺めていた。長細くて「なんか若いやつ」がNBAのベテラン選手たちを相手に引けを取らずプレーしていた。レグラーは彼に見覚えがなかった。この若者は恐らくビッグ・ファイブの大学でプレーしているのだろうと思った。

「あいつは誰だ?」とレグラーはトレーナーに聞いた。

「ああ」とトレーナーは答えた。「あれはコービー・ブライアントだよ。ジョー・ブライアントの息子だ。ローワー・メリオンのフレッシュマンだそうだ」。

その後10年NBAでプレーしたのち、ESPNで解説者を務めることになるレグラーは耳を疑った。当時を振り返って言う。「まず、肉体的な面から言って、15歳でNBA選手やディビジョンIのトップレベルの選手と同じコートに立ってやりあうのがどういうことか考えてみてほしい。15歳の人間が何かに対してあそこまで自信を持てるということが信じられなくて、それが印象的だった。相手に向かっていっていたんだ。誰かがジョー・ブライアントを知っていたから情けで試合に入れてもらって、なんとかついていっていたわけではなかった」。

レグラーは、選手がリーグで長いキャリアを送るために主に必要なのはスキルや意志の強さではないということを、それまでにNBAで過ごしたわずかな時間ですでに学んでいた。必要なのは身体的な強さだった。「ほかのレベルでは経験することがないほどのコンタクトを受けながらプレーしなければならない」と彼は言った。ドリブルのあとにバランスを保つことができなければ、フロアでプルアップを打てる位置まで行くことができなければ、コンタクトを受けつつもリム周りでフィニッシュすることができなければ、リーグでプレーすることはできないのだ。コービーはボールを手にするたびに、コート上のどこにいようが何人の大人がバスケットまでの道を阻んでいようが、全てのプレーを実現させようとしていた。一、二回ほど、ワンドリブルでベースラインまで大きく二歩踏み込んでダンクをぶち込んだ。しかし、同じことができてもNBAに残ることができない選手は山ほどいる。「あらゆるスピードでプレーすることを覚えなければならない」とレグラーは言う。「辛抱強さを身につける必要もある。選手としてさらに効率的にならなければならない。彼にはその先そういったことが待ち受けていたけれど、あの歳でそれを知るのは不可能だ。ただ一つ言えるのは、あの若さで何かに対してあそこまで自信を持っている人間は見たことがないということだ」。

当時のコービーの身体能力と精神や感情面とのギャップは彼に恩恵を与えると同時に障害にもなった。コービーはサム・ラインズ・オールスターズという地元のAAUチームでプレーし、彼の若きバスケ人生にとって最も困難な一年を終えたばかりだった。サム・ラインズは単なる一人の男ではなかった。サム・ラインズは二人いて、サム・ラインズはブランドでもあった。サム・ラインズ・シニアはフィラデルフィアのすぐ北にあるアビントンの小学校教師で、1980年から1990年代初期にかけてラサール大学でパートタイムのアシスタントコーチを務めていた。サム・ラインズ・ジュニアはラサール大学でモリスの下でプレーした後、アビントンの公園緑地課課長を務め、父親と一緒に彼らの名前をそのままとってサム・ラインズAAUというバスケットボール・プログラムを設立した。ジョーはサニー・ヒルリーグでサム・ジュニアと一緒にコーチをしたり仕事をしたことがあり、サム・シニアはフィラデルフィア界隈ではヒル同様、有名で尊敬されている人物だった。そういった理由から、サム・ラインズＡＡＵはローワー・メリオン以外のバスケをする場としてはぴったりだった……少なくともしばらくの間は。

コービーのプレーは完全にジョーダンから派生したものだった。「ほかの選手の真似をしているのは明らかだったけれど、それが自然に見えた」とサム・ジュニアは言った。「彼にはテレビで見るようなスワッガーがあった。ジョーに言われたんだ。『彼のプレーを見たら気に入ると思う。でも、とある誰かを思い出すはずだ』とね。私は『ここまで上手いなんて聞いてないぞ』と返したよ」。ところが試合が始まると、コービーをコーチすることに対する楽観的な気持ちは消えた。確かにコービーは初めての試合でトップから六本連続でジャンプシュートを決め、オープンになってしっかりダンクを決めることができた。しかもまだ14歳だというのに17歳以下という一つ上の世代のチームでプレーしていた。しかし個人の栄光を求め、チームとしてプレーしないコービーがサム・ジュニアと衝突するのに時間はかからなかった。ある選手はコービーがあまりにもパスをしないことを理由に辞めてしまった。サム・ジュニアは彼を責めることはできなかった。大人になったコービーは、当時の自分の態度をこう説明した。13歳になると「長期的な視点を持ってプレーするようになった。13歳で相手より優れていることが目的ではなかったからだ。いざというときに相手より優れているかどうかが重要なんだ。13歳当時の自分は、相手の長所と短所を見極めようとしていた。バスケに対してどう取り組んでいるか？　ふざけているか、バカにしているか。みんなより大きくて強いから上手いだけなのか、それとも実際に考えてスキルも磨いてきたのか？」。しかしサム・ジュニアはコービーの先見の明に付き合ってはいられなかった。コーチしなければならない選手はほかにもいて、彼らはコービーの高校のチームメイトではなかった。彼らはバスケを単に冬の間にやるだけのものとして捉えているような若者たちとは違った。この選手たちは誰もがディビジョンⅠの奨学金を狙っていた。チームはデラウェア州、メリーランド州、ニューヨーク州北部で年間八つほどのトーナメントに参加していて、旅費や食費や宿泊費のためにトーナメントごとに50ドル支払う必要があった。ブライアント家にしてみれば400ドルの投資は大したことはなかったが、チームのほかの選手や彼らの家族にしてみたらどうだろうか。彼らも注目されようと必死だった。リクルーターやスカウトに気に入られようとしていた。自分にできることをアピールしようとしていたのに、コービーにボールを渡そうものなら、そのボールが自分の下に戻ってくることがないのはわかっていた。コービーが入るからといってハーフコートからどんどん打ってしまえというモードになると、サム・シニアはサム・ジュニアに向かって「ほうっておけ、あいつの好きにさせろ」とでも言うかのように手を上げ下げして合図した。「でも彼は反抗的だった」とサム・ジュニアは言った。「自信過剰だった。ほかの子たちは奨学金を手に入れようとしていた。『コービー、ボールを触るたびにシュートしたらダメだ』と彼には説明しようとしたんだ」。

どうやってコービーに立場をわきまえさせることができるだろうか。どうしたら理解させることができるだろうか。ある日、サム・ジュニアはコービー相手に1オン1をした。サム・ジュニアの身長は6フィート（※約183センチ）もなく、ラサール大学にいる間の34試合での平均は0．9点ちょうどだった。それでも元ディビジョンIの選手であり、当時より体も厚くなっていたので、生意気な14歳を懲らしめるぐらいのプレーはできるはずだった。そこで彼はコービー相手に体をぶつけ、ポストに追い込み、手荒に扱い、彼の上からシュートを決めた。コービーの怒りとイライラは募る一方だった。一回……二回……それで十分だった。

「彼は最後までゲームを続けることができなかった」とラインズは言った。「あまりにも負けず嫌いで、泣く寸前だった。私は彼の選手としての可能性を試そうと彼を駆り立てたつもりだったけれど、彼はそれが気に入らなかったんだ」。

ラインズが本当にやろうとしていたことは彼を挫くことだった。コービーは何に対してもムキになるところがあった。オープンになっているチームメイトにパスを出したとしても、それは難しいシュートを打って決めることができないと認めることを意味するわけではない。身体の膨れ上がった中年のコーチが彼を1オン1でボコボコにできることに気づけば、それを理解することができるかもしれない。それは単に、より賢く正しいプレーだというだけの話だ。そうすればチームもよくなるし、彼自身も選手として成長し、周りからも良い選手だと思われることになるだろう。彼のキャリアを通して、高校時代もそれ以降も彼がそのことを全く学ばなかったように見えることはあった。逆に、バスケでやりたいことならなんだって可能なほど、このことを完璧に身につけたように見えることもあった。

08

学業を軽んじたことはない……文章を書くこと、特に詩に興味があって、俺が音楽面でも活動していることはみんなも聞いたことがあるかもしれない。

——コービー・ブライアント

スワッガー

コービー・ブライアントは自宅の玄関から数歩しか離れていない場所に行くだけで、自分の身の程を知ることができた。ローワー・メリオン高校でのヴァーシティー（※一軍）一年目は、彼の登場によってチームに緊張が生まれ、彼の身勝手さのせいでそれがシーズンを通して続いた。AAUではコーチと対立し、コービーが唯一自分が脅かされることがないと信じていたバスケットボール・コートという場所で、以前従兄弟のシャリーフ・バトラーにされた時と同様にコーチにけしかけられ、屈辱を味わった。コービーにはサム・ラインズ・ジュニアに対する愛はなく、初めて一緒に過ごした夏は彼の言うことをほとんど聞かなかった。コービーは自分の父親を愛していた。コービーはジョーの言うことは聞いた。コービーはグレッグ・ダウナーのことは好きだった。コービーはグレッグ・ダウナーを尊敬していた。コービーが試合で取り乱して感情的になると、ジョーが時に耳打ちをして、そして時には観客席からイタリア語で声を上げて話しかけ、落ち着かせた。一緒にシクサーズの試合に行くと、選手や審判やファンがコービーに話しかけてはジョーがいかに素晴らしい選手だったかを語り、コービーは脚色された父親のキャリアについて聞きながらその話に浸った。「コートに立つ時はいつもそのことを考える」とコービーは言った。「父親はこれを経験していて、今度は僕自身が同じことを体験しているんだ」。バスケットボールや人生について助言することができるような権威ある人物たちが周りにたくさんいる中で、コービーにとっては父親が第一だった。

レミントン・ロードにある彼らのドライブウェイは二人だけの研究室だった。コービーは夏の間に身長が2インチ（※約5センチ）伸び、6フィート5インチ（※約196センチ）になっていた。以前より筋肉もついていた。思春期のテストステロンのおかげで自然に身についたものに加え、ローワー・メリオン高校とユダヤ人コミュニティ・センターで時折やっていたウェイト・トレーニングの成果も出ていた。自分の肉体改良を真に試す方法は、たったひとつしかないとコービーは考えた。父親との1オン1だ。

その夏二人がプレーした中でも、特に記憶に残るゲームがあった。コービーはボールを外に出してからジョーをドリブルで抜き、得点した。コービーは父親相手に点を取ることができて、気分がよかった。なんで毎回これができないんだ？　次はジョーのボールだ。今度はジョーも本気だった。息子にそれを見せてやろうと思った。ジョーはコービーをドライブで抜き、上からダンクを叩き込んだ。コービーは呆然とした。NBA選手というものが、リーグを去ってから10年経ってもなお、ここまで速いとは知りもしなかった。しかし相手は自分の父親だった。コービーは泣くこともなければ、ふてくされることもなかった。この先待ち受ける道のりと、あらゆる場所で学ぶことがまだあるだろうという気づきがあるだけだった。

ジーン・マストリアーノは10年生の上級レベルのクラスで文章の書き方を教えるにあたって、まるでアスリートが試合や大会やコンテストの準備をするように取り組んでいた。「身体を鍛えて強くするためには様々なトレーニングをします」と彼女は言う。生徒にも様々なことをやって頭を鍛え、あらゆる文章のスタイルや種類を次々とこなすことで柔軟さや自信を身につけてもらいたいと考えていた。詩や脚本、私的エッセイや物語などを書かせ、手加減せずにお互いの作品の批評をさせた。日記や日誌は書かせなかった。その代わり文章用ノートをつけさせた。彼女の指示があると、まるで徒競走のスターターピストルが打たれたかのように、生徒たちは三分や五分間、何か美しいものがページに書き記されるまで暴走列車のような勢いで頭や心に浮かんだアイディアをノートに書き続けた。お互いの文章について語り合うときは、歯を剝きだすぐらい真剣にやるべきだと彼女は考えていた。１９８７年にローワー・メリオン高校の英語学科に専任講師として加わって以来、彼女は生徒たちが安心して自由に語れるような環境を築いたが、甘やかしていたわけではなかった。この文章は成功しているか、していないか？　その理由は？　掘り下げてみよう。未知の領域に立ち入ろうとしているなら、リスクを犯さないと。だれでもリスクは犯すものだし、そうしなければ爽快感を感じるような体験はできない。自分を驚かせなさい。教室の壁にはミケランジェロのダビデ像の全身写真を貼っていて、生徒の親からヌードだと抗議を受けると、海水パンツの形に切ったホットピンクの付箋を像の股間の上に貼り付けた。彼女はカリスマ性があり、機知に富んでいた。ロンドン大学で一年間英文学を学んだ彼女は、自分のクラスにシンプルなルールと基準を設けていた。彼女の好きなフレーズである「スカートの下から思いっきり太陽に照らされる（※本当のことを隠すために聞こえの良いことばかり言う）」ことを嫌った。準備をせずに授業に現れた場合や課題を読んでいない場合は、黙っていること。そこに座って、その場しのぎのお喋りやクリフスノート（※授業で使われるような文学作品の要約が載っている本）を見た程度の感想などは慎むこと。授業の間は出来る限りのことを吸収し、課題の遅れを取り戻して翌日は参加できるように準備すると誓えばいいのだ。彼女とコービー・ブライアントが親しくなったのは無理もなかった。

学業に関して、コービーは家でもマストリアーノが学校で確立したものと似たようなルールの下で暮らしていた。パムには決まりがあった。この家ではスポーツや充実した交友関係よりも学業が優先だった。もちろんコービーとシャリアとシャヤがバスケットボールやバレーボールをしたり、友達と電話で話したり、コービーの場合は自分の部屋にこもってマジックやマイケルの試合映像を研究することは許されていた。しかし、それが許されるのは、宿題を済ませ、決められた数少ない家事を終えてからだった。パムは、ＡＡＵの週末遠征から帰宅して、汗臭い服がそこらじゅうに散らばったコービーの部屋についてくどくど言うことが多かった。一度、マストリアーノはキンダーガーテンのクラス相手に生徒たちがショートストーリーを読み聞かせる機会を設けた。するとコービーは自分が書いた物語の中で、子供達をベッドから引きずり出す汚れた服のおばけを登場させた。彼女はコービーが自分自身でも知らなかった一面を解き放ち、それは彼のＮＢＡ後のキャリアを特徴づけることにもなった。

「彼女は自分が教えていることに対して本当に情熱的で素晴らしかった」とコービーは語ったことがあった。「物語を語る《ストーリーテリング》ことが世界を変えることができると固く信じていたんだ」。

コービーにとってほとんどの授業が義務的なものだったとしたら、マストリアーノの授業は逃避だった。それは彼にとってなくてはならないものとなった。彼女は「英雄の旅《ヒーローズ・ジャーニー》」のテーマを中心に授業の教材を用意していて、まずは映画『スター・ウォーズ』を授業で見せて生徒たちにルーク・スカイウォーカーというわかりやすい事例を与えてから、ギリシャ神話やジョーゼフ・キャンベルの著書、とりわけ代表作である『千の顔を持つ英雄』を取り上げた。

15歳という年齢にも関わらず、自分の人生もその軌道を辿っているとコービーが信じていたことはマストリアーノから見て明らかだった。授業の教材は彼にとってまるで静脈に打たれたドラッグのようで、自分や自分の将来に対する壮大なビジョンを養う糧になった。彼は『イリアス』を読んで自分自身に問いかけた。俺は怒りに突き動かされたアキレウスと、誇り高きヘクトールのどちらに自分を重ね合わせるのか？　キャンベルは「冒険への召命」は「運命が英雄を召喚し、精神の重心を自分がいる社会の境界から未知の領域へ移動させることを意味している」と書いた。マストリアーノからすると、コービーはその召命を検討していて、それに伴う危険に向き合おうとしていた。コート上の残り九人の選手にとってコービーのプレースタイルは、自分たちからは離れたところにある未知の領域以外の何でもなかった。クラスでは『オデュッセイア』の第九歌も読んでいた。その話の中で、キュクロープスから見事なまでの才気溢れる脱走を成し遂げたものの、自惚れたオデュッセウスは怪物を挑発し、怪物は砕いた山頂をオデュッセウスの船に向かって投げつけ、彼らは危うく死にかけた。コービーがボールをパスしないことに対する怒りと、彼のエゴはチームを助けるよりも傷つけているとささやくチームメイトたちの不満は、この寓話と同じではなかっただろうか。「ギリシャ神話の神々を敵に回すようなスワッガーは、コービーが同級生たちに嫌われ、拒絶された理由と同じものだった」とマストリアーノは言った。下品に言うと、「英雄の旅」の比喩はコート上でのコービーの自己中心的な態度を都合よく正当化するものだった。良く言うと、心を守り、頭脳とインスピレーションを与えてくれる鎧だった。これが彼の運命《さだめ》だった。彼を止めるものも、彼を止められるものも何もなかった。

当時、マストリアーノはコービーの視点の鋭さやそれがもたらす影響や代償についてはっきりと理解していなかった。彼女は生徒にそれぞれ一幕の劇をフィラデルフィアの青少年劇作家フェスティバルに提出することを義務付けた。コービーが書いたものは『俺のダチへ』という題名で、もちろんバスケットボールに関する話だった。主人公のトラジャーはＮＢＡ行きが約束された高校生のスター選手で、親友のドムは麻薬の売人に射殺されてしまう。コービーが書く話はいつもバスケの話で、マストリアーノはそのことにずっと苛立っていた。ボールをつくことだけが人生ではないということがわからないのだろうか？　彼女はコービーがバスケットボールに没頭するあまり、本来の彼らしさがダメにされてしまうか消されてしまうのではないかと絶望的な気持ちになった。「私には全体像がまったく見えていませんでした」と彼女は言った。「プロを目指すことがいかに馬鹿げているかについて、彼とは何度か話したことがありました。しきりに『どれだけ望みが薄い話かわかっているの？　ほかのことも考えてみなさい』と伝えていました。彼がどこへ向かっているのかを全く理解していませんでした」。

それでも彼女はコービーの助言者となり、二人の関係は続いた。生徒のほとんどは彼女を〝マストリアーノ〟と呼んだ。コービーは〝ミセス・マストリアーノ〟と呼ぶことでパムが念押ししていた礼儀正しさを保ちつつ、一番好きな先生の名前をイタリア風にrを巻き舌にして発音した。終業のチャイムがなったあとも彼女の教室に残ったり、自習時間の前に立ち寄ったりした。彼は同級生が一緒の授業中にはあまり発言しなかったものの、マストリアーノの記憶では「なぜこれについて習っているんですか?」「行き先が見えません」「個人的にはピンときません」「納得のいく理由を教えてくれますか?」と特に突っかかる風ではないが、質問することを躊躇するような生徒でもなかった。彼女はそういった意見は歓迎した。生意気な質問をし、異議を唱えるような尖った生徒は好きだった。成績でAを貰うためにごまをするおべっか使いにお世辞ばかり言われることに比べたら、余程ましだった。彼女はコービーがもっと授業中に発言すればいいのに、と思った。でもなぜ彼がそうしなかったのか、その理由には薄々気づいていた。

「彼は大勢がいるグループに属していたものの、居場所を見つけられていないようでした」と彼女は言った。「彼は孤独な時間を過ごすことが多く、ドリブルを子守唄にしていると教えてくれました」。

ジャーメイン・グリフィンはコービー・ブライアントにとって必要な存在で、ある意味コービー・ブライアントがなり得ない存在でもあった。彼はクイーンズ（＊ニューヨークのクイーンズ区）のファー・ロッカウェイにある公営住宅で育ち、アメリカのアーバンな地域で幼少期を苦労しながら過ごしたというコービーにはない経験の持ち主だった。ドラッグは周りの至るところにあった。彼らが中学を卒業する前に、友達が撃たれて死んでいた。真面目な生徒でバスケットボールが好きだったグリフィンは、ベンジャミン・カルドーゾ高校で九年生を終えようとしていた時に、先生から〝A Better Chance（より良い機会）〟、通称ＡＢＣという全国的なプログラムに登録するように勧められた。そうすれば生活費も学費も無料で、より良い教育環境の学区に住み、転入する機会が与えられることになる。そのためにはグリフィンは母ヴァネッタと双子の兄弟であるジャーメルと離れなければならなかった。それでも彼は新しい環境でやり直すことが自分にとって一番だと思い、この機会に飛びついた。プログラムの入学試験を受けた後で行き先がわかった。同プログラムの他の八人の生徒と一緒にアードモアの家へ、そしてローワー・メリオン高校へ行くことが決まった。

身長190センチでピクチャーウィンドウのカーテン棒のような肩をしていたグリフィンは、転入して最初の数週間は校内を歩く時に口を閉じ、頭を垂れていた。クイーンズでは彼の友人やクラスメイトのほとんどが彼同様黒人で、労働者階級だったり貧困層出身だった。今のクラスメイトはほとんどが白人で、その多くが裕福だった。彼は学校を案内された時にダウナーに出会い、いかにグリフィンがこのチームにとって価値のある選手になり得るかを説明されるとカルチャーショックは少し和らいだ。そしてグリフィンはコービーと出会うと、二人はお互いの共通点と、お互いを補完しあえる部分のおかげですぐに仲良くなった。バスケットボールに対する真剣さ、音楽、特にラップが好きなところ、そして初期は部外者の視点で学校を見ていたところ。「ジャーメインは救世主だった」とコービーは言ったことがあった。「ちょうどいいタイミングでローワー・メリオンに来て『こいつは一体どこから現れたんだ？』と思ったよ。チームの中でも親しみが持てて、安心できる相手だった」。コービーとグリフィンとマット・マトコフはカフェテリアでラップバトルに興じ、後にはアパートやフィラデルフィア市内のクラブでもそれを続けた。校内一のラッパーとして知られていたケヴィン・サンチェズとユダヤ人コミュニティセンターで働いていたアンソニー・バニスターという10代の若者もそこに加わった。コービーとグリフィンとマトコフはチームにおけるそれぞれの役割がいずれ分かれていった後も、フィラデルフィアのラップシーンへの関心と関わりのおかげで親密な関係を保つことができた。コービーは、コービーだった。マトコフは万年ベンチ以上の役割は望めなかった。グリフィンはその中間だった。彼は選手としてコービーのレベルではなかった。そもそもそんな選手はなかなかいない。しかし彼の腕の長さ、跳躍力、そしてリバウンダーとしての粘り強さは、コービーの一年目のシーズンを通してチームに足りなかったものだった。エイシーズが躍進するためにダウナーがすべきことは、簡単にコービーの周りにもっと上手い選手を集めるだけではなかった。コービーに近いタフさと鋭さを持った選手がもっと必要だった。ダウナーはコービーのコーチを一年務めた結果、この先の三年間でコービーやチームに対する期待もヘッドコーチである彼に対するプレッシャーもさらに募るだろうということがわかった。ローワー・メリオン高校はペンシルベニア・インタースコラスティック・アスレチック・アソシエーションの第一地区に属していて、そこにはフィラデルフィア周辺の町や地域にある学校が60校以上含まれていた。これだけの競争率の中、地区大会で優勝するだけでも十分な功績だった。州大会優勝となると現実離れしすぎていて想像もつかなかった。しかしコービーがいる以上、もはやそんなことはないとダウナーにはわかっていた。長い間、エイシーズがそういったチームと競うのは無理だった。そういったチームに敵うようなタフさを持ち合わせた選手がいなかった。そういったチームほどの情熱も信念もなかった。彼らだけでは……他に言い方が見つからないが、彼らは自らの恐怖心を乗り越えることができなかったのだ。コービーがいれば、その恐怖心はなくなるかもしれなかった。

「僕たちには、恵まれている金持ちというレッテルが前からあった」とエヴァン・モンスキーは言った。「どこかの体育館でプレーするときやサマーリーグのトーナメントでプレーするときなんかは、いつもそのことを念頭に置いて気合をいれていた。少なくとも僕自身はそう感じていた。コービーもそうだったはずだ。僕らはヤワなメイン・ライン出身者だとよく耳にしたよ。そんなことはない。ふざけるな、そんなわけあるか。ルースボールで競って肘を入れて、力ずくでやってやる。僕たちはチャールズ・バークリーを観て育ったんだ！　チャールズ・バークリーは厚板ガラスを突き破る勢いで相手を押して、そのことをジョークにして笑うようなやつだ。僕たちもそういうのが大好きだった。ウェスト・フィラデルフィアの外にある洒落た郊外に住んでいたけれど、自分たちもフィリー（※フィラデルフィアの愛称）の一部だと思っていた」。

自分たちがフィリーとそのバスケットボール・カルチャーの一部だと思うことと、それを証明することはまた別の話だった。再びチームに戻ってくる選手たちは夏をかけて友情を深めた。昼はアードモアにあるシェイクシャックで過ごし、夜は一緒に映画を観に行った。『ジュラシック・パーク』、『逃亡者』、『ザ・シークレット・サービス』。「でもコービーはＪＣＣや自宅のドライブウェイでワークアウトをしていたんだ」とガイ・スチュワートは言った。「彼は常にいつでも練習していた。その成果はそこかしこで垣間見ることができた。『ああ、以前とは違うんだ』とわかった。ナーバース・サマーリーグやアードモア・サマーリーグ。どこかでピックアップ・ゲームをやっている彼を見ると、自分のプレーを変えるためにいかに一生懸命練習したのかがわかった。ジャンプシュートにしろ、ハンドリングにしろ、ジャンプそのものにしろ、以前よりも軽々とやっていたんだ。一年生から二年生の間の彼の飛躍は本当にすごくてヤバかったよ」。

ローワー・メリオン高校は四試合終えた時点で全勝していて、コービーのフレッシュマン・シーズンでの勝数と並んだ。その当時も現代のメディアが存在していたら、四試合目でストラス・ヘイヴン高校を75対58で下したときのコービーの活躍は世間で大騒ぎになっただろう。膝蓋骨の骨折の影響や、夏のスケジュールがＡＡＵの試合でびっしり埋め尽くされていた影響が見られることもなく、コービーは34得点を挙げた。ペンシルベニア州の高校の試合時間は32分しかなかった。彼はさらにスリーポイントシュートを五本決めていた。もちろん当時ソーシャルメディアはなく、彼の伝説を広めるためのツイッターもインスタグラムもフェイスブックの動画もなかったが、地域で一番発行部数が多く、よく読まれていたフィラデルフィア・インクワイアラーとフィラデルフィア・デイリー・ニュースの二紙でさえも、ウィンウッドで起こりつつあった事態の本質にも重大さにも当初はすぐには気づかなかった。フィラデルフィアの高校と大学に通っていた元スター選手であり、シクサーズでプレーしていた元選手の息子が驚くような得点を挙げ、かつては弱かった郊外のチームのルネッサンスを率いていた。どう考えても魅力的なストーリー展開のように思えた。それなのに、インクワイアラーのネイバーフッズという郊外地域にフォーカスを当てた面に掲載されたストラス・ヘイヴン高校との試合の記事は、コービーではなくその日の試合で8得点7アシストを記録したチームメイトでありライバルのジョー・ディクソンに注目して書かれたものだった。コービーの名前は、416語で綴られたその記事の中盤に差しかかったところで初めて出てきた。ようやく最後の段落で、試合時間が残り五分半になったところでストラス・ヘイヴンが六点差まで追い上げた際に「元セブンティシクサーズのジョー・ブライアントの息子であるブライアントは合計五本決めたうち二本のスリーポイントを打ち、エイシーズに余裕を与えた」ことが記されていた。ジェレミー・トリートマンはまだアキバでコーチをしながらインクワイアラーで記者をし、ダウナーとの付き合いも続けつつ、定期的にジョー・ブライアントとも話し、可能なときは練習に顔を出していた。彼は編集部にコービーの報道を増やすように懇願した。トリートマンは、ただ友達としてジョーとお喋りをしていたわけではなかった。彼はそのシーズンからラサール大学男子バスケットボールチームのラジオ実況を担当するようになっていて、ミッドウェスタン・カレッジエイト・カンファレンスに移籍して2シーズン目のスピーディー・モリスとジョーとエクスプローラーズが苦戦する場に毎試合同席していたのだ。ラサール大は11勝16敗という成績でシーズンを終えた。モリスとジョーが選手を勧誘するにあたって、同カンファレンスにいる他大学との地理的な距離が不利に働いていた。フィラデルフィア出身の選手が、数ある有名大学のプログラムの中からウィスコンシン大学グリーンベイ校、デトロイト・マーシー大学、イリノイ大学シカゴ校を相手に四年間対戦することを選ぶはずがなかった。飛び抜けた選手にしか、ラサール大学の命運をひっくり返すのは無理な話だった。そのためにはコービーしかいなかった。いずれフィラデルフィアのスポーツ界一注目されることになるであろうこの話題から至近距離の場所にトリートマンはいたのだった。それでも編集部は彼の記事の案を却下し続け、より歴史があって、より質の高いプレーをするフィラデルフィア・パブリック・リーグやフィラデルフィア・カトリック・リーグの方が大事だと主張した。トリートマンは唖然とした。なぜ信じてもらえなかったのだろうか？　ある日の午後、ローワー・メリオン高校の体育館でトリートマンはダウナーと並んでコービーがまたしても練習を支配するところを見ていた。そこに編集部も居合わせていたら、彼らにも少しは理解できたかもしれなかった。その午後、ダウナーはトリートマンに向かってこう聞いた。

「いまこの体育館にマイケル・ジョーダンがいるということに人々は気づいているのだろうか?」

しかし、人々は気づいていなかった。何も見えていなかったのは編集部だけではなかった。週に二、三回ほどコービーは練習から帰宅する時に友達のオードリー・プライスの車に乗せてもらっていた。彼女は同じジーン・マストリアーノの英語の上級クラスを取っていて、女子のJVバスケットボールチームのポイントガードだった。二人は女子と男子のチームが同時に体育館にいる時にたまに遊びで1オン1で対戦した。二人が一緒にプレーする様は目を見張るものがあった。コービーの身長は198センチ近くになっていた。一方のプライスは155センチしかなかったが、その身長とは矛盾するようなディーゼルというあだ名をコービーにつけられていた。「私は母親が車で迎えに来てくれていて、ラッキーな方だった」とプライスは語った。「コービーはよく窓を覗いて『ミセス・プライス、僕も乗せて行ってもらえますか?』と聞いて、母は『もちろんよ、コービー! 乗ってちょうだい』と答えていた。その頃はただコービーが乗っているというだけで、まさか将来のスーパースターが後部座席に乗っているなんて思っていなかった。しかも後部座席に! 本当は助手席にでも座らせるべきだったのかもしれないけれど、彼はあの長い足でうちの小さなシボレーの後部座席に座っていた」。

ある土曜日、コービーはJCCでプライスに出くわすと、彼女からバスケをやめようと思っていることを打ち明けられた。彼女は毎回時間通りに準備をして練習に現れ、チームに全身全霊をつぎ込んでいたものの、いざ試合に出ると緊張で固まってしまい、コーチは彼女をベンチに戻すしかなかった。その15歳の少女は人にどう見られているかを気にして自意識過剰になってしまっていて、ベンチに座る自分がバカみたいに思えた。コービーは彼女に言った。ディーゼル、やめちゃダメだ。諦めちゃダメだ。たとえベンチに座っていようとプレーするんだ。ベンチから学べることだってある。諦めるには彼女は思い出しながら言った。「私はその年もプレーを続けた。コービーに言われたからでした」と彼女は思い出しながら言った。「私に諦めてほしくなかったんです。諦めるにはバスケが好き過ぎるということを彼は知っていた。彼はそういう人だった。誰にでも、何にでもポテンシャルを見いだすことができる人だった」。とはいえ、オードリー・プライスにとっても、ローワー・メリオン周辺の人々にとっても、コービーはただのコービーだった。

台風の目の中にいなければその進路ははっきり見えないものなのかもしれない。ペンシルベニア州北東のウィリアムズポート高校は、ゲームプランを練る前にコービーのプレー映像を三試合分見た。彼がドライブする時はチャージを取る、ポストではダブルチームをする。その結果、コービーは自分の高校のキャリア史上最低の試合を経験した。彼はたったの七点しか得点せず、エイシーズは63対43でそのシーズン初めての負けを喫した。ところがその後チームは七連勝し、その間コービーは平均26.3得点を記録した。フィラデルフィア地域がアイスストーム（※氷雨を伴う暴風）に襲われた影響で高校バスケが二週間中止になる直前、クリスマスの三日前にハヴァフォード高校に勝った試合で、コービーは初めて26得点、17リバウンド、10アシストのトリプルダブルを記録した。シーズン終盤になるとエイシーズは調子を崩し、レギュラーシーズン最後の9試合を5勝4敗の成績で終えた。そしてリドリー高校に2敗したことで10年以上ぶりのリーグチャンピオンシップには手が届かなかった。一試合目ではリドリーの選手に残り13秒でフリースローを三本決められ、二試合目はブザービーターで敗れた。それでもチームは15勝5敗の戦績を残し、ここ数年では一番人材の揃ったロスターで地区プレーオフに臨むことになった。マット・スナイダー、ジョー・ディクソン、ダグ・ヤングという3人の先発選手はシニアだったが、グリフィン、モンスキーとスチュワートはまた来季も戻ってくる。それは良いことだった。素晴らしいことだった。でもチームが好転した理由はそんなことではなかった。理由はコービーだった。

そのシーズン中のドリルで、ヤングが打ったシュートをただ飛び上がって両手でブロックするばかりか、リリースの頂点で完全に止めたのはコービーだった。ヤングとポゼッションを巡ってボールの取り合いになったときに「ダグ、かっこ悪いからそろそろボールから手を離せよ」と言ったのはコービーだった。火曜日と金曜日の晩に、生徒や教師やメイン・ラインの住人たちを徐々に高校に呼び寄せていたのはコービーだった。「コービーがみんなを目覚めさせたというわけではないと思う」とヤングは言った。「それは言い過ぎだ。でも彼はみんなが誇りに思うような存在だったんだ。地域の人たちが子供を連れて試合を観に来ていた。そんなことはもう何世代もなかったことだった」。

プレーオフの一回戦で76対64でペンズバリー高校を下した際に35得点を挙げたのはコービーだった。ペンズバリーのコーチであるブラッド・シャープに「21年間コーチをやっていて、これほどの二年生は見たことがない。やろうと思ったことをすべてやってのけていた」と言わせたのはコービーだった。そしてエイシーズにとってそのシーズン最後の試合となった二回戦、彼らより上手くて経験のあるプリマス・ホワイトマーシュ高校に86対77で敗れた試合で24得点を記録したのもコービーだった。そのうち14点は第4クォーターで得点したものだった。試合の最後の85秒間でスリーポイントシュートを三本決め、接戦に持ち込んだのもコービーだった。静まり返る敗戦後のロッカールームで歯を食いしばり顔をしかめて「もう二度とこんなことがあってたまるか。こんなことはもう二度と起こらない。こんな負け方はするもんか。来年は州大会で優勝するんだ」と言って沈黙を破ったのもコービーだった。

「彼がやってきた瞬間からうちは彼のチームだった」とヤングは言った。「練習に対する卓越した意欲と、負けることに対する徹底的な嫌悪の基準を彼が示していなければ、このプログラムとチームの成功はあり得なかった。16歳という年齢にして、彼のその情熱と意欲は、僕らのように普通に高校にいて複数のスポーツをやっているような生徒は経験したことがないものだった。このチームが翌年もっと良くなって戻ってくる自信があったし、コービーがあの若さで高校のバスケットボール選手として達成したいと思ったことならなんでも成し遂げることに疑いはなかった。これから何かが起こる気がしていた」。

ヤングが想像した以上に彼の予感は当たっていた。

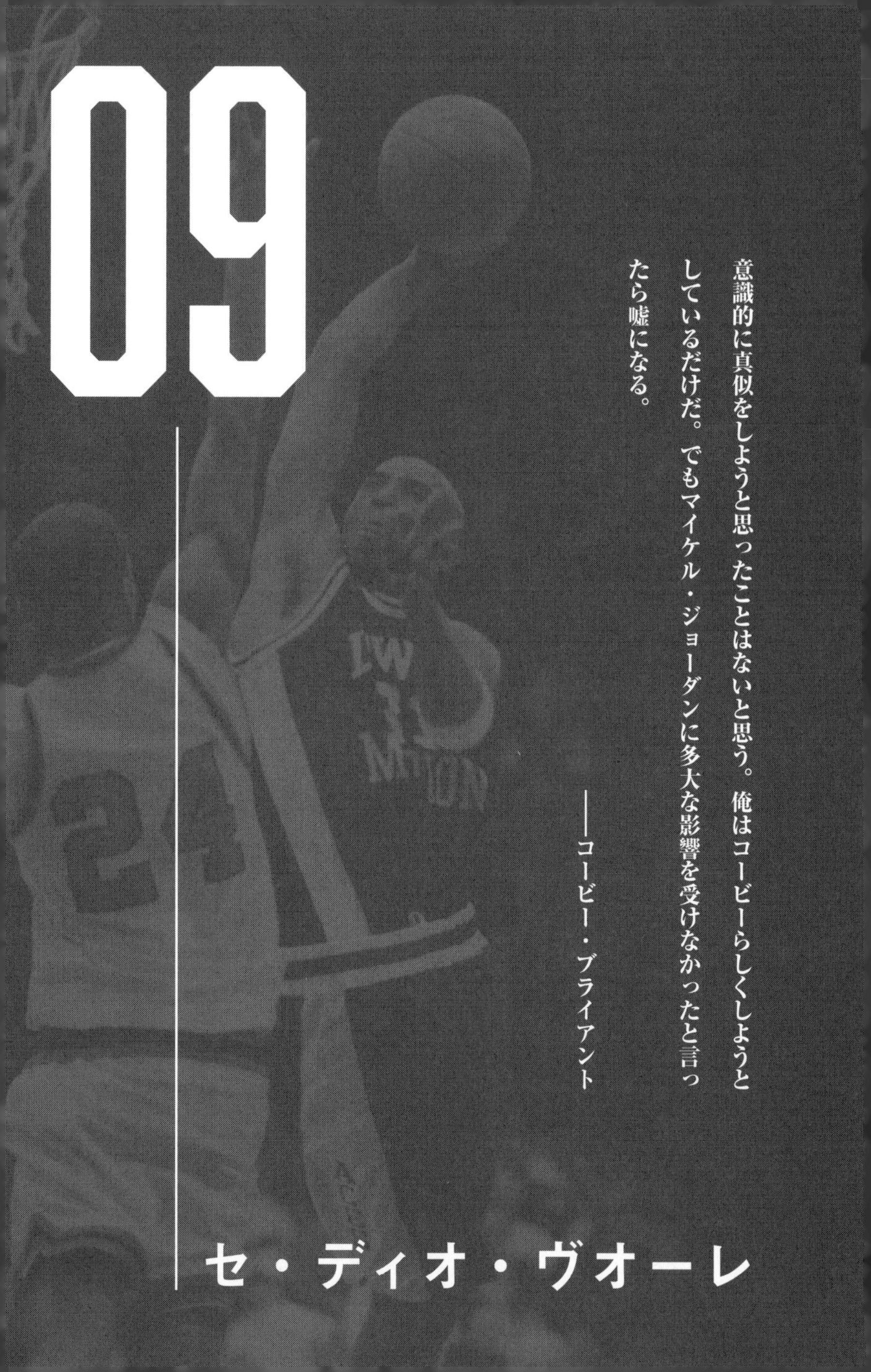

09

意識的に真似をしようと思ったことはないと思う。俺はコービーらしくしようとしているだけだ。でもマイケル・ジョーダンに多大な影響を受けなかったと言ったら嘘になる。

——コービー・ブライアント

セ・ディオ・ヴォーレ

ソニー・ヴァッカロはコービー・ブライアントと出会った時のことをまるで超自然的な体験に心を奪われたかのように語った。その出会いについて理にかなった説明はできず、神の手によって起こったとしか説明がつかないとでも言うようだった。「特殊な状況と偶然の組み合わせによって、歴史はニュージャージーで書き換えられた」と彼は言った。彼がそう説明するのも当然だった。シューズを売り、幾人ものスニーカー王を作り出し、マイケル・ジョーダンとNikeの間を取り持ち、誰も探していない頃からコービーを探し出した男、それがソニー・ヴァッカロだった。ヴァッカロがすでに築いていた土台や仕事の蓄積を通してコービーが彼の前に現れた、という説明では不十分だった。何年も前にヴァッカロが構築した情報源や人間関係のうちのひとりであるフープ・スクープのアレン・ルービンが、この子は君のキャンプに来るべきだ、と電話をかけたからという話も十分ではなかった。コービーが自らを伝説の英雄として捉えるのなら、ソニー・ヴァッカロだってコービーの躍進において自分が果たした役割に多少の神秘性を交えてもいいのではないか。

ヴァッカロ自身にも人並外れた物語があった。彼はピッツバーグのすぐ外にあるペンシルベニア州トラフォード出身の元教師でプロのギャンブラーだった。表情豊かな皿のように大きな目をしていて、イタリアのお爺さんのような愛情表現をし、辛口ながらも高校生と通じ合うことができた。ヤングスタウン・ステート大学男子バスケットボールのリクルーターをパートタイムで務めていた彼は、その立場を利用してダッパーダン・クラシックの設立に繋げ、それをNikeの仕事に繋げ、それが１９８４年のロサンゼルス五輪でのマイケル・ジョーダンとのミーティングに繋がった。彼はたった一試合しかジョーダンのプレーを見ていなかったが、１９８４年にプロ入りするこの選手にNikeが用意した契約予算の全額である50万ドルを渡そうと決めるにはそれで十分だった。代わりにチャールズ・バークリーにあげることもできたし、サム・ブーイとサム・パーキンスの２人の間で分けることだってできた。彼はなぜそうしなかったのか。全額をマイケルに賭けるべきだとなぜわかったのだろうか？　１９８５年に発売されたNikeエア・ジョーダンのスニーカーが業界そのものに革命を起こし、ジョーダンが地球上で最も人気と実力を兼ね備えたアスリートになるということがどうしてわかったのだろう？　ソニーはいつものソニーらしく、ソニーがやることをやっただけだった。

「今まで生きてきて、こいつに賭けてみようと思ったときのことは言葉で説明できないんだ」と彼は語った。「私はスカウトではなかった。そういった勉強なんてものも一切してこなかった。いわゆる勘だった。でもわかったんだ。わかったということは確かだった。探し求めていたものがあって、それを見つけることができたんだからね」。

しかし彼は、その頃にはAdidasと再スタートしていた。クライアントには小規模な大学のコーチが40人いたが、スーパースター選手はいなかった。ＡＢＣＤキャンプにはまだコーチや有望選手が集まってきたし、ＡＡＵや高校のコーチとの繋がりや友情も途絶えることなく、固いままだった。ＮＣＡＡはいまだに彼のことを敵視していた。才能ある無報酬の選手たちは無数にいて、ヴァッカロが彼らに対して多大な影響力を持っていることが気に食わなかったのだ。そして彼も同じように協会のことを嫌っていた。選手たちは貧困層の黒人の若者である場合が多く、彼らを利用することで何百万ドルも稼げるシステムを見出したNCAAは、うわべだけのアマチュア精神の下、選手たちにはその対価を一銭も払わなかった。高校選手を大学バスケから引き離し、彼らが自分達とその家族のために十分な金額を稼ぐことで（公正を期して言うならばヴァッカロも利益を享受するわけだが）NCAAに仕返しをすることができるなら、ヴァッカロはその機会を逃すつもりはなかった。まだAdidasではそれを実行するためのリソースも予算も手に入れていなかったものの、いずれ実現するということはわかっていた。さらに彼には次のマイケル・ジョーダンを見つけ出すという使命があり、それも実現することができるとわかっていた。

1994年に彼はキャンプの開催地をロスマン・センターへと移した。ウィンウッドから2時間もしないニュージャージー州ハッケンサックにあるフェアリー・ディキンソン大学の施設だった。そして七月上旬のキャンプが始まる一日前に「青天の霹靂が起きて世界が変わった」と彼は語った。

キャンプは無料だったものの招待制で、ジョー・ブライアントは賭けに出た。ヴァッカロの仲介役としてロングアイランド・パンサーズというAAUチームのコーチをやっていたギャリー・チャールズに連絡を取った。ソニーに直接連絡するよりも簡単で、リスクが少ない方法だった。サニー・ヒル・リーグでコーチをしていたことやラサール大学での仕事を通じて、ジョーにもそれなりの人脈があった。でも何年も前に1972年のダッパー・ダンで出会ったことをソニーが覚えていなかったら？　チャビー・コックスもダッパー・ダンでプレーしたことをソニーが覚えていなかったら？　そうなったら恥ずかしい思いをすることになる。まずはチャールズに連絡を取り、ジョーが聞きたいことを質問する方が賢明だった。三年生になるコービーがABCDキャンプに参加することは可能だろうか？　全国でもトップの選手たちを相手にすることができるだろうか？　ソニーはジョーの願いを聞き入れてくれるだろうか？　ソニー・ヴァッカロがコービー・ブライアントの起源を語る際、ソニーが登場する場面にはアレン・ルービンからの電話でコービーについて聞いた話は出てこない。それではドラマ性も魔法もないからだ。

ヴァッカロは語った。「ジョーが現れて、私はすぐに彼のことを思い出したよ。ギャリーが『ソニー、ジョー・ブライアントだ。イタリアにいたからまだ誰も知らない彼の息子について話がしたいそうだ』と言った。ジョーがやってきて、我々は再会を果たした。これがスポーツというもので、これがチャンスと偶然というものだ。人生はそういう仕組みになっている。ジョーがもし学生時代にABCDキャンプのメンバーに選ばれていなかったら？　パムと会ったとき、彼女は『兄もプレーしたことがあるんです』と言った。こういったことが全部繋がった」。

その繋がりは、ソニー・ヴァッカロが運命としか説明できないものが実体化したものだった。そしてその運命はジョーとパム・ブライアントが息子と一緒にフェアリー・ディキンソン大学に到着するまで姿を現さなかった。「その子が現れるまでは」とヴァッカロは言った。その子。「それがコービー・ブライアントなんだ」。

1994年の春から夏にかけてのコービー・ブライアントは、どんな人物だったのだろうか。彼には自由時間がなかったが、それは彼が欲しがらなかったからだった。少なくとも六つのバスケットボールリーグでプレーし、二つのバスケットボールキャンプに参加し、AAUトーナメントの遠征で東海岸を旅した。宿題を済ませるために遠征先に教科書を持参していた。七月の典型的な一日は朝九時の試合に始まり、夜九時半の試合で終わっていた。彼はバスケットボールに取り憑かれていた。地区のプレーオフでプリマス・ホワイトマーシュ高校に負けた時に鳴り響いた最後のブザー音が消えかけるや否や、彼ほど熱心な選手でなければ最終的には疲弊してバスケットボールが嫌になるほどのスケジュールに取りかかった。参加していたリーグや遠征、キャンプや試合の一つ一つが、コービーがローワー・メリオンで見せた進化をさらに高めていった。個人技も、チーム内での動き方も磨かれていった。散々プレーし、ありとあらゆる対戦相手やチームメイトとバスケをすることで、三年生になる頃には二年生の優秀な高校選手から素晴らしい高校選手になっていた。稼働量に伴う身体的負担が怪我に繋がる可能性については一切気にしていなかった。膝蓋骨の骨折は遠い過去の話で、今後心配することではないと信じていた。身長も伸び、筋肉もついていた。その夏、彼はこう言った。「俺が思うに、もし怪我をしてプレーすることができなくなったとしたら、神様がバスケットボール選手になるなと言っているということだ。もしそうなったら、何か別の道を探すよ」。でも彼は怪我をすることはなく、他に道を探すつもりもなかった。

まずはサム・ラインズ・オールスターズとデラウェア・シュートアウトＡＡＵトーナメントという、当時盛んに大学バスケのリクルートが行われていたイベントに出場するために、デラウェア大学のあるニューアークへ向かった。四月上旬に行われたそのイベントで、ボブ・カーペンター・センターに集った何百人というコーチの中には、デューク大学のマイク・シャシェフスキーもいた。デューク大学が全国大会でアーカンソー大学相手に四点差で惜敗した試合から一週間も経っていなかった。グラント・ヒルが在籍した四年間でブルー・デビルズが決勝に進出したのは三度目のことで、そのヒルも卒業しＮＢＡへと旅立つところだった。ヒルのように知的で、軽やかなジャンプシュートを持っていて、バネのあるスモール・フォワードかシューティング・ガードを見つけることができれば、シャシェフスキーは喜んでチームに迎えたいと思っていた。彼はコービーこそその選手だと思った。

ところが高校でのシーズンを終えたばかりのコービーは、年上で身長も彼より高くて力も強く、さらに彼と同じようにスキルもある選手をこれほど多く相手にすることに慣れておらず、彼は皮肉なことにニューアークでの初日はショック状態にあった。ダンクやレイアップをしようと幾度となくレーンへドライブをしかけては、その都度ブロックされていた。トーナメントが終わる頃には、彼はより素早いリリースでシュートするようにやり方を変えた。そこではもっと名の知れた選手がもっと派手な活躍を見せていた。ブルックリン・リンカーン高校で四年生になるところだったガードのステフォン・マーブリーは決勝戦で18得点を記録し、トーナメントの最優秀選手に選ばれた。コービー同様有望な三年生だったニュージャージー州パターソン・カトリック高校のティム・トーマスも素晴らしいプレーを見せた。身長205センチの選手には珍しいポイントガードのスキルを披露し、まるで1990年代のジョー・ブライアントのようだった。それでもコービーに感心したシャシェフスキーはブライアント夫妻を探し出し、あなたの息子さんを次のグラント・ヒルにすべく奨学金を差し上げます、とジョーに伝えた。コービーにとっては貰っておいて損のない最高のオファーだった。

サニー・ヒル・リーグでは、ドニー・カーやローマン・カトリック高校のアーサー・〝ヤー〟・デイビス、セント・ジョン・ニューマン高校のラシード・ベイらフィラデルフィア一《いち》の選手たちが、コートに現れたコービーを見て笑った。前年の夏、彼らに比べてコービーが身体的に弱かったことを覚えていた。彼らは「周りはみんなお前が一番だと言っているが、俺たちにはそんなこと関係ない」とでも言いたげだった。「俺たちは一言も話す必要はなかった」とカーは言った。「俺たちの目を見たらわかることだったし、あいつも気づいていた」。しかしコービーはヒョロヒョロだった頃から成長を遂げ、スキルも上達して磨きがかかっていた。コートを取り囲む3、40人ほどの人だかりがそれぞれ野次を飛ばし何かしら叫んでいても彼は影響されなかった。選手や観客がサイドライン際に近づいてコービにトラッシュトークをすると、彼の集中力はむしろ高まり、プレーはより研ぎ澄まされていった。「あいつが内に秘めているものが見えた」とカーは言った。「あいつは何も恐れていなかった」。試合後はカーや他のフィリーの若者と連れ立ってブロード・ストリートをぶらつき、ロイ・ロジャース（※ファストフードのチェーン店）やケンタッキー・フライドチキンを食べに行った。コービーには彼らの経験を完全に理解することは無理だった。彼は体験したことがなかったのだ。しかし、彼らと自分との違いに気づいていないわけではなかった。彼らのリスペクトを得て、受け入れられたいと思っていたため、コービーはそういった違いをあからさまに見せつけることもしなかった。ファストフード店に入ってカウンターに50ドル札を叩きつけ、欲しいものは何でも頼め、などと言うようなことはしなかった。彼は周りの者と同じようにポケットにあるお金を取り出し、みんなの持ち金と合わせた。俺は2番のセットが欲しい。金はいくらある？　そしてみんなでブースに座り、好きなラップグループとアルバムのランクづけをした。ウータン・クランの〝Enter the Wu-Tang (36 Chambers)〟がコービーのリストでは一番か、少なくとも上位に入っていた。コービーは彼らの住む地域や育った環境について尋ねたり、自分と似ているところやそうでないところについて聞いた。

「俺たちは貧困の中で育ったんだ」とカーは言った。「だからありとあらゆることを目にしてきた。あいつはよくそういう話に興味を持っていた。『ここで何があったんだ？　あそこでは？』という具合だった。俺はいつも人に言っているんだ。あいつは郊外育ちかもしれないけれど、いつでもインナーシティ（※都心部にある低所得地域）の心を持っていたんだとね」。

コービーの恨み節や幼稚さは、争いの絶えない複雑な関係のサム・ラインズ・ジュニアにのみ向けられているようだった。彼はコービーの自己中心的なところをなくそうとし、その結果コービーはさらに腹を立てるばかりだった。ある時はラインズがコービーにポイントガードをさせると、コービーは7ポゼッション連続でボールを失った。スティールされ、次にボールを手放し、その次はコートの外にボールを蹴ってしまった。ラインズはディビジョンIの候補生をもっとチームに集める努力をしていたのに、サム・ラインズAAUをより大きく、権威あるプログラムにしようという計画をコービーは丸めてゴミ箱に投げ捨てていた。彼のようにボールを独り占めするような選手と誰がプレーしたいと思うだろうか？ このプログラムでプレーしたいと思う選手なんているだろうか？ 「他の選手がみんな奨学金を手に入れようとしている横で、コービーはクロスオーバーの練習をしていたんだ」とラインズは言った。彼はまだAAUを自宅のドライブウェイと同様に扱っていた。ラインズの指示には聞く耳を持たず、他の選手には目もくれなかった。集中していたのは自分自身のスキル、自分自身の上達と向上で、全てが自分中心だった。サム・ジュニアはコービーを怒鳴りつけ、隣に座っていたサム・シニアは彼をなだめ、コービーは引き続きポイントガードを務めた。そして別の試合でも同じことが起こった。コービーは繰り返しターンオーバーをしてボールを失い、チームはろくにシュートを打つこともできず14対2で負けていた。サム・ジュニアはもう限界だった。彼は別の選手がボールを運ぶようにとコービーに伝えた。するとコービーは手を振ってその指示を無視し、自分でボールを運んだ。「ファック・ユーと言われたも同然だった」とサム・ジュニアは言った。「だから彼を交代させた。『いいか、試合中に俺を払いのけるなんてことは許されない。俺はお前を助けようとしているんだ。お前はチームに害を与えている。もっとしっかりして、いいリズムに乗ることができればお前にボールを回すから』と伝えた。あいつは泣いてはいなかったけれど、明らかに怒っていた。ジョーが来てイタリア語で話しかけた。俺はあいつをコートに戻した。そこからは問題は起きなかった。でも絶対にあの件であいつには嫌われた」。コービーの進化は断続的なものだったが、彼のような極端な性格では無理もないことだった。虚栄心が燃え上がっては冷め、燃え上がっては冷め、その傍には彼をなだめる父親と、礼儀正しさを忘れないようにと呼びかける母親がいた。

スピーディー・モリスは例年通りラサール大学のヘイマン・ホールで泊りがけのバスケットボール・キャンプを開催したが、今回は何かが違っていた。当時まだティーンエージャーだった未来のセレブ兼スターが出席していたのだ。キャンプの参加費を払うように母親を説得し、彼女が実際にそれを工面することができたことが彼には信じられなかった。当時の彼はまだ何者でもなく、厳しい環境で育ち、大きな夢を持ったただの若者だった。彼にNBAは無理だと説得することは不可能で、彼にしてみればどういった道のりでそこまで辿り着くかというだけの話だった。デューク大学はどうだろう？　コーチK（※デューク大学コーチ、マイク・シャシェフスキーの愛称）の下でプレーするのは最高だろう。ノース・カロライナ大学は？　ターヒールズのチームカラーである水色は好みではなかったけれど、かといって必ずしもダメだというわけではなかった。もしくはフィリーに残りテンプル大学でジョン・チェイニーの下でプレーして母親を喜ばせることだってできる。同年代の間では市内一、いやもしかしたら全国一のディフェンスができる選手だと考えていた彼は、自分に〝ザ・バグ（虫）〟というニックネームをつけていた。同じコートに立とうものなら、相手にこう忠告した。ザ・バグを怒らせると怖いぞ。

ところがドリルや試合が始まると、ケビン・ハートは厳しい現実を味わうことになった。

彼はコービー・ブライアントが父親のジョーと一緒にキャンプに来ていて、モリスとワークアウトしていることに真っ先に気づいた。ちょうどいい。ハートはコービーの噂を耳にしていて、良い選手だというのは知っていた。彼はキャンプでコービーのルームメイトになり、ほかの参加者にいたずらをするために一緒になって深夜ラサールの寮をこっそりと周った。それがレイアップの列であろうとトイレであろうと、とにかくコービーの近くにいようとどこへでも後をついていった。コービーから何かしら得るものがあるかもしれないし、自分も彼に何かを見せることができるはずだった。一日目が過ぎ、二日目が過ぎていった。ハートは全力を注いだ。最終的に身長は163センチ以上伸びなかったが、当時の彼はコービーに対してまるでドーベルマンのようにディフェンスをした。ペイント内では巨人たちを相手にグレコローマンレスリングでもするかのようにリバウンドを取ろうと戦った。ある晩、勇気を振り絞ってこう尋ねた。なあコービー、ディビジョンⅠの大学だったら、俺はどこに行けると思う?

コービーは笑ってそのまま立ち去った。

有名なスタンダップ・コメディアン兼俳優になった後で、ハートはそのキャンプで目を覚ますことができたと説明した。バスケットボールはコービーにとっての天職だったが、ハートにとってはそうではなく、別の職業を探した方が賢明だということに気づいた。彼は『ザ・トゥナイト・ショー・スターリング・ジミー・ファロン』に出演したときにも、コービーはキャンプに参加している間中ずっと左手でプレーしてほかの選手を弄んでいたと主張した。「人生最大のチャンスだと思っていたが、コービーにとっては単なる練習にすぎなかったんだ」と語った。ハートの話が真実か作り話かはさておき、それが片手だろうと両手だろうと、もしくは手を使わなかったとしても、モリスは彼のアシスタント・コーチの一人息子がそこにいる選手の中でも遥かに群を抜いていると証明したことに気づいていた。

ナーバースとアードモアのサマーリーグは、ラサール大学でのキャンプほど好き勝手に自分の技を磨く余裕があるほどのんびりとリラックスできる環境ではなかったとはいえ、ハッケンサックやデラウェアに比べたら暖かい毛布のようだった。ローワー・メリオンの友達やチームメイトに囲まれて、彼らが1995年の春に地区と州のプレーオフで対戦する選手やチームを相手にどこまでできるか試す機会でもあった。ナーバース・リーグでは、3試合を通して平均33.5得点を記録し、そのうち1試合ではチームが第3クォーターで得点した15点のうち13点を取り、最終的に40得点を挙げた。その間中、ジョーは観覧席からアドバイスを叫んでいた。不思議なことに、コービーは叫び返さなかったが、コートからジョーの声はずっと聞こえていた。リーグ序盤の試合で、第4クォーターでチームが8点リードしているときにコービーが「プルアップで（※ドリブルからシュートに入ること）スリーを打つ」と大声でジョーに言った。ジョーが怒鳴り出すと、コービーはニコッと笑い、冗談だ、親父があたふたするところを見たいだけだと言わんばかりにドリブルを続けた。

ナーバースではダウナーがコーチを務めていたとはいえ、地元のサマーリーグはレミントン・パークやシャックやほかのメイン・ラインのコートでエイシーズの選手やエイシーズを志す者たちとの間で自然と始まるピックアップゲームの延長のようなものだった。エイシーズを志す者がいること自体、コービーが来る以前では考えられないことだった。コービーは少なくとも地元では正真正銘のスターになっていた。彼が何者で、今後彼が率いるこのプログラムにはどういった未来が待ち受けているのかが話題になり始めてから、すでにしばらく経っていた。その一例がデイヴ・ローゼンバーグだった。彼はコービーの一学年下でバラ・キンウッド中学を卒業したものの、ローワー・メリオン以外の高校に進学するべきか迷っていた。彼は主にアメフトをやっていて、もしかしたら別の高校にもっと良いアメフトのプログラムがあるかもしれなかった。彼はバスケットボールも好きで、ある日レミントン・パークで一人でシュートを打っていると、コービーが従兄弟のシャリーフ・バトラーと一緒に現れた。

「興奮したよ」とローゼンバーグは言った。「14歳の自分にとって高校のヴァーシティー・チームに在籍するような選手は、マジック・ジョンソンの次にすごいスーパースターだったし、コービーはもちろんその筆頭だった」。

三人は何度かラフハウスという1オン1の遊びをしたあと、コービーが左エルボー（※制限区域上辺の端）の近くを指して言った。「なあ、ちょっとディフェンスしてくれないか？　試したいことがいくつかあるんだ」。実力差は多少縮まっていたものの、いまだに1オン1だと毎回コービーに勝っていたバトラーはそのうち帰ったが、コービーとローゼンバーグはもう一時間一緒に過ごした。「コービーがフェイダウェイやバスケットへ素早く向かうムーブをいくつか練習する間、喜ぶ子犬のようにずっとディフェンスをやっていたよ」とローゼンバーグは言った。両親にローワー・メリオン高校へ進学する旨を伝えたとき、成績優秀だったローゼンバーグは学校の学力の高さ以外にもう一つ理由を述べた。「二年もしたらきっとヴァーシティーのバスケットボールチームに入ることができて、〝コービー〟という選手とプレーできるかもしれないと伝えたんだ」と彼は言った。「彼は偉大な選手になるんだと言うと、両親が呆れた顔をしたのを覚えているよ」。彼の予言通り、ローゼンバーグは一年生のチームに無事受かり、シニアでヴァーシティーチーム入りする軌道に乗った。こうして彼は、コービーの手助けをしつつも彼の恩恵を受けることができる選手たちの一員になった。

コービーが偉大な選手になると完全に信じていたことが友達やコーチの印象に残っていた。彼の在り方そのものが記憶に残るものだった。ある試合では、クォーター終了間際に反対側のフリースローラインからまるで野球のようにバスケットボールを投げ、23、4メートル離れた自チームのバスケットに沈めた。コートの周りに集まっていた観客は息をのんでから一斉にわーっと叫んだ。コービーはまるで当然入ると思っていたかのように、歩いてハドルに戻りダウナーの隣に並んだ。「絶対に入ると思っていたはずだ」とダウナーは言った。自分は特別なんだ。特別な人間はこういうショットを決めるものなんだ。彼にとってその夏一番重要なイベントでは、すでにそれが真実だと証明されていた。

1994年のAdidas ABCDキャンプの参加者は157人いて、その中には三年生になる選手の中でも全国トップにランキングされる四人もいた。ルイジアナ州バトンルージュ出身のレスター・アール、ニュージャージー州エリザベスのセント・パトリック高校から来たシャヒーン・ホロウェイ、ティム・トーマス、そしてコービー。四人は友達になった。それぞれAAUサーキットの常連で、それぞれが自分らしさを持っていて、誰一人として同じではなかった。身長205センチのアールは、ローポストで存在感を放っていた。ホロウェイは身長178センチのポイントガードで、賢くタフで将来的にはコーチになった。トーマスにとって全ては当たり前のように、あるいは簡単すぎるほど簡単にできて、どこからでもプレーすることができた。コービーは貪欲なスコアラーでクローザーだった。この四人が同じチームにいたら上手くフィットしたに違いない。彼らもそう考えていた。

全国一の四年生選手だったサウスカロライナ州モールディン高校のケビン・ガーネットもその場にいた。彼には目を見張るものがあった。ガーネットは身長208センチでプレーは激しく、筋肉隆々で、82試合あるNBAシーズンの厳しさと消耗に耐えうる肉体をしていた。大学バスケにおいてアメリカで一番有名で影響力のあるスポーツキャスターであるディック・ヴァイタルはFDU（※フェアリー・ディキンソン大学）の観覧席に座り、ディップシー・デュー・ダンカルー（※ディック・ヴァイタル用語で派手なダンクのこと）やダイパー・ダンディー（※ディック・ヴァイタル用語で素晴らしい活躍を見せる大学一年生のこと）を見に来ていた。参加している選手のムーブやスキルや判断力は果たして本当に「本気なのか（※ディック・ヴァイタルの決まり文句）」？　ケンタッキー大学のリック・ピティーノやヴィラノヴァ大学のスティーブ・ラパス、ウィスコンシン大学のステュー・ジャクソンなどほか十数名のコーチも見に来ていた。

ジョージア工科大学の奨学金を受け入れ、そこで一年プレーした後1996年のNBAドラフトにエントリーすることになるマーブリーは、デラウェアと同様にABCDキャンプのMVPに選ばれた。ガーネットは黒人生徒と白人生徒の間で起こった人種差別に起因する喧嘩に関わったことを受けて、その夏のうちにシカゴにあるファラガット・キャリア・アカデミーへ転入することになった。しかし、その出来事やABCDキャンプでのパフォーマンスに拘わらず、彼が19

95年に卒業する選手では唯一大学に行かずに高校からそのままドラフトにエントリーすることを真剣に考慮していて、彼にはその可能性がある事実に変わりはなかった。1975年のダリル・ドーキンズとビル・ウィロウビー以来初めてのことだった。

しかし1994年のABCDキャンプは、注目度の高かったその二人の選手よりも、コービーとコービーの将来を世間に力強く印象付けるもので、彼の躍進に大きな影響を与えたかもしれなかった。FDUでの彼にはショックを受けている様子も気弱さもなかった。キャンプ参加者が受けた批判的思考とスポーツ心理学のクラスでは思慮深い質問をした。最初から最後まで素晴らしいプレーをして、最終日には三年生のオールスターゲームに選出された。ソニー・ヴァッカロ本人はただ首を振るばかりだった。この子は全国的に有名なAAUチームでプレーしていたわけではなかった。サム・ラインズ・オールスターズはフィリー周辺でこそ名が知れていたものの、ニューヨークのギャリー・チャールズ・ロングアイランド・パンサーズやニュージャージーのジミー・サーモンズ・プレイヤーズといった、全国的に評価の高いチームではなかった。さらにこの子は誰も聞いたことのない郊外の高校でプレーしている。八年間イタリアに住んでいて、ほとんど外国人のようなものだった。その彼がそこでやったこと、そしてこれからやるかもしれないことは見ておかねば。

三年生のオールスターゲームが終わり、FDUに集まっていた選手の家族とニューヨークやニュージャージーやフィラデルフィアの住民たちがロスマン・センターを次々と後にする中、ジョーとパム、シャリアとシャヤとコービーのブライアント一家がコートにいたソニー・ヴァッカロを呼び止めた。ジョーはハグをし、パムはにっこりと笑ったが、コービーは彼を掴むと、ヴァッカロの顔がコービーの左肩に押し付けられるほどグッときつく抱きしめた。

「ミスター・ヴァッカロ、僕をキャンプに招待してくれて本当にありがとうございました」とコービーは言った。「あと、謝っておきます」。

ヴァッカロは彼を優しく押し戻して尋ねた。「コービー、なぜ謝るんだ?」。

「来年また戻ってきて、キャンプのMVPになるからです」

「コービー、神が望むならそうなるさ。また来年会おう」

「セ・ディオ・ヴオーレ」とコービーは答えた。

ヴァッカロは驚いた。そして温かい気持ちになった。脳内のギアが動き始めた。「セ・ディオ・ヴオーレ」とはイタリア語で「神が望むなら」という意味で、ヴァッカロにとっては子供の頃から慣れ親しんできた言葉だった。少年らしいいたずらをしに遊びに行くとき、玄関を出る前に「ママ、またあとでね」と言うと、母親は決まって「セ・ディオ・ヴオーレ」と答えた。その言葉の解釈や意味は明らかで説明不要だった。あなたはここに戻ってくる。生きて元気でここへまた戻る。そして私はここにいて、あなたを待っている。

10

よし、プレー開始だ

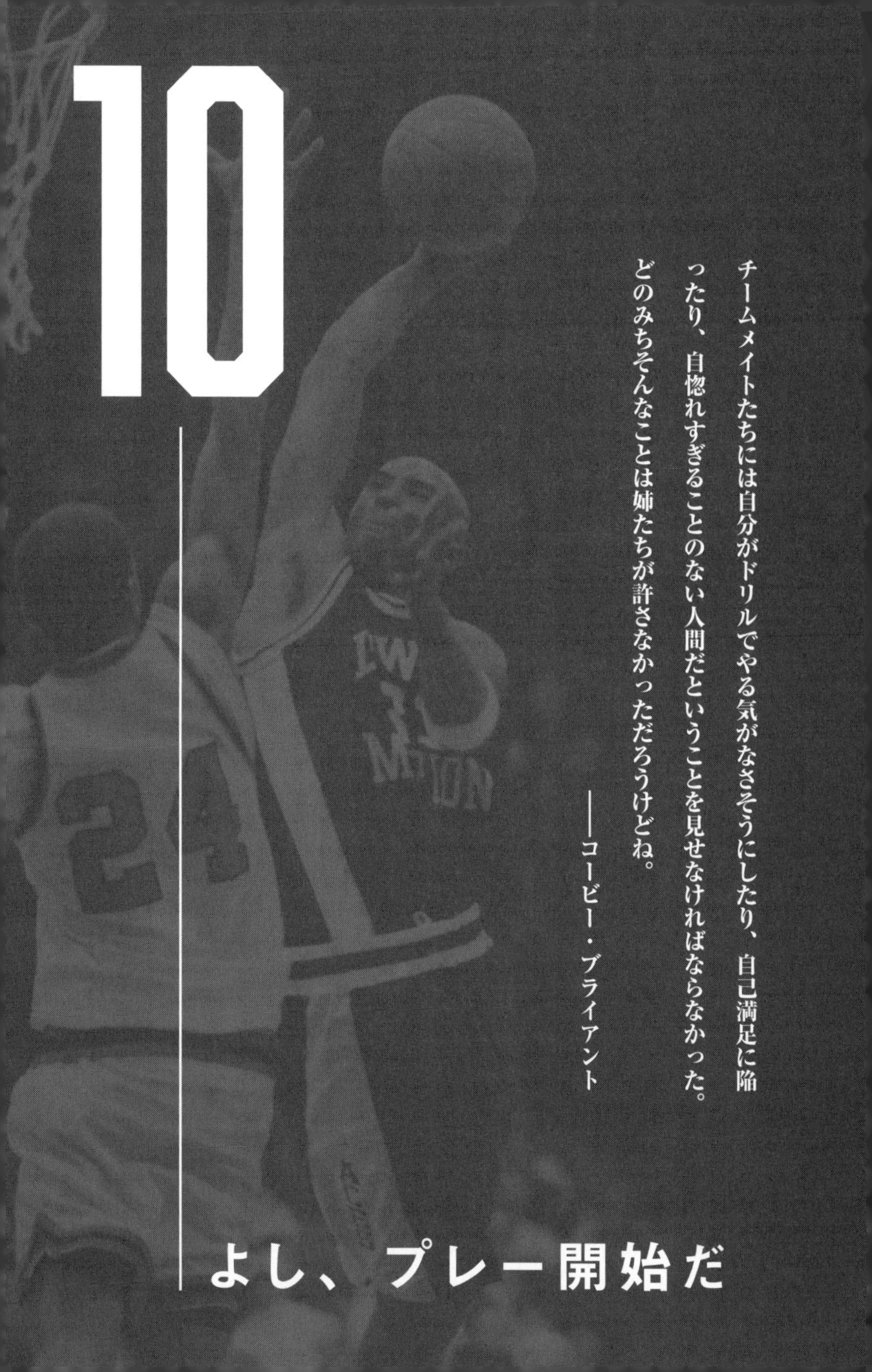

チームメイトたちには自分がドリルでやる気がなさそうにしたり、自己満足に陥ったり、自惚れすぎることのない人間だということを見せなければならなかった。どのみちそんなことは姉たちが許さなかっただろうけどね。

——コービー・ブライアント

コービー・ブライアントのかつての同級生は彼のことをロサンゼルス・レイカーズの一員で五度のNBAチャンピオン、無類の負けず嫌いで自らに「マンバ（※毒蛇）」という大胆なニックネームをつけ、同名のライフスタイル・ブランドを作り上げた人物としては記憶していない。エヴァン・モンスキーがある晩、電話越しに訴えていたのはまさにこの一点だった。あのコービーは彼らのコービーではなかった。あのコービー？　彼らの知っていたコービーとあのコービーにどんな共通点があったのか、モンスキーにはよくわからなかった。「あいつが18歳になった時から死ぬまで、人はあいつに媚びへつらっていた」と彼は言った。「しかもあり得ない類の媚びへつらいだ。あんな生き方は普通ではないし、大体の人は好まないだろう。最悪なんじゃないかな」。その生き方はコービーにどのような影響を与えただろうか？　彼をどのように変えたのだろうか？　彼の若かりし頃を知る者が覚えていたのは、あのコービーとは全く違うコービーだった。彼と当時のコービーは同一人物だったのだろうか？

モンスキーには、あるいはローワー・メリオンでコービーと関わったことのある者全員には、その答えを知りたくないと思っている節があった。モンスキーが覚えているコービーは16歳の少年で、バスケの話をするのが好きで、一番面白いわけではないけれどたまに面白い冗談を言うやつだった。その時に乗っていたのがたとえ両親の車だろうとバスケットボール選手たちを乗せたスクールバスだろうと、橋を渡る時には緊張するようなやつだった。モンスキーにとってそういった記憶が大切な理由は、希少価値があるからではなかった。むしろ、そうではなかったからこそ、かけがえのないものだった。世界一有名なアスリートではなく、16歳の少年の思い出だったからだ。昼間に試合に向かう時や夜に試合から帰る時に、窓の外をチラリと見ては下に広がる銀色の水面に怯えて息が荒くなる少年が隣に座っていたという思い出だった。コービーがその数秒間怯える理由はわからなかったし、少なくともチームメイトにはその理由を打ち明けなかった。彼らはまるでみんなと同じ仲間であるかのようにコービーをからかい、コービーはバスが安全に橋を渡るまで緊張で拳を握りしめた。実際に、彼らにしてみればコービーは仲間だったし、ずっと仲間なのだ。

コービーが三年生になる頃には、グレッグ・ダウナーは地区大会や州大会優勝まで想像できるようになっていた。とはいえ、エイシーズがそこに到達するには変化が必要で、チームで一番の選手に援軍が必要だということは明らかだった。コービー自身の成長と主力の選手たちが１９９４－95シーズンも残ったことによって、変化や援軍となり得るものの一部は自然と手に入った。ローワー・メリオン高校の16勝６敗という戦績と、地区大会プレーオフでローワー・メリオン高校を破ったプリマス・ホワイトマーシュ高校が州大会の出場権を得るという成果を残したことによって、エイシーズがフィラデルフィア周辺及びペンシルベニア全体でもトップのチームだということを、ダウナーや上級生たちは再確認することができた。ダウナーは、第一地区大会の準決勝を目指そうと選手たちによく話していた。その二試合は毎年パレストラで開催されており、パレストラでプレーするということは、なにか特別なことを経験し、成し遂げることを意味していた。しかしポストシーズンでそこまで勝ち進み、さらに準決勝で実際に勝つためには、具体的なものからそうでないものも含めてこのチームにはまだ大事な要素が欠けていることもわかっていた。

その要素の一つとなる人物が現れたのは、1994年の秋のことだった。ダン・パングラジオが家族と一緒にメイン・ラインへと引っ越して来て、一年生に転入したのだ。パングラジオは故郷のコネチカット州フェアフィールドでティーンエージャーになる前から運動面で活躍していた。その歳にしてすでにサッカーでは優秀なゴールキーパーだった彼は、九歳の時にコネチカット州とニューイングランド地域のエルク・フープ・シュートというエルクス慈善保護会がスポンサーをしていたフリースローコンテストで優勝していた。それは1989年4月9日発行のニューヨーク・タイムズ紙が671語もある記事にしたほどの功績だった。パングラジオはすぐにエイシーズのシューティング・ガードとして先発に起用された。オフェンスのバランスを取ることができて、さらにロングシュートを決めることができたので、相手にディフェンスを強いることができた。コービーの存在はありがたかったとはいえ、ダウナーもエイシーズも彼に頼りっきりになるわけにはいかなかった。もしコービーがファウルトラブルになったら？　もし彼が怪我をしたら？　ダウナーはよく冗談でコービー・ブライアントが足首を捻挫でもしたら、途端に俺は単なる能無しになるだろう、と言っていた。

パングラジオがもたらすであろうオフェンスの強化は大歓迎だったが、ダウナーにとってはチームのディフェンスを改善することが第一の課題だった。１９９３－94シーズンの最後の八試合は相手チームに平均70失点していた。総合的にスキルがより高いチームを相手にしたら、点の取り合いをするしかないというプレッシャーがコービーにもチームメイトたちにものしかかっていた。ダウナーはナーバース・リーグを通じて、アードモア出身のマイク・イーガンと出会った。イーガンはＮＡＩＡ（※ＮＣＡＡよりも小規模な大学の体育協会）に加入しているデラウェア州ニューキャッスルにあるウィルミントン大学で、ちょうど丸二年アシスタントコーチを務めていた。フィラデルフィアのオーバーブルック地区に住み、ニュージャージー州南部で保険業者として働き、デラウェア州北部でコーチをするとなると、29歳独身で責任や義務も大してないようなイーガンでさえ、クタクタになるようなスケジュールだった。ローワー・メリオン高校でコーチをすることになれば通勤時間の短縮になる上に、コービーと関わることもできた。イーガンは夏にナーバースでプレーするコービーを見ていて、ユダヤ人コミュニティセンターでは、一緒にピックアップゲームをしたこともあった。「『この子には自分が高校レベルに戻ってコーチをする価値がある』と思ったんだ」とイーガンは言った。ダウナーは魅力的なオファーを提示した。私のディフェンシブ・コーディネーターになってくれ。ハーフコートでのディフェンスが優れていないチームが優勝したことは未だかつてない。毎晩練習で20分間やるから、君のやり方で君のシステムを指導してくれ。イーガンは断るわけにはいかなかった。

ダウナーのリストの三つ目で最後の要素は、最も不可欠であり重要なものだった。エイシーズがこの地域や州全体でもトップの相手と競るだけでなく勝つためには、ポストシーズンになる前からそういったチームと対戦することに慣れなければならなかった。そこでダウナーは、カンファレンス外のスケジュールを強化することにした。例年通りのセントラル・リーグの16試合に加え、空いた日はできる限り強豪相手に試合を組んだ。例えば、ネイスミス・メモリアル・バスケットボール殿堂入りを果たした三人の高校コーチのうちの一人で、ボビー・ハーリーの父である、ボブ・ハーリー率いるジャージー・シティーのセント・アンソニー高校。公立、私立問わずペンシルベニア中の学校と対戦していたデラウェア郡の少年院のグレン・ミルズ・スクール高等部バスケットボールチーム。か細いながらも、その地域でトップのガードになりつつあった三年生のリチャード・〝リップ〟・ハミルトンを有するコーツヴィル・エリア高校。前年の夏、ダウナーはハリスバーグで開催されたキーストーン・ゲームという、ペンシルベニア州におけるオリンピックのような大会で、フィラデルフィア周辺地域のオールスターを集めたチームのコーチを数日間務めていた。そこで彼がコーチした選手たちは市内でも優秀なバスケットボール・プログラム出身だった。唯一フィラデルフィア市内ではなく市外のプログラムから参加していたのは、第一地区に属している前回の州大会チャンピオン、チェスター高校クリッパーズだった。これらのチームは、ダウナーがテコ入れのためにローワー・メリオンのスケジュールに加えた対戦相手と似ていた。その選手たちには、ダウナーがエイシーズに経験させたかった鋭さやタフさがあった。コービー自身はそれを持ち合わせていたものの、他の選手たちも体験し、触れる必要があった。特にチェスター高校はその鋭さとタフネスを体現していた。１９９４年の州大会優勝は12年間で三度目のことだった。ダウナーもコービーも自分たちがチェスター高校並みの水準に達するべきだと考えていて、さらに彼らのことを目標を実現する道程に立ちはだかる最大の壁だと思っていたため、クリッパーズに目をつけていた。

アンソニー・ギルバートがコービー・ブライアントと友情を育むきっかけになったのは、ギルバートがシャリア・ブライアントに気があったからだった。彼女はテンプル大学女子バレーボールチームの優秀な選手で、ブライアント家特有の跳躍力を生かしたアウトサイドヒッターとしてスパイクを叩き込みまくり、大学のキャリアを終える頃にはアウルズ（※テンプル大学のチーム名）の得点記録で歴代五位となっていた。シャリアは身長１７８センチで人目をひく顔立ちをしていたが、オフコートでは人懐っこく親しみやすかった。ギルバートはテンプル大学の定時制に通う一年生で、大学のアスレチック部局で働くことで学費を稼いでいたが、チームのスタッツやリサーチを担当するようになるまではバレーボールについて一切知識がなかった。彼は身長１７３センチだったため、シャリアを尊敬の意味で仰ぐだけでなく、文字通り見上げる必要があった。ギルバートは彼女に好印象を抱いており、彼自身も彼女に好印象を残したいと思っていた。

ある日、彼は「なあ、俺はフィリー出身なんだ。バスケなら任せろ」と話しかけた。

彼女は答えた。「マジで弟にでさえ敵わないと思うけど」。

ギルバートはコービーのことは聞いたことがなかったが、そのうちすぐに知ることになった。コービーのバスケの試合同様、シャリアのバレーボールの試合にもブライアント家とコックス家の参加可能なメンバーが揃って観戦していた（観客数が少なかったため、彼らの存在はコービーの試合のときよりも目立っていた）。バスケで忙しかったため、コービーは同行しないこともあった。それでもギルバートとシャリアの会話があった次の試合にコービーはマゴニグル・ホールに現れ、バレーボールを拾い上げてバスケットボールのようにドリブルをついてから、他には真似できないやり方でギルバートに自己紹介をした。

「今やったっていいんだぜ」とコービーは言った。

「え？」とギルバートは思った。「こいつが弟？　一体何者なんだ？」。

１９９４年の秋にシャリアとコービーとのぎこちない出会いがあってからしばらくして、ギルバートはやがてSLAM誌に寄稿するようになり、コービーとブライアント家全員にとって良き友人となった。ブライアント一家の結束力とお互いに対する忠誠心を尊敬していた彼は、多くの人は知ることがないような彼らの関係性や、コービーの性格の全く違った面を垣間見ることができた。バスケをしている時のコービーは無慈悲で抜け目なく、無敵だった。バスケ以外でのコービーは礼儀正しくナイーブで、温室育ちだった。その差はこの上なくはっきりしていた。

「彼が特にクールなわけでもなかったことを知らない人はたくさんいます」とコービーの友人のデイナ・トルバートは語った。「みんな彼のことを大スターとしてなんて見ていなかった。ただのコービーでした。彼の周りで特別に振る舞うこともなかったし、彼も私たちの周りで自分が特別だという振る舞いはしませんでした。彼が家族と一緒にふざけているホームビデオなんかがあるけれど、あれが本当の彼の姿でした。コート上でみんなが見ていたブラック・マンバは、競っているときの彼でした。その二つは別のものなんです」。

コービーの二面性が一番はっきりと表れたのは、女性との交際においてだった。コービーには特に付き合っている相手はいなかった。ジョスリン・エブロンという女の子がいたことにはいた。親戚のバーベキューで出会ったその子は、コービーに対して静かでおとなしいという印象を抱き、高校時代を通してコービーのガールフレンドに一番近い存在になった。コービーはそのバーベキューであまり女性慣れしているようには見えず、カトリック系の女子高に通っていたエブロンは、彼には可愛い子を捕まえてやろうと狙っている感じがないところに好感を持った。二人が一緒にいる時は、ほとんどブライアント家の自宅で過ごした。出会った時はコービーが典型的なアメリカの男子とは違うことを期待していたエブロンだったが、次第にコービーがいかに違うかを思い知った。ガイ・スチュワートや、マット・マトコフ、ジャーメイン・グリフィン、エヴァン・モンスキーといったローワー・メリオンでの友人やチームメイトといる時と全く同じことをしてエブロンと過ごすことが、二人にとってのいわゆる「デート」だった。コービーがマジックやマイケルやコービー自身の試合やイタリアでのワークアウトのビデオを観ている間、彼女はソファで彼の隣に座っていた。コービーのムーブは恋愛だろうが何だろうが、コート上に限られていた。

エブロンは、パムがコービーの洗濯をすべてやって、毎朝同じベーコンと卵とクリーム・オブ・ウィート（※小麦でできた朝食用の粥状の食べ物）という朝食を作っていたことに気づいた。「全てが彼を中心に動いているようでした」とエブロンは2003年のニューズウィーク誌のインタビューで答えた。「二人の姉はそれを受け入れているようでした。彼は一人息子で、まるで王様のようでした」。シャリアとシャヤはコービーに対して過保護で、弟に近づこうとする女の子のことは厳しく見極め、追い払っていた。お近づきになりたいと思っていた女の子は多く、それも無理はなかった。コービーは自分に確信がないときや言葉に詰まったときに唇を舌で舐める癖があり、その深い茶色の瞳と人懐っこい笑顔にさらに脆さと憂いが加わったように感じられた。たまに仲間に入れてもらえることがあったとしても、美人でコービーに興味があったエブロンでさえも、ブライアント一家からは部外者だとみなされていた。エブロンはコービーの正式な彼女だとは思っていない、とシャリアはギルバートに一度話したことがあり、そのことからコービー自身もそう思っていなかったことが推測される。シャリアはテンプル大学のキャンパスに住んでいたため、コービーに緑豊かなウィンウッドと近場のバスケットボールコートの外にある世界とどう折り合いをつけるべきかについて助言することを自らの使命と課していた。「彼女には母性本能があった」とギルバートは言った。「街（※フィリー）のことや、そこでは何がどう動いて、俺たちがどんな風に話して、どんな格好をしているのかを学んで、それをコービーに伝えたんだ。コービーはまだ青かった。彼は黒人の若者として街中でどうあるべきなのかわかっていなかったんだ。こっちが言うことによっては黙りこむこともあった。でもコートの上では饒舌だった」。

二人の友情が深まるにつれ、コービーの意図した通りギルバートは彼と会話を交わすのと同じぐらい憎まれ口を叩くことが増えていった。ギルバートは時折「なあ、サウス・ストリートに行かないか？　ナンパしに行こうよ」とコービーを誘った。答えはすでにわかっていた。お断りだ。ウェスト・フィラデルフィア出身だったギルバートは、コービーがよく行く場所には馴染みがあった。コービーが一番楽しんで過ごしていた場所は、レミントン・パークやアードモア・パーク、タスティン・プレイグラウンドといった公園だった。サウス・フィリーまで車で行く？　コービーはユダヤ人コミュニティ・センターの鍵を持っていたのでわざわざそんなことをする必要はなかった。コービーにとって街を堪能するということはタトゥーショップやレコードショップに行ったり、本通りの賑わいを楽しむことなどではなかった。それよりも、ギルバートがユダヤ人コミュニティ・センターや行きつけの公園について来てくれることだった。コービーが打つシュートをいちいちリバウンドして、チェストパスを投げてくれることだった。そしてコービーがシュートやドライブやフットワークの練習をしている間中、コービーが面と向かってや影で言われていたような悪口をギルバートに真似してもらうことだった。

「お前は上手いけれど、パブリック・リーグでプレーしているわけではない」

ダムダム……ダムダム……。

「お前は郊外に住んでるじゃないか」

クルッ……。

「お前が通っているのは白人の学校だ」

シュパッ。

「弱いやつらばかり相手にしてる」

ダムダムダム……ダムダムダム……。

「お前はよそ者だ」

ドカンッ！　強烈なダンク。

これがコービーの精神的な鎧となり、彼を批判から守っていた。タフさに欠ける。黒人らしさが足りない。肌の色は同じでも、コービーとはそれ以外の共通点はないと思い込んでいるような選手たちからは敬意に値しないと思われていた。「彼の家族はどこに行っても愛されていた」とギルバートは言った。「お高く止まるようなことがなかったんだ。彼らが皆を受け入れたから、彼ら自身も愛されリスペクトされていた。コービーには、俺や俺の友達のような〝ブラック・エクスペリエンス（※黒人としての体験）〟はなかったとはいえ、街のやつらから受けた扱いはバスケのスキルなんかよりも、彼が住んでいた場所が原因だった。彼と同年代のフィリーのやつらはパブリック・リーグやいろんなサマーリーグでプレーしていて『いいかコービー、お前は上手い。記事に取り上げられたりもしている。でもお前はパブリック・リーグではプレーしていない。白人の学校に通って、郊外に住んでいる。誰がなんと言おうと、お前は俺らとは違う、よそ者なんだ』という態度だった。彼にとってバスケはそういった疑念を晴らす手段だったんだ。『そうだな。お前らの言う通り、俺は違うかもしれない。でもこのボールが宙に上がったら、誰がブラックで誰がそうではないかを見せてやる』。彼は自分が他の誰とも違うことを知っていて、それを強みにしていたんだ。誰かがトラッシュトークをしていたら、彼は黙ったあとに『もう済んだか？　そろそろプレーしようぜ』と言って、そう言われた相手はみんな戸惑うんだ。普通だったらケンカになるところが、コービーの返事は『それだけか？　よし、プレー開始だ』だった」。

それ以上にコービーにとってバスケットボールとは、このスポーツと出会い、夢中になるきっかけをくれた人物である父親に敬意を払い、彼の名誉を守るための手段だった。ジョーは信用を失い、チームを渡り歩く羽目になった。ジョーはＮＢＡに留まることができるような持久力を確立することができなかった。ジョーはヨーロッパへと追放されてようやく、彼にとっての頂点に達することができた。同じ運命を辿るのを避けるため、コービーは正しいスキルと態度と倫理観を身につけることを決意していた。こいつは何者なのか、どう扱えばいいのか、居場所はどこなのかなんて疑問を誰にも持たせるものか。ブライアントの名前を決して忘れられないぐらい、俺はこの競技に全力を尽くすんだ。「コービーは自分の親父のようになりたいと思うと同時に、父親の汚名を晴らしたかったんだ」とギルバートは説明した。「ジョーへのオマージュだったんだよ」。父の汚名返上のため、そして自ら選手として偉大さを追求するためには、無駄にする時間などなかった。以前コービーは、自分には様々な目標や人生で成し遂げたいことがあって、それらを全て若いうちに実現したいとギルバートに話したことがあった。若くしてリーグ入りしたいと思っていた。若くして結婚し、若くして子供が欲しいとも考えていた。大人になるまで待つのではなく、自分自身のタイミングで決めたかった。「それが彼のスローガンだった」とギルバートは言った。「そうやって全てのことに取り組んでいたんだ。他のみんなとは全然違う次元にいた」。コービーはあらゆることを早めにやろうとしていたが、まずは自分の通う高校と急成長を遂げようとしていたそのバスケットボール・プログラムのためにやらなければいけないことがあった。それは優勝することだった。

コービーが三年生になるにあたって、コーチ陣は彼をチームキャプテンに任命することで、エイシーズでの彼の立場とその存在の重要性を明確にした。チームキャプテンのうちのひとりではなく、唯一のチームキャプテンだった。チームメイト全員がその判断に理解を示し、冷静だったわけではなかった。四年生だったモンスキーは、はっきり物を言う自分と、行動でリーダーシップを示すタイプのガイ・スチュワートの二人がキャプテンを務めることになるだろうと思っていたため、コーチ陣がコービーを選んだことに傷ついた。シーズンが始まった当初、チーム内で緊張感が生まれたり傲慢な態度をとる選手が現れたりすることが何度かあったが、これはその最初の例だった。ステイシー・モスコッティという『ザ・メリオナイト（※ローワー・メリオン高校の学校新聞）』の記者とのインタビューで、エイシーズは州大会優勝を果たす可能性が十分にあ

ると コービーは自信満々に語り、先走った発言をしていた。「周りのチームを見渡してみても、俺たちには及ばない」とコービーは語った。イーガンはチーム練習の最初の何回かを通して、各選手の印象を黒いマジックでルーズリーフに綴った。コービーに対する評価を見ると、この新しいアシスタントコーチがいかに厳しい評価を下していたかが見て取れた。「オフェンス中心でファウルしがち。横の動き。リバウンドとショットセレクションは改善の余地あり。プレーはパッとしない。もっとリバウンドすべし。15フィート（※約4．6メートル）以内を制することができれば、スリーも打てるようになる。どこまで上手くプレーできるかは、いかに激しくプレーできるかにかかっている。いい加減なプレーは控えること」。迎えたシーズン開幕戦。期待されたエイシーズだったが、まるで『ザ・メリオナイト』にコービーが残したコメントに対する天誅が下ったかのようにサン・ヴァリー高校に62対60で敗れた。第4クォーターでリードを溶かしての逆転負けだった。この試合ではコービーが31得点、ダン・パングラジオが16得点と、二人がチームのオフェンスの78パーセントを担っていた。この得点配分は、まだこのチームがトップの選手に頼り過ぎていることを示していた。どのぐらいだとコービーに頼りすぎで、どのくらいだと足りないのか、という二年間ダウナーに重くのしかかっていた質問の答えは出ないままだった。開幕二試合目、セントラル・リーグでは初戦となるアッパー・ダービー高校との試合を迎える前に、ダウナーとイーガンはコービーを呼んでもっとチームメイトたちに対して声をかけ、彼らをもっと試合に巻き込むように伝えた。コービーは、自分のプレーを通してリーダーシップを見せると答えた。

　それから二ヶ月間、彼が見せたものは見事だった。その直後の三試合では平均30得点以上を記録し、いずれも14点差以上をつけて相手に勝利した。次の試合相手は、マーブル・ニュータウン高校で、クリスマスの五日前に予定されていた。コービーは高校キャリアの通算得点が９９４点あって、あと６点で１０００得点に達するということを知りつつ試合に臨んだ。最初の二本を決めると、記録を達成することに緊張して強引なプレーをしてしまい、次の三本を落とし、さらにターンオーバーを犯した。そしてようやく第１クォーターを三分半残すところでファウルラインの近くからジャンプシュートを決めた。ローワー・メリオンは63対58で試合に勝った。コービーはキャリアハイの38得点を記録した。さらに二日後にペンクレスト高校相手に13点差で勝利した試合では40得点を挙げ、早々に記録を更新した。しかしその試合が特筆すべきだったのは、もっと重い理由だった。この試合は、コービー・ブライアントが人生で初めて表立って批判と非難を浴び、それが記録に残された初めての試合だと言っても過言ではなかった。そこで起こったことを「批判」と呼ぶのは、あまりにも甘すぎるかもしれない。

　ＮＣＡＡは１９８６年に「プロポジション（※条例案）48」を制定した。この規則は、ディビジョンⅠの大学でスポーツを志す高校生は、学業面で資格を得るために学校の成績及びＳＡＴで一定の基準を満たさなければならないというものだった。例えば、ＳＡＴでは１６００点満点中、最低７００点を取らなければならなかった。すると、その大半が黒人であるバスケットボール選手を「プロップ48」と呼ぶことで、彼らが大学に入るには頭が悪すぎるというレッテルを貼るという、人種差別的かつ偏見に満ちた侮辱がたちまち横行するようになった。そうした背景もあって、ティップオフで審判がボールを宙に投げてからペンクレスト高校のファンの一部、つまり白人のペンクレストファンたちが人種差別的な暴言を投げかけ、コービーに向かって「プロップ48！　プロップ48！」と唱えだすのに時間はかからなかった。

ブライアント一族はいつも通り勢揃いして観客席にいた。怒りや失望を顕にして真っ先にコービーの擁護をしたのは、繊細なジョーでも激烈なパムでもなかった。ローワー・メリオン高校側の応援席で188センチの身長を旗ざおのようにピンと伸ばして立ち上がり、怒鳴り返したのは、高校四年生で無口な次女のシャヤだった。

「そうは言っても弟は優等生なんだけど、それについて何か言うことはある？」

何もなかったと見えて、合唱はやんだ。

とはいえ、これはほんの始まりにすぎなかった。コービーはどんどん注目を浴びるようになり、それに伴ってブライアント一家を含め、彼に関わっていた全員にとって賭けるものも大きくなっていった。コービーの試合の優先度が高くなるあまり、自分自身も女子バスケットボールチームのスターティング・センターを務め、平均13得点を記録していたシャヤは、コービーの試合に行くために自分の試合を二試合ほど欠席した。「もちろん私たちは負けました」とシャヤのチームメイトでもあったトルバートは言った。「相手が恐れていたのは彼女です。私は178センチしかなかったので。コービーを取り囲む人たちは結束がとても固かったんです」。コービーの才能についての噂はフィラデルフィアとその周辺地域を駆け巡り、ロッカールームでの噂話に始まりコーチ同士のミーティングや大学のスカウト同士の情報交換に至るまで、そこかしこで繰り広げられた。そのほとんどが口コミで伝わったものだった。まだインクワイアラー紙で記者をしていたジェレミー・トリートマンは、定期的にジョー・ブライアントとも話し、週に一度はコービーと連絡を取り、ローワー・メリオンの練習や試合に顔を出していた。コービーの特集記事を載せるべきだという提案や、少なくとももう少し注目すべきだという説得は編集部には聞き入れてもらえなかったが、そのうち別の手段を手に入れた。彼はインクワイアラー紙がスポンサーになっていた『ザ・インクワイアラー高校スポーツショー』という、地元のアスリートを特集する週一のテレビ番組のプロデューサー兼レポーターになったのだ。地区のプレーオフが始まり、人々の関心が集まる頃になったら、コービーの特集を組むことができる。でもそれまでは、コービーについて知りたい場合は現場に行き、試合を観に行ってメイン・ラインやデラウェア郡の地元紙に目を通すしかなかった。それでもコービーの話は人づてに広まっていった。

年末に行われたアードモア・ロータリー・トーナメントの決勝戦で、ローワー・メリオンはハーフタイムの時点でマルヴァーン・プレップ相手に6点差で負けていた。第3クォーターが終わった時点でそれは4点差になっていた。試合の序盤コービーは不調で、試合開始後15本のうち12本を落としていた。マルヴァーン校の生徒やファンの集団は、彼が取り乱すように「オーバーレイテッド！　オーバーレイテッド！（※過大評価）」という合唱を始めた。ペンクレスト高校ほどは屈辱的ではなかったが、彼らは黙っていた方が賢明だった。エイシーズは第４クォーターでマルヴァーンを制圧すると、最後は引き離して71対64で勝利を収めた。スチュワートが19得点、パングラジオが10得点と貢献したが、試合に変化をもたらしたのは彼らのどちらでもなかった。コービーが最終クォーターで20得点を挙げ、最終的に36得点で試合を終えたのだ。彼は単に自己満足のために派手に得点を稼いだり、息を呑むようなプレーやムーブを披露したわけではなかった。彼は数十年以上ぶりに初めてこのチームを良くしていたのだ。コービーに目を瞑らせて足に文鎮でも貼り付けてスクリメージに参加させる以外に、彼を本当に試すような状況や障害を作り出すことができずにダウナーは苦労していた。モンスキーとスチュワートがバックコートでお互いをよく補っていたため、オフェンス時にコービーはよくローポストで自分よりも背の低い選手を相手にしていた。それを受けてダウナーは、主にＪＶでプレーしていたブレンダン・ペティットという身長１９５センチある大柄な2年生をヴァーシティーのチーム練習に呼び、コービーのディフェンスをさせた。自分のことをどんな相手からも引き下がらないタフな選手だと認識していたペティットは、リバウンドを取ったり相手を威嚇するためには肘の一つや二つ振り回すこともためらわなかった。彼はコービーにも同じことをし、二人の押し合いは何度か殴り合いに発展しそうにもなった。しかし、こうでもしなければ、ペティットのサイズと粘り強さ以外にほかのチームメイトが彼に負荷を与えることはできなかったのだ。ダウナーは、ヘッドコーチとしてチームで一番才能のある選手を奮い立たせるよりも、自分自身の競争心と意欲をコービーに証明する必要があると考えた。そこでダウナーは練習後にコービーをスリーポイントやトリックショットのコンテストに誘い、コーチ対選手の2オン2に一緒に参加するようイーガンとパングラジオに頼み込んだ。ハーフコートショットは決められるか？　ベースラインからのバンクショットは？　ふざけたお遊びで無駄な時間を過ごしていたわけではなかった。コービーはこういったゲームで生き生きと成長した。コービーに対してもほかの選手たちと同じように規律と権威を持ってコーチングすることを示すべきだと信じていたダウナーは、自分の立場を知らしめるにはジョーがブライアント家のドライブウェイでやっていたH－O－R－S－Eで時折コービーを負かして挫くことが一番の方法だと思っていた。「彼にチャレンジを与える必要があった」とダウナーは語った。「甘やかすわけにはいかなかった。『NBAに行き、二人で話し合ったように偉大なことを成し遂げ、そういった全てを手に入れたいのであれば、厳しくコーチさせてくれ。楽はさせない。ここには規律があって、それに従う必要がある』ということだった。練習後のシューティングは効果があったよ」。こうしたコンテストはあまりにも長時間に渡ったため、ダウナーやイーガンや他の参加者は練習が終わると、誰が残ってコービーと二時間ほどシューティングをするか言い争うようになった。「俺はまだ仕事が残ってるんだ……」「そうかもしれないけど、俺は七時にガールフレンドと約束があるんだ」。加えて、実際のところはその逆だったのに、パムは息子を遅くまで学校に残しすぎだとダウナーや新米校長のジャック・マーに抗議の電話をかけるようになった。

当時ジョー・ブライアント・シニアは記者にこう語っている。「だから彼は父親とは同じようにならない。ジョーは高校と大学で優れた選手だったけれど、コービーはジョーが大学一年でやり始めたようなことをすでにやっている」。

シーズン中二回対戦するリドリー高校との第一戦目を迎える頃にはエイシーズの連勝は八試合に伸びていた。そこへリドリー高校のコーチであるジョン・ディグレゴリオは、コービーにさらなるモチベーションを注入することになってしまった。コービーを15得点に抑えることができれば、30点差で勝てる、とディグレゴリオは地元紙に語ったのだ。その理論をチームメイトたちに対する侮蔑だと受け止めたコービーは、モンスキーがテクニカルを含むファウルを四つ犯して第2クォーターから第4クォーターまでをベンチで過ごさざるを得なくなると、代わりにポイントガード役を引き受け、オフェンスをまとめる役割を堪能した。「ダンが調子がいいと言っていたから、彼にボールを渡すようにしたんだ」とコービーは試合後に話した。その晩中ずっとダブルチームされていたコービーは、レーンにドライブを仕掛けてはコーナーで空いていたパングラジオにパスを出し、彼はそこからスリーポイントシュートを打つかローポストにいるグリフィンにパスを出した。フィラデルフィア・インクワイアラー紙のためにこの試合の記者を務めていたロブ・ノックスは、コービーがプレーするところを見たことはあったものの、このコービーを見るのは初めてだった。「彼自身が得点する必要がなかったんだ」とノックスは振り返りながら語った。「もちろん、得点しようと思えばできたんだろうけど、あの試合では本当にチームメイトを信頼していた」。このローワー・メリオン対リドリー戦では、たった四人の選手で試合を終えるような恥ずかしい結末はなかった。落胆もなければブザービーターもなく、エイシーズの精神がくじかれるような試合終盤のフリースローもなかった。59対37で圧勝となったその試合では、パングラジオがキャリアハイとなる23得点、グリフィンは10得点をそれぞれ挙げた。そしてコービーはたったの15得点しかしなかったものの、ディグレゴリオの言葉を突きかえすためだけにオープンになっていたシューターにパスを出し続け、奇跡的に17アシストを記録した。同じ週にストラス・ヘイヴン高校を90対61で徹底的に下した試合では、コービーは彼本来のプレースタイルに戻り、記憶に残るようなボックススコアを残した。18本中14本のフィールドゴールと11本中10本のフリースローを決め、34点リードして迎えた第4クォーターを一秒もプレーすることなく、最終的に40得点8リバウンド4ブロックを記録したのだ。コービーの得点を知らずに、相手に情けを感じて彼をベンチに下げたダウナーは「いつの日か彼は50点取るだろう」と試合後に話した。この試合でコービーが一番嬉しかったのは、スリーポイントシュートを二本決めたことだった。スリーが入らない試合が六試合続いており、シュートタッチが戻ったことに安堵した。「ホッとしたよ」とコービーは言った。

いくら満足感を得られたとはいえ、セントラル・リーグでの勝利はコービーやエイシーズが州での立ち位置を測る上での真の物差しにはならなかった。それはダウナーが組んだリーグ外のチームとの試合でこそ明らかになるはずだった。コーチ陣は全員プレシーズンからずっとそのことを考えていたため、それはイーガンのディフェンス戦略にも影響を及ぼし、コービーの根気と頑固さを限界まで試すことにもなった。イーガンのシステムではガードとフォワードがプレッシャーをかけ、ドリブルしている相手をダブルチームかトラップに誘い込み、ポストにいるコービーが常に守っている相手のフロントをとることを要した。コービーは当初イーガンの考えが理解できず、相手の後ろ（※ゴール側）で守るべきだと主張した。「全部ブロックしてやる」と彼は言った。あるプレシーズンの練習を見に来ていたジョーも同じように異を唱えた。イーガンは２人に彼の考えを説明した。まず、このディフェンスの主な狙いは相手のオフェンスを急がせることで判断力を低下させ、相手のターンオーバーを招いたり、急いでシュートを打たせたりすることだった。そのためにはコービーがウィングやベースラインへ走ってダブルチームに行く必要があった。ゴール側で守っていてはそれができなかったのだ。次に、跳躍力に欠けるセントラル・リーグのセンターやフォワード相手ならコービーが全てのショットを防ごうとしても良かったかもしれないが、もっと良いチームにいる身体が大きく運動能力もあってポストプレーが洗練された選手なら、そのままコービーに向かって行くことも可能で、コービーはファウルトラブルに陥る危険性があった。イーガンとブライアント親子との会話は10分で済んだ。「いいね、素晴らしい」とジョーは言った。それ以降、彼は何事に関してもダウナーやイーガンに疑問を抱くことはなく、コービーがポストでゴール側を守ることも二度となかった。

11勝1敗のエイシーズがそれまでに準備してきたことを試す機会は、ある土曜日の午後、リップ・ハミルトン率いる12勝3敗のコーツヴィル・エリア高校相手の遠征で訪れた。その環境にはどこも心地よいところがなく、気が休まることはなかった。彼らの体育館は自分たちのこぢんまりしたものに比べるとルイジアナ・スーパードーム（※ニューオーリンズにある多目的スタジアムで、NFLのニューオーリンズ・セインツの本拠地。現在はシーザーズ・スーパードームという名称）のようだった。スコアボードにはその時コート上にいる選手の背番号と得点、そしてファウル数が表示されるという、エイシーズにとっては度肝を抜かれる仕様になっていた。この二校はしばらくの間対戦していなかった。前のシーズンに一度対戦するはずだったのが、アイスストームのせいで中止になっており、コービーのコーチやチームメイトにとってハミルトンは謎に包まれていた。ハミルトンのコーチやチームメイトにしてみればコービーも同様だった。ペネトレイトしてチームメイトのためにプレーを組み立てていたかと思うと、次の瞬間にはドライブやミッドレンジからのシュートでディフェンスを崩す。この巧みで変化に富んだコーツヴィル高校のスター選手は、エイシーズがシーズン中に対戦する一番の相手になるだろう、とダウナーはチームに伝えた。ローワー・メリオン高校に同じ年齢で同じ身長、シュートレンジは自分よりも広く、プレーはもっと派手で、自分ができることはすべてでき、自分にはできないこともいくつかできるガードがいると誰かから同じように聞いた時、ハミルトンはにわかに信じられなかった。ハミルトンはめったにコーツヴィルの外でバスケをしなかった。彼はコービーのように指導を受けたり甘やかされて育っておらず（彼は初めての高校のバスケのトライアウトにはヒールのついていない厚底靴を履いてきた）、誰かに比べて自分の方が劣った選手だという可能性を処理しきれないでいた。ローワー・メリオン高校？　あそこには俺が育ったような地域出身のやつなんか誰もいない。ほとんど私立みたいなもんだ。俺より上手いわけがない。俺が負けるわけがない。

コーツヴィル高校のアシスタントコーチのリック・ヒックスは言う。「すごいという噂の選手のことをしょっちゅう耳にしていたけれど、この辺りで一番の選手はうちにいると思っていたんだ。スキル面でいうと『彼より上手い選手がいるのか？　それはぜひ見てみたいものだ』と思ったよ。コービーにはスワッグがあった。傲慢なスワッグのことを言っているんじゃない。『ボールをスティールすると言って、実際にスティールする。これをやると宣言して、実際にやってやる』というタイプのスワッグだった」。

その午後、コービーが見せたパフォーマンスにはその精神が体現されていた。レッド・レイダーズ（※コーツヴィル高校のチーム名）はコービーに対してボックス・アンド・ワン（※一人のディフェンスプレーヤーが1人のオフェンスプレーヤーをマンツーマンでマークし、残り四人が四角形のゾーンディフェンスを敷く戦術）のディフェンスをしていたので、タイムアウト中にダウナーは他の選手に「我々が勝つためにはみんながオープンショットを決めなければダメだ」と伝えた。スチュワート、パングラジオ、ジャーメイン・グリフィンの三人は、言われた通り合わせて43得点、それぞれが二桁得点を挙げた。試合時間残り10秒の時点でローワー・メリオン高校は2点リードしていたが、ハミルトンが右ウィングの位置からバレエのようなスピンムーブでコービーの下に入り込み、残り五秒でレイアップを決めた。試合はオーバータイムへともつれ込んだ。オーバータイム残り75秒でファウルアウトしたハミルトンは21得点を記録しており、彼が試合を去ったあともコーツヴィル高校は4点のリードを捻出した。NBAや大学バスケでは、試合時間残り一分で4点差をつけられていても、それは決して克服できない点差ではない。しかし、高校バスケで試合時間残り一分で4点差をつけられている場合は、ほぼお手上げだった。ほぼ……。

あれから25年経っても、ジム・〝スクージー〟・スミスの脳内にはその映像がはっきりと映し出され、今でもなお痛みと感嘆の気持ちが湧き上がる。スミスはヒックス同様、その日コーツヴィル高校のアシスタントコーチを務めていて（翌年ヘッドコーチに昇格した）、ローワー・メリオン高校の選手がディフェンス・リバウンドをもぎ取り、走るコービーにアウトレットパスを出すところを席から立ち上がって見ていた。コービーはサイドラインに向かって右のほうへ進み、四つドリブルをついてセンターラインを越えた。「すごかったのは、センターラインを越えるとほとんどの選手みたいに、片手でシュートを放らなかったことだ。コービーはあと一回半か多くても二回ドリブルをしてから、ジャンプシュートを打ったんだ」とスミスは言った。

コービーはそのシュートを打つために飛び上がったとき、スミスとヒックスとコーツヴィル高校のベンチの目の前、そしてバスケットからは25フィート（約7．6メートル）のところにいた。

「まさか、入るはずがない」とヒックスは思った。

シュートは入った。

これで試合は一点差になった。エイシーズはファウルをしてクロックを止めた。レッド・レイダーズの選手はワン・アンド・ワンスロー（※フリースロー時、一本めが入れば二本めを打つことができるレギュレーション）の一本めを落とした。コービーがリバウンドを取り、再び右側のサイドラインに沿ってボールを運んだ。今度は左側に向かい、フリースローライン付近でディフェンダーを交わしてレーンに入り込み、6フィート（※約1．83メートル）のプルアップジャンパーを打った。クロックに二秒残して、ボールはまるで羽のようにネットを通った。ローワー・メリオン高校78点、コーツヴィル・エリア高校77点。その晩、家に帰ったハミルトンは、試合を脳内で再生してコービーと自分を比べたときに、足りないところがあると感じた。お前は自分が思っていたほど大したことはなかったんだ。

「コービーの在籍中、我々が一番良いバスケットボールができた試合だったかもしれない」とイーガンは言った。

エイシーズの選手たちはシャワーを浴び、着替えをして、ダッフルバッグを持って家族の待つコートに出て行った。モンスキーは試合で得点をしておらず、シャヤ・ブライアントはコーツヴィルの大きなスコアボードにまだ照らされていた選手たちの最終スタッツを見上げた。そこにはモンスキーの背番号31番の横に0と表示されていた。コービーの背番号33番の横には32とあった。シャヤはこの機会に乗じて弟のチームメイトをからかった。

「エヴァン、０点だなんて冗談でしょ？」とシャヤは言った。
「シャヤ、あそこにアシストは表示されないんだよ」とモンスキーは答えた。

真顔でそう答えたものの、彼のプライドは少し傷ついた。コービーが彼を飛び越してチーム・キャプテンに任命されるだけならまだしも、今度はシャヤにからかわれないといけないのか？コービーと対等に渡り合えないということを一体何度思い知らされないといけないんだ？　しかしその痛みは長くは続かなかった。その月にあった試合の前に、チームのキャプテン同士がセンターコートで審判と話し合う時に、コービーはその場を離れ、チームのハドルに小走りで戻るとモンスキーとスチュワートを掴んだ。「ほら、センターサークルに行こう」とコービーは言った。それ以来シーズンが終わるまで、モンスキーとスチュワートは試合が始まる前に毎回コービーと一緒にそこに加わった。

「そのことはずっと覚えていた」とのちにモンスキーは語った。「高校チームのキャプテンなんて、まあどうだっていいことじゃないか。相手のキャプテンと握手する。ただそれだけのことだ。でも17歳にとっては大切なことで、コービーがわざわざ俺たちを誘ってくれたのは本当にありがたかった。そのことについて彼にお礼を言うことはできなかったけどね」。

シーズン開始後五連勝という怒涛のスタートを切ったラサール・エクスプローラーズは、フィラデルフィアのバスケットボール界隈で、そして相対的に見れば全国の中でも再び注目されるようになってきたように思えた。ところが、1995年のミッドウェスタン・カレッジエイト・カンファレンスのトーナメントを迎える頃には、チームの戦績は13勝13敗と勝率五割まで落ち込んでいた。ラサール大や東海岸のバスケファンにとってはライバル関係もなければ、感情的な繋がりも一切ないようなイリノイ大学やウィスコンシン大学といった相手との対戦に、生徒や卒業生は興味がなかった。カンファレンス移籍は判断ミスであり、このぱっとしないシーズンはラサール大を悩ませていた様々な状況の縮図でもあった。フィラデルフィア・シビックセンターは客席が一万席あったものの、エクスプローラーズは毎試合二千人も客が入れば良い方だった。ある晩、とあるフィラデルフィアのスポーツ記者がその巨大なアリーナを記者席から見渡して「この会場にいる全員がコートに下りて行ったとしても誰も3秒ルール（※相手チームのゴール下にある制限区域内に3秒以上留まってはいけないというルール）を吹かれないだろう」と皮肉った。

ジョー・ブライアントをアシスタントコーチとして雇うというスピーディー・モリスの決断も、実質的な利益は何ももたらしていなかった。選手たちには気に入られていたし、当たり障りなく個人的に接する相手としてジョーを嫌いな人はいなかったとはいえ、コーチとしての義務や仕事に対する熱心さは、コービーの次の試合に比べて彼にとっては優先順位が低いように見えた。ある日の練習でエクスプローラーズがオフェンスのセットを練習していると、ジョーがドリルの真ん中に出て行って、チームの先発ポイントガードだった四年生のポール・バークにハードなピックをかけた。バークは吹っ飛んで床に転がった。

「ジョー、一体何をやっているんだ？」とモリスは怒鳴った。

バスケットボールがローワー・メリオン高校の生徒や周辺の住民たちにとってほんの一時的な関心事でしかないという考えは、チームが勝利を重ね、コービーが目を見張るような活躍を見せるごとに消えていった。学校のあり方とカルチャーは生まれ変わりつつあり、学校のスポーツに対する傲慢で威圧的なイメージはなくなっていた。その変化の中心にはコービーがいた。コービーの同級生でのちにフィラデルフィア・デイリー・ニュース紙のゴシップコラムニストになったダン・グロウスは、当時パンク・ミュージックのファンだった。高校のスポーツチームはどれも特に応援することはなく、代わりに週末になると友達と消防署や教会の地下、もしくはフィラデルフィア市内のチャイナタウンにあったトロカデロという歴史的な劇場で開催されるコンサートに顔を出していた。「でもあれには引きつけられる何かがあったんだ」と彼は当時を思い返しながら言った。「自分の高校にそこまですごい選手がいるのを知っていると、気になっちゃうんだ。コービーがあのレベルのプレーをしていて、対戦相手の高校生を次々と倒すのを見て、初めてみんな注目するようになったんだ」。マーが校長に就任してまず命じたことは、フレッシュマン・デーとそれに伴ういじめやいたずらを廃止することだった。校内で一番の人気スポーツになりつつあった男子バスケットボール・プログラムでは、そもそもヘッドコーチがそういったしごきを許可していなかった。さらに、先生や生徒に対していつも丁寧だという印象を持たれていたコービーがトップ選手だった上に、このいたずらに一度も参加したことがなかったことも、廃止する決断を後押しした。「ローワー・メリオンではスポーツが下火になってしまっていたのが、どういうわけかまた受け入れられるようになったんです」とマーは言った。「スポーツにトライアウトしても良いという雰囲気になったんです。私立に行かなくても、ローワー・メリオンに残ってプレーすればいい」。毎年恒例の3オン3の大会「フープ・イット・アップ」が近づく中、マーはある朝校長室の外でコービーに出くわし、今年も参加するのかと尋ねた。コービーのチームは三年連続で優勝していた。「わかりません」とコービーは答えた。今年も大会を制して他の生徒たちが当然の結末に不満を抱くよりは、審判をやってみないかとマーは提案した。コービーは賛同した。「彼は自分のことをよくわかっていました」とマーは言った。

ことバスケットボールに関しては、マーの考察は間違いなかった。陸上チームのキャプテンで、その昔フレッシュマン・デーにコービーにいたずらを仕掛けようとして考え直したことがあったスターリング・キャロルは、コービーを陸上に勧誘したことがあった。「せめて高跳びだけでも」とキャロルは誘ったが、コービーは興味を示さなかった。「彼ほど一つのことに打ち込んでいた人は見たことがないよ。とにかくバスケにだけ集中していたんだ」とキャロルは言った。ある日の午後、ノートルダム大学のアシスタントコーチを務めていたジミー・ブラックがコービーのスカウトをするために練習に訪れた。練習が終わってコービーに自己紹介をしたが、コービーは丁寧ではあったものの、乗り気だとは言えなかった。その晩、コービーを車で家まで送る途中でイーガンはブラックが何者かを知っているかと尋ねた。助手席で背を丸めて座っていたコービーは「ノートルダムのアシスタントコーチ」と答えた。「それだけじゃないぞ」とイーガンは言った。ブラックは1982年に全国優勝を果たしたノースキャロライナ大学の先発ポイントガードだった。マイケル・ジョーダンと同じチームだ。コービーは突然姿勢を正し、急に興奮して聞いた。「マイクとプレーしていたってこと？　まじか！　いまどこにいるかわかる？　話を聞きに行けるかな？」。全国でも一流のカトリック系大学でバスケをしながら学位を取る可能性について、彼の心は全く動かなかった。ジョーダンとの親しさや距離こそが、コービーにとっては意味のあることだった。「コービーはノートルダムに大して興味がなかったんだ」とイーガンは言った。「はっきり言ってジミー・ブラック本人にもね」。

　自分のアイデンティティや知性や社交面などといった、人生におけるバスケットボール以外のあらゆることに関して、コービーはまだ学んで模索している最中だった。コービーが警戒心を解いて心を開いたのは、特定の状況や場面で、特定の人たちを相手にした時だけだった。それは自分が他の若者とは違っていることと、アメリカの文化に溶け込むまで時間がかかるだろうという自覚から来ているとコービーの友達や家族は信じていた。「彼がイタリアから帰国したばかりの頃は、私たちはよく乱暴な話し方をしたり、早口だったり、お互いを遮って話したりしていました。フィリー出身だから、そういうものなんです。でもイタリアではそれは普通ではなかった。彼はまだ英語を学んでいる途中で、静かだった。私たちにはそれが思慮深く見えました」とクラスメイトで友人のスーザン・フリーランドは語った。コービーがバスケットボールで活躍する将来のことだけを考えていて、バスケットボールに対する執着が彼の全存在を支配していたと考えるのは安直すぎる。バスケットボールで偉大になることを目的地に、常にそこを目指していたと考える方がより正確だろう。それを理解し、その道のりを手助けしてくれるのであれば、利用できるリソースやスキルはなんでも利用した。放課後に幾何学の家庭教師に習うのは面倒などではなく、挑戦しがいのあるものだった。イーガンが調子を尋ねると、コービーは「いい、かなり順調だよ。楽しんでいる」と答えた。彼がSATで1080点を取ったことは、優れたアスリートであることに加え、デューク大学やノートルダム大学やアイビーリーグ相当の大学に入学可能だという指標になったわけではなかった。彼が何者で、この先何を成し遂げることができるのかの表れだった。志望する大学にはどこにだって行くことができるだろうし、そこでさらなる成長を遂げるだろう。しかし大学に行かなければならないわけではなかった。

「なんでも一つのことばかりやり過ぎると良くないと言うだろう?」と従兄弟のジョン・コックスは言った。「でもあいつに限っては違った。バスケに情熱を注いでいたからだ。若いうちから夢中になれることを見つけたけれど、バランスは取れていた方だと思う。あいつはよく本を読んでいた。大の読書家だったんだ。なんでも読んでいたけれど、何かを極めた人について読んでいることが多かった。彼らが何をして、どうやって前進していったのか、そういう細かいことを参考にしていたんだ。バスケのためにやっていたことだけど、それだけではなかった。読書をすることでもっと明確な表現や知識を身につけていた。外出したりパーティーに出かけることに時間をつぶしていなかったから、家族とゆっくり過ごす時間もあった。そのおかげで良識もあって、バスケ漬けになりすぎる心配もなかった。やりすぎだという感じはなかったんだ。熱心に取り組んではいたけれど、バランスは保っていた」。

コービーはステューデント・ヴォイスのミーティングに顔を出せる時は出席していて、図書館に立ち寄っては議長のカトリーナ・クリスマスに次の議題は何かと尋ねていた。出席してもミーティングの主導権を握ることはなく、その代わり席についてその長い足を通路まで伸ばし、挙手をして提案をしたり、冗談を言ったり笑ったりしてディスカッションに貢献していた。クリスマスは、彼がバスケットボールにあれだけ専念していたにも関わらず、ステューデント・ヴォイスに参加しようと努力してくれることをありがたく思った。コービーの一学年下でステューデント・ヴォイスの一員だったディアドラ・ボブは、コービーがミーティングに来る時や授業間の移動の時に、いつも最低でも一人の女子生徒がついて回っていることに気づいた。コービーは注目されることにはまんざらでもない様子だったものの、そのことに関しては謙虚で、ボブは彼のそういうところが良いと思った。クリスマスはまた別のことに気づいた。ウェスト・フィラデルフィア出身だったりアードモアで育った黒人男子生徒の数人が、コービーのことが気に入らない様子だったのだ。彼らはコービーの黒人らしさを疑問視した。コート上でも学校の構内でも、この批判からは逃れられなかった。

「嫉妬。彼らは嫉妬していたんです」とクリスマスは語った。「『あいつはストリートでバスケをやってこなかったからバスケについてわかっていない』なんてことを言っていました。自分たちがストリートでやっていたバスケと、コービーがやっていたバスケを区別していたんです。『ストリートでプレーしているのは全く別物だ。押されて、倒されて、血も出る』。彼らは『コービーがやっていたことなんてかわいいもんだ』と言いたかったんです。何を言わんとしているかはわかったけれど、彼らはコービーの魂をわかっていませんでした」。

「黒人がそれまでとは違うグループの人たちと関わらなければならない場合にはつきものなんです。常に自分を証明しなければならないという気持ちにさせられます。悲しくなる日もあったと思います。ああいったことは、段々と心にのしかかってくるものだから。外見で内面を判断されると傷つきます。『自分は君たちと同じ人間なんだ』ということを彼らに証明するために、できることはなんでもしないと、と思わざるを得ないんです」

コービーはたまたまカテゴライズされることを拒絶し、一個人として存在することを好む若者だった。自分の執着であり一番愛することにそれを還元することができる限りは、どんな相手とでも共通の興味や特性を通じて繋がることに満足できた。1995年の2月にステューデント・ヴォイスの合唱団は黒人歴史月間に合わせてアレサ・フランクリン、レナ・ホーン、キャブ・キャロウェイの音楽をフィーチャーしたコンサートを開いた。コービーはそこでボブが歌うのを聞くと、バスケの試合前の国歌斉唱で歌わないかと提案した。最初は躊躇したものの、彼女は一度コートで歌った。するとコービーは、それ以降は毎試合国歌斉唱をすべきだと主張し、彼女の歌声を聞かなければコートに出ないと言い張った。「あまりにも熱心なので、アウェーの試合も毎回行くようにしました」とボブは言った。「審判のところに行って『素晴らしい歌声の子がいて、いま客席にいるんだ。チームがコートに出る前に彼女に歌ってもらってから試合を始めてほしいんだ』と伝えていました。とにかくとても光栄でした」。彼女は毎回目を閉じて歌い、最後の節になると目を開いた。そして、毎回チームを見つけると、頭を垂れて同じように目を瞑るコービーを見た。そして、毎回彼女が歌い終わると「彼は目を開けて、とびっきりの笑顔で私に両方の親指を立てるんです」。よし、ディアドラ、これで準備万全だ。

コーツヴィル・エリア高校に勝った試合で12連勝を果たしたエイシーズは、その連勝記録をさらに九試合伸ばし、コーチ陣や選手たちやファンも馴染みのない21連勝という領域に足を踏み入れた。チェスター高校はいまだにこの地区で睨みを効かせていた。クリッパーズは5敗してはいたものの、そのスケジュールの厳しさから彼らの実力を疑う者はいなかったし、特にコービーやダウナーはそれを理解していた。とはいえ、様々な形や理由で一連の勝利を得ることができたことで、チームの自信は膨れ上がっていた。グリフィンは25点、24点と2試合連続で20点超えを記録した。一つはグレン・ミルズ高校相手に11点差で勝った試合で、もう一つは12点差でハヴァフォード高校に勝利した試合だった。その試合ではインフルエンザに罹ったコービーが試合中ほぼずっと紙袋に痰を吐き続け、ベンチであまりにも震えていたコービーにパムが自分の赤いショールをかけたにも関わらず、彼は36得点を挙げた。マーブル・ニュータウン高校と対戦したときはパングラジオが第4クォーターに八本続けてフリースローを沈めた。リドリー高校を76対70で下し、10年以上ぶりにリーグの決勝進出を決めた試合では、コービーは当時のキャリアハイを更新する42得点を記録した。「今年こそ、俺たちの番だと思っていた」と彼は言った。両親が元々この辺りの出身ではなかったデイヴ・ローゼンバーグは、フィラデルフィア近辺の高校バスケやその地域のライバル関係についてよく知らなかった。リドリー高校に勝ったことに対して、ダウナーやイーガンや他のエイシーズのコーチ陣がまるでスーパー・ボウルで勝ったかのようなリアクションをしていたことを不思議に思ったが、そう思ったのはローゼンバーグだけではなかった。「リドリーは同じリーグの学校だったけど、コービーは『勝つべき相手はリドリーじゃない』と言ったんだ」とローゼンバーグは話した。

ジャージー・シティーでセント・アンソニー高校と対戦したレギュラーシーズン最後の試合は、ポストシーズンに向けたありがちな準備運動にはならなかった。毎年全国でも上位10校にランクづけされるフライアーズ（※セント・アンソニー高校のチーム名）の戦績は19勝2敗だった。ダウナーは彼らのホームで、彼らに有利な状況でこのチームと戦うことが、エイシーズの才能やタフさを測る良い機会になると期待していたかもしれないが、結果的にこの試合では彼が想像した以上にチームの根性が試されることになった。スチュワートはインフルエンザのため欠場していた。

第2クォーターではモンスキーが勢いよく速攻でボールをバックボードに当ててレイアップを決めようと飛び上がったときに、セント・アンソニー高校の選手と衝突した。モンスキーは転びながら受け身を取ろうとしたが、床に落ちたときに左手首の骨が欠けてしまい、試合に戻れなかった。

ハーリーはコービーがプレーするところを実際に見るのは初めてだった。バスケットボールに関わる仲間や情報通や取り巻きがたくさんいたにも関わらず、コービーに関するスカウティングレポートはたった一つだけだった。「彼個人としては素晴らしい選手だということ以外、情報はあまりなかった」とハーリーは言った。ハーリーのチームはマンツーマン・ディフェンスしか取り入れておらず、コービーを守るという課題のハードルを下げて選手たちのモチベーションを上げるために、ハーリーはハドルで熱く語った。これまでにあいつよりも上手い選手が何人もこの体育館を訪れた。イーガンはそれを耳にしてコービーへの侮辱だと解釈したが、フライアーズは彼らのコーチが正しいことを証明すべくプレーした。彼らはコービーを21点に抑え、83対67で勝利を収めるまで一度もリードを許さず、ローワー・メリオンは最終スコア以上の痛手を追うことになった。モンスキーが怪我をした手首を守るためには左手のギプスの上から発泡スチロールを巻いてプレーするしかなかった。地区プレーオフはほんの二日後に迫っていた。エイシーズは21勝3敗の戦績で、32チームのトーナメントでチェスター高校に次いで第2シードを獲得していた。しかし戦力が全員揃っていない状態で、倒すべき相手を前にして、今まで以上にコービーにプレッシャーがかかることになった。

11

ザ・ピット

夜や週末なんかの空いた時間は、ほとんど体育館に行ってバスケに費やすことにしたんだ。一人でね。

——コービー・ブライアント

1994－95シーズンのフィラデルフィア・セブンティシクサーズにとって、短い遠征というものなどなかった。シクサーズのヘッドコーチ兼ゼネラルマネジャーのジョン・ルーカスが二月下旬に五日間で三試合の西海岸遠征から戻り、妻デビーが急にとある主張をし始めた時は、疲労と困惑の入り混じった気持ちで耳を傾けた。この頃のシクサーズは散々で、後で思い返して初めて笑えるような類のひどさだった。最終的には24勝58敗の戦績を収め、NBAのアトランティック・ディビジョンで7チーム中六位につけてシーズンを終えた。彼らの考え方やカルチャーはあらゆる面で恥ずかしいほど時代に逆行していた。一試合に19人もの選手が出場したこともあった。1993年に全体二位でドラフトされたセンターのショーン・ブラッドリーは、上半身の筋力をつけて体重を増やすことにあまりにも苦労したため、トレーニング・スタッフがシュートアラウンドや練習にチーズケーキを持ってくるほどだった。彼はそれを詰め込んでは、あとで吐いていた。

性格や考え方、個人的な経歴の点から言えば、ルーカスはこのチームにぴったりのコーチだったかもしれない。ドラッグとアルコール依存症に苦しみ、NBAでの14年のキャリアを失いかけた過去があるルーカスは、まるでポリアンナ（※アメリカの同名の小説の主人公。そこから転じて極端に楽観的な人物の意味）のように明るく、どれほどひどく重大な間違いを犯しても、人は誰でもやり直すことができると深く信じていた。「朝、トイレの床に倒れているから自分の子供達が跨いで通らないといけないような体験をすると、謙虚さを学ぶものだ」とルーカスはよく言っていた。彼は他の人なら評価しようとしないようなことを人やバスケットボール選手に見出そうとした。たとえその結果特に良いコーチになったわけではなかったとしても、称賛に値する点ではあった。遠征では三試合とも落とし、三戦目のデンバー・ナゲッツ相手には30点差で負けていた。度重なる敗戦は堪えたが、この状況に明るい兆しもあった。フィラデルフィア近辺に引っ越したことで、メリーランド大学時代に共にバックコートを組んでいたモー・ハワードとの友情を深めることができたのだ。さらに、ルーカスは家族と一緒に、フィラデルフィアのすぐ西の素晴らしい学区にある素敵な住宅街に居を構えた。

彼とデビーはノースカロライナ州ダーラムで恋するティーンエージャーだった頃からの付き合いで、デビーは今まで見た高校選手の中でルーカスが一番だと常々言っていた。ところがルーカスが玄関を開けて帰宅すると、妻の考えるバスケットボールの順位付けにおいて自分が別の誰かに取って代わられたことを知った。

「ついにあなたよりも上手い高校選手を見た」とデビーは言った。

娘のターヴィアがローワー・メリオン高校の三年生だというさりげないヒントがあったにも関わらず、ルーカスにはデビーが誰の話をしているのかはさっぱりわからなかった。

ポストシーズンの経験が比較的浅く、モンスキーが手首を骨折してはいたものの、エイシーズは地区トーナメントの最初の二回戦を楽々と勝ち進み、続く準々決勝戦では75対70でノリスタウン・エリア高校を下した。コービーは第1クォーターでは0点、第2クォーターで6点、第3クォーターで11点、第4クォーターでは18点と計35得点を挙げ、さらに12リバウンドと8ブロックも記録した。この勝利で州大会のプレーオフ進出が確定し、五日後には馴染み深い相手との対戦が決まった。コーツヴィル高校だ。しかしダウナーがいくら目標を掲げ、神聖なるパレストラで開催される準決勝進出を目指そうというスピーチをいくらしたところで、ほとんどの選手たちは地区トーナメントがどういうものなのかを理解していなかった。「これに勝ったら、明日は練習がある。誰かドーナッツを持ってきてくれ……」「この試合は満席で立ち見席しかないって？　そりゃすごいや」「次の試合はどこ？　パレストラ？　最高じゃん」。彼らが知っていたのはこの程度のことだった。全てが新しく、刺激的だった。コービーの存在のおかげで、このチームはどのようにプレーすることができて、どのようにプレーすべきなのか、そして彼らには何を成し遂げることができるのかといった「ローワー・メリオン高校のバスケットボール」という概念自体が拡大しつつあった。

例えばアリウープ（※ジャンプして空中でキャッチしたボールを着地せずにそのままシュートすること）。これまでダウナーはアリウープを指示することをためらっていた。第一にリム周りでパスをキャッチして空中にいる間にダンクすることができる選手がチームにいる自信がなかったのと、アリウープは的確なタイミングと精度が問われるため、特に高校生にとっては難しいからだった。「アリウープのパスが悪いと、プレーに大打撃を与えることになりかねない」とダウナーは言った。「鍵になるのは、コネクションだ」。ところが、コービーがいれば、相手にしっかりとバックピック（※スクリナーがゴールから遠ざかるように動いてセットするオフボールスクリーン）をかけ、リムの2フィート（※約61センチ）付近にパスを上げることさえできれば、アリウープが可能だった。コービーはフリーになって、片手でもボールをキャッチして、リムにぶち込んだ。「ある日運転しながら『こいつにとって悪いアリウープパスなんてものはないんだ』と思ったことを覚えているよ」とダウナーは言った。「頭の後ろでキャッチしてダンクしたこともあった。『グラント・ヒルやペニー・ハーダウェイと同じことだ。彼らとどこが違うというんだ？』ということに気づいたんだ」。チームにグラント・ヒルやペニー・ハーダウェイがいるなら、体育館にマイケル・ジョーダンがいるなら、何が不可能だと言えるだろうか？

その質問の逆を考えることはダウナーにとって恐怖だった。もしコービーがいなかった場合はどうなってしまうのだろうか？　その答えはコーツヴィル高校との対戦で知ることになった。

試合の前の晩、フィラデルフィア・インクワイアラー紙の記者が、ローマカトリック高校の学務部教頭ウィリアム・ダフィーに電話をかけた。4年生になったらコービー・ブライアントがローマ高に転入するという噂があり、ダフィーもそれを耳にしていた。しかし転入生の書類は全て彼の事務所を通るはずで、ブライアント家からの連絡はなかった。「私の知る限りでは、そういう事実はない」とダフィーは記者に伝えた。ダウナーにとってもローマ高の噂は多少心配ではあった。サニー・ヒル・リーグでコービーの友人であり対戦相手でもあったドニー・カーがローマ高に通っていることが余計に噂に信憑性を持たせていた。ダウナーは、コービーが中学三年生の頃からずっと彼が転校する可能性に身構えてきた。例えば、ブライアント一家がイタリアからウィンウッドへと戻ってきてからほどなくして、ジョー・ブライアントがモンゴメリー郡にあるジャーマンタウン・アカデミーという評価の高いプレップスクールのコーチを務めるジム・フェナティーに連絡を取り、コービーに興味があるか尋ねたことがあった。「コービーが来たら私はすぐに良いコーチになれるだろうと思った」とフェナティーは言った。コービーは学校の入学試験を受けて合格もしたが、GA（※ジャーマンタウン・アカデミー）にはスポーツ奨学金制度がなく、必要に基づいた学資の援助しかしていなかったため、ジョーはコービーをローワー・メリオン高校に行かせることにした。実際のところ、GAに行きたがっていたのはコービー自身ではなさそうだった上に、本人は地元の公立高校でプレーすることに十分満足だっただろうとフェナティーは感じていた。ダウナーも、コービーから迷っている様子を感じたことはなかった。「二人の姉がすでにローワー・メリオンに馴染んでいたおかげもあった。これが今だったら、コービーはIMGアカデミー（※フロリダ州にあるプレップスクールとスポーツトレーニング施設）にでも行っていただろう」とダウナーは語った。しかし、二人が初めて出会った時、すでにダウナーはコービーの信頼を勝ち取っていたことを当時は知らなかった。かつてコービーは「すでに中学三年生の頃から、自分にとってローワー・メリオン高校が一番だということはわかっていた」と語ったことがあった。「コーチ・ダウナーのことはよく知らなかった。でも、中学三年生のときに高校のチームと一緒に練習に参加することを受け入れてくれて、練習後に残って自主練習もさせてくれたというそれだけのことで、他の学校は考えられなくなった。いろんな噂があったけれど、どれも真実に基づいたものではなかったよ」。

コービーの将来に、より大きな影響を及ぼすことになったのは、むしろその晩、試合のティップオフ前に交わされた会話だった。晩冬の空気が冷たいパレストラの外からコンクリートブロックでできた入り口へと足を踏み入れ、その古い建物の隅から隅まで埋め尽す途中の人混みに揉まれて進んでいたジョーは、家族と一緒に来ていたジョン・ルーカスに出くわした。デビーがチケットを買っていたのだ。

「こんなところでどうしたんだ？」とルーカスはジョーに尋ねた。

「息子がローワー・メリオン高校の選手なんだ。君こそどうしたんだ？」

「妻にコービーとかいう選手を見て欲しいと言われてね」

「私の息子だ」とジョーは答えた。

高校のバスケットボールの試合は32分間ある。ルーカスはコーツヴィルを相手にプレーするコービーをちょうど27分22秒見ることができた。その間にコービーは26点を獲得した。そのうち10点は第3クォーターで得点し、10点差あったレッドレイダーズのリードを消し去るところを見た。モンスキーが洒落たパスをいくつか出し、それをコービーが痺れるようなダンクに変換するのも目にした。そして試合時間を4分38秒残してエイシーズが1点差でリードされている状況で、コービーがファウルアウトするところも見ていた。

ダウナーにとって、もはやアリウープという選択肢は消えた。「ディフェンスをしないとダメだ」と自分は為す術を失ったコービーがハドルで言う中、スチュワートとモンスキーの二人の四年生キャプテンは、目の前にある機会を生かそうとチームメイトに力説していた。毎朝、新聞ではボックススコアにコービーの名前を見かけ、試合の記事もコービーの名前だらけで、コービーが語った言葉や、コービーについて誰かが語った言葉ばかりだった。では、彼らはワンマンのチームだったのか？「コービーなしで勝たないとダメだ」とスチュワートは言った。「俺たちはコービーだけじゃないってことを証明する時が来たんだ」。

次の二分半、エイシーズはコーツヴィルの得点を許さず、5点のリードを捻出し、レッドレイダーズに点差をつめさせなかった。72対65で勝利を収めると、コービーは両手をVの字に上げ、グリフィンは試合中に捻って痛めた左足もそのままに、走ってコービーに抱きついた。ハーフタイムまでに15得点を挙げていたリップ・ハミルトンは後半でたったの7点しか加点しなかった。コービーがポストで相手の前にいなくても、イーガンのプレッシャーディフェンスは効果的だった。試合後ダウナーは「あれほど重要な選手がファウルアウトしたら、大体のチームは崩れてしまうだろう」とエイシーズの粘り強さを褒め讃え、ジョーはコービーの転校の噂を否定した。「事実ではないよ。彼にはローワー・メリオンで成し遂げていないことがまだたくさんある」と言った。その中には、まずは48時間後の地区大会で優勝することも含まれていた。金曜日の晩、ヴィラノヴァ大学のデュポン・パビリオンで行われる決勝戦の相手は、チェスター高校だった。
一方、ジョン・ルーカスはパレストラから家路についていた。地区大会の決勝を生で観ることができないのはわかっていた。その日はイーストラザフォードでシクサーズはネッツとの試合が予定されていたのだ。どのみち、今夜彼が見たものだけで十分だった。

チェスターの町にあるウィリアム・ペン公営住宅の中心部にはバスケットボール・コートがあった。コンクリートとアスファルトでできたそのコートは、くぼ地《ピット》のように地面に沈んでいた。少年も若い男子も大人の男もそこで朝からバスケを始めて、夜の暗闇が分厚いカーテンのように覆うまでやめなかった。チーム決めをして、フルコートでお互いをガードし合い、年長者たちはこの町のバスケの歴史と伝統が染み込んだ話を語り継いだ。ジャンプシュートに甘んじるのは軟弱者のやることだと若者は叱られ、腑抜けたバスケでチェスター・クリッパーズのオレンジと黒のユニフォームを身につけ、あの学校とこの町を代表する栄誉を勝ち取った者などいないと説教された。若者たちは、生活を生き抜いて上手くやっていくには、彼らにとってバスケットボールは心臓の鼓動と同じぐらい重要になり得るということをピットの中で学んだ。忌まわしく鳴り響く不吉な銃声やパトカーのサイレンのような、彼らの生活についてまわる恐ろしい音も、ピットの中にいればしばらくの間は耳に入らずに済んだ。ピットの中では恐れるものはなかった。チェスターでは、ピットはそこから這い上がるために行く場所だった。

　1950年代中頃にデラウェア川沿いで栄え、七万人近くの多種多様な住人と活気に満ちた大通りがあって、町の経済が船や列車や機械の製造をする工場に支えられていた頃を経て、チェスターは脱工業化社会がもたらした衰退の見本になるほど荒廃していた。地元政治の腐敗、地域の郊外化（※アメリカでは郊外の住宅地が開発され、富裕層が移り住む現象が見られる。結果的に都市部には貧困層が取り残され、貧富の差と住む地域が判然と分かれることになる）とそれに伴う白人の転居、レッドライニング（※金融機関が低所得階層の黒人が居住する地域を、融資リスクが高いとして赤線で囲み、融資対象から除外するなどして差別していた問題のこと）や人種暴動やブロックバスティング（※不動産業者が白人の顧客に対してその地区に有色人種が移り住んでくると告げて、所有する土地の地価が下落することを懸念する気持ちを利用し、その家を安価で売ることを勧める商法。その後、不動産業者は、その家の価格を吊り上げ、有色人種に販売することが多い）を通して、この町はアーバンな地域（※本来アーバンは「都会の」という意味だが、郊外化に伴い都市部に取り残された貧民層が住む地域がアーバンとなったため、日本における「都会」という単語とは意味合いが異なる）の悪例へと変貌した。チェスターの人口は四万人以下に激減し、そのうちの八割が黒人だった。ペンシルベニア州で最も貧困層の多い町で、全米で二番目に危険な町となった。作家のクリストファー・メルは、ここの公営住宅は「ドラッグの野外市場」で、1980年代にはウィリアム・ペン公営住宅が「コカインとヘロインの流通、売買、そして公での使用が全て可能な場所になった」と綴った。単純に言って、チェスターはローワー・メリオンの真逆だった。

この町の人々をつなぎ、一定の安定と社会的資本と誇りを与えていたのが、バスケットボール、具体的には高校のバスケットボールチームだった。クラブのコーチは選手たちにとって父親のような存在になり、その選手たちが大人になって町に残った場合は、バスケットボール・プログラムの伝統ある栄光を下の世代へと伝えた。1994‐95シーズンではその伝統を守るべく、クリッパーズは地区大会でローワー・メリオン高校相手に90対44、70対43、74対38、71対49と大差で四勝し、ローワー・メリオン高校にとってはNBAチームを倒す可能性の方があると思えるほどだった。チェスターはまるで波のように対戦相手に押し寄せ、8人から10人の選手を使って、プレスやトラップで相手にためらったパスや優柔不断なドリブルを強いることで、レイアップやダンクの機会を生み出していた。ジョン・リネハンはクリッパーズの選手でウィリアム・ペン公営住宅に住んでいた数人のうちの一人だった。三年生のバックアップ・ポイントガードだった彼は身長175センチの筋肉とスピードと強靭さの塊で、その速さはたった一人でフルコートプレスができるほどだった。フロアの端から端まで走り回り、パスを投げ合う相手のガードをしつこく守ることができた。何年も後になって、コービーは彼について、それまでに対戦した中で最もディフェンシブな選手だと形容したほどだが、リネハンは四年生ではなかったため、チェスターでは先発ですらなかった。リネハン曰く「俺たちは、先発チームを二つか二つ半作れるほどのレベルでプレーしていた。うちの選手がどこか他のチームに行ったら、誰だろうと先発選手になれたはずだ」とのことだった。

リネハンは、コービーが自らのゲームを作り上げる場として利用したサニーヒル・リーグのチームにもいた。コービーは彼らにあまりにも恥をかかされ打ちのめされたため、その経験を自分を磨く動機にして練習に励んだ。コービーの上達ぶりはリネハンのリスペクトを得ることができたとはいえ、彼やクリッパーズがコービーを恐れるには至っていなかった。ローワー・メリオン高校との対戦に備えて、コーチのアロンゾ・ルイスはゼイン・ショーというチェスターの卒業生でウェスト・ヴァージニア大学に通う身長198センチのスウィングマン（※シューティングガードとスモールフォワードの両ポジションをプレーする選手）を呼んで、練習でコービーになってもらった。ショーにコービーのムーブやプレイスタイルを真似させたのだ。そりゃあコービーはすごいし、もしかしたらその時フロアにいる選手の中でも一番かもしれない。でもだから何だ？　あいつらをぶっ倒してやる。俺たちはチェスターだ。ショーが練習に参加することは、何代も続くチェスターのプログラムの深さと、そこを通ってきた者たちの間に生まれる忠誠心の強さを表していた。さらに、チェスターはどんな相手に対しても自分たちの方が精神的に有利だと信じていて、その相手がコービーを取り囲む金持ちでヤワな選手たちならなおさらだった。

「相手のホームでも、試合が始まる前からすでに俺たちが勝っていることもよくあった」とリネハンは言った。「ファンもよく来ていた。俺たちが行く先々に、町中がついて来たんだ。行った先でチェスターから来たと言うと、ヤバいやつだと思われた。人種的な意味合いはここでは詳しく話さないけれど、それが現実だった。メディアが『チェスターの黒人の若者』のイメージを作りあげたせいで、白人の郊外に住んでいるようなやつらはだいたいすぐにビビるんだ。そこにさらに、激しくて彼らとは違ったプレーをするというようなバスケの要素を足すと、余計にそうだった」。

コービーが何人かのチェスターの選手とヴァーシティーのサマーリーグで対戦したことがあったのに加えて、キーストーン大会でチェスターの選手数名と交流したことはまだダウナーの記憶に新しかった。満員のデュポン・パビリオンでのティップオフが近づくにつれ、コービーは相変わらず自信に満ちていて、ダウナーは緊張で胃がキリキリしていた。コービーは何も恐れていないことをダウナーはわかっていたが、それはチェスターの選手も同様のことだった。「レッツゴー・エイシーズ！」の合唱や、チェスターのステップチームの歌声と足音はロッカールームにいたコービーやチームの耳にも届き、音の振動で壁が微かに震えるのも感じることができた。モンスキーの手首はいまだに骨折したままだったし、グリフィンはいまだに松葉杖をついていて出場することはできなかった。相手はあのチェスターだ。それでも……もしかしたらやってのけることができるかもしれない。選手たちがコートに走り出て行く頃には少し落ち着きを取り戻したダウナーは、アリーナを見渡した。最高じゃないか、と彼は思った。試合前の選手紹介で、クリッパーズの先発選手が一人一人ダウナーの方へ走って来て握手をしながら、全員が同じことを言った。コーチ、今から俺たちがやることを先に謝っておきます。彼らはダウナーのことは好きだったし、コービーに対するリスペクトもあったとはいえ、相手を木っ端みじんにすることしか考えていなかった。

そして彼らは実際にそれを実行に移した。前半を通してチームはお互いに点を取り合った。コービーは14得点したが、落ちることのない猛烈なペースでコート全体を行き来するクリッパーズについて行くのにエイシーズは必死だった。第1クォーター、全額給付のバスケットボール奨学金でフォーダム大学への進学が決まっているフォワードのレイ・キャロルがバスケットに向かってドライブすると、モンスキーはチャージングでオフェンシブ・ファウルを取ろうと彼の前に立ちはだかった。キャロルはシュートをしようと飛び上がり、モンスキーと衝突した。キャロルは倒れたモンスキーの顔に全体重を乗せて着地した。腕にはギプスをはめ、片方の目は黒と紫の渦になっていたモンスキーは、第3クォーターでスチュワートと同じくファウルアウトするまで試合に出場し続けた。チェスターが12対2の猛攻を見せるとダウナーは立ち上がり、スポーツコートを脱ぎ捨て、観客席に放り投げた。それは彼の親友の膝に落ちた。試合は手に負えない状況になりつつあった。第4クォーターが始まる時点でチェスターのリードが18点にまで広がると、ダウナーはコービーと残りの先発選手たちを下げ、試合結果に疑いの余地がなくなった時に出場機会が与えられるベンチメンバーを全員出した。そしてベンチに座っていたイーガンの方を向いて尋ねた。

「これからどうしたらいいかね？」

「わかりません」とイーガンは答えた。

最終スコアの77対50は驚くような結果ではなく、この二つのプログラム間の差を表していた。ローワー・メリオン高校は実に29ものターンオーバーを犯していた。リネハンは一人で六つもスティールを記録した。「チームに怪我もあったし、用意もできていなかった」とモンスキーは言った。「俺たちにとってはプレーしたことのないような環境だったが、チェスターにとってはおそらく何万回と体験したことのある環境だった」。いくらコービーなら戦況を変えられるとしても、限度があった。23得点したコービーは疲れ果てて、重い足取りでパビリオンを後にした。彼らが翌年地区大会で優勝したければどんな対決が待ち受けているのか、より理解を深めることができた。「とにかく消耗させられたよ」とコービーは言った。彼やチームメイトたち、とりわけモンスキーやスチュワートといった四年生にとって、一週間少し経てば州大会のプレーオフが始まることだけが唯一の慰めだった。

ローワー・メリオン高校が敗戦した翌日、そこから550マイル（※約885キロ）西にあるオハイオ州デイトンでは、ラサール大学男子バスケットボールチームがウィスコンシン大学グリーンベイ校に54対46で敗れ、そのシーズンと在籍していたミッドウェスタン・カレッジエイト・カンファレンスに別れを告げた。戦績は13勝14敗だった。またしてもそのシーズンのエクスプローラーズはＮＣＡＡトーナメントに出場する64チームには選出されなかった。もし状況が改善されるとしたら、翌シーズンが転換点になる見込みがあった。ラサール大はＭＣＣを去り、アトランティック10というカンファレンスに移ることになっていた。アトランティック10に在籍するテンプル大やセント・ジョセフ大は地理的に考えても対戦相手として理にかなっていた。カンファレンスの移籍があれば、コービーがいる限りこのプログラムに解決できない問題なんてなさそうに思えた。それもコービーがラサール大に進学を決めればの話だったが、すでにそれを実現させようとする勢力が、それぞれ動き始めていた。

ボールがあるべきところはそこ以外にあり得なかった。バスケットボールはダウナーやイーガンからチームの全選手や彼らの親に至るまで、エイシーズの誰もが世界一安全だと思っていたところ、すなわちコービー・ブライアントの手の中にあった。ベツレヘムにあるリバティー高校で行われていたその試合は、ペンシルベニア州のＡＡＡＡクラストーナメントの2回戦で、その時点で59対59の同点だった。体育館は、対戦相手であるペンシルベニア州北東のヘイズルトン高校のファンにほぼ乗っ取られていた。その人数や熱狂ぶりではチェスターの応援団と似ていたものの、ある点ではまったく異なっていた。「観客はマイノリティに優しくなかった」とスチュワートは言った。友好的とは言えない環境の中、第４クォーターの終盤にかけてエイシーズのプレーは雑になっていた。1点リードしていたため、スペースを広げてディレイオフェンスをして時間を使おうとしたところ、ボールを片手で腰に抱えていたタリク・ウィルソンというエイシーズの選手がそのボールを落としてしまい、ボールはコートの外に転がった。しかし、同点になった時点でボールはコービーの手の中にあった。コービーは試合中ずっとダブルチームされ、トラップされていたにも関わらず33点も取っていた。クロックが10秒から9秒、8秒へと進んでいたその瞬間も、クーガーズ（※ヘイズルトン高校のチーム名）の選手が二人、彼の目の前で腕や手を振って気を散らしたり視界を妨げようとしていた。あるいは、コービーがブザービーターで試合に勝つためのムーブを仕掛けようとした時に油断する可能性を狙い、ボールを叩いてスティールしようとしていたのかもしれなかった。それでもボールは世界一安全なところにあったので、そんな無謀なことは不可能に思えた。

……ボールがそこを離れるまでは。二人いたヘイズルトンの選手の片方がコービーの手からボールを叩くまでは。ボールの奪い合いになり、ライアン・リーブというヘイズルトンのガードがそれを掴むと、時間内に勝利のレイアップを決めようと大急ぎでバスケットに向かってドリブルし、そこにたどり着き、リムの方へボールを放り上げ、ミスをするまでは。

延長戦《オーバータイム》だ。ローワー・メリオン高校のベンチからは安堵のため息が聞こえてきてもいいはずだった。ここでシーズンが終了しなかったことにホッとして、緊張も和らいで試合の主導権を握ることができてもいいはずだった。ところが、そんなことは一切なかった。コービーの失敗と、彼が肝心な場面でミスを犯すのを目の当たりにしたことが、不安と混乱を招いたのかもしれない。

ヘイズルトンはダブルチームを続けた。コービーは良いシュートチャンスを見つけることができなかった。他の選手がその代役を務めることはなかった。エイシーズは五分間の延長戦で1点も取ることができなかった。最後のポゼッションではリバウンドを取ったコービーがドリブルをしてボールを運ぶと、ヘイズルトンの選手三人とぶつかった。彼はボールを失い、ローワー・メリオンは64対59で試合に敗れた。

試合後、ダウナーはロッカールームを見渡した。聞こえるのはすすり泣く音だけだった。「何か言いたいことがあるやつはいるか？」と聞いた。

ガイ・スチュワートとエヴァン・モンスキーが一言ずつ話した。どちらも一分も話さなかった。俺たちは小さな頃からずっと一緒にバスケをしてきて、チームが弱かった頃を考えると、州大会のプレーオフをこの満席のアリーナでプレーすることができた経験はかけがえのないものだ。バスケができなくなって寂しくなるけど、何よりもみんなと離れて寂しくなるよ。

最初、コービーは何も言わなかった。そしてようやく、同じ言葉を繰り返し始めた。

「ごめんなさい」

その時、リバティー高校のロッカールームにいた者たちのその後の記憶は曖昧なものだった。グレッグ・ダウナーの記憶では、コービーが次に何を言うのか、果たしてその場の感傷的なムードに浸るのだろうかと考えていたところ、無慈悲な説教が始まった。思い出話も別に悪くない。四年生がいなくなったら寂しくなる。それに俺も謝りたい。でもここにいる全員に、これだけははっきり言わせて欲しい。俺がいる限り、こんなことが二度とあってたまるか。スチュワートの記憶では、コービーはチームに謝罪し、卒業してゆく先輩たちのためにも仕返しをしてやると約束していた。ブレンダン・ペティットは、敗戦のショックと同時に、翌年チームにのしかかるであろうプレッシャーと、何か特別なことに関わることになるかもしれないと感じたのを覚えていた。イーガンはコービーが泣いていたことしか覚えていなかった。断固たる決意のスピーチも挑戦的な態度もなく、ただ「ごめんなさい」と繰り返し、繰り返し言っていたのを覚えていた。17歳の誕生日までまだ五ヶ月もあり、自分自身のイメージを何より気にしてたであろう当時のコービー・ブライアントから予想されるリアクションは、それが一番しっくりくるかもしれない。コービーの三年生のシーズンは素晴らしく、平均31．1得点と10．4リバウンドを記録していた。何年も到達することのなかったレベルまでチームを引き上げていた。しかし、地区大会チャンピオンでも州大会チャンピオンでもなく、選手としても一番でないとしたら、彼は一体何者なのだろうか、世間は彼を何者だと思うだろうか？

ごめんなさい。

ごめんなさい。

ごめんなさい。

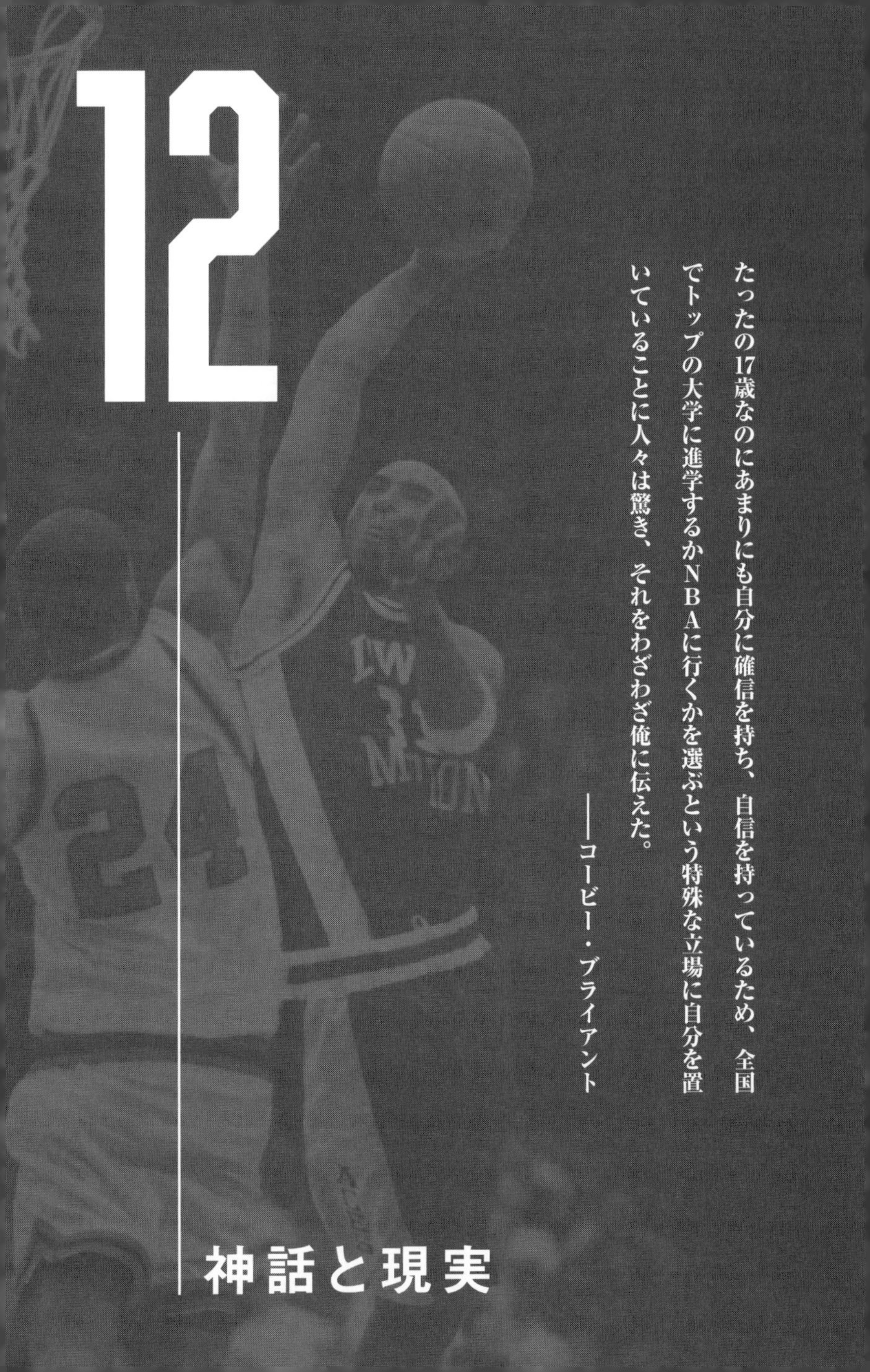

12

神話と現実

たったの17歳なのにあまりにも自分に確信を持ち、自信を持っているため、全国でトップの大学に進学するかＮＢＡに行くかを選ぶという特殊な立場に自分を置いていることに人々は驚き、それをわざわざ俺に伝えた。

――コービー・ブライアント

ラサール大学女子バレーボールチームのコーチだったジョン・カンジアーは、キャンパスで一緒になったときのジョー・ブライアントは「気の良い人」だという印象を受けた。アスレチック部門のオフィスや廊下、ヘイマン・ホールの三階にある体育館などで会話を交わしたときは、感じの良い人だと思った。ラサール大学ではバレーボールはトップの競技ではなかった。カンジアーがコーチになってから最初の三年間はよろめきながら17勝78敗という記録を残しており、近々アトランティック10カンファレンスへ移籍する予定だったとはいえ、大学がこのプログラムにお金をかけるとは思えなかった。NCAAによると、協会に属している各大学のバレーボールチームは12人までの選手に奨学金を与えることが許可されていた。ラサール大の場合は予算上、奨学金を貰えるのは四人の選手に限られていた。少なくともそれまで許可されていた奨学生は四人だったが、1994年の晩春、アスレチック・ディレクターのボブ・マレンとシニア・ウーマン・アドミニストレーター（※NCAAで決められているアスレチック部門において女性が務める最上級の地位）のキャシー・マクナーリーは、彼らが良いニュースだと思ったことをカンジアーに伝えた。

奨学生が1人増えましたよ、とマクナーリーは言った。身長188センチのミドルブロッカーで、名前はシャヤです。

カンジアーはシャヤ・ブライアントをラサール大のバレーボールチームに勧誘したことはなかったし、彼女がラサール大のバレーボールチームでプレーする可能性があると、誰からも聞いたことがなかった。「お金がありませんでした」と彼は予算について語った。「お金なんてありませんでした。でもなぜか急に予定に一切含まれていなかった選手が1人余計に入ることになったんです。私は彼女について何も知りませんでした」。シャヤは1995年の秋、1シーズンだけプレーし、ブロック数でチームのトップになった。それでもエクスプローラーズの成績は、前年の3勝30敗という成績から4勝27敗と大して向上せず、シャヤがラサール大に在籍したのは1年きりとなった。その1995年のシーズン後にコーチを辞任したカンジアーは「シャヤは素晴らしい若者でした」と言った。「タフな選手ではなかったけれど、運動神経が良く、身体能力に恵まれていて、人柄もよく優しい子でした」。誤解はしてほしくない。彼はシャヤがいることを嬉しく思っていたし、彼女のことを喜んでコーチしていた。チームの困難な状況を考えると、シャヤのような素質を持った選手なら誰であろうと喜んで受け入れただろう。ただ、そのあからさまな楽観主義が気になった。

「思うに、当時のラサール大はなんとしてでもコービーを勧誘しようとしていました」とカンジアーは言った。「ジョーの給料も払っていました。コービーにも全額支給の奨学金を与えるつもりで、シャヤにもそうしていました。それがボブ・マレンの考え方でした。私がいた当時、あそこはめちゃくちゃでした。本当にめちゃくちゃでした。ボブはコービーを救世主のように思っていて、彼が全てをいい方向へと導くと考えていたんだと思います」。

シャヤ・ブライアントがラサール大学で過ごした一年間のスポーツ奨学金の価値は、学費、部屋代、生活費、食事代、12個の履修単位を含めて、当時でおおよそ2万ドル（※当時のレートで約190万円）ほどだった。それでもコービーをキャンバスへと勧誘できるなら、マレンはそれ以上の代償を払うことも厭わなかった。ジョー・ミハリックとジョー・ブライアントというモリスの二人の主要アシスタントコーチの給料は、1995年の夏が始まる時点でそれぞれ3万4千ドル（※約320万円）と3万2千ドル（※約300万円）だった。ある日、マレンはジョー・ブライアントの給料を5万ドル（※約470万円）に増やすよう手配したとモリスに伝えた。

それは素晴らしい、とモリスは言った。でもジェリービーンが5万ドルなら、ミハリックは5万2千ドル（※約490万円）だ。

マレンは信じられないといった様子で怒りを爆発させた。頭がおかしいのか？　コービーが来なかったら、お前の首も飛ぶことになるのがわかっているのか？　モリスは構わなかった。ミハリックには三人の子供がいて、1986年からずっとモリスのスタッフにいた。忠誠心の問題だ、とモリスは説明した。ジョー・ミハリックは私のトップアシスタントだ。彼の給料も増額されないのであれば、ジョー・ブライアントもなしだ。

マレンは怒ってモリスのオフィスを後にした。翌日、ジョー・ミハリックの給料が5万2千ドルになったとの連絡があった。

こういった細々したことで、コービーの気を引くことができるとマレンが信じるのには理由があった。ある特定の条件と状況が揃った場合、コービーはラサール大学を選択肢に入れていたのだ。ラサール大がアトランティック10カンファレンスに移籍することには、興味をそそられた。そのカンファレンスには、自然とライバル関係にあるテンプル大とセント・ジョセフ大がすでにいた。さらに、ローマカトリック高校の身長2メートルのセンター、ラリー・ケトナーとプレーする可能性も興味深かった。コービーよりも一学年上だったケトナーは、春にラサール大学に口頭でコミット（※入学の意志を示すこと）していたものの、書類にサインもしていなければ、正式には何も決めていなかった。ほかの選択肢も残したいと思っていたのだ。モリスやラサールに完全にコミットするのを避けたかった理由の一つは、コービーの進路についてもう少し情報を得るまで待ちたかったからだった。ヘイマンでのピックアップゲームでチームを組んだときは、コービーとケトナーはすでにラサール大でロスター入りしていた相手の選手たちを圧倒した。コービーは自由自在にレーンに切り込み、ケトナーにアリウープパスを投げた。ラサール大の選手たちが、この二人がエクスプローラーズに加わった場合のチームの可能性に興奮しているのが表情から伝わってきた。君がラサールに行くと言えば、俺は明日にでもコミットする、とケトナーはコービーに伝えた。想像してみろよ、一緒にこのプログラムを一新することができるぞ。

それでもコービーはケトナーに何の確証も与えなかった。守れない約束をしたくなかっただけではない。もし都合よく実現できた場合、コービーがラサール大学に進学することが確定するような絵空事をジョーが画策していたからだった。実現するかどうかはジョーもコービーも不確かだったが、その計画はとある一連の出来事が起きることが条件で、その可能性は日に日に高まっているとジョーは感じていた。エクスプローラーズはプログラム史上初めて2シーズン連続で負け越し、過去三年間は毎年成績が悪化していた。卒業生も大学経営者も、マレンがモリスにはっきりと伝えた通り、彼に痺れを切らしていた。成績不振があと一年も続けば、モリスの解雇も既成事実となり、大学はジョーをコーチにするしかなくなるはずだった。噂はすでに囁かれていて、モリス本人は一切それを知らなかったとはいえ、一部では公然の秘密だった。「ジョーがラサール大のコーチになるという噂は実際にあった」とサム・ラインズ・ジュニアは語った。「当然ながら、ジョーがコーチになったらコービーはラサールに行っただろう」。

しかもコービーだけではなかった。1991年にミシガン大学に進学した「ファブ・ファイブ」と呼ばれる5人の選手が1992年と1993年にチームを全国大会決勝へと導いて話題になったが、ジョーは自分の交友関係や、コービーのAAUの遠征や友人関係を通して、ジョー・ブライアント版「ファブ・ファイブ」を招集していた。コービー、コービーとの友情を育みサム・ラインズ・オールスターズに加入していたリップ・ハミルトン、シャヒーン・ホロウェイ、レスター・アール、そしてサウスカロライナ州オークレア出身のジャーメイン・オニール。四人全員でなくとも、少なくとも何人かはラサール大でコービーとプレーするように説得できるとジョーは確信していた。いずれにせよ、彼らの勧誘に勤しみ、モリスやミハリックにもアピールしていた。ジョーは「私がヘッドコーチになる」と言うことができれば、その場で彼らを説得できると信じて疑わなかった。コービーも同じ意見だった。その四人の選手とは一緒にプレーし、対戦し、電話で実際にこの案について話してもいた。父親の下でプレーしたくない選手なんているだろうか？　ケトナーは結局、口頭でコミットしたことを取り消して、北にあるマサチューセッツ大学へと進学した。それでも、その四人の選手たちは喜んでジョーの下でプレーしただろう。ドニー・カーも同じく喜んだはずで、その彼をここに加えるとしたらどうだ？　ラサール大学のちゃちな練習用体育館も、ここ数年負け越していたことも関係なかった。ファブ・ファイブ並みのチームではなく、彼らよりもさらに強いチームになれるはずだ。しかも、それぞれがＮＢＡ入りで離脱する前に、一年だけそこでプレーすれば済む話だった。コービーにとっても、面倒を見て、育成してくれるカレッジコーチを探す必要もなく、父親がその役目を果たすことになる。スピーディー・モリス……。スピーディー・モリスはコービーにとって本当にそのようなコーチになれるだろうか……？　短大に通っていたシャリーフ・バトラーをリクルートすべきだとジョーが持ちかけたら「いいや、彼では不十分だ」と答えたスピーディー・モリスだ。「あれには一家全員が深く傷ついたよ」とジョーは言った。「それはつまり、ブライアント家について当時彼が何もわかっていないということだった」。コービーがＮＢＡに行くレベルではないと思っていたスピーディー・モリスだ……。行くべきでない、ではなく、無理だと思っていたのだ。「コービーがＮＢＡで通用しないと思っている相手に、どうやって息子を預けることができるんだ？」。すぐにカッとなり、バカなプレーや審判の悪い笛に対して怒ってまるでおもちゃを買ってもらえない幼児のように地団駄を踏んでズボンが裂けたこともある、どんどん高くなる声をシビックセンターに鳴り響かせていたスピーディー・モリスだ……。コービーもその場にいて、何度か彼の大噴火を目撃したことがあった。ジョーがラサール大でコーチをし始めた当初だったら、コービーがラサールに行く選択をしたらジョーは嬉しく思っただろう。しかし、その決断はコービー自身のものであり、コービーはスピーディーが選手に対して怒鳴りすぎだと感じていた。ジョーとパムにもそう伝えていて、彼らはコービーがそう言うのも構わなかった。

コービー・ブライアントが赤ん坊の頃から彼や彼の身内が描いてきた青写真や将来の展望は、1995年の春と夏に花開いた。ローワー・メリオン高校でプレーするコービーはダイナミックで支配的、その上、州大会優勝が彼を突き動かしていたとはいえ、彼の三年生のシーズンはもはやレミントン・パークで中学や高校の友達とやるピックアップゲームと同レベルのものだった。バスケ選手として自分と同じレベルではない相手とだけ対戦していても、創造力を養うような衝突は生まれないし、挑戦にもならない。「彼はその時、その瞬間に意識を向けてはいなかった」とソニー・ヴァッカロは言った。「彼はいつでも次の瞬間に意識を向けていた」。コービーが自主練のペースを加速させ、緊急性を持ってプレーの向上に取り組み、それを実現させたことがプロスポーツ界で起きた重大な出来事と時を同じくしていたのは注目すべき点だ。1995年3月19日、エイシーズがヘイズルトン高校に破れてシーズンを終えたほんの四日後に、17ヶ月間の引退・休止期間を経たマイケル・ジョーダンがシカゴ・ブルズの選手としてインディアナ・ペイサーズ相手に19得点を記録した。MJが復帰したことがコービーに将来的な目標を与え、破るべきマラソンのゴールテープがまた一つできたのだ。彼が思い描いていた最終的な目標がどんなものだったのかを想像できる部外者は多くなかった。

例えばその春のある日、ヴィラノヴァ大学でアシスタントコーチを務めていたポール・ヒューイットはコービーの練習を見学するためにローワー・メリオン高校を訪れることにした。ワイルドキャッツの先発ポイントガード、ジョナサン・ヘインズも同行していた。彼はコービーに会ったことはなく、彼についてよく知らなかった。ヒューイットはティム・トーマスを含む優秀な新入学生に加えようと、以前からコービーを勧誘していた。トーマスと組んでビッグ・イースト・カンファレンスを引っかき回すという考えは、多少コービーの興味をそそるものではあった。おそらくNBAのロッタリーピックになるであろうケリー・キトルズと、エリック・イーバーズというワイルドキャッツにいた二人のトップスコアラーは、理屈で言えばコービーが入学する前に卒業するはずで、彼とトーマスはすぐにでも先発になれるはずだった。大学バスケ界は、俺とテイミーみたいな選手が二人もいるようなチームを相手する準備なんてできていないだろうな、とコービーは思った。叔父のチャビー・コックスが昔ヴィラノヴァでプレーしたこともあって、進学先として想像しやすかった。

ヒューイットがのちに「信じられないほどすごい練習」と形容した練習をコービーが済ませ、ヒューイットとヘインズの二人は彼と少し話すと、ヒューイットは胸を張って帰路に着いた。コービーは大学のためにメイン・ラインに残るだろうと確信したのだった。とんでもないリクルーティング・クラスだ。我々に勧誘できない選手なんていない。

ところが、ヘインズはヒューイットを見て笑っていた。

「何がそんなにおかしいんだ?」とヒューイットは尋ねた。

「コーチ、あの選手は無理だよ」とヘインズは答えた。

「どういう意味だ?」

「コーチ、あいつは大学になんて行かないよ。そのままNBA行きだ」

コービーの考えに対するヘインズの見解を聞いて、ヒューイットは雷に打たれたような気分だった。「高校生を見て大学生がそんなことを言うなんて、よっぽど他の選手とは違うんだということに、その時気づいたんだ」とヒューイットは振り返った。「コービーとはよく話をしていた。当時はそのありがたみがわからなかったけれど、彼が必ず聞くのがバスケットボールのことだったんだ。いつもバスケットボールについて何か質問があって、バスケットボールの話をするのが大好きだった。常に情報と知識を得ようという探究心があった。当時の私は、相手が17歳の少年だと思って、彼が会話に熱心なのは素晴らしいと思っていた。でも後になって、彼は当時から偉大さを追求していたということに気づいたんだ」。

コービーの考えや彼が辿ろうとしている道筋を理解するには、必ずしもコービーと同年代である必要はなかった。ジョン・ルーカスは、あの晩パレストラでコーツヴィル高校と対戦するところを観て以来、コービーと同じように16歳の時点でのコービーではなく、21歳、22歳、そしてその先のコービーの姿を想像することができるようになっていた。ルーカスは、オフシーズン中も身体を維持し、ＮＢＡの競技レベルの環境を保つため、普段から選手たちにフィラデルフィア周辺各所の決まった場所で行われていたプロや大学生を交えた非公式のピックアップゲームに参加することを推奨していた。セント・ジョセフ大学のフィールドハウス（※セント・ジョセフ大学のアリーナ名。現在ではヘーガン・アリーナと呼ばれる）はシクサーズが正式に練習施設として使用していて、ルーカスは旧友のモー・ハワードに練習を担当するよう頼んだ。練習は朝の九時と夜の七時からと一日二回あった。ルーカスはブライアント一家に連絡を取り、コービーをこのワークアウトに招待した。ハワードには次のように伝えていた。どのようにチームを組もうと構わないが、コービーは必ずプレーさせること。コービーがプレー可能で、プレーしたいと言うのなら、彼にはプレーをさせること。以上だ。

高校のシーズンが終わる前から、コービーはすでにセント・ジョセフ大学で男子バスケットボールコーチの一年目だったフィル・マーテリに連絡を取り、フィールドハウスでワークアウトする許可を得ていた。マーテリはゲストリストにコービーの名前を載せた。春から九月に新学期が始まるまで名前はずっとそのままだった。「ローワー・メリオンで火曜日と金曜日にプレーした場合、月曜日と水曜日と木曜日はうちの体育館に来ていた」とマーテリは言った。そういうわけで、ルーカスの招待に応じることは、平日のピックアップゲームと練習、ワークアウトとウェイトトレーニング、週末のＡＡＵトーナメントやオールスターのキャンプというコービーの綿密でぎゅうぎゅう詰めのスケジュールが乱されることにはならなかった。ついでに、セント・ジョー（※セント・ジョセフ大学の愛称）に向かう5分から10分ほどの道すがら、相乗りしていたエモリー・ダブニーと親交を深める良い機会にもなった。コービーの二歳年下で、繊細で神経質だったダブニーはウェスト・フィラデルフィアにあるウッドリンド・スクールという、学業に困難を抱える生徒のための学校で高校一年目を過ごした。ウッドリンドのバスケットボールチームではポイントガードを務め、コービーやエイシーズと一緒にサマーリーグでプレーして、その時にグレッグ・ダウナーとも出会っていた。いくつかの私立校からの奨学金のオファーを断り、転校先をローワー・メリオン高校に決めた。ルーカスもまたサマーリーグの試合でダブニーに注目し、彼のことを気に入ったあまり、大人ばかりが集まる体育館に最年少として参加する機会を提示した。高校四年生になる手前のコービーが、プロや経験を積んでいる大学生の選手とワークアウトするのが変だと思うなら、15歳の誕生日までにまだ数週間あるような少年にも同じような機会を与えるのは馬鹿げていると思うかもしれない。しかしダブニーはルーカスやコービーと知り合う前に、すでにバスケでその二人の立場をはるかに超えるメンターに出会っていた。ウッドリン・スクールでのダブニーの親友はコーリー・アーヴィング、ジュリアス・アーヴィングの息子だった。ダブニーがヴィラノヴァにあるアーヴィング家を訪れる度に、ジュリアスは彼を１オン１に誘った。「しばらくふざけて遊んだあとで、『よし、ＮＢＡファイナルのディフェンスがどんなもんか見てみるか?』と聞いてくるんだ」とダブニーは語った。「『ああ』と答えるんだけど、まったく歯が立たない。何年もずっと、俺が上達すると、『君はもっと大勢の前でプレーするようになる。それはこんな感じだ』と言っていた。おかげで、大勢の前でプレーするのを躊躇したことはなかった」。

コーリー・アーヴィングは、2000年に19歳の若さで車の事故で亡くなった。ダブニーは今でも、あまりの若さで二人のかけがえのない友人を失った喪失感を抱えて暮らしている。一緒にワークアウトを始めた当初、コービーはブライアント家の古くて白いBMWで、のちに新車の黄緑色のトヨタ・ランドクルーザーでダブニーを迎えに来た。セント・ジョーに着くと、二人は有酸素運動に集中し、主にフィールドハウス内にあるトラックを走った。「コービーはずっと兄のような存在だった」とダブニーは語った。「よくアドバイスをくれた。オフコートでもよく一緒に過ごした。俺の家にもしょっちゅう来ていたし、彼の家にもよく行っていた。俺が上手くなって成功することを望んでいたんだ。学校の課題や成績も同じで、それについてもよく言われたよ。自分があの歳の頃、彼みたいな人が周りにいてくれてよかった。思い出すとちょっとエモーショナルになるね。彼自身、まだ17か18歳だったのに、人生で成功するための基盤となるものを教えてくれたんだ。一緒にいるだけで、そんな気持ちになった」。1995年6月末のNBAドラフトが過ぎると、ワークアウトは単調なスプリントやドリルの繰り返しから、バスケットボール界の神話として今でも語り継がれるものへと変化を遂げた。

ジェリー・スタックハウスがノースカロライナ大学に在学中、あるいは1995年のドラフトの全体三位でシクサーズに指名された後で『次のマイケル・ジョーダン』と称されたことは、その期待という重荷を背負う羽目になった本人にとって、嬉しいと同時に馬鹿げたことのように思えた。もちろん、ほぼ間違いなくバスケットボール史上最高の選手である人物と比べられるのは気分が良かった……だがその比較をする人たちは、ジョーダンがガードだということはわかっていたのだろうか？　スタックハウスはガードではなかった。高校でも、ノースカロライナ大でも、彼はパワーフォワードだった。人生で一度たりともガードを務めたこともなければ、スクリーンの周りや間を通って自分より小柄な選手を追いかけたこともなく、自らスクリーンを使ってジャンプシュートやドライブを仕掛けたこともなかった。ボールハンドリングは多少できたが、彼のプレースタイルは主にゴールに背を向けた状態でボールを持って、ポストアップすることで成り立っていた。ガードとして成功するためのニュアンスを理解し、スキルを発達させるにはまだ先が長かった。ところが、シクサーズは彼をガードとして起用するつもりだった。

そういった背景から、シクサーズに加入してフィリーの数々のピックアップゲームに参加するようになった当時のスタックハウスは、自分の置かれた状況に対応する準備がまだ不十分だった。その夏生まれた数々の逸話について、事実と誇張されたフィクションとを区別するためには、この背景を理解することが不可欠だ。当時のコービーがあまりにも若く、彼が結果的に偉大な選手になったため、彼やシクサーズ、フィリーの他のプロ選手や大学生選手がよくプレーしていたフィールドハウス、ベレビュー、そしてその他の体育館でコービーが残した功績は誇張され、話は盛られて相対的に評価される傾向がある。そうすることで彼の伝説がさらに偉大なものになるからだ。コービーがこのような試合でプレーした時の逸話を語る者たちは、誰もが皆、その記憶を自分の都合や自分の視点というフィルターを通して語る。ジョン・ルーカスは秘宝を発掘したと思っていた。1996年の6月に、自分がまだシクサーズのコーチ兼ゼネラルマネジャーであると想定して、その時にはコービーをドラフトするのだとすでに心に決めていた。この計画はバスケットボール関係者の中で最も信頼できる数人にしか打ち明けなかった。誰よりも早くコービーに気づいていたコーチであるということは、意味のある立派な功績だった。ルーカスとジョー・ブライアントの双方にとって、モー・ハワードは兄弟同然だった。ジェリー・スタックハウスは20年間こういった逸話を聞かされる羽目になり、どの話も彼の自尊心を突き刺す針のようだった。どの話も、彼のキャリアやスキル、そして彼自身を暗に侮辱するものだったからだ。「1オン1でコービーにコテンパンにされた」「コービーにやりたい放題やられた」「コービーはまだ高校四年生になっていなかったのに、ドラフト三位指名の選手を圧倒した。その三位指名選手は、お前のことだ」

さらに……。

NBAのジャーニーマンだったガードのウィリー・バートンは、1994-95シーズンはシクサーズに在籍していた。12月にマイアミ・ヒート相手に53得点し、スペクトラムにおける一試合での最高得点記録を塗り替えた。この一度限りの素晴らしい活躍について、彼は「バスケをしていただけさ」と説明した。彼はセント・ジョーに現れ、試合に参加すると、コービーにつくことになった。初めてボールを触ったポゼッションで得点したバートンは、コービーに一言二言投げかけた。残りの試合、コービーはチームが入れた11本中10本を決めた。バートンは一本だけだった。腹を立てたバートンは足を踏みならしながら、そのまますぐにフィールドハウスを後にした。彼はその後、体育館へも、次の一年間はNBAへも戻って来なかった。イタリアのチームと契約し、1995-96シーズンはそこで過ごした。

さらに……。

シクサーズの練習が終わると、ルーカスはよくコービーと1オン1をさせる選手を選んだ。ある時の相手はNBAで7シーズン目を終えたばかりのヴァーノン・マックスウェルだった。彼のあだ名は〝マッド・マックス〟で、そう呼ばれるにはもっともな理由があった。二月に観客席に突進し、彼に罵声を浴びせ野次を飛ばしていたファンを殴って10試合出場停止になったばかりだった。

「10点先取で勝ちの勝負だった」とルーカスは言った。「9対9になった。とても荒い内容だったから、喧嘩が始まるんじゃないかと思ったよ。そして心の中でつぶやいたんだ。『9対9の場面で「マッド・マックス」相手に喧嘩するような選手が私は欲しい』とね」。

さらに……。

フィラデルフィアのサザン高校でプレーし、ラサール大学では1980年代に三年連続でカンファレンス優勝を果たしたチームのシックスマンとして活躍したボビー・ジョンソンは、たまに元チームメイトのライオネル・〝Lートレイン〟・シモンズと一緒にセント・ジョーでのピックアップゲームに参加することがあった。当時サクラメント・キングスに在籍していたシモンズは、ジョンソン、コービー、シクサーズのセンターだったリック・マホーン、そしてフィラデルフィア出身で元NBAガードのポール・〝スヌープ〟・グラハムとチームを組み、五人の現役シクサーズ選手と対戦した。最初に10得点した方が勝ちだ。

「試合は9点で同点、うちのボールだった」とジョンソンは語った。「コービーがボールを運び、右ウィングでヴァーノン・マックスウェルに守られていた。するとコービーはドリブルしながら、NBAのベテラン選手たちにスペースを空けるように指示したんだ。まずはトレインがポストアップすると、彼をポストからどかし、スヌープもそれに続いた。マホーンのスクリーンも手を振って拒否した。それを見た俺は、あいつに近づく必要はないなと思ったんだ」。

マックスウェルを相手に、コービーは自分の股の間にボールを通し、クロスオーバーをしかけ、16フィート（約4.9メートル）のジャンプシュートを打った。「マックスウェルの上からダガー（※決勝点）を決めたんだ」とジョンソンは言った。「そして、まるでいつもやっているかのように『試合終了』と言ったんだ。信じられないほど感心したね」。

さらに……。

コービーは1994年のドラフトで全体六位指名だったシャロン・ライトと一緒にP－I－G(※1人がシュートを打ち、残りの参加者が同じシュートを決めるのを競うゲーム)をやったことがあった。コービーが勝てば、ライトのランドクルーザーを運転していいという取り決めだった。「すごく集中して、勝つことができたんだ」とコービーは語ったことがあった。「5分か10分程度の約束だったんだけど、30分ぐらい乗り回したよ」。

さらに……。

ハワードは全てのワークアウトに参加していた。ある試合で、コービーはファウルラインから踏み切って、シクサーズの身長239センチのセンター、ショーン・ブラッドリーの上からダンクを決めようとした。「プロの選手は誰もそんなことはやらなかった」とハワードは言った。「彼には恐れというものがなかったんだ。迷いもなかった。自分が支配するんだという気迫しかなかった。相手が年上ばかりだから遠慮するもんだと思うかもしれない。でも彼はいつでも『俺がこのワークアウトで、コート上で一番の選手になってやる』と考えていた」。ある朝、フィールドハウスが閉まっていたので、選手とルーカスのアシスタントだったモーリス・チークスを含むコーチ陣たちは、揃ってシティー・アベニューの向かいにあるエピスコパル・アカデミーの体育館へと向かった。スタックハウスとコービーは、お互いのディフェンスをしていた。「ジェリーはいい選手だけど、コービーに手を焼いていた」とハワードは振り返った。「忘れもしない。とあるプレーでコービーがジェリーを守っていて、結構きつくガードしていたんだ。ジェリーは少し苛立って、コービーを腰で押して倒したんだ。コービーは立ち上がって、ボールを手にすると、嘘じゃなく、30フィート（約9メートル）からシュートを打ったんだ。バックボードに当たって入ったんだけど、それもわかってやっていた。モーリスが俺の方を見て『ジェリー・スタックハウスが全体三位指名なら、コービーも同列だ』と言ったんだ」。

さらに……。

八月のある朝、コービーはエモリー・ダブニーを乗せてセント・ジョーに行く途中、車の窓を閉めて暖房を全開にした。

「何やってんだ？　やめてくれ、外は32度もあるのに」とダブニーが言うと、コービーはこう答えた。

「今からスタックハウスと対戦するんだ。温まっておかないと」

さらに……。

ジェレミー・トリートマンはコービーがスクリメージやワークアウトに参加するところを何度か見に来ていた。グレッグ・ダウナーも、体育教師を務めていたシップリー・スクールを辞め、エピスコパル・アカデミーで働き始めたこともあり、見に来やすかった。トリートマンは、コービーのとあるプレーを見て息をのんだ。レーンにドライブし、マホーンの上へ飛び上がって上空で身体を捻り、手もボールもリムの上にある状態からレイアップを決めたのだ。身長２０８センチ、体重は109キロあるマホーンは、元デトロイト・ピストンズの「バッド・ボーイズ（※80年代中盤から90年代初頭にかけてフィジカルなディフェンスを武器にリーグの強豪となったピストンズの愛称。89年、90年に連覇を果たしている）」の一員で、腕一つでコービーを叩き潰すことができたし、喜んでしたはずだった。たまにコービーを家まで送ることがあったブラッドリーが毎晩コービーに電話をかけ、翌朝も来ることを確認していることをトリートマンが知ったのは、その夏一番の発見だった。それは意味のあることだったからだ。それは重要なことだった。それは、コービーがその場にいるに値するということで、溶け込んでいたということだった。そして大局的に見ると、そこに居場所があるということがすべてだった。ミネソタ・ティンバーウルヴズはケビン・ガーネットを五位で指名したばかりだった。高校からそのままリーグ入りした選手は20年ぶりのことで、「そのおかげでコービーもますます同じことをしたくなったんだ」とトリートマンは言った。「イタリアで育ったこともあって、コービーにとって大学バスケは他のみんなほど重要じゃなかったんだ。あのワークアウトを通して、NBAへ行くという考えは彼にとってより真剣なものになっていった」。

さらに……。

九月になってもシクサーズとのワークアウトは続いた。エピスコパル・アカデミーの体育館で一週間ワークアウトが開催された時、ルーカスはエピスコパルの選手数人の手を借りることにした。ピックをかけたり、ドリルでパスをしたり、平均的な高校生選手でも務まる役割を依頼した。

身長183センチ、66キロ、短いブロンドの髪で本人曰く「あり得ないほど色白」だったマイケル・ウィールはJVチームの二年生だった。これほど間近でプロのアスリートを見たことがなかった彼にとって、ドリルに参加するのは夢のようだった。しかし、ウィールが注目し、興味を引かれたのはコービーだった。高校の四年生が、シクサーズの選手相手に全力でプレーしていた……。ウィールは舌を巻いた。そこに大勢いた有名選手の中で、ウィールがサインを頼んだのはコービーだけだった。ノートの用紙を一枚渡すと、コービーは喜んでサインをした。コービーはフレンドリーで口数も多く、「何のスポーツをやってるの?」とウィールに尋ねた。この人は自分と二歳しか変わらないんだ、とウィールは思った。そのせいで、一連のスクリメージが終わると、それまで毎日目撃していたことがなおさら脳裏に焼きついた。

「コービーとスタックが脇にあるコートにいて、やり合っていたんだ」とウィールは言った。「何点先取のゲームだったのかも、最終スコアが何だったのかも知らない。でも脇で1オン1でやり合っている選手がほぼ互角だったのは、バスケのアナリストじゃなくても明らかだった」。

さらに……。

やめろ。そこまでだ。当時体育館にいた者の中で、ジェリー・スタックハウスと同じことを目にしたやつは他に一人もいないのか?　あの場にいたやつらは、彼が記憶していたことを覚えていないのか?　ライオネル・シモンズとテンプル大学のスター選手だったエディー・ジョーンズや、マーク・メイコン、フィリーのバスケットボール界の他のベテラン勢がコービーを何度も脇に呼んで、こう言っていたことに気づいたやつはいなかったのか？「パスを出さなきゃダメだ」。
だから、もうやめよう。コービーはハンドリングが上手く、フットワークも良かったので、それなりに得点できる日もあったとはいえ、彼の視野の狭さは目に余るものがあった。本当にコービーと一緒にプレーしたいと思う選手はいなかった。ピックアップゲームでチームに選ばれないこともあった。スタックハウスを1オン1で倒したって？　スタックハウスはコービーより三歳半年上だった。「俺がそんなに何度も17歳にやられるところを想像できるか？」とスタックハウスは言ったことがあった。「そんなことになる前に痛めつけてたよ、マジな話。俺の方が身体的にも……そんなことは起こりようがないよ。あいつと1オン1をしたかって？　したよ。あいつが俺を倒したかって？　あいつが一試合ぐらい勝ったことがあるかって？　あるよ。17歳のあいつが20歳の俺を常に負かしていたかって？　冗談じゃない。この噂はここで終わらせてやる。あいつにはかなり才能があって、誰もがポテンシャルを見出していたかって？　そうだ。でも現在コービー・ブライアントの神話が語られるときに耳にするような話は、その場に実際にいた人間に聞くと内容が少し違ってくるはずだ」。

今であれば本人が載せたツイッターやフェイスブックの投稿や、インスタグラムに投稿した動画を通じて、１９９５年にフェアリー・ディキンソン大学で開催されたＡＢＣＤキャンプにいた全員が、コービーを全国一の高校バスケットボール選手としてすでに認識していただろう。ところがその年の七月の時点では、アメリカのほとんどの人にとってインターネットはまだ珍しい存在で、その新たなテクノロジーの力と影響力はまだ完全には明らかになっていなかった。そのおかげで、ソニー・ヴァッカロはスポーツ・シューズ市場を奪還する計画を隠したままにすることができた。

Nikeにいた頃に振りかざすことのできた資金もブランド力もないヴァッカロは、夏が始まってガーネットがドラフトであれほどの高順位で指名されるまでは、Adidasの将来を高校のスター選手に託す気はなかった。彼の使命は次のマイケル・ジョーダンを見つけることで、17歳や18歳そこらの選手に社運を賭けるのは、リスクがあまりにも大きかった。ヴィラノヴァ大学で四年目を迎えようとしていたケリー・キトルズは長くてしなやかなシューティングガードで、ジョーダンにプレースタイルも似ていた。おそらく、彼に賭けるのが安全だった。「Adidasに勧めるとしたら、多分彼だったと思う」とヴァッカロは振り返って語った。「ケリーは知名度もあって、正真正銘のいい選手で、良いキャリアも送っていた。何一つネガティブな点はなかった。でもケビンによって、扉が開かれたんだ」。そしてヴァッカロの意識も開かれた。1972年のダッパー・ダン・クラシック……。お互いにイタリア語が話せるという共通点……。1994年のABCDキャンプでの、あのハグと別れの言葉……。彼はコービーとその家族との間に、絆のようなものを感じた。一度は忘れ去られた過去の人物だった父親のジョー、そして貴重な可能性を秘めたその息子。彼らは何年もの時を経て、いまここでお互いを見つけることができたのだった。ソニー・ヴァッカロは偶然なんてものは信じていなかった。

その年のＡＢＣＤキャンプが始まる数ヶ月前、いや数年前から、グレッグ・ダウナーにとってコービーを刺激するのはいとも簡単なことだった。体育館に入る時はそこがどこであろうと、その場にいる選手の中で自分が一番なのだと骨の髄まで信じていた選手にモチベーションを与えるための、完璧な方法を心得ていた。ダウナーはバスケットボール雑誌に掲載されているリクルートのランキングをパッと見るだけで、武器に使えるような情報を得ることができた。今週、コービーより上位にランクインしたのは誰だろうか？　デイトナ・ビーチのメインランド高校にいたヴィンス・カーターか？　ティム・トーマスか？　一人か二人の名前を口にするだけで、コービーはやる気を出した。コービーは晩年になっても、昔のコーチが彼をからかって刺激していたことについて触れていた。「ヴィンス・カーターやティム・トーマスの方が上だって言ってましたよね」。正確には違った。ダウナーは、その二人の選手がコービーより上位にランキングされているとは言っても、彼よりも上だとは言わないようにいつも気をつけていた。いずれにせよ、コービーがそう思うことでお互いにとっての役割を果たしていた。

しかしダウナーと兄のドリューとマイク・イーガンがＡＢＣＤキャンプのために北にあるハッケンサックへと向かうと、コービーを他の優秀な高校生選手と比べることがいかに無駄なことかがすぐに明らかになった。グレッグは１９９５－96シーズンに、兄のドリューにスタッフとして参加してほしいと頼んだ。オーランドでフローリング会社の重役を務めていたドリューは仕事をやめ、コービーをコーチするために太陽の輝く街を後にした。グレッグは、州大会のチャンピオンシップというプレッシャーに対応する準備ができていなければ、彼やコービーやエイシーズは押しつぶされてしまうだろうと予測した。チームの感情のバロメーターとなり、どの選手が励ましの言葉を必要としていて、どの選手が厳しい一言を必要としているかを察知するには、ドリューほどの適任者はいなかった。するとドリューは早速、その点ではコービーは一番心配がいらないだろうということに気づいた。キャンプの参加者には、コービーほど全力で戦っている選手はいなかった。「そのうち勢いを緩めるだろうと思ってずっとコービーを見ていたけれど、結局そんなことはなかった」とドリューは振り返った。キャンプが始まると、むしろコービーはやり過ぎていることが明らかになった。「試合に出ると、ふざけていたわけではないけれど、必要以上に色々やろうとしすぎていた」とイーガンは言った。コート上で一番の選手になろうと、観客席にいる大学のコーチやプロのスカウトを感心させようと必死になりすぎていたのだ。イーガンは試合後にコービーを脇へ呼んで、こう伝えた。おい、何をやっているんだ？　自分のプレーをしろ。自分らしくプレーすればいいんだ。「私のおかげだと言っているわけではないけれど、次の試合でコービーはストップしてからスピンして、15フィート（約4．6メートル）の距離からバンクショットを決めたんだ。その場にいたコーチ全員が口をあんぐり開けて驚愕するのが見えたよ」とイーガンは言った。「ＮＢＡで見るような、止めようのないムーブだった。どのレベルにいても、198センチの選手があのシュートを打ったら止めようがない。コーチたちが見たかったのはこういうものだった。他の選手と本当に差をつけ始めたのはあの頃からだった」。

NCAAトーナメントの決勝戦でデューク大学が4点差でアーカンソー大学に敗れてから半年が過ぎた1994年の10月に、マイク・シャシェフスキーは椎間板ヘルニアの手術を受けた。ところが術後何ヶ月経っても痛みが引かなかったため、問題なのは椎間板ではないのかもしれないと疑い始めていた。ノース・カロライナ・ステイト大学の元コーチで友人のジム・ヴァルヴァーノと同じように自分も癌を患っていて、死ぬのかもしれないと恐れていた。結局のところ、きちんと治すために時間と休養が必要なだけだったものの、彼の不在によってブルー・デビルズ（※デューク大学の愛称）は崩壊した。シャシェフスキーが休んでいる間、長い間アシスタントコーチを務めていたピート・ガデットが代役を務め、デューク大は1994－95シーズンを13勝18敗の成績で終えた。状況は切迫していた。元NBAコーチでシクサーズ時代のジョー・ブライアントのチームメイトでもあり、息子のクリスがブルー・デビルズでプレーしていたダグ・コリンズが、ある敗戦後のロッカールームに乱入し、シャシェフスキーの選手たちを正しく起用していないとガデットに怒鳴り散らしたほどだった。このシーズンは、36年間でデューク大が唯一NCAAトーナメントを逃したシーズンとなった。1995年の秋には復帰できるほど快方に向かっていたシャシェフスキーは、以前の栄光を取り戻すためにスーパースター獲得が喫緊の課題であるプログラムへと復帰することになった。

そのスーパースター役の照準をコービーに定めたシャシェフスキーは、デュークとコービーとの主な連絡係にトップアシスタントコーチのトミー・アマカーを任命した。ローワー・メリオン高校でのアマカーの連絡相手はマイク・イーガンだった。バスケットボールでも、それ以外の面でも、コービーはデューク大が選手に求めているものを全て兼ね備えているとアマカーは思っていた。コービーには、知性、視野の広さ、そしてイタリアで過ごしたことで養われた異なる人や文化に対する理解など、さまざまな面があった。しかし、コービーがデューク大に進学する可能性について話し合ったのは、おそらくアマカーがイーガンと話した時間の方が、イーガンがコービーと話した時間よりも長かっただろう。「コービーはそういうことに関して、滅多に人に話さなかった」とイーガンは言う。「彼自身の決断であって、我々がどうこう言うことではない、と彼を尊重するようにしていた。『もし話したいことがあれば相談してくれ』というスタンスだった。でも彼は自分の中で色々なことを分けて考えることができる才能を持っていたんだ。だからこの件についてほとんど話し合わなかった」。

ところが、コービー自身は電話でシャシェフスキーと直接話して、すぐに彼のことを気に入った。リクルーティングの初期、二人はバスケットボールの話よりも、コービーが海外で過ごした経験や、アメリカに戻ってからの最初の数年について話すことの方が多かった。グラント・ヒルの四年間のデューク大在籍期間中、いかにしてシャシェフスキーが彼を育成したかを、コービーは尊敬していた。シャシェフスキーはヒルがチームのリーダーシップを担ったことや、ブルー・デビルズがメディアに注目されることに対して彼が順応していったことなどの話をコービーにして聞かせた。ヒルは１９９４年のドラフトで彼を三位で指名したデトロイト・ピストンズでの１シーズン目を終えたばかりだった。平均20得点近くを記録し、イースタン・カンファレンスのオールスターチームに選ばれ、リーグの最優秀新人賞を受賞していた。コービーは、シャシェフスキーが自分にも同じような影響を及ぼすところを想像することができた。高校四年生の終盤になると、コービーは近しい人たちには、もし大学に進学する場合は間違いなくデューク大を選ぶだろうと話すようになっていた。

しかし、ＡＢＣＤキャンプの参加者でそれを知る者はいなかった。シャシェフスキーも、スピーディー・モリスも、リック・ピティーノもそのことを知らなかった。シラキュース大学コーチのジム・ベーハイムは14シーズン連続で21勝していて、チームのトップスコアラーであるガードのローレンス・モーテンが二巡目ドラフトされたばかりだったが、彼もそのことを知らなかった。コネチカット大学が二年連続でビッグ・イーストカンファレンスのチャンピオンになったことと、自分自身のキャリア勝敗数をコービーに強いニューイングランド訛りで売り込んでいたジム・カルフーンも、知る由がなかった。キャンプに来ていたコーチは全員自分自身と大学のプログラムをコービーに売り込むチャンスがあり、誰もコービー本人の計画を知らなかったため、全員が彼を勧誘しなければならないと感じていた。そんな中、コービーとグレッグ・ダウナーとイーガンがロスマン・センターのエレベーターに乗ると、ドアが閉まる直前にシャシェフスキーも乗り込んで来た。彼とコービーが面と向かって会ったのはこの時が初めてだった。こうしてシャシェフスキーは文字通りエレベーターピッチ（※エレベーターに乗っているような短い時間内で簡潔に行うプレゼン）をする機会を得た。

我がデューク大では、ダイヤの原石を磨く。素晴らしい素質があることがわかっている選手を、さらに輝かせるんだ。

すごいな、なんていいセリフだ、とイーガンは思った。

リップ・ハミルトン、レスター・アール、シャヒーン・ホロウェイ、ジャーメイン・オニールが揃っていたキャンプで、四人とコービーが一緒にラサール大学で新たな『ファブ・ファイブ』を結成する話をまだしていた中、コービーは一年前にソニー・ヴァッカロにした約束を果たした。キャンプのMVPに選ばれ、実質全米一の高校生選手の座を手に入れたのだった。その場にいたジョーは、息子が注目を集めていることを大いに楽しんだ。ブライアント家では数々のコーチからの電話が鳴り響き、そのたびに一家の食事は中断させられた。ジョーがバートラムに通っていた頃はこうではなかったものの、ジョーはコービーに代わって堪能していた。「信じられないほどたくさんの人から、コービーのプレーを楽しんでいると言われるんだ」とジョーはキャンプ中に発言していた。コービーの進学については？　「今は大学の話はなるべく避けるようにしている」とジョーは言った。「コービーが大学を選ぶ時間はまだたっぷりある。大事なのは、今のこの人生で一度きりの体験を吸収することだ」。どの道、これでもう知れ渡るはずだった。リクルーティングのランキングで誰がトップに君臨することになるのかは、すでに全員が知っていた。知らない人々も、すぐに知ることになるはずだった。誰がキングなのか、すでに全員が知っていた。知らない人々も、すぐに知ることになるはずだった。気の毒なことに、ケリー・キトルズはもはやヴァッカロの頭の隅へと追いやられていた。ヴァッカロは、コービーこそが自分がAdidasで思い描いていた野心に釣り合う選手だと信じていた。これは、コービーにふさわしいエージェントとパートナーをつけて、完璧に進めなければならない計画だった。ブライアント家と同様にフィラデルフィアでの経歴があるような人物だ。ヴァッカロと同じように、プロを目指すアスリートは自分の好きなようにキャリアを築く権利があり、NBA入りするためには大学が必須ではないと信じているような人物だ。コービーをバスケットボール界の次なる神の子にするというヴァッカロのビジョンを共有し、それを実現するために人脈を使えるような、名声のある人物が必要だった。その夏、ヴァッカロはアーン・テレムに電話をかけた。

シャシェフスキーは、コービーを再度間近で見るために、プリマス・ホワイトマーシュのサマーリーグの試合を観戦しようと、フィラデルフィア郊外への出張を手配した。彼は、ドニー・カー率いるローマ・カトリック高校が対戦相手の良い試合を選んだ。サマーリーグの試合で、ティップオフの24時間も前から駆け引きが行われることは滅多にないことだった。

ところが試合の前の晩、カーがガールフレンドと電話で話していると、通話中着信があった。カーは回線をそちらに切り替えた。

「もしもし」

「よう、ドン。調子はどうだ？　何してる？」

「まったりしてる。誰だ？」

「ビーンだよ。どうしてる？」

「とくに何も。彼女と話してたんだ」

「そうか。ちょっと聞きたいことがあってさ。ヤー・デイビスは明日の試合に出るのか？」

当時、ローマ高のカーのチームメイトで、同じくディビジョンＩの有望選手だったデイビスが、フランクフォード高校に転校するという噂があったのだ。カーはすぐにピンと来た。こいつ、探ってやがる。これは二人がもっと幼かった頃にコービーがしていたような質問とは違った。コービーが慣れ親しんでいた郊外での快適な暮らしとは異なるサウス・フィリーでの生い立ちについてや、ファストフード店でたまに贅沢をするだけのために貯金をしなければならなかったことについて尋ねているのとは違った。純粋に興味があって聞いているわけではなかった。これは軽い尋問だった。ライバルが、互角の相手に対して有利になるようなことを探ろうとしていた。

「さあ」とカーは答えた。「なんで？」。

「ヤーがいるなら、お前とヤー対俺で、いい対戦になるだろ。お前とヤーの二人対俺だ。なかなかのマッチアップになる。でもお前だけなら、どうかなと思って。俺が行く価値はないかもな」

カーは別の回線にまだガールフレンドがいることを忘れて、受話器を頭上に振り上げてから叩きおろした。すると兄妹が部屋に駆け込んで来た。なんだ、どうした？　大きな音が聞こえたけど。受話器を取り、カーの番号にかけて、心理戦をしかけようとしたコービーの度胸が信じられなかった。かつてはひょろひょろで、カーが友達と一緒に笑い者にしてコート上で弄んでいた相手だったのに。

「あの野郎、電話をかけてきやがった！」。カーは兄妹に向かって叫んだ。「完全にバカにしてやがる！」。

翌日、うだるような暑さの中、重たい空気が澱むプリマス・ホワイトマーシュの体育館には、20人そこらの観客に混じって、ジョン・ルーカス、リック・ピティーノ、そして観覧席の九列目にはシャシェフスキーが座っていた。コービーのチームメイトのデイヴ・ローゼンバーグが見上げると、彼らが目に入った。すごいな、このシーズンはやばいことになりそうだ、と思った。シャシェフスキーが試合に来ることができただけで、マイク・イーガンはホッとしていた。そのリーグでローワー・メリオン高校のヘッドコーチを務めていたイーガンは、シャシェフスキーに体育館までの道のりを教えたが、その伝説的なコーチがモンゴメリー郡ではなく間違えてアレンタウンに行ってしまうのではないかと心配していた。

そういったコーチがずらりと勢揃いしているのを前にしたカーは、ローマ高のアシスタントコーチに話しかけた。「俺にコービーを守らせてくれ。コービーにも、他のみんなにも俺の方が上だと見せてやりたい」。ティップオフのためにコートに出ると、二人は握手もしなければお互いに話しかけることもなかった。そしてローマ高の選手がカーにボールを渡すと、コービーは腰を落とし、両手足を大きく広げ、巨大な蜘蛛のように「思いっきりディフェンスのスタンスになった」とカーは振り返った。「ジョーダンがファイナルでマジックをガードしていた時のようなやつだ」。コービーは「ああ、お前らがその昔、俺にしていたことは覚えているよ。でも今はもう違うんだ」とでも言いたげだった。

カーは素早くコービーに向かって行き、滑らかにバスケットへと進んだ。コービーはリム付近で追いつき、真後ろから踏み切ってシュートをブロックしようとした。ところがカーはコービーを欺き、後を追っていたチームメイトにボールを渡すと、その選手は力強いダンクを叩き込んだ。前半が終わり、カーは25点、コービーは4点だった。カーはほくそ笑んだ。コービー相手に、いつだって好きなときに得点できるのはわかっていた。「左右に動いて、素早く向きを変えながらコートを縦断すれば、コービーが俺の前にい続けることが難しくなるのはわかっていた。彼は後になって横の動きが素早くなったけれど、当時はそうでもなかったんだ」とカーは振り返った。コービーをチェスの駒のように自在に動かし、自分の身体の大きさや強さを利用して好きなところに押し込むことができた、あのサニー・ヒル・リーグの頃から、なんら変わっていなかった。

ところが後半が始まると、二人の間で初めて全てが変わった。コービーは、ディフェンスでカーに対してフェイスガード（※ディフェンスがボールを見ないでマークマンに対して顔を向けてマークするディフェンスの方法）し始め、ボールが彼に渡らないようにした。たまにカーがボールを手にすることがあると、コービーは肩を落とし、カーに下に入られるのを防いだ。とあるポゼッションで、ローマ高のポイントガードがカーに無理やりパスを通そうとした。コービーはそのボールをスティールし、自分の前方へと弾いて、それを追いかけた。ローマ高の選手がボールに追いつくと、コービーはそれを掴み、自分の後ろにボールを回してからまた前に戻して、ひたすらバスケットに向かって行った。今度は二人のローマ高の選手がコービーに近づくと、彼はボールを背面側から両足の間を通して、自分自身にアウトレットパスを出した。跳ねたボールをファウルラインの一歩入ったところで受け取り、フルスピードで宙に飛び上がって両手でダンクをした。ガンッ！　そして着地すると、コービーは大声をあげた。「高揚感が表れていた」とカーは言った。「『忘れるんじゃない、このフロアでは俺が一番だ』という顔をしていた」。

しかしこれでコービーの気が済んだかというと、まだだった。その後、コービーは右ウィングをゆっくり進みカーと対面すると、試合の初めの頃にカーがやったのと同じようにクロスオーバーをし、イン&アウトドリブルでカーを振り払った。そしてジャンパーを決めると、さながらジョーダンのごとく、まるで背の高い鳥が草むらに立っているかのように打った手を上げたままにした。観覧席にいたジョー・ブライアントが声を上げるのが聞こえた。「よし！　そうだ、俺の言った通りだ」。息子の活躍に興奮する父親の姿によって、目の前で起こっていることがさらに強調されたことを、カーはずっと覚えていた。

カーはハーフタイムでの25得点から、最終的には29得点9リバウンド9アシストで試合を終えた。コービーは後半で32得点し、合計36得点を挙げた。最後のブザーでカーがシュートを外し、エイシーズが1点差で勝ち、カーがコートに倒れ込むと、コービーが彼を起こしに行った。

「なあ、聞けよ」とコービーは言った。「たかがサマーリーグの試合だ。お前は俺のベストを引き出すんだ。また会おうな」。

たかがサマーリーグの試合だ。後になって数日後に行われた決勝試合のことを考えると、笑えるセリフだった。ローワー・メリオン高校が対戦するのは、チェスター高校という馴染みある相手だった。チェスター高校のコーチや選手たちは、夏だろうが冬だろうがエイシーズは彼らに勝てっこないと確信していた。新しいヘッドコーチのフレッド・ピケットは長いことチェスターでアシスタントコーチを務めていて、クリッパーズがペンシルベニア州のバスケットボール界に君臨するチームであるということと、最も恐ろしいチームだというイメージを持たれていることを堪能していた。前任のアロンゾ・ルイスは、自分たちや対戦相手のことを聞かれたら退屈でありきたりな決まり文句で答えるように選手たちに念を押し、自分自身もそういう話し方をしていた。ピケットは彼とは違い、地元の記者たちに自分の考えや、主張をためらうことなく、はっきりと伝えた。彼らを信頼しているということを、選手たちに再確認させる方策だった。チームの精神的な盾が貫かれないようにするためには、他のコーチを苛立たせることも厭わなかった。

ハーフタイムで8点差で負けていたローワー・メリオン高校は、後半最初のバスケットを決めた。ところがスコアボードを操作していたボランティアのティーンエージャーが誤ってチェスターに2点を入れてしまった。クリッパーズの6点リードのはずが、スコアボードによると10点になっていた。イーガンは審判を呼んだ。単なるサマーリーグの試合だ。誰も正式なスコアブックをつけていなかった。でもこれはチャンピオンシップで、相手はチェスターだ。

「待ってくれ」とイーガンは審判に言った。「スコアが間違っている」。

イーガンはピケットに合図した。

「フレッド、うちがたったいま得点するまで8点差だったのは君もわかっているだろう」

ピケットはボールのように丸い腹の上で腕組みをしたまま、ただ座っていた。

「知らないね」

「フレッド！　いい加減にしてくれ！」

スコアはすぐに訂正されたものの、それでも結局ローワー・メリオン高校は負けた。チェスター相手のチャンピオンシップは、再び敗戦に終わった。その場にいたダウナーとイーガンは、チームを体育館の外にある廊下へと連れ出した。二人は選手たちを慰めようとはしなかった。その必要はなかった。ほとんどの選手にとって、サマーリーグの決勝戦で負けたことに対するリアクションは同じだった。よし、これでプールか海に行ける。

でもコービーのリアクションは違った。これはチャンピオンシップで、相手はチェスターだった。彼は話し始めると、両手で濡れたTシャツを掴み、大きな汗の雫が生地から浮き上がって、シャツから床へとボトボト落ちるまできつく絞った。
「お前ら、次はプレーする準備をしてこないとタダじゃおかないからな」とコービーは言った。「あのふざけたチームに二度と負けてたまるか。冗談じゃない。お前ら全員、ギアを上げる準備をしておけよ」。

ＡＢＣＤキャンプから2週間経った1995年7月25日、マイク・シャシェフスキーはデューク大学の色に合わせた青いインクで、マイク・イーガンに宛ててコービーに対する思いを綴った手書きの手紙を送った。

親愛なるマイクへ

ローマ・カトリック高校相手の勝利、おめでとう！　君のコーチングは素晴らしかった。選手たちはハードに、まとまりのある戦い方をしていた。マイク、色々と手を貸してくれてありがとう。とても感謝しています。コービーは本当に特別な選手で、ぜひ彼をコーチしたいものです！

それではまた
マイク

イーガンはその手紙を受け取ったことを光栄に思ったが、いくらコービーの進路を知りたいと思っても、実際にはまだ何もわからなかった。現在、その手紙は机の引き出しのようなどこか見えないところに埋もれているのではなく、ペンシルベニア州パオリにある自宅の書斎で、自伝や分厚い歴史書で溢れる本棚の向かい側の壁の真ん中に飾ってある。２０２０年9月初旬のある日、そこからたった14マイル（約22．５キロメートル）離れた１２２４レミントン・ロードにある元ジョー・ブライアントの書斎の机の上には、青と白の縞模様でブルーデビルズのロゴがついたデューク大のバスケットボールが置かれていた。現在その家に住んでいるリチャードとケイト・ベイヤー夫妻は、コービーがなぜそれを置いていったのかはわからなかったが、他の人たち同様、理由を推測することはできた。

シクサーズの救世主として期待されていたその選手が、自分は不利な状況に置かれていると気づくのに、長くはかからなかった。チームがスタックハウスをドラフトしてから一ヶ月後の１９９5年7月31日に、シクサーズのストレングス＆コンディショニングコーチのジョー・カルボーンは、ひょろっとして背の高い青年がフィールドハウスにやってきて、ルーカスのところへ真っ直ぐ歩いていくところを見ていた。しばらく二人だけで話したあと、ルーカスはカルボーンを呼んで彼にコービーを紹介した。がっちりとして、筋肉質で消火栓のような体型をしたカルボーンは、以前は大会に出ていた元ボディビルダーで、シクサーズにそのシーズンからスタッフとして加わるまでは、人生をずっとニューヨークのロックランド郡で過ごしていた。フィラデルフィアの高校バスケットボールに関しては一切何も知らず、コービーが何者かもわからなかった。身長157センチのカルボーンは198センチのティーンエージャーを見上げた。

ジョーとワークアウトして、もっと強くなれ、とルーカスはコービーに言った。

カルボーンは、コービーを体育館の隅にまとめて置かれていた運動器具のところへ連れて行った。コービーの肉体改造はすぐに始まった。フィールドハウスには別のウエイトルームはなく、スクワットラックとベンチが二つ、ウエイトスタック式のマシンが二つと、ケーブルマシンがいくつかあるだけだった。「でも知識があれば、なんとかなる。これだけでも必要な筋トレは全てできる」とカルボーンは言った。シクサーズやほかの選手のワークアウトは朝の九時からだったので、コービーは午前七時からカルボーンとのトレーニングを始めた。トレーニングは他のアスリート全員から見えるところで行われた。カルボーンは後に、その取り決めが気まずいものだったことを認めた。真の選ばれし者が誰なのかが明らかだったからだ。

カルボーンはコービーのワークアウトと成長ぶりを記録するスプレッドシートを作成した。彼はそれを当時からずっと保管していて、四半世紀後になってもコービーが初めて彼とウエイトトレーニングをした時の内容がわかるようになっていた。65ポンド（※約30キロ）の重量でバックスクワットを10回、カールアップ20回を3セット、105ポンド（※約48キロ）のプッシュプレスを10回。それを4回繰り返すものだった。8月3日木曜日に3回目のセッションを迎える頃には、135ポンド（※約61キロ）の重量でバックスクワットを10回やるようになっていた。「彼は持久力タイプの身体を持っていた」とカルボーンは言った。「彼の筋肉は持久力に基づいていた。瞬発力がある方ではなかった。速筋線維があると速く走ることができて、大きくて太い筋肉がつく。NFLのランニングバックを見ればわかる。大きな太ももをしていて、ベンチプレスで400ポンド（※約181キロ）を上げ、スクワットで600ポンド（約272キロ）を上げることができる。コービーの体格は違ったので、彼の筋力を伸ばすのは楽ではなかった。簡単に向上したわけではなかったけれど、進歩はあった」。夏が終わる頃には、コービーの体重は185ポンド（約84キロ）から200ポンド（※約91キロ）に増えていて、追加された15ポンドは全て筋肉と腱から成っていた。フィル・マーテリは、カルボーンが見守る中コービーがエアロバイクを漕いでいるところや、胴体にパラシュートをつけて走っているところを横目で見ていた。これは今までにフィラデルフィアで見てきた他の偉大な選手がやっていたこととは違う、とマーテリは思った。「彼はプレーするためではなく、準備をするためにそこにいたんだ」。

ワシントン・ブレッツ（現ワシントン・ウィザーズ）のゼネラルマネージャーのジョン・ナッ

シュは、フィリー・ガイという肩書きが存在するなら、まさにフィリー・ガイだった。セント・ジョセフ大学の卒業生で、長いことシクサーズで幹部を務めていたこともあり、秘密も全て知っているほど内部に精通していて、握手が契約書代わりのような人物だった。ユタ・ジャズで長く球団社長とコーチを務めたフランク・レイデンはかつて「ジョンが言ったことは当てになる」と言ったことがあった。1970年代にフィラデルフィアのビッグ・ファイブのディレクターだった頃、ナッシュはジョー・ブライアントと友好的な関係だった。交友関係が共通していたこともあって、ナッシュはブライアント一家を知っていて、彼らがしっかりとした家族だと評判だったことも知っていた。

クリス・ウェバーとジュワン・ハワードという2人の優秀なポストプレイヤーを有していたナッシュとブレッツは、1995年のドラフトでシクサーズがスタックハウスを獲得した直後のピックで、またもやビッグマンであったにも関わらず、残っている選手の中で一番優秀な選手を指名した。ノースカロライナ大学でスタックハウスのチームメイトだったフィラデルフィア出身のラシード・ウォーレスだ。完璧なフィリー・ガイだったナッシュはもちろんスタックハウスや、ダグ・オーバートンとティム・レグラーといった二人のワシントンのガードが夏の間、フィラデルフィアのピックアップゲームやワークアウトに参加しているのを知っていた。そして、そこにルーカスがよく顔を出していたことも知っていた。そんなわけで、ナッシュは仕事上の仲間として、そして競争相手として、週に一度ルーカスに連絡を取り、観測したことや情報の交換をしていた。

「スタックハウスはどうだ？」とある日、ナッシュは尋ねた。

「ああ、この体育館では2番目のガードだ」とルーカスは答えた。

ナッシュは驚いた。シクサーズはスタックハウスを球団の礎だと考えていたはずだった。ワークアウトに参加しているNBAガードはオーバートンとレグラーの他に誰かいたのだろうか？ルーカスはその中の誰かのことを言っていたのだろうか？　だとしても、スタックの方が上だろう、とナッシュは思った。

「彼の上には誰がいるんだ？」とナッシュは聞いた。

「コービーだよ」とルーカスは答えた。「コービーが体育館を支配しているんだ」。

コービーか、とナッシュは思った。彼をドラフトするチャンスがあったら、逃さないようにしよう。


夏はコービーにとってサム・ラインズの時間で、サム・ラインズ・ジュニアにとってはコービーと過ごす時間だった。ＡＢＣＤキャンプが終わった七月下旬に、サム・ラインズ・オールスターズはAdidas Big Timeトーナメントのためにラスベガスへと飛んだ。そのトーナメントに参加することは、ラインズ一家がＡＡＵプログラムとそれが目指すものをフィラデルフィア周辺に集中させるといういつものやり方から逸脱したものだった。コービーは、チームの活動範囲を広げもっと全国のチーム相手に戦うことをサム・ジュニアに求めていた。ラスベガスに向かう飛行機で、コービーと2人で会話をしていたサム・ジュニアは、その理由を理解した。コービーはNBAドラフトに参加しようと思っている旨を伝えた。

「そこからコービーとの関係はもっと親密になった」とサム・ジュニアは言った。「色々なことが現実味を帯びてきたんだ」。

コービーが自分の進路を最初に打ち明けたのがサム・ジュニアだったことは道理にかなっていた。これまでに2人は衝突もしてきた。いつになったらコービーは自己中心的なプレーをもっと控えるようになるのかとサム・ジュニアは思っていたし、チームメイトのことをもっと考えろというサム・ジュニアの要求に、コービーは苛立っていた。しかし、いくら州大会優勝がコービーにとって大事だろうと、グレッグ・ダウナーやマイク・イーガンやジェレミー・トリートマンと親密だろうと、コービーは高校のバスケットボールとAAUの二つの世界を自分のなかで分けていた。プロになる準備ができていることを証明できるのは、その二つの世界のうち、一つだけだった。一月の半ばにセントラル・リーグのチーム相手に40得点するのは悪くなかった。しかし何百人ものコーチやスカウトの前で、アメリカのバスケットボール界の重鎮たちの前で、自分や家族と親しくなろうとしているスニーカーの大御所が取り仕切る大会で、全国でトップの高校生選手を相手に活躍することが一番肝心だった。リップ・ハミルトンはサム・ライインズ・オールスターズの遠征に帯同することができず、チームはトーナメントで優勝することもできなかったが、そういったことは従属的なことだった。コービーの将来は明確に形になりつつあった。ラスベガスでのある試合では、試合終了間際にチームメイトにパスを出し、がら空きのレイアップに繋がったことまであった。そのチームメイトがレイアップを外したことや、サム・ラインズ・オールスターズが試合に負けたことは取るに足らないことだった。大勢の目の前で評価され、審査される中、あのパスを出したことは、もっとボールをシェアして欲しいというサム・ジュニアの願いを少なくとも肝に命じていることの表れであり、コービーは自分のエゴや口先だけではなく、最大限の多面的なプレーを見せることで、自らのゲームを語っていた。「あのプレーで、コービーが選手として大好きになったよ」とサム・ジュニアは言った。「本人にも伝えたよ。『いつもそうやってプレーすべきだ。そうやってパスを出してセルフィッシュなプレーをしなければ、誰が何と言おうとお前がベストプレイヤーに見える』。あのプレーを見て、彼に対するリスペクトが生まれたんだ」。

その場にいたコーチやスカウトも同じように思っただろう。でも彼らには一体何が起きていたのか、コービーが何を計画していたのかが見えていただろうか？　コービーやジョーにしてみれば、それは単に目的を達成するための手段であって、当然コーチやスカウト陣からの評価や承認が必要だったとはいえ、二人はもはやその先のコービーの来たる人生とキャリアを見据えているということを理解していただろうか？　二人はすでにそれを味わっていた。八月にあったキーストーン・ゲームでは、ジョーとサム・ラインズ・シニアと、コービーのＡＡＵのチームメイトだったジャスティン・ルーバーの父親であるロン・ルーバーは、コービーとリップ・ハミルトンがペンシルベニア州のオールスターチーム相手に楽々と三勝するところを観戦した。その後でハリスバーグから短いフライトに乗り、クラップス（※カジノでよく遊ばれているサイコロゲーム）やその他のギャンブルを楽しむためにアトランティック・シティーにあるトランプ・プラザ・ホテル&カジノへと向かった。三人の間には友情が芽生え始めていて、医者であるルーバーがその場の勘定を持った。バスケットボール自体はどうだったかというと、コービーにとって気持ちの良い結果となった。キーストーンでの決勝戦の対戦相手にはチェスター高校の選手が数人いて、彼らのコーチはグレッグ・ダウナーとマイク・イーガンに他ならなかった。その決勝戦で自分のコーチ相手に勝利し、47点を挙げて大会を締め括ったコービーは、秋になってローワー・メリオン高校でのシーズンが始まると、ダウナーやイーガンの指導に対して大会での活躍と試合結果を引き合いに出してはウィットに富んだ鋭い反論をした。

「コービー、ディフェンスではこうしよう……」

「そのディフェンスって、キーストーン・ゲームで俺が47点取った時と同じくらい効き目があるのか?」

ダウナーが「あの有名なセント・ジョーでの夏」と称する当時を振り返ると、自分も父親になった今、その時のジョーの考えが理解できた。ジェリー・スタックハウスやヴァーノン・マックスウェル相手に互角に戦うコービー。運転手を務めてくれたショーン・ブラッドリーの上からダンクをかますコービー。計画を実行に移そうとするソニー・ヴァッカロ。「『無理だ』とジョーは考えていたはずだ」とダウナーは言った。「『ラサールも、ヴィラノヴァも、デュークも、そのどこにとってもコービーの獲得は無理な話だ』とね」。当然、ジョーはそう考えていたはずだった。コービー自身がそう考えていたからだ。父親と二人で、ジョーの母校のプログラムを復興させるという説については、特にありえないと思っていた。『ファブ・ファイブ』に関する噂はすでに消えつつあった。サム・ラインズ・ジュニアはラスベガスに行った時にレスター・アールに出くわし、彼を呼び止めて尋ねた。「コービーとプレーするつもりなのか?」。アールの答えは意味深だった。「さあ、正直どうですかね。コービーはシュートをたくさん打ちますし。それにコービーとプレーすることはできても、ラサールでは……わかりませんね」。ミシガン大学のコーチ、スティーブ・フィッシャーは、コービーをスカウトするためにラサール大学のヘイマン・ホールで行われていたオープンジムに行った。彼は周りを見渡すと、「ラサールの選手はこんな場所でプレーしているのか?」と呟いた。もちろんそうではなかったが、真実が姿を現し始めていたため、もはやそんなことは関係なかった。ラサール大学がコービーを惹きつけることができて、コービーがラサールを変えることができると考えるのは無理があった。あの場所はコービーには小さすぎた。そして何よりも、コービーには感傷に浸る暇はなかった。自分の本当の考えをまだ他人と共有する準備ができていないだけだった。きちんと注意を払わずに、点と点を繋げることができないとしたら、それは彼ら自身の失敗だった。

「ラサールに行くなんてあり得ない。もし行く気があれば、もうとっくにコミットしていたし、他の四人の奴らが一緒に来るように働きかけただろう。アーリー・サイニング期間（※高校四年生のアスリートが通常よりも早く入学意思表明書にサインすることができる期間）にあそこに行くと宣言しなかったから、周りもみんな気づくものだと思ったけど。みんななかなか鈍いな」

その夏のある日、セント・ジョーの体育館の隅でコービーとプレーする前に、ジョン・コックスは兄のシャリーフ・バトラーに対して何度も繰り返し忠告していた。バトラーがフィラデルフィアを離れてから、しばらく経っていた。195センチのガードだった彼は、フォートワースにあるテキサス・クリスチャン大学でコーチのビリー・タッブスの下でプレーしていた。家族に会うためだけに帰省していたバトラーは、面白半分でかわいい従兄弟のコービーにもう一度だけ恥をかかせてやろうと思った。「なあ、あいつとプレーしない方がいいって。お前の時代は終わったんだ。もう無理だ」とコックスはしきりに言った。しかしシャリーフ・バトラーはビッグ12カンファレンス（※NCAAディビジョンIの中でもトップレベルのカンファレンス）で先発ガードを務めていた。シャリーフ・バトラー自身も相当のバスケットボール選手だったのだ。ただ、何年も前にシャリーフ・バトラー本人がコービーを苦しめたことも手伝って、その結果怪物が生まれていたことを知る由もなかった。コックスは、もう一度忠告した。「あいつとはプレーするな。ボコボコにされるぞ」。しかし、長いこと離れていたためコービーの変貌を目の当たりにしていなかったバトラーは、コービーを相手にすることにした。

ゲームは16点先取のルールだった。コービーが勝った。いや、それは少し違う。そんな言葉では実際に起こったことを十分に表すことはできない。コービーは16対0で彼を圧倒した。コービーは彼を破壊した。上からダンクを決めた。三歳年上の親戚相手に、下品な言葉や彼の男らしさを問いただす侮辱の集中砲火を浴びせた。バトラー相手に何百回と負け続けたことで積もり積もっていた怒りを爆発させた。「まるでやつに何かを盗られた復讐でもするかのように、徹底的に打ちのめした」とコックスは言った。全てが終わると、コービーは水を飲みに行った。すっかりしおらしくなったバトラーは、とぼとぼとコックスの方へとやってきた。

「ジョン、あいつはもう行ける」とバトラーは言った。「今でもNBAでプレーできる。すでにそのレベルに達してる」。

13

秘密とサメ

もう気づいていると思うけど、俺は秘密主義なんだ。

——コービー・ブライアント

ローワー・メリオン高校での最後のシーズンが始まる前、シニア（※高校四年生）になったコービーは、晩秋の夜明け前の暗さと静けさの中、目を覚ましては愛車のランドクルーザーの運転席に乗り込み、2マイル（※約3．2キロメートル）先にある高校まで車を走らせた。まだスーパーも、ベーグルショップも、どこも開いていない時間だ。道路や歩道にも、まだしばらくは誰もいない。あと数分長く寝て、もう少し遅い時間に玄関から静かに出て行ったら、運転中に別の車とすれ違っていただろう。もしくは、メトロノームのように規則的なペースでジョギングする人に一人か二人は出くわして、街灯の柔らかな灯りが反射素材でできたベストに当たって光り、吐息が顔の10インチ（※約25センチ）先を蒸気で包むところを視界の隅で見かけたかもしれなかった。しかし、家のドライブウェイを出て左折し、ハヴァフォード・アベニューを右に曲がり、アーガイル・ロードでまた右折する間、彼の気を散らすようなものは何もなかった。ぎゅうぎゅうに建てられた家が並び、そこに住むのはイケイケなライフスタイルのベビーブーマー世代だったにも関わらず、辺りは静かで、夜のとばりを切り裂くのはポーチについた灯りと満月の光だけだった。

どの道も最高速度が時速35マイル（※時速約56キロ）を超えなかったので、学校には七分そこらで着いただろう。もしくは、ティーンエージャーだったので、できるだけ早く学校に着きたいと待ちきれず、アクセルを踏む足に力が入り、そのＳＵＶは時速40マイル（※時速約64キロ）、もしくは45マイル（※時速約72キロ）ほど出していたかもしれない。あるいは、メイン・ラインを運転する黒人のティーンエージャーだということで警戒して、七分以上かかったかもしれない。どこに警察がいるかわからないし、黒人の若者が夜明け前の暗がりの中、メイン・ラインを運転するところを見て警察がどう思うかもわからなかった。

窓を閉めて暖房をつけていたので、完全な静寂に包まれることもあった。フットドリルやスリーポイントシュート、ミッドレンジシュートなど、朝のワークアウトを思い描いてその準備をしていただろうか。チームの次の練習や次の試合など、もっと先のことを考えただろうか。それとも、NBAで観客が湧く中、最後のゲームウィナーを託されているところを想像していただろうか。独りではないこともあった。たまに、ロビー・シュワルツの家に寄って、彼を乗せていくこともあった。三年生のガードで背の低いシュワルツは、チーム内でも一番人懐っこくて、ジョークや面白い話が次から次へと出てくるような若者だった。二日間のトライアウトでは体育館中を飛び回り、全てのルーズボールに飛び込み、全てのテイクチャージをして、全てのスプリントで一番になっていた。「あんなに練習に力を入れたことはなかった」と彼はのちに語った。「何が何でもチームに入りたかった。何か特別なことが起こるのはわかっていて、自分もそこに加わりたかったんだ」。

コービーは、自分にはその権利があると言わんばかりに、学校にある三つの体育館の一つに近い教員用の駐車場に車を停めた。彼にそんな権利はないと異議を唱えることもできただろう。その秋、校内と学校周辺で工事が行われていたため、生徒用の駐車スペースが79から24箇所に減っていた。フウの木が木陰を織り成す通りが、生徒たちの車で溢れかえることに近隣住民たちはうんざりしていたため、警察はキャンパスの近くの通りに見境なく駐車する生徒たちに罰金40ドルの違反切符を切っていた。それなのに、コービーはまるで校長であるかのように自分のSUVをどこに停めてもいいと言うのか？　しかしコービーは上手いこと理屈を述べて、自分を正当化することができた。彼は教員や生徒の誰よりも早く、明け方五時半前には学校に着いていた。コービーがあの建物の中で誰よりも技を磨くことに時間を費やしていて、彼が確信していたように不朽の名声を手に入れる運命だったとしたら、彼以外に一体誰が優先的にあの駐車スペースに停める権利を持っているというのだろうか。そんなわけで、いつも用務員がコービーを学校に入れてやり、彼とシュワルツは本館の体育館か、三つ目の『アードモア体育館』と呼ばれている方へ行った。いずれにせよ、電気がつくまでに五分、そして体育館が適切な室内温度に温まるまで30分かかった。「あの体育館にいた時ほど寒い思いをしたことはないよ」とのちに話したシュワルツは、ショーツを履いてそこに立って震えながら、コービーがチームメイト数名に声をかけてシュートアラウンドに誘った時、自分はなぜ「いいよ」と答えてしまったのかと自問していた。

「これで彼といいケミストリーが生まれて、結果的に自分がもっと、もしくはちょっとでもプレータイムをもらえるかもしれないとか、色々考えたよ」とシュワルツは言った。

「結局、彼のために一時間リバウンドしていただけだった。彼はチームメイトだ。僕の一学年上だ。高校で僕はかなり小柄だった。生意気なことを言うつもりはなかったし、とにかく彼がこれから辿る旅路に少しでも参加したかった。『数分リバウンドを取ってあげよう。そのあと一緒にドリルでもやろう』と思っていたけれど、一時間ずっとリバウンドをして終わったよ。

面白いことに、今になって振り返ると、あんなに楽しいことはなかった。最高だった。たとえリバウンドをするだけだとしても、僕と同じ立場に立つためにはなんだってする人もいるだろう。当時はそういうふうには捉えていなかった。今では、彼やチームと過ごした一瞬一瞬にとても感謝している。あの一年は最高だった。試合前、試合後、練習、全ての瞬間に戻れるならなんでもするよ」

高校四年生《シニア》というものは、彼らがそれまでの人生で最も自己肯定感を感じ、自信に満ち溢れている時期だ。シニアになった一学期目は、学校の主導権を握ることができる。二学期になると、大学の願書を提出し、合格通知が届いて将来の見通しが少しつき、高校を卒業した18歳の大人として初めて過ごす夏と、その開放感が間近に見える頃にはのんびりと過ごすことができる。高校のシニアは自分の日々の景色に慣れ親しんでいて、何がクールで何がそうではないかを理解している。高校のシニアは大きいロッカーを使うことができ、カフェテリアでも特等席に座ることができるし、パーティーにも呼ばれる。高校のシニアは自信を持って胸を張って歩く。

コービー・ブライアントは他の高校のシニアに比べても、なおさら胸を張って歩く理由があった。あのシャイで不安げな一年生だった頃の面影はなく、代わりに、ＮＢＡでプレーするという自分の夢が実現可能であるどころか、すぐ手の届くところにあることを自分自身に証明した17歳の青年がそこにはいた。それを確認できたことは彼を自由にした。彼は常にローワー・メリオンという生態系の中における自分の立場や役割や責任を認識していた。それと同時に、新たな可能性に挑みたいという思いもあった。他者や自分、校内、そして校外で新たな可能性に挑み、デパートの試着室にでもいるかのように、様々なムードやイメージやアイデンティティを積極的に試していた。フィラデルフィアの通りで路上生活者が彼とマット・マトコフに近寄ってきて、マトコフにお金をせびった時は、コービーがその人を持ち上げて投げ飛ばしたこともあった。かと思えば、マトコフがアードモアのシャックで誰かと喧嘩になった時は、コービーが仲を取り持ち、事態を鎮めると、マトコフにこう言った。「マット、あいつらのことをあんなに怒らせちゃダメだ。とにかくやめとけ」。ある晩、ダイナーのウェイトレスが差し出したアップルパイの切れ端が小さいのを見たコービーは「すみませんが、僕は198センチあるんです。これじゃ足りません」と伝えた。世界一のバスケットボール選手になりたいという想いが強すぎるあまり、彼はそれに囚われていた。友人たちは彼がいなくなるまで、そのことが彼自身にどう影響したかを理解できなかった。「彼が亡くなってから自分もしばらく考えたことだった」とロビー・シュワルツは振り返った。「人は彼について色々言うけれど、勝手なことばかり言っていると思う。『彼はこんな人間だった』なんてことを言う。でも、誰にも人のことなんてわからないんだ。みんな彼がどんな人だったかという話をしたいだけで、本当はそんなことは誰にもわからなかった。何かで偉大になるためには、それに取り憑かれていないとダメだと僕はいつも信じてきた。17歳にとって、それがどこまでの集中力と意欲が必要かを想像してみてほしい。一つの目標に向けて凄まじく集中していたんだ。みんなはそれをわかっていなかった。彼には目標がたった一つだけあった。それに関わっておらず、そのことに貢献していない人間に関しては……」

カトリーナ・クリスマスがスチューデント・ヴォイスのミーティングで見かけたコービーや、朝、お喋りをしたり秘密を打ち明けるために図書室に立ち寄っていたコービーは、この偏狭な狂信者とは別人だった。彼女が覚えていたコービーは丁寧で知識欲があり、異性との関わりや付き合いに関しても彼女のアドバイスを求めた。「息子みたいな感じでした」とクリスマスは言った。「女の子の話をするような時は、リスペクトについて話して、彼女たちも自分自身にリスペクトを持つべきだと言いました。『スカートが短すぎるような子はダメ』と伝えました。私はおばさんで、彼は若者だから、おばさんの視点で話していました。人生全般についてや、人とどう付き合っていくか、そんな話です。私たちの関係はそういうことの上に成り立っていました。自分と見た目も違うような相手ともいかにして仲良くやっていくか。彼には自惚れたところはありませんでした。みんなと同じであると同時に、誰とも違っていました」。

それはコービーの人生をよく表すパラドックスの一つだった。人と共感することができると同時に、共感できなかった。彼はアイス・ホッケー部のスター選手であるジョーダン・クーゼンズとホームルームが同じで、よく試合観戦と応援のためにキング・オブ・プルシア（※近隣のショッピングモール）に行くことがあった。「コービーは自分が注目を独り占めしていたことはわかっていました」と元クラスメイトの一人は言った。「でもジョーダンもローワー・メリオン高校におけるアイスホッケーの記録を総なめにしていたし、二人の間には仲間意識がありました」。英語の授業でフラナリー・オコナーの短編『すべて上昇するものは一点に集まる』を分析していたとき、マトコフはその話の対比としてコービーを持ち出した。物語の主人公は自分自身に嘘をつき、自分に正直になれなかった。コービーなら決してそうはならないだろう。「大勢の人は彼が自分だけの世界で暮らしていると思っている」とマトコフはコービーの方向を見て、ポニーテールに結んだ髪を揺らしながら発言した。「でもそんなことはないと、僕は知っている。彼は僕と繋がっていて、彼は自分自身とも繋がっている。彼ほど自分に誠実な人間はいないよ」。当時、その瞬間に同じ教室にいたら、自分のヒーロー兼親友に対するマトコフの忠誠心を尊敬するべきか、おべっかに呆れるべきか迷うところだろう。家庭科の課題で、コービーは友達のローレン・ロドリックとペアを組んだ。彼女が六年間通ったカトリック学校から転入してきた三年生のときに、二人は知り合っていた。転入生として居場所がないと感じていたことをコービーに話していて、彼も気持ちはわかると答えていた。家庭科の授業では、教師がキャベッジパッチキッズ（※1980年代に一世を風靡した人形）の人形を手渡し、新生児を育てる親になってみるという、昔からよくある課題が与えられた。人形の肌の色素が濃いのを見たコービーが、色白のロドリックに向かって「これ本当に君の子？」と聞くと、ロドリックは爆笑した。ロドリックはコービーのことを賢くて冗談好きで、集団よりも一対一の方が気楽そうだと思った。コービーの周りにいる人数が多ければ多いほど、彼は静かになることにロドリックは気づいた。彼らが三年生の頃、二、三人の友人と遊ぶことはあっても、親が誰もいない状況で20人以上の高校生が集まるようなハウスパーティーに行ったことがないとコービーから聞かされたとき、ロドリックは驚いた。「コービー、これから大学に進学するかもしれないんだから、その前にハウス・パーティーに行っておかないと！」。いや、俺は家にいるよ。楽しんでおいで、とロドリックの誘いをしばらく断っていたコービーは結局、ロドリックとそのボーイフレンド、シャヤ、そしてあと数人と連れ立ってデラウェア郡のイードンという小さな町にある家に行くことになった。その土曜日の一晩だけ、コービーは音楽と、初めて会う女の子たちから集まる注目に身をまかせた。「彼は人気者でした」とロドリックは振り返った。「彼は自分の人生の様々なことに関しては警戒心が強かったけれど、そこにいた女の子たちが彼のことをコービー・ブライアントだと知らなかったことを満喫していました。彼はたまたまパーティーにいたイケてる男子だったんです。いい夜でした。彼は行ってよかったと言っていました」。

最早ローワー・メリオンではそういう自由や匿名性は得られなくなっていた。10月3日、生徒たちは廊下やロビーに置かれたテレビがO．J．シンプソン事件（※NFLの元スター選手、O．J．シンプソンが元妻を殺害した疑いで逮捕された事件で、当時全米の注目を集めた）の判決を映し出すところに目を向けていた。無罪判決という結果は学校を二分し、黒人生徒が歓声を上げる中、白人生徒は信じられないといった様子だった。しかし、なぜかその張り詰めた空気がコービーに触れることはなかった。「彼のことは黒人や白人としてではなく、コービーという、もっと大きな存在として見ている人の方が多かったんじゃないかな」とシュワルツは言った。「彼は我々と共にあったと同時に、我々よりも大きな存在だったたんだ」。

コービーは自分が社会的に高い地位にいるということにも、自分自身にも慣れ始めていた。グリフィンと週末に一緒に出かけることも増え、クラブやその他のフィラデルフィア市内外の場所に出向いた。コービーがシットコムの『ベルエアのフレッシュプリンス（※1990年から六年間放送されたウィル・スミス主演の人気番組）』に出演していたタチアナ・アリと付き合い出したという噂が学校で流れた。これはコービー自身がシニア・プロム（※高校卒業前に開催されるフォーマルなダンスパーティーで、パートナーを連れて行くことが多い）にはアリか、ポップスター兼俳優のブランディを連れて行くと、友達のレネイ・ウィリアムズに冗談で話していたことから広まった噂だった（ザ・メリオナイト紙のリポーターであるメラニー・アマトがコービーに噂の真偽を尋ねると、コービーは笑って「ノー・コメント」と答えた）。彼の社会的地位のせいで、コービーはその場にいた全ての人たちとの全てのやりとりに印象を残していた。新学期が始まった頃、ガイダンス・カウンセラーのフランク・ハートウェルが新入生とのミーティングをしていると、オフィスにコービーがやってきて、ミーティングは一時中断された。「ミスター・ハートウェル、こんにちは。ご家族はお元気ですか？」。その新入生はアッと声をあげて彼を見つめた。コービー・ブライアントだ。こんなに近くにいる！

後日またハートウェルと会った時の調子は違った。1995年の3月、教育委員会はセクハラに関する方針を改訂し、学校のスタッフと生徒はその秋、トレーニング・セミナーを受けることが必須となった。ハートウェルはカウンセラーとして生徒を少人数のグループに分け、その方針の正式なガイドラインを教えなければならなかった。その内容は、「規則、法律、安全、そして個人の権利を守ることとの関係性」や「適切と不適切な身体的接触の違い」などだった。

ハートウェルが講義の目的を説明すると、コービーは立ち上がって出口へ向かった。

「ミスター・ハートウェル、俺には必要ありません」と彼は言った。「必要ありません」。

「コービー、君にだって必要だ」とハートウェルは答えた。

コービーは再び席に着き、ハートウェルはセミナーを再開した。


1995年の晩秋にトライアウトや練習が始まるかなり前から、コービーのコーチを務め、州大会のチャンピオンシップを目指すというプレッシャーは、グレッグ・ダウナーの上に重くのしかかっていた。彼は次の二つのことを理解した上で、エピスコパル・アカデミーの新任体育教師としての仕事を引き受けていた。一つ目は、コービーのシニアシーズン全てを通してエイシーズのコーチを全うすることができるということ。二つ目は、シーズンが終われば、エピスコパル校で教え、コーチをすることに専念し、そこでバスケットボールのヘッドコーチに就任することがなかったとしても、そこでキャリアを築くということ。しかし、もし地区タイトルも州タイトルも手に入れることができなかったら？　シーズンがなぜか失敗に終わったとしたら？　日々コービーを駆り立て、コービーに駆り立てられるという挑戦はやりがいのあることだったが、ダウナーはこうした疑問が沸いてくるのを鎮めることができなかった。コービーがローワー・メリオン高校に来る以前のダウナーは、エイシーズが次の試合に負けたらではなく、全く得点できなかったら、と心配して夜も眠れないことがあった。馬鹿馬鹿しいかもしれないが、現実的な悩みだったのだ。今では、気をつけていないとストレスが彼自身に深刻なダメージを与えかねない状況だった。他にも彼と同じように感じている人はいた。アメフトチームの激励会があったとき、コービーは上級生のプライドをかけた四年生対三年生の五対五の綱引きに飛び入り参加した。生徒たちが放りっぱなしにした鞄がそこら中に散らばっていて、体育館は地雷原と化していた。コービーの友人であるスーザン・フリーランドの母親で、激励会を企画した教員のリン・フリーランドは、コービーがその鞄の一つを踏みそうになったのを見て、慌てて鞄を蹴って危険を回避した。危なかった、と彼女は思った。もしコービーが足でもひねったらグレッグに殺される。アスレチック・ディレクターのトム・マクガヴァーンと、秘書のメアリー・マレーの2人がギリギリ収まるような、掃除用具入れほどの大きさしかない部屋にあるアスレチック部署の電話はひっきりなしに鳴っていた。コーチやスカウト、報道機関、生徒の親やコミュニティの人々。マクガヴァーンは100件のメッセージを録音できる留守番電話を購入した。朝、オフィスの電気をつけると、前の晩から止まらない電話のせいで留守電が一杯になっているのを二日間見届けると、彼はその電源を抜いた。レギュラーシーズンを通してチケットのリクエストはあとを絶たなかった。チケット購入の列があまりにも伸び、授業時間中に廊下で混雑を招いたため、チケット販売の場所を教室の近くにあったアスレチック部署から移さなければならなかった。試合のある晩になると、開始直前でもチケットが購入できると思ってやって来た何百人もの人たちは帰る羽目になり、引き返す車がモンゴメリー・アベニューでエンジン音を唸らせ、地元の警察は頭を抱えた。「コービーが三年生、四年生になる頃には、私の一日のほぼ全ての時間を彼に関することに費やしました」とマクガヴァーンは言った。マレーも同じ状況にいたとはいえ、彼女はそこまで楽天的に捉えていなかった。彼女はまるで、校内が賑やかさと興奮に包まれ、学校が注目を浴びることなんかよりも、以前のような振るわないバスケットボールチームの方がよかったとでも思っているかのように、ローワー・メリオン内で一番コービー・エクスペリエンスを嫌っているか、良しとしていないように見えた。「彼らは対応に追われていたんだ」とダウナーは言った。「メアリー・マレーみたいな人から見たら、早くシーズンが終わればいいのにと思うのも無理はない」。

様々なストレスがあったとはいえ、ダウナーとチームの面々はシーズンが始まるのが待ちきれなかった。卒業したガイ・スチュワートとエヴァン・モンスキーのいないエイシーズは、依然としてコービー中心ではあったものの、少し違っていた。モンスキーの代わりにポイントガードを務めるエモリー・ダブニーが、コービー、ジャーメイン・グリフィン、ダン・パングラジオ、ブレンダン・ペティットの先発メンバーに加わった。さらに、アーチビショップ・キャロル高校から転入してきたオマー・ハッチャーと新入生のカリーム・バークスデイルという、新しく加入した二名の選手のおかげで控えの層も厚くなった。ダウナーは前年と同じように、エイシーズのシーズン前半のスケジュールを試合で一杯に詰め込んだ。ドレクセル大学にてドニー・カー率いるローマカトリック高校と対戦、今回はセント・ジョセフ大学のフィールドハウスにてセント・アンソニー高校との再戦、そしてサウスカロライナのマートル・ビーチで開催されるビーチボール・クラシックでの三試合。この大会には、グレン・オークス高校とレスター・アール、サウスカロライナ州のオークレア高校とジャーメイン・オニール、そしてアリゾナ州のシャドウ・マウンテン高校とそこのポイントガードであり、ジョー・ブライアントの元チームメイト、ヘンリー・ビビーの息子マイク・ビビーといった、全国屈指の選手やチームが集うことになっていた。

最も重要だったのが、ダウナーがチームと自分の安心のために、アシスタント・コーチをあと二人雇ったことだった。ダウナーは彼らに風変わりな仕事を与えた。一人目は、ダウナーがわざわざ探す必要もなく、向こうからやってきた。身長183センチで26歳のジミー・カイザーマンはサム・ラインズ・ジュニアと一緒に育ち、ライダー大学とマイアミ大学の両校で先発ポイントガードを務め、現在は保険会社で働きながらナーバースに住んでいた。彼はある晩、たまたま地元局の番組でコービーの特集を見たのだった。テンプル大学の伝説のヘッドコーチであるハリー・リットワックの孫でもあったカイザーマンは、良いコーチであれば、または偉大なコーチの孫であれば持つであろう疑問を持った。この若者は、高校でどのように技を磨いているのだろうか？　彼を手助けするようなスタッフは誰かいるのだろうか？　彼はダウナーに連絡を取り、コービーのトレーナーのようなものになりたいと申し出た。カイザーマンはダンクをすることができた。カイザーマンはイスラエルでマカビア競技大会に出たこともあり、イースタン・バスケットボール・リーグでプロとしてプレーしていたこともあった。強烈なクロスオーバードリブルを武器に持ち、運動能力の高い、アグレッシブなプレースタイルを持っていた。「自分は大の大人で、まだ子供だった彼のスキルを磨く手助けをして鍛えることができると思った」と彼は言った。ダウナーはカイザーマンの申し出を受け入れた。

スタッフに加わった二人目はジェレミー・トリートマンだった。彼はすでにダウナーと親しく、ダウナーやコービーやジョーとよく一緒に過ごしていたため、正式に加わる形となった。しかしコーチというよりは広報担当だ、とダウナーはトリートマンに伝えた。チームにコービーがいることで背負うことになる責任の中でも、ダウナーは新聞紙やテレビの記者からの絶え間ない取材の申し込みに対応しなければならないのをとにかく嫌っていた。他人に対してストイックで、公の場で話す時にはいつも言葉を選ぶようなダウナーは、コーチ業に集中することを好んだ。トリートマンには仕事上のコネや経験や、殺到する報道関係者に対応するノウハウがあるのはもちろんのことだったが、彼はコービーとより親しくなれることに加えて、今後このチームで関わりのある人物たちに対して客観的な立場であるふりをしなくて済むことを喜んでいた。チームに加わることができるなら、ローワー・メリオン高校のバスケットボールを取材する必要はなかった。高校バスケットボールのコーチングスタッフの構成としては革新的でモダンだったことは、ダウナーを称賛するに値する。マイク・イーガンは引き続きディフェンスのスペシャリストを務めた。ドリュー・ダウナーはアマチュアスポーツ心理学者の役目を果たした。カイザーマンはコービーの引き立て役兼個人指導係で、そこにトリートマンの存在が加わることでダウナーは全体を監督し、指揮することができた。

チャンピオンシップへの道のりも、シーズン序盤は順風満帆とはいかなかった。「シーズンは四ヶ月、後悔は一生」、「コービー：リバウンド、ブロック、ペイントを守るなど、ペイント内でよりアグレッシブになっている。ジャーメイン：フィニッシュ、兎にも角にもフィニッシュすること、セカンドチャンスを狙うこと。ダン：コートアウェアネス（※コート上で起きていることを認識すること）、もっとボールをハンドドリングする、ジャブ&ゴー（※ジャブステップからのドライブ）。ドリュー、彼にはアジリティ・ドリルを考案すべき（足が重い）」と書かれたイーガンのプレシーズンのメモを見る限り、コービーが三年生のシーズンにダウナーとイーガンが採用した愛の鞭方式が、四年生になったこのシーズンにも適用されることは間違いなかった。明らかに違う存在だったとしても、彼らはできるだけコービーに対して他のチームメンバーと同じ対応をするように心がけた。実際には、コービーは練習初日のチームメイト、特に新加入メンバーたちの怠惰さに愕然とした。ダブニーは遅刻し、本人の言葉を借りると「ふざけていて、やるべきことをやっていなかった」ため、成績上の理由で三試合出場資格を奪われることになった。ハッチャーも遅刻し、別の控え選手のキャリー・〝バター〟・ウォーカーも同じく遅れてきた。「あいつらは本当に全くわかっていなかったんだ」とのちにコービーは言った。「バスケットボールチームにトライアウトしたものの、何が待ち受けているのかを理解していなかった。感情面でどうなるのかや周りの期待、報道関係に関してなど、これからどんな経験が待っているのか知らなかったんだ。まったく、一切わかっていなかった。練習に来て、ただダラダラとやっていたんだ」。コービーはチームで一番仲のいいグリフィンを脇へ呼んだ。「ジャーメイン、俺たちだけで全部やることになるかもしれない。俺が平均40点取って、お前が平均30点取らないとダメかもしれない」。

そのシーズンの試合を一つもプレーする前から、すでにコービーのスキルと勝利への執念が、彼と他のチームメイトとの差を際立たせていて、彼らはコービーの期待に応えるのに苦しんでいた。ダウナーは練習で毎回リバウンドのドリルをチームに課していた。一人が外れたシュートを追い、もう一人がその選手をボックスアウトするというものだった。オフェンスの選手にリバウンドを取られるのはもちろんのこと、ボールを少しでも触られたらディフェンダーはフロアに残らなければならなかった。コービーはそれまでの高校キャリアでスクリメージも、対戦相手のいるドリルでも負けたことはなかった。パングラジオと対戦することになり、コンクリートの壁に向かって二人でルーズボールを追いかけた時も、コービーはやるべきだと思ったことをした。パングラジオがボールに手をかけるや否や、コービーは彼の腰を強く押した。壁の下の方には金属のプレートがかけられていた。パングラジオはコンクリートに衝突すると、肘をプレートのネジに打ちつけて深く切ってしまった。コービーは血だらけになったパングラジオの手からボールを取り上げると、大股でセンターコートまで歩いて運び、無敗を貫いたことに勝ち誇っていた。驚いたことにパングラジオは、その直後に病院に行って腕を三針縫う羽目になったにも関わらず、この件に関してコービーを恨むことはなかった。「コービーがやり過ぎたと思う人は多いかもしれないけれど、俺たちは彼の競争心の強さが大好きだったんだ」と彼はのちに語った。「みんな何か特別なことに参加しているのはわかっていた。コービーのおかげで、俺は自分でも可能だと思っていなかったレベルまで自分自身を追い込むことができた。彼も俺たちから同じことを求めたんだ」。

コービーが苦しめる相手として標的にしたのは、大抵ロビー・シュワルツだった。朝一緒に車で登校していたことなど関係なく、コービーは容赦なかった。フルコートのスクリメージがあるときには、ダウナーはよく六対五で対戦させ、シュワルツともう一人、同じく小柄だったレオ・ステイシーにコービーを守り、苛立たせる役割を与えた。「『いつか振りかぶって打たれるんじゃないか』といつも考えていた」とシュワルツは振り返った。「僕たちはコービーにまとわりついていた。まずボールが渡らないようにして、一旦彼がボールを持ったらダブルチームに行き、ハックしてファウルをしたんだ。ちょっとハラハラするような状況になることもあった。僕たちの手を払い退けたりもした。彼がダンクした後のボールが顔に当たることも何度かあったよ」。ある時、シュワルツは速攻でコービーに向かってドライブし、ボールをバックボードに当ててレイアップを決めるという、彼なりの復讐をついに果たしたことがあった。ネットを通ったボールをキャッチしたシュワルツは、テイクチャージをしようと床へ倒れ、まだ仰向けになったままのコービーに向かってボールを投げつけた。やった！　全国で一番の選手から得点を奪ってやった！　チームメイトたちが彼に向かって指を差しているのが目に入った。「振り返ると、ボールが僕の顔面に向かって飛んで来ていたんだ」と彼は言った。コービーがシュワルツに向かってノーラン・ライアン（※球速の速さで知られるメジャーリーグの元ピッチャー）ばりにボールを投げたのだった。シュワルツは身をかがめた。ボールは高速で頭上を通り過ぎた。練習はそのまま、何事もなかったかのように続いた。

シュワルツ関連で、もう長いことコービー・ブライアントの物語に織り込まれている話が一つある。時の経過と共に詳細はぼやけ、何度も語られたため、もはや伝説のようになっている話だ。その出来事を目撃した者たちによると、事の経緯はおおよそこうだった。エイシーズはチーム内スクリメージをしていて、コービーとシュワルツは同じチームだった。スコアは同点で、コービーが常にダブルやトリプルチームをされている中、シュワルツはコービーを囮に使うことを思いついた。コーナーにいたコービーは、手を叩いて「ロブ！　ロブ！」とシュワルツを呼び、ボールを求めていたが、代わりにシュワルツはパスフェイクをしてゴールまでドライブした。彼はその試合で、それまで一本もシュートを打っていなかった。「レイアップは外したよ」とシュワルツは振り返った。「ファウルされたと言いたいところだけど、その試合ではファウルはほとんどコールしていなかったんだ」。

相手チームが得点を決めてスクリメージに勝ち、コービーは四年間で初めてチームメイトに何かで負けることになった。コービーはボールを床に叩きつけ、シュワルツを叱りつけた。あれは賢いプレーじゃなかった！　一体何を考えていたんだ？　「初めはふざけて冗談を言っているのかと思ったんだ」とダウナーは言った。「そのあとで『冗談なんかじゃないんだ』と気づいた」。コービーの怒りはどんどんエスカレートし、シュワルツは「なんだよ、落ち着けよ」と呟いた。

シュワルツにとって、その瞬間に時が止まった。やばい、何も言うんじゃなかった。コービーが彼に向かって何か動作をすると、シュワルツはそれを見届けもしなかった。体育館の扉をダッシュで走り抜け、廊下の端まで走った。「恐怖におののいたよ」とシュワルツは言った。「自分よりも遥かに大きい人間にまずいことを言ってしまったのはわかっていた。恐怖に襲われて、とにかく逃げ出したんだ。後で体育館に戻ったときは……恥ずかしいったらなかったよ」。

それ以来、コービーがシュワルツを『追いかけた』かどうかは、伝説として語られることになった。「追いかけてはいないよ」とイーガンは言った。「真実の方がいい話だ。コービーはただあいつに腹を立てていただけだ。ロビーがベンチの一番端の控え選手だろうと関係なかったんだ」。

トリートマン曰く、その日の練習の残り75分間、コービーはずっとシュワルツから目を離さなかった。その晩、トリートマンは帰宅途中、運転しながらその日目撃したことを思い返していた。単なるスクリメージでの無意味な敗戦だと、他の人なら誰もが思うようなことに対するコービーの激しいリアクション。信号で停車すると、その出来事が意味することに気づいた。彼の偉大さはそこなんだ。他の人間との違いはそれなんだ。

「他の選手たちはちょっとビビっていたと思う」とトリートマンは言った。

彼らがそう感じる理由はあったかもしれないが、チームメイトたちがコービーの闘争心でさえ手に負えないとなると、ローマ・カトリック高校をどう相手にするというのだろうか？　セント・アンソニー高校は？　もしくは地区と州のプレーオフで出会うであろうチェスター高校はどうだ？　あるいは、逆にコービーがなんとかしてくれると信じて自信過剰になってしまったら？　ダウナーはそこかしこに落とし穴の可能性を見た。その落とし穴の中には、チームを改善しようとする目的から生まれたものもあった。エイシーズが全体的に選手の層を厚くしたことで、マット・マトコフがロスター入りできるかが危うくなっていた。良識的に考えてコーチ陣がマトコフをチームに残すことができなかった場合、コービーがどういう反応をするかをダウナーは懸念した。

「あいつをどうしたらいいと思う？」とダウナーはイーガンに尋ねた。「このチームでプレーさせるわけにはいかないけれど、あいつはコービーの親友だ」。

「チームから外せばいい」とイーガンは答えた。「コービーは二週間は気づかないはずだ」。結局、ダウナーが外す前にマトコフは自らチームを去った。二週間後、練習を見渡したコービーは尋ねた。「マトコフはどうしたんだ?」。

ジョー・ブライアントはそれまで二年間、コービーが大学に進学するとしたら、ラサール大学だ、とスピーディー・モリスに度々伝えていた。上司をなだめ、仕事を続けるためだ。ジョーにとっては容易いことだった。とはいえ、実際には何も決まってはおらず、コービーとジョーの考えとしては、まだ何も決めるつもりもなかった。モリスとジョーの関係には亀裂が入りつつあり、モリスはその深さを完全には理解していなかった。

相変わらずジョーは週に一度ジェレミー・トリートマンと話していた。オフィスから電話をかけ、モリスに聞かれないように小声で、ソニー・ヴァッカロとの会話をすべてトリートマンに報告していた。親とリクルーターとのバランスを保つことに苦労していたジョーは、モリスがコービーについて尋ねるときの口調を腹立たしく思った。「私にリクルーターとして聞いてくるのが嫌だった」とジョーは話したことがあった。1995年10月5日のフィラデルフィア・デイリー・ニュース紙が『ラサール大学とNBAがコービーの第一志望』という見出しの記事を出すと、コービーはそれを見て嘲るように鼻で笑った。パムには「お母さん、ラサールには行かないよ。ありえない」と言い、ジョーには「お父さんのせいじゃないよ。コーチ・モリスが好きじゃないんだ」と伝えていた。

こういう状況になっていることを、モリスは知らなかった。勘づいてはいたものの、事実としては知らなかったため、コービーを説得できるという可能性を捨てておらず、エクスプローラーズでスーパースター選手になることの利点を理解してもらえるだろうと考えていた。ジョーとコービーはロックスボローにあるレストランでモリスと食事をする誘いを受け入れた。テーブルの端と端に座ったコービーはモリスに「行きます」と言った。口頭でコミットしたとはいえ、それはコービーとジョーの言葉に過ぎず、それ以上の拘束力はなかった。

翌朝、ジョーは一枚の紙を持ってラサール大にあるモリスのオフィスに入って来た。

「それはなんだ？」とモリスは聞いた。

「これは、コービーの志望校リストだ」とジョーは答えた。

モリスはその紙切れをジョーから取り上げた。そこには15校の名前が並んでいた。

「そうか、ジョー」とモリスは言った。コービーはうちには来ない、と思いその紙を破ってゴミ箱へ投げ捨てた。

それはたった15校が載っている、たった一枚の紙切れだった。フランク・ハートウェルのオフィスにあるカゴは、毎週のように全国の大学から届いた手紙でいっぱいになっていた。そして毎週、ハートウェルはそのカゴの中身のほとんどを、モリスが手にしたコービーの志望校リストと同じように、ゴミ箱に放り投げた。大きめの封筒や資料はグレッグやドリュー・ダウナーに渡していた。彼らはそれをチームの前でちょっとしたふざけたショーのようにして開封した。「こちらのFedExの小包は……ケンタッキー大学からです！　コービー・ブライアントさん、こちらへどうぞ！」。いずれにせよコービーは興味を持つことはなく、ハートウェルはそのことに驚いた。コービーなら大学生活の学業面と社交面にもっと心惹かれると思っていたが、そんなことはなかった。コービーは結局一度も正式に勧誘されていた大学を訪れることはなかった。彼もジョーも、自分たちと大学の時間を無駄にしたくなかったのだ。「自分が何をしたいのかをよくわかっているように見えた」とハートウェルは言った。「そのための刺激やモチベーションは別のところから得ているようだった」。

もちろん、それは正しかった。そしてこれはコービーと彼の選択の核心に迫る、矛盾のひとつでもあった。彼のティーンエージャーとしてのバスケットボール・キャリアは昔ながらのトラディショナルなものだった。全国トップの10代の選手を勧誘し、カリフォルニアやフロリダにある美しいキャンパスに集めてオールスターチームを作りあげるような私立の強豪校や、名門プレップスクールに転校することはしなかった。大学バスケットボールの名門校に一年通うために学業面での資格を得るべく、ひどいチャータースクールでタチの悪いAAUコーチやアスレチックディレクターに頼って記録や成績を改ざんしてもらうこともなかった。コービーがやったことは、いたってシンプルだった。地元の高校でプレーし、近所のコミュニティの人々や、コービーのことを八年生の頃から知っているクラスメイトとその親が彼のキャリアを応援し、金曜の夜になれば五分ほど運転して試合を観に行って、彼の将来に投資することができるような環境に身を置いたのだった。クラスメイトであり、近所に住んでいたアニー・シュワルツ（哀れなロビーと血縁関係はない）は、コービーがよく生徒や子供達にサインを頼まれていて、彼がそれを一つ一つ時間をかけてサインしていることに気がついた。「彼のことを特別扱いしている人はいなかった」と、ブライアント家から五軒先に住んでいたアニーは言った。「コービーは普通の子だった。間違ってもマコーレー・カルキンなんかじゃなかった」。

その一方で、コービーは革新的な道を切り開いていた。多くの若いアスリートがあとに続いたように、自分のイメージや進路を自らコントロールし、ごく少数の人にだけ自分の考えや考え方を遠回しに垣間見せた。例えば、ある日の図書室で、カトリーナ・クリスマスはコービーに高校卒業後の進路を尋ねた。大学に進学するのか、それとも噂通り、プロの選手になるつもりだったのか？　クリスマスの机はコンピューターが並ぶ列の向かい側にあり、コービーは席について印刷用紙に何か落書きをした。それを持ってクリスマスのところまで行くと、机の上にその紙を置いて彼女の方へ押しやった。「これが答えだ」。コービーは、バスケットボールのジャージを着て、レイアップを打っている自画像を描き、下にサインもしていた。クリスマスはまだその絵を持っている。「へえ」と彼女は言った。「つまりＮＢＡに行くのね？」。コービーはそれに一言も答えることなく、図書室を後にした。

相手がマスコミとなると、自分の本当の考えを隠すことは簡単だった。ただ笑顔で話をそらして、いかに父親からこのプロセスについて学んだか、この過程をどれほど楽しんでいて、いかに全てを吸収しているかを、繰り返し話せばよかった。気が変わる可能性は低かったとはいえ、選択肢を残しておくことは構わなかった。「可能性がなくはない。そこに行って、最高に楽しむかもしれない」。彼が進路について聞かれて答えるところを聞くと、その口調や声の抑揚から、憶測が飛び交っていることを楽しんでいるのがわかった。彼が白《しら》を切って、周りの人たちが推測を続けることは、彼にとってゲームのようなものだった。コービーはヴィラノヴァ大学、ミシガン大学、アリゾナ大学が気に入っていた。ヴィラノヴァ大？　実家の近くだし、ティム・トーマスとプレーするのも魅力的だ。ミシガン大？　ジェイレン・ローズと元祖ファブ・ファイブは大好きだった。アリゾナ大？　そこに進学予定だったスティーブン・ジャクソン（※実際には学業面で資格を得ることができず、アリゾナ大学には行かなかった）とは親しい仲になりつつあった。とはいえ、こういった繋がりや理由は、実際にそこを選ぶほど、強く深いものではなかった。デューク大学とたまに電話で話していたシャシェフスキーは例外だったが、他のバスケットボールの名門校でさえ、コービーに気づいてもらおうと窓の外から爪先立ちで中を覗いているような状態だった。ケンタッキー大学は？　リック・ピティーノは学校見学のためにコービーをレキシントン（※ケンタッキー大学がある町）に呼ぶことすらできていなかったため、次善の策を取った。週末にかけて、グレッグ・ダウナーをレキシントンに呼び寄せたのだ。長年ピティーノを尊敬していたダウナーはワイルドキャッツの練習を見学し、キャンパスと町の案内を受けたものの、コービーの考えを変えるのには大して役立たなかった。ノースカロライナ大学はどうだろう？ コービーはディーン・スミス（あのディーン・スミス！）から勧誘の手紙を受け取り、嬉しさのあまり英語の授業中、先生が長々と話している間、封筒を開けた。でも、もし仮にノースカロライナ大を選んだとしたら、マイケル・ジョーダンの母校を選ぶことになり、いくらジョーダンに憧れ、真似をしていたとはいえ、そこでコービー・ブライアントとして自分のアイデンティティを築くことは不可能に思えた。それに、スミスの手紙は単刀直入だった。**プロになろうとしているのは知っているけれど、万が一気が変わったら、ここには君のための奨学金が待っています。**

「みんながコービーがどの大学に行くのかを知りたがっていて、いや、もしかしたらＮＢＡに行くかもしれないぞ、と言っているのを、コービーは俯瞰していたんだ」とコービーの友人のアンソニー・ギルバートは言った。「あらゆることがリトマス試験紙のようで、彼はやることなすこと全てを査定して試していたんだ。『ああ、大学はなしだな』といった具合にね。ディーン・スミスは『いや、あいつはここには来ない』と実際に気づいたんだ。ＵＮＣ（※ノースカロライナ大学）はコービーを欲しがったけど、途中で『こりゃ無理だな。こいつは明らかに大学に行くつもりはない』と思ったんだ。あのディーン・スミスが、だ」。

　それでもコービーが大学に進学する気はないとはっきり伝えたのは、秘密を守るだろうと信頼していたマトコフ、グリフィン、そしてトリートマンといった、ほんのひと握りの人たちだけだった。そのせいで、トリートマンがコービーの非公式な広報担当という役割を果たすことの難易度は上がっていた。「それについてグレッグと話したことはなかった」とトリートマンは語った。「話さないように言われていたので、他の選手ともこの話題について話したことはなかった。これが大事《おおごと》で、重大なニュースになるということは、もちろんわかっていた」。

ではなぜコービーが自らみんなに伝えなかったのだろう?

「高校のシーズンを全うしたかった」とコービーは語った。「全員が同じ考えで、全員が全力で練習していることを確認する必要があって、そうでなければ口出ししなければならない。そういうことだった。シーズン中に発表して、みんなの気を散らしたくなかったんだ。コーチ陣やチームメイトたちと共に集中して、このチャンピオンシップを勝ち取りたかった……俺が口にしなくても、みんな俺がどうするつもりなのかわかっていたよ。正直言って、みんなは俺がいかに競争心が強いかを知っていて、いつも究極の挑戦を求めていたこともわかっていたから、それで気づいたんだと思う。自分にはそれが必要だったんだ。だから自動的に、俺がそういう選択をすることを知っていた。そういうことなんだ。言わなくても理解されていたと思う」。

例えばダウナーに対して、コービーは卒業後にプロになるつもりだとはっきり明かさないまま彼の助言に耳を傾けていたが、ダウナーも馬鹿ではなかった。コービーがどちらに傾いていて、何を優先しているかはわかっていて、彼なりの懸念を示した。君がいずれNBAで偉大な選手になるのはわかっている。でも今の君は世界を意のままにできる。NBAに行って結果を出せなかったら、それを失うことになる。大学に行けば、その心配はない。コービーは構わなかった。世間に自分のことを疑ってほしいと思っていた。「シャキール・オニールや、もしくはクリス・ウェバーみたいに、あれだけの期待を背負ってリーグ入りしたくなかった」とコービーは言った。「いくら良い結果を出しても、人々は満足しない。世間の過剰な期待に応えることなんてできないんだ。俺はもっと気負わずに、人々をあっと驚かせたいんだ。気づいたらみんなに『へぇ、彼はよくやっているじゃないか』と言われたい。それが理想だ。サメみたいに、こっそり忍び寄りたいんだ」。

人に忍び寄ったり、秘密を持っていたのはコービーだけではなかった。ソニー・ヴァッカロがコービーやブライアント家に対してヒントを与えたりほのめかしたり提案したりしていたのは、イギリスのスパイも嫉妬するほど賢く、内密に進められていた構想の根幹となるものだった。ヴァッカロはまず、Adidasの社長であるピーター・ムーアに持論を売り込んだ。優れた選手と大きな契約を結ぶためには、そういった選手が集まる場所に地理的に近くなければならず、そのほとんどはニューヨークから二時間程度の距離に住んでいた。Adidasはヴァッカロと妻のパムがマンハッタンに移住し、九ヶ月間そこで暮らすための資金を負担した。これでヴァッカロは取り巻きのギャリー・チャールズと共に仕事に取り掛かる準備が整った。彼らはヴィラノヴァ大学にケリー・キトルズを観に行くという名目でフィラデルフィア近辺へ出かけ、ジョーとランチの約束をしたり、試合後にパヴィリオン（※ヴィラノヴァ大学のアリーナ）で落ち合ったりした。ジョーもジョーで、ニューヨークやニュージャージーまで車を走らせ、彼らに会いに行った。「もしブライアント家にまで足を運んだら、『ソニー・ヴァッカロが動いた』とか何とか言われただろう。手の内を明かしたくはなかったんだ」とヴァッカロは言った。ヴァッカロ自身が自らローワー・メリオンの試合を観に行くことはなかった。その必要はなかった。チャールズが彼の目となり耳となった。「クリスマスの時期には、もうコービーだと確信していた」とヴァッカロは語った。「このことは、他の誰も知らなかった。フィラデルフィアにいた人たちも含めて、コービーがプロになるつもりだとは誰も思っていなかった。でも私は知っていた」。彼はアーン・テレムというエージェントも手配していて、準備は万全だった。全ての取り決めは後々正式なものにすればよかった。コービーはこの契約から何百万ドルも稼ぐことができた。もしかしたらジョーやコービーの周りの人たちにも何か得るものがあるかもしれなかった。そこにはローワー・メリオン・エイシーズも含まれていた。

案の定、ある日、ローワー・メリオン高校の男子バスケットボールチーム宛に、ユニフォームやウォームアップや移動用のギアがAdidasから届けられた。

彼のバスケットボール人生で一番輝かしい晩の数時間前、ドニー・カーはローマ・カトリック高校の教室の席でそわそわしていた。集中することができず、手にかいた汗は小川のごとく手のひらを濡らしていた。その晩のローワー・メリオン高校との試合で、友人でありライバルであり、バスケットボール選手として自分の指標となっていた相手と対戦することで頭がいっぱいだった。コービーが全力で仕掛けてくるのはわかっている。俺もそうしないと。大勢の人が観に来るんだ。ヘマはできない。しくじらなければいいけど。

エイシーズはアッパー・ダービー高校相手の開幕戦を12点差で勝っていた。その試合でコービーは18得点を挙げ、悠々とシーズンを開始していた。セントラル・リーグのライバルを相手にしたその試合は、この日の対戦に比べたらエキシビション・マッチみたいなものだった。ドレクセル大学のフィジカル・エデュケーション・アスレチック・センターで開催されるこの試合に対して、特にラサール大学のキャンパスでは期待が高まっていた。ジョー・ブライアントはカーをエクスプローラーズに勧誘していた。ラサール大学関係者は、コービーとドニーというこの試合における2人のスター選手が翌年チームメイトになるかもしれないという、あまりにもワクワクする可能性を想像せずにはいられなかった。コービーの考えをよく知らない人にとっては、それが夢のまた夢だということは知る由もなかった。2500席強のアリーナにいた1500人の観客のうち、15人はカーの地元であるサウス・フィラデルフィアから観に来た若者だった。彼らは、カーがコービー相手に渡り合えることを疑っていた。「あいつらは俺とコービーがいつもやり合っていたことを知らなかったんだ」とカーは言った。「コービーがヤバいという噂を耳にしていて、俺がボコボコにされるところを観に来たんだ」。

その代わりに彼らが目にしたのは、フィラデルフィアのバスケットボール界で、プロ、大学、高校、ピックアップゲームを問わず、世紀の対戦として語り継がれるものだった。カーを一対一で守っていたコービーは、ローマ・カトリック高校のコーチであるデニス・スネドンがコービーとパングラジオを抑えるために考案したトライアングル・ツー・ディフェンスに直面した。コービーの前半の得点は13点だった。カーはダンクやプルアップジャンパーを次々と決め、19得点を記録した。彼が得点するたびにスタンドにいる彼の友人たちはコービーに野次を飛ばし叫ぶようになり、コービーも大声で言い返していた。ハーフタイムでローマ・カトリック高校が3点リードし、カーが剣闘士のように吠えながらコートからロッカールームへ走って行く途中、スポーツ記者やスカウトたちが並ぶ観覧席の近くに座っていたジョー・ブライアントの側を通りかかった。

「よう、ドニー。お手柔らかに頼むよ」とジョーは言った。

「あいつがプロに行けるなら、俺だってそうだ」とドニーは答えた。

カーは後半もその勢いを落とすことなく、最終的に34得点を記録した。おかげでローマ高はエイシーズとそれなりの点差を保つことができた。カーはコービーと違って、チームメイトからも助けられた。グリフィンは12得点12リバウンドを記録したものの、エイシーズでコービー以外に2桁得点したのは彼だけだった。ローマ高のトライアングル・ツーはパングラジオを封じ込め、彼はたった7得点で試合を終えた。コービーは30点を記録したものの、苦労して取った30点だった。29本打ち、最後の6本中5本を外していた。カーを追いかけてコートを走り回り、疲弊しきっていたのだ。67対61でローマ高が勝利すると、二人の友人は抱き合い、コービーはカーの耳元で囁いた。

「よくやった」とコービーは言った。「おめでとう。お前らが勝つにふさわしい試合だった。どうだ？　二人でラサールに行って一緒にやるか？　俺たち二人を止められるやつらなんていないだろう？」

「よし、やろう」とカーは答えたものの、コービーが本気だとはいまいち信じられなかった。ジョーがカーを勧誘するために、コービーに言わせたのかもしれないと思った。フィラデルフィア・デイリーニュース紙で長年高校スポーツの番記者を務めていたテッド・シラリーがコービーの将来についてしつこく尋ねても、ジョーとコービーの答えは慎重だった。コービーとカーがラサール大で一緒にプレーする可能性は？「二人揃ったらなかなか手強いだろうね」とジョーは答えた。「もしそういうことがあったとしたらね」。コービーはシーズンが終わるまで、自分の意思は公表するつもりはないとシラリーに伝えた。「でも、もしある朝、夢から目覚めて将来どうしたいかがはっきりとわかったら、親父のところに行って『みんなに発表する準備ができた』と伝えるよ」とコービーは言った。

そういうわけで、翌朝のデイリーニュース紙にはコービーからの重大発表はなかった。その代わりに、ジョン・スモールウッドという、フィラデルフィア唯一の黒人スポーツコラムニストが書いた記事が掲載されていた。『ブライアントはまだＮＢＡに行く準備ができていない』という見出しのついたその記事でスモールウッドは、コービーが仮に一年後にプロでプレーするとしたら「ディビジョンIのプロスペクトであるカーよりもずっと上手くなければならない……コービー・ブライアントがいまリーグ入りするとなったら、良くて一巡目の終わりの方で指名され、そのまま二度とお目にかかることはないだろう」と綴った。

コービーはその記事を「バスケについて何も知らないやつら」がまた好き勝手言っているだけだと片付けた。「やつらは文章を書くしか能がない。俺は批判は受け入れる。そいつらが間違っていることを証明するために、さらに練習に励むだけだ」。スモールウッドが書いたことは気にしなかった。「腹は立たなかったよ」とコービーはのちに語った。「別に傷ついたりもしなかった。ただ『間違っていることを証明してやる』と言っただけだ。それだけだ。片方の耳から入って、記憶に刻まれ、モチベーションの元となって、もう片方の耳から出て行くんだ」。

ところが彼の母親は、その記事に対してコービーと同じように表面上の無関心を装うことはなかった。翌日、スモールウッドが編集室で留守電を確認すると、パム・ブライアントから大量のメッセージが届いていた。彼女は、スモールウッドがコービーはプロになるべきでないと書いたからではなく、彼が何気なく書いた説明事項について激怒していた。「……今年劇的に成績が下がることがない限り、プロポジション48の資格があるブライアントはそう語った」と書かれていたのだ。スモールウッドが折り返し電話をかけると、パムはコービーの成績がAとBばかりの優秀な生徒で、3ヶ国語を話し、SATでは1080点を取ったことを伝え、プロポジション48について触れるだけで、スモールウッドは息子にレッテルを貼り付けたことになり、黒人の学生はバスケットボールなしでは大学に進学できないというステレオタイプを助長することに加担していると言った。

プロポジション48の文字を見ると、人はそれだけでその相手が馬鹿だと思うものだ、とパムは言った。

1週間後、スモールウッドは補足の記事で、パム・ブライアントが正しかったことを綴った。コービーとNBAに関して予想したことについては訂正しなかった。

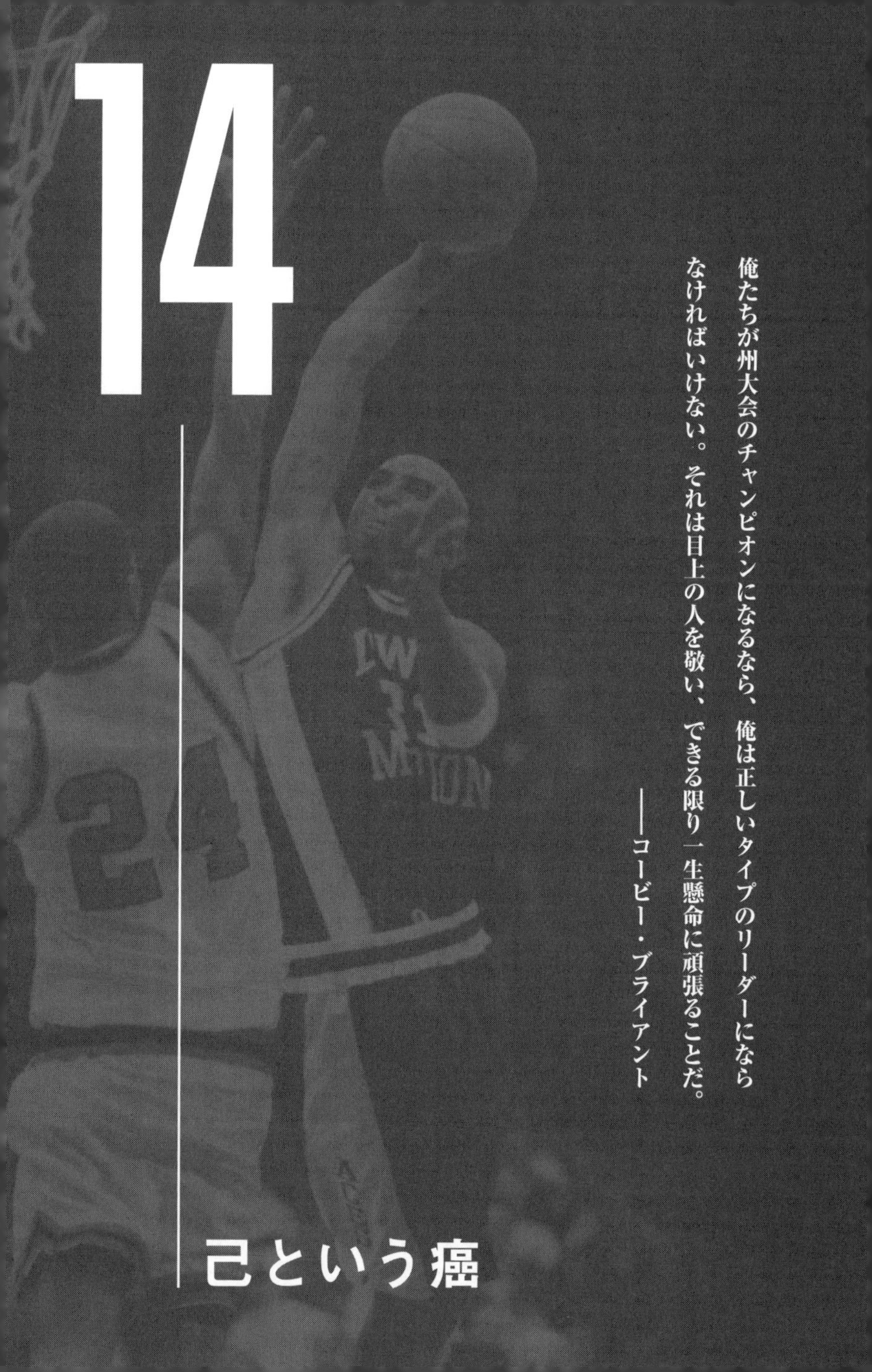

14

己という癌

俺たちが州大会のチャンピオンになるなら、俺は正しいタイプのリーダーにならなければいけない。それは目上の人を敬い、できる限り一生懸命に頑張ることだ。

——コービー・ブライアント

セント・ジョセフ大学にあるフィールドハウスの観覧席では、全国一の高校バスケットボールコーチと、全国一の高校バスケットボール選手がお互いのために時間を作っていた。彼らのうち片方がいかにまだ学ぶことがあり、いかにまだ自分から引き出すものがあるかを話し合った。少しくぼんだボブ・ハーリーの目は突き刺すように青かった。それに加えて、セント・アンソニー高校でのキャリアや、元保護観察官としての仕事、そしてそれまで積んできた経験と知識に信憑性を持たせるような、ジャージー・シティー出身者ならではの強いジャージー・シティー訛りは、人々からの信頼を集めた。それだけで、コービーの注意を引きつけるのには十分だった。これは決して、簡単なことではなかった。ハーリーのチームはコービーのチームを15点差で負かしたばかりで、その62対47の敗戦の数分後には、コービーは自分の苛立ちを数分間押し殺して、ハーリーに助言を求めていた。

「コーチ」とコービーは尋ねた。「少し話せますか?」。

コービーはアドバイスと激励を必要としていて、ハーリーはそれを彼に与えた。通常なら、ハーリーとフライアーズに負けることは恥ずかしいことではないが、今回の敗戦は状況が違っていた。元々はローワー・メリオン高校の体育館で試合が行われるはずが、普段よりも観客が多いことを見込んで、セント・ジョーの卒業生であるダウナーとイーガンは大学のアスレチック・ディレクターであるドン・ディジュリアと連絡を取り、試合会場をフィールドハウスへと移していた。ディジュリアは承知した上に、彼らに一切の費用を求めなかった。試合の前日、吹雪のせいでジャージー・シティーの公立学校は全て休みになり、セント・アンソニーも休校になるだろうと踏んだアンソニー・ペリーとラショーン・ブルーノという二人のトップ選手は登校しなかった。ところが、天候に関わらずセント・アンソニーは通常通り開いており、ハーリーは欠席したペリーとブルーノをベンチ送りにしていた。二人はフライアーズと共にシティー・アベニューまで遠征し、ティップオフの前にコービーが話しかけると、出場しない理由を説明した。コービーは、夏にドニー・カーと対戦したときのように、彼らが出場しないなら来る価値がなかったと宣言するような間違いを今回は犯さなかった。

コービーは21本中10本を決めて、28得点を挙げた。さらに残り4分9秒で、それまでに築いてきた数々の高校でのキャリア記録に加え、通算2000点の記録を達成した。数少ない試投数からそこまで得点したこと、そしてほとんどの試投が15フィート（※約460センチ）より遠くから打ったジャンパーだったことは、特に見事だった。フライアーズはもっともな理由でコービーのチームメイトたちにほとんど注意を払っていなかったのだ。チームメイトたちの中には、7点以上得点した者はいなかった。「彼らに対して労力を使わずに、コービーにディフェンスを集中させせることができたんだ」とハーリーは言った。「コービーは素晴らしかったよ。他の選手たちからの助けはなかった」。

とはいえコービーのプレーには状況意識や態度など、向上して引き締めることができる部分もあり、二人で観覧席に座る中、ハーリーはそれを説いた。ハーフタイム直前にフライアーズがコービーをトラップし、ボールを奪い、得点を決めてリードを4点にした場面があった。コービーは頭を垂れ、顎をグッと自分の胸元に押し付けて、自分に対する失望をあらわにしながらロッカールームへ向かっていた。さらに、第3クォーター開始後数分ほどの間にコービーが試合を支配して流れをエイシーズに変えることもできたはずだったが、逆に消極的だったとハーリーは感じた。

「あの時の自分の失敗に対するリアクションについて触れて、後半序盤でのプレーを見ても、あいった失敗をいかに早く忘れられるかが重要になってくることを、彼に話した」と、セント・アンソニーで39年間コーチを務めたハーリーは振り返った。「彼は私が言いたかったことを完全に理解した。とても感謝していると言われて、そのまま別れたんだ。年齢を遥かに超えて成熟していた。我々は、長年に渡って信じられないような選手を何人も相手にしてきた。その中でも一番の選手は彼だった」。

しかし、コービーがいくらハーリーから賛辞や称賛を受けても、その時点でのエイシーズの手助けにはならなかった。彼らのそれまでの成績は4勝2敗だった。州大会のプレーオフになったら倒さなくてはならないようなレベルの相手と対戦したのは、その11日間で二度目のことだった。一戦目のローマ・カトリック高校戦、そして今回のセント・アンソニー高校戦と、その状況に対応することができたローワー・メリオン高校の選手は、二回ともコービーだけだった。コービーの周りにいい選手が揃っていないという問題ではなかった。そうではなく別の何か、はっきりとした形のない何かが、エイシーズを尻込みさせていた。マイク・イーガンはフィールドハウスを一緒に後にした兄弟のトムにこう言われた。「おまえがもっと怒っていないのが信じられないよ」。「トム」とイーガンは答えた。「この子たちがもう少し謙虚になるには、何試合か負けた方がいいんだ」。

「相手は全国一位のチームだったけれど」とトム・イーガンはプラス思考を心がけようとして言った。「勝てる相手だった」。

「ああ、勝てたな」


1995年最後の週、大西洋に面し、マートルビーチの南海岸沿いにあるスワンプ・フォックス・モーテルは、集客に精を出していた。オーシャン通り沿いには水色のプラカードが飾られ、駐車場には点々と尖ったヤシの木が生えていた。大きな看板には親しみを込めたメッセージが書かれていた。「メイン州産ロブスター11ドル　牛肉とエビのシシカバブ　歓迎・ビーチボール・クラシック」。8チームが参加するこの大会は、1981年以来この街での冬季恒例行事となっていた。地域の団結と街の認知度を高め、近くのビーチやのんびりとした雰囲気、ナイトライフや十数か所ほどあるゴルフコースへと観光客を呼び寄せることが開催の目的だった。ついその一年前には、市が2300万ドル（※当時のレートで約23億5千万円）をかけてマートルビーチ・コンベンションセンターを7500人から8000人ほど収容可能にするために拡張していた。

コービーやジャーメイン・オニール、レスター・アール、マイク・ビビーといった選手たちが、この舞台でそれぞれの技を披露する代わりに、コーチ陣と選手たちの航空チケット代、宿泊費、その他の交通費、一日二食分の食費などの主な費用は、全て大会のスポンサー持ちだった。この大会は観客やスカウトの数が多く、大学スポーツのような雰囲気で、報道カメラや放送上必要なタイムアウトなどもあり、ローワー・メリオン高校を含むほとんどの高校バスケットボールプログラムにとっては、普段から慣れ親しんでいるようなものとは違う、一大イベントだった。

コービーとコーチ陣は、エイシーズがどれほどのチームで、実際に州大会優勝を果たすことが可能なのかを測る、いわば中間試験として、このマートルビーチ遠征とそこでの三試合を捉えていた。フィラデルフィア国際空港でサウスカロライナ州行きのUSエアウェイズのゲートへ向かうエイシーズは、ダウナーを先頭に一列に並んで歩いた。誰もはぐれないように最後尾にいたイーガンの近くには、耳にヘッドフォンをつけ、肩にダッフルバッグを担いだコービーがのんびりと歩いており、道ゆく人はチラチラと彼の方を見ていた。「彼には特別なオーラのようなものがあった」とイーガンは言った。「みんなにじっと見られていたよ」。しかし他の選手たちは、この遠征をまるで春休みの休暇のように捉えている節があった。そのうち何人かは、飛行機に乗るのも初めてだった。

マット・マトコフがもはやチームに所属していなかったため、コービーは五泊滞在する部屋をジェレミー・トリートマンとシェアしていいか、ダウナーに尋ねた。トリートマンは、それを光栄に思うと同時に、警戒した。「彼は完全に自由を感じたかったんだ」とトリートマンは振り返った。「僕が彼のことを友達だと思っていることを、わかっていた。五人いるコーチの中で僕だけは、彼がもしどこかへ出かけようとしても止めないこともわかっていた」。全てがパステルカラーで窓だらけだった彼らのスイートには、二部屋あった。一室はドアを入ってすぐの小さめの部屋で、テレビとベッドが設置されていた。もう一部屋は大きく、オーシャンビューのテラス付きで、大きめのベッドがあった。チェックインを済ませて鍵を受け取ると、トリートマンは大きい方の部屋に荷物を下ろした。すると、コービー・ビーン・ブライアントがドアを開けて登場した。そして、自分の縄張りをマーキングするように、トリートマンに向かって小さい方の部屋へスーツケースごと移動するようにジェスチャーした。

「あっちの方に荷物を置いたら？」とコービーは言った。「そうすれば、このビーンが遊びにいって差し上げよう」。

このビーンが遊びにいって差し上げよう。コービーが彼にこんな口調で話すのは初めてだった。

「愛想を振りまこうとしているな」とトリートマンは思った。

「まあ」とトリートマンは言った。「確かに、我々がここにいるのは君のおかげだからな。こっちの部屋にして欲しければ、僕はこっちにするよ」。

その週の残りをコービーの同居人として過ごし、自ら神経質だと認めるトリートマンは、平静と警戒の間を行き来した。スイートにはバスルームが一つしかなかった。トリートマンはシャワー使用後に床に水たまりを残しがちだったため、コービーが滑って転んで、次期マイケル・ジョーダンのキャリアが始まる前に自分のせいで台無しになってしまうのではないかと恐れ、バスマットを余分に広げた。コービーは朝と午後の試合と練習に没頭し、日中残った時間は昼寝をした。夜になると、オニールやグリフィンとつるむために出かけて行き、トリートマンは何度か、コービー目当てにクスクスと笑いながら電話をかけてくるティーンエージャーの女の子たちの対応をした。遠征に来たばかりのある晩、コービーが出かけている間に電話が鳴った。トリートマンが電話に出ると、今度の相手の女性はクスクスと笑ってはいなかった。

「コービーはいますか？」とパム・ブライアントは聞いた。

「いいえ、寝ています」とトリートマンは答えた。

愛する我が子を起こしたくないと、彼女は電話を切った。「最悪だ」とトリートマンは思った。「たった今、パム・ブライアントに嘘をついてしまった。僕はなんて最低な野郎なんだ」。

それでも、それが例え女の子と遊ぶと言った些細な違反行為でも、コービーを庇うことで、トリートマンは彼の信頼を得ることができた。そこでコービーは彼に秘密を打ち明けた。

「ジャーメインとも話していたんだけどさ」とコービーは言った。「あいつもプロ入りを目指すんだって」。

トリートマンは、何を聞かされているのか、いまいち理解できなかった。ジャーメイン・グリフィンは確かに優れた高校バスケの選手だったが、プロ入り？　しかも高卒でそのまま？　トリートマンはようやく彼を遮った。

「コービー、彼が君の親友なのはわかってるし、僕は誰かを傷つけようとも思っていない。でもジャーメイン・グリフィンが？　何を言っているんだ？」

「違うよ！」とコービーは答えた。「ジャーメイン・オニールだよ！」。

そっちの方が合点がいった。そして、これはトリートマンがコービーの決断について疑う必要はないということでもあった。仮に疑いがあったとしても、コービーがマートルビーチで過ごした五日間は、その疑いを晴らすには十分だった。


ローワー・メリオン高校は大会の初戦で、オハイオ州スプリングフィールドのセントラル・カトリック高校と対戦した。パワーフォワードで身長198センチのジョン・パウエルと、彼自身もその後NBA入りすることになった213センチのセンター、ジェイソン・コリアーを有するこのチームは、エイシーズに比べると高さの面で明らかに有利だった。コービーが一本目に打ったシュートをコリアーがブロックすると会場は歓声をあげ、その後も数秒間ざわついていた。ダウナーがすぐにタイムアウトを取ると、ハドルでコービーはチームメイトに向かってこう要求した。

「俺にボールを渡せ。あいつの首をへし折ってやる」

チームメイトたちは、タイムアウト明けの最初のオフェンシブセットで、彼に言われた通りにした。コリアーより15センチほど低かったコービーは、それでもポストアップをし、バスケットに向かって回転すると、強烈なダンクを叩き込み、コリアーはファウルを犯した。ベンチでそれを見ていたドリュー・ダウナーは驚嘆した。コービーは、ただ宣言した通りのことをやっただけではなく、すぐ次のプレーでそれをやってのけたのだった。ところが、コービーが他の同年代の選手や対戦相手に比べて優れていることが誰にも明らかになりつつあったにも関わらず、彼のチームメイトたちは、コービーがいかに卓越した選手で、今後もさらに飛躍する可能性があるということをいまいち理解できずにいた。例えば、ブレンダン・ペティットはディビジョンⅢのウェズリアン大学でプレーするまで、比較対象がなくてコービーを正確に判断することができなかった。「子供の頃から『エアー』ジョーダンの動画を見て育つと、彼もまた人間なんだということを忘れてしまいがちだ」とペティットは言った。「コービーをクラスメイトやチームメイトに持つと、彼が人間だということは実感できる。でも面白いことに、大学に進学してキャリアを続けると、コービーがいかに特別だったのかに気づいた。どんなダンクやプレーや高得点も、大したことないように見えるんだ」。オマー・ハッチャーはこの大会と、そこでのコービーのプレーを見たことでバスケットボールに対する取り組み方が変わった。「全国トップのチームに対して、コービーのプレーが加速していくところを目の当たりにすることができました」と彼は言った。「優れた選手のプレーは、どこへ行っても通用しなければならないことを彼は見せてくれました。場所や、その場の雰囲気に左右されてはいけないんです」

コービーのプレーはここでも通用したが、エイシーズの他の選手たちにとってはそうはいかなかった。またしてもコービーは、相手チームのトップスコアラーである巨人のコリアーを守り、そしてまたしても彼がオフェンスの全てを担っていた。第3クォーターで、エイシーズは五点差で負けていた。そこで、サイズ不足の対策としてダウナーはフルコートプレスに切り替えることで、セントラル・カトリック高校の高さを無効化する作戦に出た。その結果、彼らは試合の最後の六分間でフィールドゴールを決めることができなかった。ローワー・メリオン高校は反撃し、65対60で勝利を収めた。コービーは43得点を記録した。27本中18本を決め、五本打ったスリーポイントのうち三本を沈め、さらに16リバウンドを獲得した。ダン・パングラジオは12得点を挙げた。デイヴ・ローゼンバーグはそのタフさと根性を買われ、ダウナーは彼のプレータイムを増やしていた。相手と衝突したり床にダイブすると、彼の左肩の関節は時折外れることがあったが、それを自分で元に戻して試合に出続けた。５勝２敗という成績で大会の準決勝まで勝ち上がったとはいえ、エイシーズは調和のとれたアンサンブルというよりは、不協和音を奏で、時には無関心にも見えるバックバンドと、息を呑むようなソロパフォーマンスが共演しているようだった。彼らがいかにまとまりに欠け、調子外れだったかは、翌日の試合で明らかになった。

コービーの両親と姉たちは、オクラホマ州のジェンクス高校との準決勝に間に合うようにマートルビーチに到着した。ジョーがラサール大の野球帽を被って観覧席でパムの隣に座っていると、ウェスリー・ギブソンが彼に気づいた。ギブソンはフィラデルフィア南西部で、ジョーの家から何本か通りを離れたところで育ち、州兵と空軍に入隊し、今では息子と一緒にフィラデルフィアとサウスカロライナを行き来していた。息子のジャリッドは13歳の六年生で、一緒にアリーナに来ていた。

「やあ、ジョー。懐かしいね、覚えてるよ」とウェスリー・ギブソンは話しかけた。「スカウトか何かで来てるのか？」。

「いいや」とジョーは答えた。「息子の試合を観に来たんだ」。

ウェスリー・ギブソンはコービー・ブライアントの名を聞いたことはなかったが、ジャリッドはあった。ジャリッドは、SLAM誌やその他のスカウト情報誌や記事で全国トップクラスの高校生選手について読んでいて、コービーのＡＢＣＤキャンプでの活躍についてもよく知っていた。ウェスリーの妻であり、ジャリッドの母親だったナシーン・ギブソンが１９８８年に自殺で亡くなって以来、バスケ愛という彼とウェスリーの共通点が、父と息子を結ぶ最大の絆になっていた。すでにビーチボール・クラシック大会中ずっとコービーの後を子犬のようについて回っていたジャリッドは、これで地元繋がりという、大会の残りの間もずっと側にいる理由をもう一つ手に入れた。ジャリッドはコービーと「ミスター・ジョー」にサインを貰い、フィリーとメイン・ラインで一番好きなチーズステーキの店について、コービーと話した。「僕はジムズが好きなんだけど」とジャリッドは振り返った。「コービーはラリーズが好きだった」。そしてウェスリーの下に戻り、エイシーズにとってそのシーズンのすべてを変えることになった試合を観戦した。

ジェンクス高校は生徒の総人数がローワー・メリオン高校の倍もある2400人だったにも関わらず、試合開始後八分間のトロージャンズは、まるで同じ体育館にいるべきではないように見えた。第1クォーターを終えた時点でエイシーズは18対6でリードしていた。その後コービーはファウルを四つ犯し、またもやチームメイトからの助けもあまりなかったにも関わらず、7点リードして第4クォーターを迎えた。そして、9点リードした状態で、コービーがジェンクスのディフェンダー三人を一人で相手にしようとして、そのうちの一人をなぎ倒してしまい、オフェンシブファウルを取られてしまった。それは、自分の能力を深く信じるがあまり、自信と自惚れとを分かつ境界線を超えてしまうという、彼の後のレイカーズでのキャリアを度々特徴づけたのと同じ状況だった。13分間で31得点と14リバウンドをもぎ取った彼は、退場になってしまった。

「そこから我々は、完全に崩壊した」とトリートマンは振り返った。

持ち前のスキルとチームにおける役割のせいで、コービーの引き立て役として最適なのは、ダン・パングラジオ以外にいなかった。コービーの中心核は誰よりも高温で燃えたぎっていたが、パングラジオほど神経質な選手も他にいなかった。ユースサッカーで一流のゴールキーパーだったという過去。外からのシュートでエイシーズにバランスをもたらしていたこと。彼自身が自分にかけていたプレッシャーと、両親のドロシーとグレッグが彼に与えていたプレッシャー。普段ならこういったことを燃料にして活躍することができたが、今回はコービーの不在という余計なストレスが加わったこともあり、限界を超えてしまった。終盤のフリースローを外し、最終的には六本中一本も決めることができなかった。「ダンは普段はミスなんてしなかった」と言ったデイヴ・ローゼンバーグ自身も、コービーの代わりに出場して試合終盤で打ったフリースローを二本とも外していた。とどめの一撃を喰らったのは、レギュレーション残り0．4秒を残し、ローワー・メリオン高校がまだ61対59とリードしている中、ジェンクス高校のマイク・ベイがフリースローを二本打つためにラインに立った時だった。彼は一本目を決め、二本目を外した……はずだったのが、エイシーズがレーンバイオレーションを犯し、ベイに再度フリースローのチャンスを与えてしまった。彼はやり直しの一本を沈め、試合は延長戦へともつれ、そこでエイシーズは完全に崩壊した。延長戦が始まると、ローゼンバーグはスリーをエアボールした。ジェンクスがエイシーズを叩きのめし、オーバータイムで17対2と大差をつけて最終スコア78対63で勝利を収める間、コービーは隣に座っていたトリートマンにも聞こえるように、この二文を何度も何度も繰り返した。

「主体性がない。全くもって主体性がない……」

ロッカールームでは、イーガンはチームが立ち直ってポテンシャルを発揮する可能性にまだ賭けていた。「お前たちは、まだ自分たちが思っているほど強くないんだ」と彼は選手たちに言った。「一人一人がもっと努力する必要がある」。怒りのあまり取り乱していたグレッグ・ダウナーは、かろうじて「言いたいことがあるやつはいないのか？」とだけ聞いた。コービーにはあった。

「相手をもっと追い詰めろ！　あんなクソ野郎ども相手に引き下がるな！」まさにエイシーズがしてしまったことだった。コービーがいなくなったことで、彼らは引き下がってしまったのだ。

「彼があそこまで怒るのは、見たことがなかった」とイーガンは言った。

ジェンクス高校に負けたことと、それに対して他の選手たちに怒りをぶちまけるというコービーのリアクションは、エイシーズの最大の問題を露わにした。コービーの存在そのものがジレンマを生み出していたのだ。チームメイトたちはコービーに恐れをなして、力になれなくなるほど、すべてを彼に委ねてしまっていた。しかし同時に、彼が常にフロアに出ていなければ、勝てるチャンスはまったくなかった。上手いことコービーと一緒にプレーすることができない一方で、彼なしではプレーできなかった。バスが全員をスワンプ・フォックス・モーテルのロビーで下ろすと、ダウナーは選手とコーチ陣に向かって大きな声で言った。「10分後、107号室に集合」。チームの面々が集合すると、部屋にはぎこちない緊張感が漂った。「あのチームには、傲慢で思い上がっていた節があったと思う」とダウナーは振り返った。「それで腹が立っていたんだ」。選手たちは、ヘッドコーチから痛烈に非難されることにビクビクしていた。チーム唯一の一年生だったカリーム・バークスデイルは、ダウナーに何を言われるか恐れるがあまり、座ったまま震えていた。

するとと、1枚の紙きれを手に持ったダウナーは彼らの前で立ち上がった。

「このチームには問題がある」と彼は切り出した。「癌になると、癌細胞が身体を攻撃し出す。

そしていずれ、身体を圧倒するようになる。我々には癌細胞がある。己という癌だ。それがある限り、我々が目指していることは達成できない」。

彼は紙を持ち上げ、ペンで紙に穴を開け始めた。

「一人一人がやる気を出さなきゃダメだ。Tシャツのフィット感を気にするのをやめろ。晩飯はどこに行くのか気にするのもやめろ。今夜は誰がアイスクリームを奢るのか、考えるのはやめろ。泥臭く頑張ろうじゃないか。もっと練習に励もう。今の5勝3敗という成績のままでは、勝率は五割止まりになるだろう。君たちの中にはコービーが全部やってくれるのを期待している者もいる。我々は、自分たちを買いかぶりすぎている。記事に書かれているほど良いチームではない」

コービーは賛同して頷いた。ダウナーはエモリー・ダブニーの方を向いた。

「もっとちゃんとプレーしないとJV（※2軍）行きだ」と、ダウナーはダブニーに宣告した。脅されたダブニーは震え上がった。「JVになんか行ってたまるか」と思った。

コービーは引き続き頷いていた。ダウナーはブスブスと紙切れにペンを刺し続けた。次に、ブレンダン・ペティットの方を向いた。

「お前はわかっていない。人を不愉快にさせている。もっと真面目に取り組むんだ。もっと集中しろ。そのボディランゲージも、その態度も変える必要がある。早急にだ」

コービーは引き続き頷いていた。ダウナーはバークスデイルを見た。

「お前は何を貢献しているんだ？」

コービーは引き続き頷いていた。ダウナーはデイヴ・ローゼンバーグを指差し、唯一彼一人だけを褒めた。

「もしロージー（※ローゼンバーグの愛称）に、あのレンガでできた壁を走ってぶち破れと私が言ったら、彼は『コーチ、了解です。病院はどこですか？』と答えるだろう」

一人を除き、チームにいる全員の選手の欠点と改善点を指摘する間中、コービーはずっと頷いていた。コーチの手には、穴だらけでもはや細いネットのようになった紙が残っていた。

「残ったものは何だ？　カリーム、いまここに残されたものは何だ？」

目を丸くして怯えていたバークスデイルは、つい「でっかい穴の空いた紙切れです！」と叫んだ。

ダウナーは笑いを噛み殺した。「ああ、せっかくのスピーチが台無しだ」と思った。しかし、部屋は水を打ったように静かで、選手たちは彼から目を離さなかった。

「この紙には、もう何も書くことができない。もう何の役にも立たない。我々も同じだ。全員が同じ方向を向いていなければ、壊れてしまう。千切れてしまうんだ」

彼は手を伸ばして、フィラデルフィア行きの飛行機のチケットを拾い上げた。

「帰りたいやつには、これをやる。帰りたいやつは、今すぐ出て行って結構だ」

ダウナーがようやくコービーの方を向くと、彼は頷くのを止めた。

「君はコービー・ブライアントだ。全国一の選手だ。でもチームメイトを尊敬しなきゃダメだ。

アグレッシブすぎてはダメだ。すべてのチームを自分一人で相手にしようとしてはダメだ。こいつらは、みんなそれぞれが、このチームでの自分の役割を全うしようと頑張っている。君は、彼らが心地よくプレーできるようにしなければならない。全員が自分の役割を果たすことでしか、成功しないんだ」

彼はコービーを指差しながら、他の選手たちを見つめた。

「君たちは、彼にどんなプレッシャーがかかっているか全然わかっていない。彼が、どれほどの努力を重ねているか。みんなも彼と同じくらいの覇気を出さなければ、勝てはしないんだ。またしっかり練習して、チームを一番に考えて、自分の成果や誰の功績が認められるかなんて気にしなければ、結果はついて来る。部屋を見渡してみろ。いいチームになれるはずだ。諸君、一応念のために言うが、我々は今年州大会優勝を目指しているんだ。こうしてサウスカロライナに来ているのも、その一環だ。ボブ・ハーリーのセント・アンソニー高校と対戦するのも、その一環だ。ローマ・カトリック高校と対戦するのも、その一環だ。でも、我々はすぐにでも変わらなければならない」

ダウナーは話し終えた。今度はトリートマンが口を開いた。

「この遠征には20人で来ている。その中でも重要度で言ったら僕は20番目だけど、言いたいことがある。僕の役割は、なかなか大事だと思っている。三月には歴史に立ち会いたいと思っている。君たちにだって、歴史に名を連ねる可能性があるということが理解できないなら、コーチ・ダウナーとコービー・ブライアントが我々に与えてくれたチャンスを理解できないなら、ここにいるべきではない」

部屋はしばらく静かだった。コービーがリズミカルに拍手をし始めて、沈黙は破られた。チームメイトたちも一緒に拍手した。その後、全員帰って行った。

ダウナーのスピーチは、そのシーズンの礎となり、ターニングポイントとなったことをチームのメンバー全員が記憶している。「悪い雰囲気をうまいこと取り払ったおかげで、チームがリラックスすることができたんだ」とドリュー・ダウナーは振り返った。「緊張感が一気に解けた。全てをはっきり表に出すことで、気持ちが軽くなったんだ」。

ところが、プレッシャーを処理して、自分を責めるのをやめるためにはもう少し時間が必要な選手が一人いた。ドリューがしばらくグレッグと話してから自分の部屋へ戻ると、大会中に部屋をシェアしていたはずのルームメイトは不在だった。ダン・パングラジオが一体どこへ行ってしまったのか、ドリューには見当もつかなかった。ホテルと夜も更けたビーチを数分探し、段々と心配が募り始めた頃に、ドリューと他のコーチ陣は彼を見つけた。彼はまだローワー・メリオンのジャージを着たまま、絶え間なく寄せては返す波に向かって、砂浜に一人ぽつんと座っていた。

トム・ペティットはもう慣れていた。最後にロッカールームを出たのは、今日もコービーだった。最後にロッカールームを出るのは、いつもコービーだった。バスケットボール・チームのマネージャーでブレンダンの弟だったペティットは、毎試合後コービーのダッフルバッグを持ち、コービーがチームバスへ向かう途中でサインを書いたり握手をしたりする間、彼について行くという地味な仕事を任されていた。二年生だった彼は、背が低く痩せていて、くしゃくしゃのブロンド頭で、まるで工作用のモールのようだった。二人はなかなか対照的だったが、ペティットがコービーのキャディーを何度も勤めて一緒にいた時間も長かったわりには、それまでちゃんとした会話をしたことがなかった。

その大会でケンタッキー州のレキシントン高校と対戦した三試合目、コービーの右手と右腕はテーピングでぐるぐる巻きにされ、ミイラのようになっていた。最初の二試合のどこかで親指を怪我しており、さらに右手首が痛いと訴えていたが、それは彼自身の人気のせいで、あまりにもたくさんの人と握手をし、サインをしたからだとしか思えなかった。時間を取られることや、サインをせがまれることについて、コービーは気にしていなかった。「目標を掲げて、何かを達成するために日々努力をしていたら、それは仕方がないことなんだ。俺の場合、偉大なバスケットボール選手になって有名になるというのが目標だ」とコービーは四年生も終わりに近づいたころに言ったことがあった。「いつもテレビに出ていたら、他人にも顔を覚えられて、サインを頼まれるのは当然のことだ。だから受け入れているよ」。大会が終わる頃には、コービーはバスケットボールや試合のプログラムや紙切れなどにサインをするのに左手を使うようになっていたが、12月30日土曜日の大会最終日には、シーズンのためにも、大会の目玉となる試合でショーを見せるためにも、多少の痛みは我慢する覚悟ができていた。

その午後、レキシントン高校相手に76対70で勝利し、エイシーズが方向性を取り戻した試合で、コービーは43得点を記録し、大会MVPに選出された。彼は三試合を通して117得点を挙げた。それはマイク・ビビーが三試合を通して記録した118得点に次いで大会史上二番目だった。またしてもコービーがサインをしたり、インタビューに答えたりしていると、エイシーズをスワンプ・フォックス・モーテルまで運ぶバスの運転手は待ちくたびれてしまった。彼はコービーとペティットを残してバスを出した。チームの滞在を心地よいものにするためにボランティアをしていたマートルビーチの住人のうち、ローワー・メリオン高校のホストファミリーだった人たちが、幸いコービーとペティットをホテルまで車で送ってくれることになった。二人はその家族のSUVの後部座席に乗り込み、12分間の道のりでペティットは、初めてで唯一ともいえる会話をコービーと交わした。チームマネージャーの仕事は気に入っているか。普段どんな音楽を聞いているか。どんなテレビ番組やスポーツが好きなのか。

ペティットから一番詳しい答えを引き出したのは、三つ目の質問だった。彼は、バスケは好きだけど、ホッケーの方をよく見ているとコービーに話した。

「ホッケーは俺も好きだ」とコービーは言った。「ウェイン・グレツキーが大好きなんだ」。

「ホッケーに詳しいの?」とペティットは聞いた。

コービーはそうだと答え、特にグレツキーについては詳しいと答えた。「ホッケーでは彼が一番だ」。

当時のペティットは、コービーのその返答はありきたりで、ちょっと馬鹿馬鹿しいと思った。1995年の冬の出来事だった。もちろんグレッキーは当時も素晴らしかったものの、キャリアも終盤に差し掛かり、35歳目前で、もはやナショナル・ホッケー・リーグの最重要選手ではなくなっていた。彼に取って代わった若い選手たちがリーグの新たな真の顔となっていて、にわかファンの間でも知名度があるほどになっていた。まるでベートーベンが好きだからといってクラシック音楽ファンを自称するかのように、コービーが単にホッケーで一番聞き覚えのある名前を口にしただけだろうと、ペティットは思った。

「『本当にホッケーに詳しいだなんて、よく言うよ』と思ったんだ」とペティットは振り返る。「でも今になってみれば『彼はすでに、俺は偉大になってやる、と考えていたのか』と理解することができる。そういう意味だったんだよ。彼は当然、史上最高の選手という話をしていたんだ。彼は類を見ないような、特別な選手だった。あの頃は特別な時間だったし、今では余計にそう感じる」。

ビーチボール・クラシックを締めくくるのは、選手も観客も全員が一番楽しみにしていた、土曜の夜のダンクコンテストだった。怪我を悪化させる可能性を懸念して、チームメイトやコーチ陣、家族にまで止められたにも関わらず、コービーはダンクコンテストに出ることを心に決めていた。シャリアとシャヤはコービーとトリートマンの部屋を訪れ、半泣きで弟を説得しようと試みた。「お願いだからやめて」。「彼女たちは心配していたし、彼のご両親も出場してほしくなかったんだと思う」とトリートマンは言った。「でもコービーは『大丈夫、大丈夫だって』といった調子だった」。

トリートマンやエイシーズ関係者は全員、コービーが腕の痛みを悪化させる心配とは別に、コンテストに参加したらどこまでできるのか興味があることは認めざるを得なかった。試合中に普通にダンクするところは見たことがあった。力強く、高校生にしては素晴らしかったが、彼の創造性や運動能力は、バスケットボールのルールに制限され、スポーツマンシップの許す範囲内に収まっていた。しかし、助走も小道具もありの制限がない状況で、彼には何ができるのだろうか？　白いローワー・メリオン高校のジャージを身につけ、腕にはまだテーピングが巻かれたままのコービーは、第一回目の挑戦でボールをバスケットに向かって放り投げ、床に跳ねたボールをそのままキャッチしてゴールに叩き込んだ。観客のリアクションは控えめで、三人の審査員はそれぞれ10点中9点という採点だった。コービーは体育館の左角でボールをつき、次にどうしようか考えた後、ベースライン付近からスタートし、左手に持ったボールを股の間をくぐらせて右手に持ち替えながら踏み切ってダンクした。これには観客も審査員も喜んだ。10点満点が三つ並び、大歓声がしばらく続いた。

決勝戦に進んだのは彼と友人のレスター・アールで、コービーが次のダンクについてあれこれ検討する間、一人の少年が「コービー！　コービー！」と唱える声が聞こえてきた。コービーは右手でボールを持ちながらファウルラインから踏み切って、空中で左手に持ち替え、バスケットにぶち込んだ。アールも完璧なダンクでそれに応え、二人にはタイブレークでもう一度チャンスが与えられた。勝つには想像力を働かせないといけないことがわかったアールは、ボールが九つ乗ったままのバスケットボール・ラックをコートに引っ張ってきて、コートの右側のベースラインとファウルラインの間の中間地点に設置した。右側から二回ドリブルをつき、軽々とラックを越えるとアールは左手でボールを叩き込んだ。迫力満点だった。また10点が三つ並んだ。グレン・オークス高校の選手たちがアールをハグしにコートに押し寄せた。これでコービーは同点にするしかなくなった。それは簡単なことではなかった。

一人では無理だった。彼は三人のチームメイトのシャツの裾を引っ張り、バスケットの方へ連れ出した。リムから1．5メートル手前の位置に三角形を描くように三人を並べると、彼らに腰を曲げて身を屈めるように伝えた。コービーはハーフコートまで戻ると、そこで一回股の間を通してドリブルをつき、チームメイトとバスケットの方へ向き直った。

右手ドリブル……まだハーフコート内……。

左手ドリブル……スリーポイントライン内……。

左手ドリブル……ファウルラインに到達……。

コービーはレーンの中で、チームメイトたちにぶつかる寸前に踏み切った。ぶつかる代わりに彼らの上を飛び越え、一切触れることもなく、弱った右手に抱えたボールをバスケットにぶち込んだ。

観客は耳をつんざくような歓声をあげ、一人残らず手を叩き、大声をあげて声援を送りながら、立ち上がったりその場で飛び跳ねていた。コートの真ん中辺りで立っていたアールは、どうしようもないといった様子で両手を上げた。彼とコービーはハーフコートで握手をし、ハグを交わした。コンテストは引き分けという結果に終わったが、勝者が誰なのかは全員がわかっていた。「まるでロックスターが誕生したようだった」とダウナーは言った。「それは雪だるま式にどんどん大きくなっていったんだ」。

トリートマンとドリュー・ダウナーはスワンプ・フォックス・モーテルまで一緒に歩いて戻りながら、まだにわかに信じられない気持ちでコービーの活躍について語り合った。彼らはコービーのことを四年間知っていたにも関わらず、その晩のようなことは見たことがなかった。このチームにいる選手たちは、これを目の当たりにすることができるという特権を理解していただろうか？　物事に対する視点がもっと備わった大人であるコーチたち自身もちゃんと理解していたのだろうか？　真に理解できていたのだろうか？　家族にはリスクを犯さないよう懇願され、コンベンションセンターの観客の歓声がどんどん大きく騒がしくなる中、コービーは宙を飛び、怪我をした腕でまるでサーカス芸のようなダンクを叩き込んだのだ。これが現在のコービー・ブライアントなら、将来的にはどんな選手になるのだろう？

二人はトリートマンの部屋の前で立ち止まった。

「しかも、彼はここに住んでいる」とトリートマンが言うと、二人は吹き出した。

エヴァン・モンスキーは、同じ寮に住むニュージャージー州カムデン出身の一年生がティム・トーマスを「世界一最高」だと言うのを聞きながら、メリーランド大学の学部生としての最初の数週間を過ごした。当時はヴィラノヴァ大学行きが決まっていて、一年在籍したのちに13年間NBAでキャリアを築くことになるトーマスが、高校生としてかなり優秀な選手だというのは、モンスキーも認めざるを得なかった。「でも本当に好き勝手言うやつだったんだ」とモンスキーはのちに語った。「まったくわかっていなかった。だからそいつに『俺の地元にやばい選手がいる。マジで、あいつはとんでもない』と言ってやったんだ」。

メリーランド大学の秋学期が始まった頃、AAUトーナメントのためにコービーはリップ・ハミルトン、ジョン・リネハン、そしてサム・ラインズ・オールスターズと一緒にカレッジパークにあるコール・フィールドハウス（※メリーランド大学のスポーツ施設。現在はジョーンズ＝ヒル・ハウスに改名）にやってきた。コービーはリネハンと同室になり、試合以外ではホテルの部屋を出ないという、彼にとっては典型的なAAUでの過ごし方をした。「ショッピングセンターに行ってぶらぶらしたり、ビデオゲームで遊ぼうとしていたんだけど」とリネハンは振り返った。「まだ八時か八時半ぐらいなのに、もう電気が消えている。『コービー、一体どうしたんだ？』と聞くと、『明日は試合だ』と言うんだ。あの若さでそんなことするやついるか？　こいつは特別な選手になる、とその時にわかった。試合に対するアプローチが、俺や俺が知っていた他の誰とも違っていた」。コールで行われたいくつかの試合の後で、モンスキーはコービーに挨拶をして少し話す機会があり、メリーランド大に来る気はないかと尋ねた。「いいや」とコービーは応えた。「ここのリムは好きじゃない」。

1月になるとメリーランド大は冬休みに入り、ローワー・メリオン高校のバスケットボールチームもマートルビーチから帰って、日々のルーティンや、シーズン中の対戦相手の中でも格下のチームと戦う生活に戻っていた。モンスキーは母校を訪れ、かつての友人たちに会い、自分は人生の次なるステップに進んでいることに浸るという、多くの大学一年生が冬休みにやりがちなことをやっていた。ちょうどバスケットボールの練習が始まる前に来ていて、コービーとゴールの下で話した。ほかのチームメンバーがシュートをしたりウォーミングアップをする中、トリートマンは近くで聞き耳を立てていた。

「で、コービー、どうなってるんだ？」とモンスキーは尋ねた。「大学はどこに行くんだ？　ラサールか？　デュークっていう噂も聞くけど」。コービーは大学へ進学して、1年プレーしたのち、プロ入りする。彼は優秀なシックスマンになり、ジャーニーマンとしてNBAで良い選手になる。きっと素晴らしい人生になることだろう。モンスキーは高校四年生当時から、ずっとそう思い込んでいた。

「エヴ」とコービーは言った。「俺はリーグ入りしようと思ってる」。

「いや、だからマジで」とモンスキーは答えた。「ラサールかデュークのどっちなんだ?」。

「いや、マジだ。俺はリーグ入りする」

ダウナーが笛を吹き、練習を始めるために選手たちをハーフコートに集めた。コービーは小走りにかけていき、モンスキーはそこに一人残された。自分の友人に対する期待値と、コービーが平然と驚くべき事実を認めたこととの折り合いをつけなければならなかった。ガードが直接NBA入りするなんて聞いたことないぞ。ケヴィン・ガーネットは高卒でリーグ入りしたけど、彼はガードじゃない。そんなの聞いたことないし、コービーのように成績優秀な選手ならなおさらだ。それに、なんでそんなことをするんだ? 大学はこんなに楽しいのに!

その時、トリートマンはコービーの言ったことを聞いていた。本能的に体育館を見渡して記者がいないか確かめ、いないことを確認するとホッとため息をついた。コービーの意思発表を手助けする準備は、彼にはまだできていなかった。何年もメディア、特にテレビで働いていたおかげで、正式な発表を忘れがたいものにするには、舞台、話題作り、劇的な展開などの装飾が必要だということを理解していた。しかし、モンスキーにああやって話したとはいえ、コービー自身はトリートマン以上にそのことを理解していた。

ビーチボール・クラシックの数週間後、ジャリッド・ギブソンは父親のコンパック社のコンピュータの電源をつけた。コービー・ブライアントに手紙を書こうと思ったのだ。びっしり13ページも書くと、父親に読み返すように頼んだ。「そうだな」と、ウェスリー・ギブソンは息子に言った。「ちょっと要約しようか」。

その数ヶ月後、居間の暖炉の火が踊るのを背に、コービーはブライアント家の床に寝転び、ESPNで放送された長いインタビューを見ていた。そのインタビューは15分間放映された。コービーはイタリアで過ごした子供時代、彼が受けた教育の重要性、そして人に「コービー、君はいい人だ」と言われるのを切望していることについて話した。大学へ進学するのか、NBA入りを目指すのかはまだ発表していなかった。「よく集中して考えてから決めなければならないことです」と彼は、まるでまだ決断していないかのようにインタビューで答えていた。

インタビューの途中で、ESPNはビーチボール・クラシックのプログラムの表紙を画面に映した。コービーがジャンプショットを打つ写真が、ページの下三分の二をほぼ埋めていた。「それで」とカメラが再びコービーを映すと、インタビュアーが尋ねた。「この青年にはどこで会ったんですか？」

「サウスカロライナです」とコービーは答えた。「マートルビーチ」。

「彼の名前は？」

「ジャリッド・ギブソンです」

「君のファン？」

「そうです」

「大会で出会って、あとで手紙をもらったと？」

「素敵な手紙でした」

「なんて書いてあったんですか？」

するとコービーは手紙に目を落としてそれを読み上げた。

親愛なるコービーへ

最近どうですか？　この手紙を受け取るあなたが最高に健康であることを心から願っています。あなたがビーチボール・クラシックで見せた素晴らしい活躍と、その人間性に感謝したくて、手紙を書いています。僕の名前はジャリッド・ギブソンで、あなたの周りをずっとウロチョロしていたペンシルベニア出身の子です。

コービー、あなたの側で過ごした短い時間は、僕の人生に選手としてだけではなく、人として、多大なる影響を与えたことを伝えたいと思いました。あなたは飾らず、親しみやすく、ファンにも気軽に接してくれました。でも僕が一番尊敬するのは、あなたがSATで1000点を取ったことと、父親との特別な絆です。それは、富や名声で買えるものではありません。あなたは人生というゲームで、完璧な札を配られました。あなたは頭が良く、愛する家族もいて、バスケットボール選手としてとても才能があります。人生という虹のふもとには金の入った壺（※アイルランドの迷信）があなたを待っています。それを掴み取ってください。でも次の三つのことを、どうか覚えていてください。一つ目は、神様と家族にはいつも感謝すること。二つ目は、あなたが成功するためにした努力と、そのまま成功し続けるためにする努力のこと。三つ目は、あなたがスターの座を手に入れるのを最初の頃から応援していた、僕らのようなファンを忘れないこと。

何者かになろうと、僕に刺激を与えてくれたように、あなたの影響を受ける人はこの先、何千人もいるでしょう。これからも、謙虚でいてください。これからも、集中力を絶やさずに。これからも、リアルでいてください。

ジャリッド・ギブソンは、後に父親と同じように空軍へ入隊した。当時マートルビーチでコービーと出会って以来、ふたりは連絡を取り続けた。手紙や、二週間に一度、ロサンゼルスからジャリッドへ五分程度の電話がかかってきたり、サイン入りのボールやハガキやレイカーズのジャージがサウスカロライナに届いた。「もし誰かのようになれるとしたら、彼のようになりたい。」とジャリッドは言った。２００１年初頭にコービーがレイカーズで最初のチャンピオンシップを手に入れるまで、二人は連絡を取り続けた。「彼が一旦マンバになったら、連絡は途絶えてしまった」とウェスリーは言った。コービーは新しい誰かに、もっと成熟した誰かに、別の誰かになっていて、この関係を自分の未来へと持ち込まない決断を下した。この先、彼が置き去る過去は、これだけには止《とど》まらなかった。

15

落ち着け、俺に任せろ

誰かにできるはずがないと言われると、わざわざそれを、しかも信じられないようなやり方でやってみせたくなるんだ。

——コービー・ブライアント

バスの後ろの方に座るコービーと、教室の前の方に座るコービーは実に対照的だった。チームがアウェー戦へと移動するバスの中は、静かなひそひそ声の会話や試合前の作戦について話すざわざわとした声と、バスのシューっというブレーキ音やディーゼルエンジンが唸る音といった雑音が混ざり合っていた。コービーも他の選手同様、厳粛な雰囲気を醸し出していた。ヘッドフォンをつけ、顔は無表情で、もはや水路を渡る時にパニックを起こして慌てることもなかった。いまは勝つべき試合があり、誰しもそれ以外のことを考えるべきではなかった。しかし、一旦対戦相手の体育館に着き、彼らをコテンパンにしてしまえば、エイシーズはウィンウッドへの帰り道で羽を伸ばし、自分たちらしく振る舞うことができた。運転手の近くでは、トレーナーのジミー・カイザーマンがかつてビッグ・イーストでガードとしてプレーしたことについて、もしくはマイアミ大学で本物のフラタニティ（※大学における男子の社交団体で、パーティーを主催することも多い）・パーティーに行くのはどんな感じかについて話していたかもしれない。コービーとジャーメイン・グリフィンというチームの中心的存在だった二人は、最後列に座っていた。「コービーとダン・パングラジオがスター選手で、ジャーメインはチームの魂のような存在だった」とデイヴ・ローゼンバーグは語った。ブレンダン・ペティットとロビー・シュワルツは、チームのお笑い担当だった。オーラル・ウィリアムズのあだ名は「サージ（軍曹）」だった。デイヴ・ラスマンには、クールでハリウッド的なところがあった。カリーム・バークスデイルはチームが勝つたびにコートでバク転を披露した。ローゼンバーグとフィル・メレットは成績優秀で、常にハッスルを見せるベンチ要員だった。コービーとグリフィン、他にエモリー・ダブニー、オマー・ハッチャー、ウィリアムズ、キャリー・ウォーカー、バークスデイルといった黒人の選手たちは、お互いにラップバトルで競い合った。１９９６年の2月中旬にフージーズが"The Score"をリリースすると、ウィリアムズは大型のＣＤラジカセをバスに持参し、そのアルバムのレゲエとラップのグルーヴ感と自信にあふれるリリックは、すぐにチーム全体のサントラになった。

昔は10番目だったけど
今では常にナンバーワン

彼らもまたずっとトップに君臨し、誰にも引き下ろされることはないように思えた。スワンプ・フォックス・モーテルでダウナーにこってり絞られた後、再度集中力を取り戻したエイシーズは、レギュラーシーズン最後の15試合に勝ち、フィラデルフィアのバスケットボール界で一番の人気アトラクションになりつつあった。「全国的にも噂を耳にするようになった」と、１９９５−96シーズンにガードとしてリドリー高校でプレーした当時二年生のジャック・マグローンは振り返った。「セントラル・リーグの他のチームがコービーと対戦して、体育館が満員になったなんて話を聞くようになった。新聞記事や、SLAM誌にも取り上げられていた」。そのシーズンで初めて、リドリー高校がローワー・メリオンでエイシーズと対戦する前に、グリーン・レイダーズ（※リドリー高校のチーム名）のアシスタントコーチ陣がチームに「いいか、コービーがダンクして、観客が大騒ぎをしても、たったの2点だということを忘れるな」と伝えるのを聞いたマグローンは驚いた。「コービーがダンクした時の心の準備をするように、ということだったんだ。もしダンクをしたら、ではなく」とマグローンは言った。「通常なら、高校生相手に心配するようなことではなかった」。リドリー高校と対戦した二試合で、コービーは16点差の勝利で29得点、そして15点差で勝った試合では27得点を記録した。だが、マグローンとリドリー高校のチームメイトたちにとっても、そのシーズン中エイシーズと対戦した全てのチームにとっても、さらに言えばコービーのチームメイトたちでさえ、一番記憶に残ったのは、彼と一緒にプレーするという体験そのものだった。地域間のライバル対決は盛り上がりはしたものの、コービーが町にやって来たときの期待感やワクワクした空気とは比べ物にならなかった。注目の集まる大舞台で、観客がすべてのポゼッションで立ち上がり、選手が簡単なレイアップを決めるだけでも大歓声が上がった。サインをねだる子供達や、時には大人も混じってコービーがロッカールームから出てくるのを並んで待っていた。それは決して忘れられない体験だった。「スポーツをやっていれば、夢にみるようなことだ」とマグローンは言った。「僕はそれを二度も経験することができた。彼の名前が書いてある紙切れなんかよりも、ずっと貴重だ」。

コービーとエイシーズは、まるでティーンエージャーのバスケ怪獣であるかのように行く手を阻むものをすべて破壊していたせいで、マグローンのような選手やチームはそういった夢を叶えるだけで満足しなければならなかった。15連勝したうちの14試合は10点以上の差をつけており、七試合は28点差以上で勝利していた。マープル・ニュータウン高校に95対64で圧勝した際のコービーは、第4クォーター残り四分でグレッグ・ダウナーがタイムアウトを取った時、すでに48得点を挙げていた。「よし」と彼はコービーに向かって言った。「あと1本だけ決めろ」。50点というキリの良い大きな数字だ。そうすればダウナーは、残された時間でコービーを座らせ、相手に情けをかけることができる……。ところが次にコービーがしたのは、できるからというだけの理由で完璧なパスを五つ出し、チームメイトたちが五本決める手助けをすることだった。ダウナーは再度タイムアウトを取るはめになった。「お前は48点も取っているんだぞ！」とコーチはスター選手相手に怒鳴った。次にエイシーズにボールが渡ると、コービーはレイアップを決めて、ようやく席についた。「まったく、あいつはとんでもなく頑固なときがある」とダウナーは後で言った。

実際、コービーには頑固なところがあった。地区と州のプレーオフが始まると、コービーはエイシーズの展望について心配することもなく、自信に溢れていた。一方で、ダウナーはどんな試合だろうと、結果がどうであろうと、そうそう無頓着でいることはできなかった。バレンタインデーの頃になると、ダウナーのキャリアにおける将来の雲行きが怪しくなった。エピスコパル・アカデミーの校長であるジェームズ・クロフォードに呼ばれたダウナーは、コービーとローワー・メリオン高校に費やす時間が多すぎて、エピスコパルへの責任を果たすことができなくなっているため、その学年度が終わったら解雇すると告げられたのだ。「どういうことですか？」とダウナーは反論した。「コービーに関しては、最後まで見届けないといけないことは伝えたはずです。そのことは、まず最初にお伝えしました」（クロフォードは、会話の内容を覚えていなかったと後に語っている）。１９９６年の地区大会と州大会の両方か、いずれか一方で優勝を果たすことができなければ、ダウナーの評判やバスケットボールコーチとしての将来がどうなってしまうかは、言うまでもなかった。四年間コービー・ブライアントを抱えながらも、優勝さえできなかったら？　しかしコービーにとって、そんなことはあり得なかった。「コーチ、落ち着けよ」と彼はダウナーに言った。「俺に任せろ」。彼はチームメイトたちにも同じことを言った。「俺たちはまだ高校生だ。まだ若い。まだまだ先は長い。楽しもう。バスケをしよう。俺たちはいいチームだ」。コービーは「『エモリー、オマー、バター、俺たちがどれだけ良いチームかわかっているか？　もっと笑って、楽しめよ！　心配するなって、俺に任せろよ』と彼らに伝えたんだ」と、かつて言ったことがあった。「よく彼らに冗談を言ってふざけていたんだ。試合前に緊張していたりするから、『落ち着け、俺に任せろって』と伝えて。いいやつらだった。それでちょっとリラックスしていた。練習が続くと、だんだんみんなも競争心が激しくなっていった。それでみんな気が楽になって、『俺たち、優勝できるよ』と思えるようになった」。さらに、マートルビーチに遠征する前のような自己満足に再び陥るような選手がいた場合は、それに対する回答も持ち合わせていた。ダブニーは股関節の怪我をして、走るたびにまるでジッポライターの火花のように痛みを感じていたが、コービーはほとんど同情することなく、痛みがあっても走れなくなるまで全力でプレーすべきだと伝え、ダブニーはそれに従った。落ち着け、俺に任せろ。

アトランティック10カンファレンスでの1シーズン目を重い足取りで進めていたラサール大学エクスプローラーズは、全国の強豪校ランキングにランクインしていたヴィラノヴァ大学と2月12日に対戦する前に、すでに22試合中の17試合に負けていた。スピーディー・モリスの契約は残り一年となっていて、彼と失業の間に立ちはだかるのは地球上でたった一人、コービー・ブライアントだけだという人々の認識は変わっていなかった。ヴィラノヴァ大との試合の一時間以上前、スペクトラムの建物の奥深くで、モリスはフィラデルフィア・インクワイアラー紙で長年スポーツ記者を務めるビル・ライオンに出くわした。

「調子はいかがですか?」

「どうにか生き延びているよ」

「文字通り?」

「ああ」モリスはそう言うと、シャツの襟を引っ張った。「縄の跡が見えるだろ?」。

その晩、ヴィラノヴァ大はラサール大を90対50で破った。それはモリスのコーチとしてのキャリアで最もひどいシーズンに、最も大差で負けた試合となった。記者席から観戦していたライオンは、洪水の水が足元に押し寄せている時にこそ、その人を支持するのが正しくて勇気のあることだという結論に達した。モリスが解雇されるという噂や憶測が飛び交う中、ラサール大は寛大な心で彼を支えるべきだという1012語のコラムを執筆した。

「スピーディー・モリスの将来は、いまではコービー・ブライアントの決断次第だと一般的には思われている」とライオンは綴った。「これこそがコーチという職業の、バカバカしくも苦しいところである。ほんの17歳の大人とも言えないような人物に、自分と自分の家族の運命を握られているのだ」。

翌朝、インクワイアラー紙のスポーツ面の第一面にそのコラムが掲載されると、ライオンの自宅の電話が鳴った。モリスの妻、ミミだった。彼女は涙ぐんで言った。

「ありがとうございます」


教室の前の方にいる時のコービーは、コート上やチームメイトたちと一緒の時のコービーほど自信はなかった。彼はジーン・マストリアーノが春学期に教えていたスピーキング・アーツという選択科目を受講することについて彼女に打診していた。それは一学期のコースで、スピーチや劇的独白について学び、書き、実際にそれを行い、お互いを批評するという内容だった。マストリアーノ曰く、そのコースの目的は生徒たちに「観衆を理解し、観衆の心を動かす方法を理解し、自分が何を達成したいのかを理解し、柔軟性を持ってそれに取り組むこと」を教えることだった。

コービーがその授業に申し込んだのは、後々役に立つからという理由だけではなかった。今すぐに必要だったのだ。ＥＳＰＮとＰＲＩＳＭというフィラデルフィアのケーブル局の撮影隊が、アメリカで一番有名な高校バスケットボール選手の日常生活をドキュメンタリー形式で報道するために、校内で彼の後をつけていた。マストリアーノのクラスがヌトザケ・シャンゲ（※黒人フェミニスト。劇作家であり詩人）の『死ぬことを考えた黒い女たちのために』の上演を観劇しに行った折には、生徒たちと劇場の席につき、会場が暗転して幕が上がろうとした時に、観客が皆、舞台ではなくコービーを一目見ようと振り返っていることに気づいた。マストリアーノはこの時初めて、彼女の自慢の生徒に対する人々の関心がどれほどのものかを少し感じ取ることができた。「それが改めて強調されたのは、私たちが帰るときでした」と彼女は後に語った。「彼をバスに乗せることは不可能でした。人が押し寄せて、もみくちゃにされていたんです」。

コービーはそのように世間に注目されることには慣れていた。ところが、スピーキング・アーツの授業では、自分をもっとさらけ出す必要があった。静かな教室の中、自分が演者として最も優れているわけでも、熟練しているわけでもない状況で、同級生たちの前に立って彼らの一人一人に評価されなければならなかった。自分についてのスピーチという課題で、コービーは黒板の近くまで歩いて行くと、大きめの白いフリースの上着が被さるように光沢のある紺色のアスレチックパンツのポケットに両手を突っ込み、自分について四分半話した。緊張して重心を左右交互に移したり、前後に揺れたり、口の左右から舌を出しながら、ちょうど良い言葉を探しては数秒ごとに口をつぐみ、それでも「えー」や「あー」などと言ってしまうことはなかった。

「僕の名前はコービー・ブライアントです。17歳です。幸運なことに。アメリカのいろんな場所だけでなく。ヨーロッパに住むこともできました」

彼はクラスに向かって、ローワー・メリオン高校に来た当初は孤立していると感じたこと、バスケットボールをすることで日々を過ごし、時間をつぶしたことを話した。

「自分にとって、それは最高の結果をもたらすことになったと思います。一人で体育館で過ごすことで。自分がなり得る最高のバスケットボール選手になるための。渇望やモチベーションや欲求を見いだすことができたからです。そして今、ここにきて僕は……大きな決断を迫られています。大学に行くか。このままNBAへと進むかです」

決断をするにあたって一番困ったのは、通りを歩いていたりショッピングモールにいるような時に、赤の他人に止められ、どうすべきか意見されることだった。しかし、そういった一方的なアドバイスや助言を避けられないことは理解していた。

「僕は今までたくさんの人のことを尊敬してきました。マジック・ジョンソン、マイケル・ジョーダン、エミット・スミス。マイケル・ジャクソンやジャネット・ジャクソンのようなエンターテイナーもそうです。でも僕が一番尊敬しているのは。母と父です」

コービーはスピーチを終えると席につき、カメラの一台に向かって、半分冗談、半分は本気で額の汗を拭いて「ふう」とため息をついた。生徒たちは意見を述べた。彼が体を揺らしていたのは気にならなかった。彼には情熱があると思った。彼の癖についても指摘した。人がぎこちない沈黙を避けるために笑うように、コービーは笑った。スピーチの一分ほどの時点で、コービーは父親がＮＢＡを引退し、イタリアでのキャリアを始める決断をしたことについて話した。「八年目に、父は次のことに切り替えるのが最善だという判断をしました……別の場所で才能を発揮することを選んだのです」。その言い回しについては、クラスの誰も反応することはなく、特に何とも思わないようだった。

ポストシーズンが近づき、ローワー・メリオン高校が第一地区の優勝候補だけでなくペンシルベニア州のＡＡＡＡクラスの州大会優勝候補として本命視されるのが確実になると、グレッグ・ダウナーは選手たちに十分なモチベーションがあるのを確認することにした。コービーに関しては、いかなる試合や状況でも、それを軽視したり、ことの重大さを理解しないという心配をする必要はなかった。しかし、他の選手たちは、そうとは言い切れなかった。ローワー・メリオン高校は１９４３年以来、州大会優勝を果たしていなかった。そこで彼はあることを思いついた。

ヴィラノヴァ大学は、今年も地区大会決勝戦の開催場所になっていたパビリオンを、練習用にエイシーズに貸し出すことに同意した。その練習の前日、ダウナーはジェレミー・トリートマンに課題を与えた。それは、ローワー・メリオン高校とペンシルベニアの西側のどこかのチームとの架空の決勝戦を実況して録音するというものだった。ダウナーは、州大会の決勝戦でプレーし、優勝するのはどういうことなのか、選手たちに味わってもらおうと思ったのだ。「我々がこれから何を成し遂げようとしているのか、あいつらにはまだわかっていないと思う」とトリートマンに伝えた。

その晩、トリートマンは言われた通りにした。インクワイアラー紙で記者をしていた頃にインタビューで使用していたマイクロカセットレコーダーを取り出した。相手には、前年に州大会決勝戦に出場したウィリアムズポート高校という、選手たちに響くようなチームを選んだ。彼は実況を始めた。「みなさん、こんにちは。ようこそ、ハーシーパーク・アリーナへ……」

完全にトリートマンの想像で作り上げられたその架空の試合は、一時間に及んだ。エイシーズの全選手が試合に出場した。コービーが最後にジャンパーを打ち、試合は終了した。

翌日ヴィラノヴァ大で、ダウナーはコートの真ん中に選手を集めて座らせると、トリートマンにそのテープを最後まで再生させた。ほとんどの選手がニコニコしながら笑ったり、歓声をあげたりしていた。トリートマンがコービーの方を見ると、彼は黙ったまま、録音に釘付けになっていた。「コービー以外の選手たちに、より効果があったんじゃないかと思う」とトリートマンは後に言った。「コービーが思い描いていたように、彼らは優勝するところを思い描いていなかったからね」

ダウナーは、再生が終わると、選手たちの歓声が静まり、パビリオンが完全な静寂に包まれるのを待った。

「さて」と彼は言った。「試合を始めよう」。

ダウナーがモチベーションを上げるために用意した作戦は、そのテープだけではなかった。彼はエイシーズの練習着の後ろに27と53という数字をつけさせた。その数字の理由は明らかだった。彼らは前年の地区大会決勝戦でチェスター高校相手に27点差で負けていて、ローワー・メリオン高校が州大会優勝を果たしたのが53年前のことだった。「みんなにはっきりと伝えたかったんだ」とコービーは言った。「チェスターにも『俺たちはここにいる。去年は去年だ。今年はまた新しい年だ。だからお前らもよく準備して、全力で来い。でなければ、俺たちがぶっつぶしてやる』というメッセージを送りたかったんだ。俺たちはビビってないし、あいつらに威嚇なんかされないというメッセージでもあった」。しかし、チャンピオンシップを目指すローワー・メリオン高校を脅かすのは、地区で第一シードのクリッパーズだけではなかった。コーツヴィル高校はそのシーズンたったの一敗という記録で第二シードにつけていた。エイシーズは第三シードだった。

チェスター高校相手に大敗したことが、今でもコービーをいかに蝕んでいるかを知っていたトリートマンは、練習前のシュートアラウンドを利用して、そのことについてわざとつつくことにした。ペンシルベニアの地区大会と州大会はそれぞれが独立したもので、前者の準々決勝に進出することで、後者への出場権を得ることができた。つまり、ローワー・メリオン高校が途中でチェスターまたはコーツヴィル高校を倒して地区大会に優勝しても、州大会でそのうちどちらかに負けるということもあり得た。チェスター高校のジョン・リネハンや、コーツヴィル高校のリップ・ハミルトンとの友情とライバル関係を考えると、もしそうなった場合コービーが耐え難い思いをするのは間違いなかった。それもあってトリートマンは、彼らのような手強い相手とプレーオフで一回以上対戦する可能性について、コービーがどう考えているのかを探りたかった。

「リネハンたちはなかなか強いよね」とトリートマンは言った。

「あんなやつら《ニガー》怖くないよ」とコービーは答えた。

その発言に、トリートマンはたじろいだ。これまで自分がうぶだっただけかもしれないが、コービーがその言葉を使うのを聞いたことがなかった。彼はどう答えていいかよくわからなかった。

「コーツヴィルは?」とトリートマンは尋ねた。

「あのニガーたちも怖くなんてない」

何を恐れることがあるだろうか? エイシーズは地区大会のプレーオフの最初の二試合をそれぞれ27点差で勝ち、アカデミー・パーク高校相手の二戦目でコービーがスリーを七本決めてまたもや50得点を記録すると、ニューヨーク・タイムズ紙のアイラ・バーカウというスポーツコラムニストは興味を持ち、話題の選手を自分の目で見てみようとフィラデルフィア郊外へ出向いた。ノリスタウン高校相手の準々決勝ではコービーを苦しめることのできる長さと素早さのある選手が揃っていた。コービーは24本中19本のシュートを外し、試合時間が残り1分10秒の時点でファウルアウトしてしまい、四年生のシーズンで唯一のひどい試合をバーカウに見せることになった。後にダウナーは、その試合でのコービーのシューティングは、彼が見た中でも一番ひどいものだったと語った。コービーは、その後何日か経っても自分のお粗末なプレーに苛立っていたが、その理由は、ノリスタウンの選手たちに、コービー本人のせいではなく自分たちがコービーを止めたのだ、という印象を与えてしまったと感じたからだった。「彼らに『コービー・ブライアントを止めてやった』と思われたくなかった」と彼は言った。「州大会が始まった時は、あいつらにどんどん勝ち上がってほしいと思った。そうすれば、また対戦することができる。俺が50、60点ぐらい取って『お前らのせいじゃない、自分でやったことだ』と証明することができるからね」。

ノリスタウン高校との試合は、エイシーズにとって不幸中の幸いとなった。コービーのプレーはひどかったものの、チームは生き延びることができた。マートルビーチでの悪夢をとうに乗り越えたダン・パングラジオは、第4クォーターでスリーを四本沈め、エイシーズは60対55で逃げ切った。もし彼らが負けることがあるとしたらその試合だったはずだが、彼らは負けなかった。彼らはこの四日後にコーツヴィル高校と対戦することになっていた。もう片方の準決勝の試合はチェスター高校対プリマス・ホワイトマーシュ高校だった。シャワーを浴びてユニフォームを着替える前に、ローワー・メリオン高校が再びパレストラでプレーするということをひしひしと実感したコービーは泣き出した。「今年が始まった頃は、見通しはだいぶ曇って見えた」と彼は言った。「どうなるかわからなかった」。落ち着きを取り戻し、ロッカールームをあとにすると、コービーと一緒に歩きながらメモを取っていたバーカウに一言「前進あるのみ」と伝え、バーカウが見る中、ジョーにハグをしてバッグを肩にかけると、チームメイトたちと一緒に騒がしいバスに揺られてウィンウッドへの帰路につくために、小走りに走って行った。バーカウはのちにコービーのことを「シュートが冴えない試合でも、自分の才能に対する適切な自信と、人生に対する喜びに溢れた青年」と形容した。

「彼はとんでもなく自信があった」とトリートマンは後に言った。「個人的には、彼は手に負えないほど自分に自信を持っていると思った。僕自身はそういう生き方をしていないので、彼から学ぶことはたくさんあった。僕が出会った中で、いかなる分野においても彼ほど自信に満ちた人はいなかったし、今でもそう思っている」。

バスケットボールコートでもなく、教室でもなく、ティーンエージャーとしてのコービーが最も不安そうにしているところを見たければ、彼が綺麗だと思っている女の子と同じ部屋に入れればよかった。自分の名声とルックスのせいでモテることは理解しつつも、典型的な高校生のジョック（※いわゆる体育会系の人気スポーツ選手）のようにそれを利用することを拒否していたコービーは、女友達といる時は、親しみのこもった遊び心と礼儀正しさの間を行き来することができた。シニア・プロムが近づくと、コービーはカトリーナ・クリスマスに一緒に連れて行く相手について助言を求め、クラスの女子の名前を挙げてはクリスマスの意見を尋ねた。「彼女はどうかな？　あの子を誘うべき？」。彼のガールフレンド的存在だったジョセリン・エブロンを誘うのが一番理にかなっていたかもしれなかった。ところが……。

「そこで僕がクリステン・クレメントを紹介したんだ」とトリートマンは言った。

クリステン・クレメントは、フィラデルフィア近郊の女子バスケットボールにおけるコービー・ブライアントであると言っても過言ではなかった。ローワー・メリオンからたった13キロほど離れたデラウェア郡にあるカーディナル・オハラ高校のガード兼フォワードで、キャリア通算2000点以上を記録し、チームを三度フィラデルフィア・カトリック・リーグ優勝へと導き、後にテネシー大学でコーチのパット・サミット（※引退当時、大学バスケットボール史上最多の勝利数を記録していた名コーチ）の下でプレーした。彼女のあだ名は「エース」で、フィラデルフィア・フライアーズ（※フィラデルフィアのプロアイスホッケーチーム）のスター選手であるエリック・リンドロスとの噂があった。そのちょっとした地元の噂話のおかげで、コービーほどではないかもしれないが、平均的な高校生アスリートよりも目立った存在となり、認識されやすくなっていた。トリートマンは『ザ・インクワイアラー高校スポーツショー』でクレメントを取り上げたことがあり、コービーに彼女のことを伝えた。「オハラ高校にいる美しい子で、素晴らしい選手だ」。

「ジェレミー」と、ある日コービーは言った。「エースを観に行こう。次の試合はいつだ？」。

「2月11日、僕の誕生日だ」とトリートマンは答えた。

そういうわけで、トリートマンは30歳の誕生日の午後をオハラ高校の体育館の観覧席で、コービーの隣に座って過ごすことになった。「試合の最後でクリステンは振り向くと、こちらを二度見した」とトリートマンは振り返った。「『あら、こんにちは』といった具合に。二人が電話番号を交換するのを見たけど、単に友達としてだと思っていたんだ。ところが、気づいたら行く先々で彼は公衆電話を使ってクリステン・クレメントと話していた。それ以降、彼女はうちのすべての試合を観に来た。バスから歩いて来るときは腕を組んでいたよ」。

二人の芽生えたばかりのロマンスには、世間の目に晒されるような生活を送る者に本質的について回る困難が待ち受けていた。ある晩、クレメントも観戦したエイシーズのアウェー戦の後で、チームバスを降りながらコービーはロビー・シュワルツのところにやって来た。コービーはその晩アードモアのレストランでクレメントと会う約束があり、彼女は友達を連れて来ることになっていた。

「お前も来る?」とコービーは尋ねた。

「もちろん!」とシュワルツは答えた。

レストランに着くと、コービーがなぜこのダブルデートに彼を誘ったのか、シュワルツはすぐに理解した。「周りを見渡すと、みんなが僕たちのブースをじろじろ見ていたのを覚えているよ」とシュワルツは言った。「その晩、僕は多分10個ほどしか言葉を喋らなかったんじゃないかな。『二人きりを避けるために来て欲しい』ということだったんだ」。コービーが付き添いを求めるのを責めることはできなかった。そうでもしなければ、どうやってまともな社会生活を送ることができただろうか? 「バスケットボールが彼の人生の99%を占めていたとはいえ、彼は全国一の選手として可能な限り普通の人間だったんだ」とシュワルツは言った。「世間の人は彼の前では態度を変えた。もし誰かを紹介されたとしたら、例えば『あそこにローワー・メリオン高校でバスケをやっているやつがいる』と言って、初めて僕と出会ったとしたら、挨拶をして普通に振る舞うはずだ。でもコービーに対しては決して誰も普通に振る舞うことはなかった。バカなことを言ったり、どうしていいかわからなくなるんだ。ただ挨拶すればいいだけなのに。あいつだって普通のやつだったのに」。

春になれば、普通のシニア・プロムで普通の体験をすることになる、普通のやつのはずだった。

スピーディー・モリスを庇ったビル・ライオンの記事がインクワイアラー紙に掲載されてから二週間と一日経った2月27日、ラサール大学は記者会見を開き、運営陣がモリスの契約を１９９９年まで二年間延長したことを発表した。「あの記事がなかったら、契約延長はなかった」とモリスは振り返った。「それは確かだ」。

その記者会見では、その晩パレストラでコーツヴィル高校相手に第1地区の準決勝を控えたコービー・ブライアントの名前は挙がらなかった。

16

トンネル

もちろん、いつか一緒に話をしたいと思っているし、願わくばアドバイスももらいたい……彼の記録をすべて破るためにね。

——マイケル・ジョーダンについて語るコービー・ブライアント、１９９６年

リップ・ハミルトンは、今まさにチャンスを目の前にしていた。それはもしかしたら、自分がコービー・ブライアントよりも優れていることを証明する最後のチャンスかもしれなかった。四年生として再び第一地区の準決勝戦のためにパレストラのフロアに足を踏み入れた彼に、自分自身と、友人である対戦相手の将来に何が待ち受けているかは、知りようがなかった。彼には愛情と尊敬の念、そして健全な意味で恐れを抱くようになっていた。体育館は通路にも観客が溢れ、建物は震えて揺れていた。以前シクサーズのヘッドコーチを務め、今では選手人事のディレクターになっていたジーン・シューもその場にいた一人で、ローワー・メリオン高校とコーツヴィル・エリア高校の対戦を観るためにコートの近くに座っていた。9千人、もしくはそれ以上の大勢の人たちが狭い空間にぎゅうぎゅう詰めになっていて、両チームの選手全員が「驚いていた」と試合後にコービーが言うほどだった。恐らくハミルトンでさえ、キャリアを続けるうちに当たり前になっていったようなこの状況に慣れるのに、当時は数分を要したはずだった。つい二週間前に彼はコネチカット大学でジム・カルフーンの下でプレーすることを口頭で表明したばかりで、そのカルフーンも試合を観るためにパレストラの観覧席に座っていた。チームに加入予定のこの新人が、高校バスケットボールで与えられる最大限のプレッシャーにどう対処し、コービーの影からいかに踏み出すことができるかを観に来ていた。その後、お互いのキャリアの大半を通して、ハミルトンはコービーの影で過ごすことになった。ハミルトンは、コネチカット大学での三年とＮＢＡでの14年間で、コービーを超える一面も確かにあった。コービーは自分自身にその機会を与えなかったとはいえ、ハミルトンはコネチカット大学に進学することで、1999年にNCAAの全国大会で優勝を果たしていた。そして、NBAでも一度優勝を果たした。もちろんコービーは五回優勝したとはいえ、いずれもその相手はハミルトンではなかった。2004年のファイナルで対戦し、ハミルトンのデトロイト・ピストンズがレイカーズを五戦で倒した時の彼は、コービーと同様か、それ以上の力を見せた。フィールドゴールのシュート成功率、スリーポイントのシュート成功率、平均リバウンド、平均アシストの全てでコービーを上回り、ついに彼とのライバル関係において満足する結果を得ることができたのだった。

そして今、彼にチャンスが巡ってきた。コービーを追い詰めていたのだ。ローワー・メリオン高校は第3クォーターを終えた時点で10点リードしていた。エイシーズはそのほとんどをコービーにアリウープを投げるか、彼にボールを渡してハーフコートの四隅に散らばり、その時コービーを守っていたコーツヴィル高校の選手相手に彼が1オン1をすることで得点していた。コービーは後にハミルトンのことを「個人的な決闘のようなもの」だったと語った。「あいつが俺といい勝負で、俺が手こずると言っている人がたくさんいた。そういうことを言われると、正直、ちょっと笑ってにっこりしながら頭の中で『あいつのことはぶっ潰せる』と思うんだ」。しかし、第4クォーターが始まって三分でレッド・レイダーズはエイシーズに追いついた。ハミルトンのチームメイト、ジョン・ヘンダーソンがレイアップを決めると、三分を残した時点でコーツヴィルの6点リードとなった。一度目の対戦……コービーはあの25フィート（※約7．6メートル）

のスリーと、6フィート（※約1．8メートル）のブザービーターを決め、ハミルトンは彼を倒すことができなかった。二度目の対戦……コービーはファウルアウトしたにも関わらず、ハミルトンは彼を倒すことができなかった。これだ。今回こそが、その時だった。

しかし、今回もその時ではなかった。エモリー・ダブニーがスリーを沈め、さらにスティールからレイアップを決めて、エイシーズは1点差まで追い上げた。コービーはコーツヴィルのディフェンスがオープンになっているスペースを見つけた。よりによって、コービーがオープンスペースを見つけるなんてあり得るだろうか？　そして1分43秒を残してダンクをぶち込み、エイシーズは再びリードを取り戻した。最後の一分でジャーメイン・グリフィンは4得点を挙げた。「パレストラみたいな場所は他にない」と、70対65で勝利した試合で29得点を記録し、ハミルトンを16得点に抑え、チェスター高校との地区大会決勝戦をお膳立てした後でコービーは言った。「これは人生にまたとないチャンスだ」。

それをハミルトンに言う必要はなかった。コービーと初めて対戦した後で、ハミルトンはそれまでに自分と同じポジションでプレーし、自分よりも得点を挙げ、同時に試合にも勝った対戦相手など、いなかったことに気づいた。コービーがそれを成し遂げたのは今回で三度目だった。

ハミルトンは試合後にコービーに尋ねた。「なんでお前と対戦するたびに俺は負けるんだ？」。

コービーは笑った。「さあな」。リップ・ハミルトンが２００４年のＮＢＡファイナルで、自分とコービー・ブライアントの間に何かしらの均衡を感じることができるまで、八年かかった。コーツヴィル・レッド・レイダーズにとっては、それは八年遅すぎた。

ローワー・メリオン対コーツヴィルは準決勝の一試合目だった。二試合目で、チェスター高校はプリマス・ホワイトマーシュ高校を65対45でなんなく倒した。

チェスター高校コーチ、フレッド・ピケット：「コービーがあれだけの賞賛を浴びることは喜ばしいことだ。彼がオールアメリカン（※マクドナルド・オールアメリカン）に選出されたことも祝福する。でも、我々は彼を止めてみせる。確実に」

チェスター高校フォワード、グレッグ・ホルマン：「彼は素晴らしい選手だが、所詮我々と同じ人間だ」

チェスター高校ガード、ブライン・ファー：「我々は彼のことを狙うつもりだ。彼を苦しめてみせる」

エイシーズがコーツヴィル高校に勝ってからチェスター高校と再戦するまで二日間の登校日と一度の練習があり、コービーやチームに対する周囲の期待や要求が高まるのにも48時間あった。アスレチック・ディレクターのトム・マガヴァーンは昼休みにカフェテリアで生徒の素行を一時間見張るのが日課となっていて、それはコービーの昼休みとも被っていたが、以前とは違った騒ぎが彼の注意を引くようになっていた。カフェテリアは一階にあり、高い格子状の窓の外では、ほんの7メートル半ほど離れたところにある校庭の野球場に、記者やテレビのカメラ隊やフォトグラファーが肘を突き合わせて並んでいた。この頃にはマガヴァーンは報道関係者が校内に立ち入るのを禁止するようになっていたが、彼らはコービーが食事をしなければならないことはわかっていた。そこで、彼らはその場所に陣取り、まるでコービーが動物で、自然生息地にいるところを覗いているかのように、彼の映像や写真を撮っていた。「ジョックたちが集まるテーブルがあった」とマガヴァーンは言った。「彼はそこに座ることもあったけれど、毎回ではなかった。クラスで知っているような生徒と一緒に座ることもあった。あの歳にして、彼のあの身のこなしは目を見張るものがあった。カメラに追われていても、一切気に留めなかった」

練習は彼にとっての休息だった。「道のりそのものを尊重すること」や「いまのこの瞬間に意識を向ける」といった考え方がのちにマンバ・メンタリティのマントラとなる以前の高校生の頃から、コービーは準備をするために必要なルーティンを大切にしていた。チェスターとの試合前夜のエイシーズのチーム練習で、チームのアスレチックトレーナーであるマルセラ・ショーティーは、氷の入った袋を三つコービーの身体に乗せるのを手伝った。左右の膝に一つずつと、右手の上に一つ。別に怪我をしているわけではなく、これは彼が自分の身体の調子を整えて保つために、いつも事前に取っていた対策だった。まるでチェスターと戦う準備ができていることを確かめるように、練習が始まって一時間ほど経った頃、一時的にみんなが休憩している時にボールを掴み、二回ほどキレのいいドリブルでバスケットまでドライブをすると、ダンクを決めて体育館の壁をガタガタと揺らした。グレッグ・ダウナーらコーチ陣も含め、その場にいた誰もが「おおおお！」と声を上げた。後でドリルが終わると、コービーは年を追うごとに低く豊かなバリトンになった声で、チームメイト達に話をするために咳払いをした。目的は、彼らを自分と同じトンネルの中へと先導することだった。それは心理学者が「フロー」と呼ぶ状況で、余計な考えや雑音がなく、没入感のある深く集中した状態のことだ。人生においてその集中しているもの以外のことはすべて気をそらしたり散らしたりするだけの、些細かつ不必要なものであり、それらはまるで枯葉のように薔薇の茎から落ちていくという感覚だ。

「これをただ練習しただけで、忘れてはダメだ」と彼は言った。「今夜、家に帰ったら、このことについて考えて欲しい。明日、試合で何をするかについて考えるんだ。自分がやっているところを想像するんだ」。

コービーにはそのトンネルが必要だった。そのトンネルの中では、ローワー・メリオン高校がコーツヴィル高校を負かす前でも、1週間毎日ジョン・リネハンに電話をかけて、お互いにトラッシュトークを交わすことができた。そのトンネルの中ではコービーは守られていて、落ち着きと自惚れと集中力を保つことができた。チームを地区大会のチャンピオンシップ、もしくは州大会のチャンピオンシップ、あるいはその両方へ導くことができると信じることができた。だからこそ、そのトンネルは必要だった。記者や報道陣はいなくなりはしないから、そのトンネルが必要だった。緊張感がなくなることはなかったからだ。もしエイシーズが決勝戦まで行くことができたとすれば、州大会は三週間かかることになる。コービーと親しい人たちはその決断がもう下されていることを知っていたとはいえ、彼はその後まもなくして自分の決断を発表する必要もあった。アスレチック部門の事務所では引き続き、質問だったり、誰かの時間やチケットを要求する電話が鳴り響いていた。誰もがコービーのように脚光を浴びることや、それに伴う影響を堪能していたわけではなかった。学校の管理者が「これはいつになったら終わるんだ？」とブツブツ言っているのをトリートマンが耳にしたのは一度だけではなかった。マガヴァーンは、調子の良いシーズンを送っていたレスリングチームのコーチたちが、コービーとバスケットボールチームが注目を独り占めしていると文句を言うのに耳を貸さなければならなかった。レスリングチームはバスケットボールチームの前に体育館を使用していて、彼らが恨みを表明するためにまるで点々と並ぶ島のようにわざとコート上にマットを置いたままにしたのを、コービーや他の選手たちが練習できるように、マガヴァーンはダウナーと一緒にどかしていた。ある日、アスレチック部署にパム・ブライアントから電話がかかってきて、彼女とジョーとブライアント一家がプレーオフのチケットを確保できることを確認するメッセージが残されていた。ところがチケット代がまだ支払われておらず、その期限は迫っていた。メアリー・マレーがパムに電話を折り返しかけて、残念でした、コービーの高校キャリアで最も重要な試合を観戦するチケットはもうありません、手遅れです、と言おうとしているところに、ドリュー・ダウナーがたまたま事務所に居合わせた。「ドリューはみんなの兄貴的な存在だった」とコービーは言った。「みんな彼のことを慕っていた。彼のおかげでみんなは気合いを入れることができたんだ。コーチ・ダウナーは人にモチベーションを与え、失敗をしたら罰を与えるけど、ドリューは上手くやっていないときにケツを叩くような兄貴的な役割で、コーチが罰を与える代わりに彼は励ましてくれた」。さらに、アスレチック部の秘書が理不尽な時にも、選手やその家族のために立ち上がった。ドリューは電話機のフックを指で抑え、電話を切った。「相手はパム・ブライアントだ」と、マレーに言った。「こんなことはしちゃダメだ」。チケットはコービーの伯父であるチャビー・コックスが代金を払い、受け取りに来た。

その晩冬の金曜の夜、ヴィラノヴァ大学の東側にあるジョン・E・デュポン・パビリオンは、高校バスケットボールの試合ではなく、まるで政治集会か、あるいはスプリングスティーンのコンサート会場のようだった。周りの駐車場は車で埋まっていた。キャンパスの大動脈であるアリーナの入り口からランキャスター通りまでの400メートルの歩道は、立ち入り禁止テープで封鎖されていた。ペンシルベニア州第1地区AAAAクラスの決勝戦のチケットをすでに購入済みの者は、パビリオンに入場するまで列に並ばなければならず、その停滞ぶりはスクーカル・エクスプレスウェイのどんな渋滞にも引けを取らないほどだった。前もって計画するのを怠った者は、コソコソと隠れてダフ屋から一人30ドルから60ドルほどするチケットを探すしかなかった。もしくは、それ以上の値段を支払っていた。リン・フリーランドは夫のマイケルとチケットを手に持ってパビリオンに到着した。彼女は列に並ぶために先に降りて、その間にマイケルが車を停めにいった。妻の待つ列に並びに行く途中で、彼は知らない人にチケットを１００ドルで買い取るという申し出を受けたが、それを断った。

アリーナの中は、様々な人や色や音が混じり合っていた。生徒や親、バスケットボールのファンやスカウトや報道陣。エイシーズはマルーン色を身につけ、クリッパーズはオレンジと黒で縁取られた白いジャージを着ていた。チアリーダーたちは掛け声を上げ、ステップチームは足を蹴り上げステップを踏み、観覧席では野次や脅迫と言っても過言ではない言葉が交わされていた。チェスター高校のファンはローワー・メリオン高校のファンや選手たちを「ゴミ」と呼び、「（チェスターの）フッドまで来るのが怖く」て、「ストリートボールのやつらとプレーすることにビビってる」と叫んだ。『ザ・メリオナイト』紙の学生記者が侮辱の言葉をいちいち書き留めていた。もちろん、ローワー・メリオンの代表団も同じような手段で対抗したとみなすのは正しいとはいえ、このケンカ腰の雰囲気は都心部にある黒人の高校と郊外にある白人の高校の対立だと単に片付けることはできなかった。肌の色と同じぐらい、階級や文化も関係しており、コービーはその対立の真っ只中にいて、チェスターが生まれながらに持っている権利を脅かし、あの町のアイデンティティそのものを奪い取ろうとしていたのだ。

「親たちも観客席で私たちとケンカしようとしていました」とコービーの友人のデイナ・トルバートは言った。「メイン・ラインの外の人たちの中には、メイン・ラインの黒人の若者が成功していることを妬む人もたくさんいました。本来、物語はそうなるはずではないからです。NBAに行くことができるのは、インナーシティー（※都心周辺の低所得地域）出身の黒人の子のはずなんです。『コービーはすでにNBA選手の息子として生まれたのにずるい』。どこへ行ってもそうでした。だからこそ、私たちは彼のことをいつも守らないといけないと思っていました。彼のことを妬む人や親はたくさんいて、私たちのコミュニティでは見られませんでしたが、一旦外へ出ると……まあ、ひどいものでした。ひどかったです」。

コービーがそういった対立やプレッシャーに動じることはなかった。それについては、誰も心配する必要はなかった。心配だったのは、コービーが最善を尽くしても、エイシーズが最善を尽くしても、クリッパーズ相手にはそれでも足りないかもしれないということだった。グレッグ・ダウナー自身も彼らのことは目の当たりにしていた。彼はハリスバーグのキーストーン・ゲームでチェスターの選手たちをコーチしていた。セントラル・ペンシルベニアのデニーズで、もう一人のコーチと明け方の三時半にグランドスラム（※アメリカのデニーズで定番の朝食）をそれぞれ食べようとした時、チェスターの選手たちのグループが入ってきたことがあった。「やあ、コーチ」。彼らはダウナーと同じように卵とパンケーキをぺろりと平らげた。ダウナーは彼らに何と言うことができただろうか？　遠慮がちに「お前たち、門限は11時だぞ」なんて言うわけにはいかなかった。そんなことは絶対に言えなかった。どうなるかはわかっていたし、実際に翌日の午後、思った通りのことが起きた。その同じチェスターの選手たちが、三時間ほどの睡眠とチートス（※スナック菓子）とグレープソーダのブランチを食べた後で、疲れることもなくずっと走り回り、まるで人生で最高の安眠を八時間取ることができたように、思いっきりプレーして見せたのだ。地区大会の決勝戦と比べたら取るに足らない、単なるサマーリーグの大会ですらその調子だった。チェスター高校の成績は25勝1敗で、四年生のジョン・リネハンは、翌秋にプロヴィデンス大学への進学を予定していた。エイシーズが彼を相手にボールをフロントコートに入れることができたとしても、クリッパーズにはセンターのタイラン・ワトキンズとフォワードのギャレット・マコーミックという身長2メートルもあるポストプレイヤーの一人か両方がゴール付近で待ち構えていた。

コービーは試合が始まると、ポイントガードとして出場した。エイシーズがチェスターのフルコートプレスを突破する一番簡単で効率的な方法は、彼がボールを扱うことだった。ところが、一旦ボールを離してしまうと、もう一度彼の元に戻すのは難しいことが判明した。クリッパーズの高さに対してエイシーズは十分に得点することができなかった。ワトキンズは速攻から両手でダンクした。マコーミックは第2クォーターが終わりかけたところで、3メートルの距離からシュートを決め、器用なシュートタッチを披露した。チェスター高校はハーフタイムの時点で、29対22でリードしていた。エイシーズは1995年にチェスターと対戦した時も、試合の中間地点で同じように7点差で負けていた。あれから一年。彼らは地区の王者に対して、本当にまったく進歩していなかったのだろうか？

「俺たちにはコービーがいたとはいえ、いつも自分たちの方がアンダードッグだと感じていた」とデイヴ・ローゼンバーグは振り返った。「そう思うことが正しいのかはわからないけれど、少なくともチェスター相手には、大体そう感じていた。ローワー・メリオンは強豪校だったわけではない。チェスターに勝ったことはなかった。彼らには代々受け継がれてきた功績があった」。

ダウナーは、どうにかして選手たちがチェスターに抱いていた神秘性を取り除き、クリッパーズが抵抗不可能なマシーンなんかではないことを見せる必要があった。彼らにとって人生で最も重要なこの試合を、いつもと何ら変わらない試合にしなければならなかった。ローワー・メリオン高校のほとんどの試合には、共通点がひとつあった。コービーが必要に応じて、もしくは自分が望んだときに、いつでも簡単にどんな方法でも得点することができたということだった。そこでダウナーは、作戦を変更した。コービーをオフボールで使い、ダブニーと控えのデイヴ・ラズマンというチームのポイントガードがチェスターのプレスを突破することに賭けたのだ。ダン・パングラジオをウィングに残したまま、コービーとジャーメイン・グリフィンというチームで一番背が高く、動くことのできる選手たちにオフェンスとディフェンスの両方でベースラインをうろつかせることにした。そのおかげで、ファウルトラブルに陥っていたブレンダン・ペティットの代わりに、根性もあって粘り強いローゼンバーグを入れることができた。この新たなラインナップでエイシーズは少なくともチェスターのスピードとペースに近づくことができ、コービーとグリフィンはワトキンズとマコーミックをゴール付近から遠ざけることができた。

このラインナップ変更が、試合を変えることになった。コービーは床にダイブしてボールをスティールすると、彼とグリフィンが合計12点を挙げる14対1のスコアリングラン（※一方的に得点を重ねること）の口火を切った。第3クォーター残り3分21秒でパングラジオがコービーにアリウープを放り投げると、コービーは轟くようなダンクを決め、最後はロングスリー（※遠くから打つスリーポイントシュート）を沈めた。エイシーズは8点リードしてクォーターを終えた。試合の最後の2分40秒間でコービーはフリースローを10本決めた。ホルマンがファウルを吹かれると、コービーは彼に向かって手を振り「バイバイ」と言った。わざわざ相手に当て擦るようなことをする権利がある選手がいるとしたら、それはコービーだった。彼は34得点、11リバウンド、9ブロック、そして6アシストを記録した。60対53で試合が終了し、パングラジオがボールを天井に向かって投げると、エイシーズは並んで金メダルを首にかけられる前にコートの真ん中で踊った。

クリッパーズの選手たちの試合結果に対するリアクションは、大人のチーム関係者と比べると控えめだった。「俺たちはこれからも堂々と誇りを持ち続ける」とリネハンは言った。惜敗の後で自分のチームに疑念を持つべきではないと考えたコーチのフレッド・ピケットは、選手たちの代わりに、両チームとも予測していた州大会での再戦に向けて虚勢を張ることにした。ピケットはエイシーズが歓喜していたことについて触れた。「我々は彼らのことを見ていた。確かに喜んでいたね。彼らにとっての州大会優勝を祝っていたんじゃないかな」。チェスター高校のアスレチック・ディレクターのランディ・レゲットは、デラウェア郡デイリー・タイムズ紙のスポーツコラムニストのジャック・マキャフリーにこう伝えた。「我々は地区大会よりも州大会で優勝したいと思っている。そう書いておいてくれ」

マキャフリーはその通り書いた。翌朝、コービーはそれを読んだ。

ドニー・カーは、自分のリクルーティング過程を通して、コービーが大学に進学するものだと思い込んでいた。コービーはコーチKのことが好きだから、おそらくデューク大だろう。メリーランド大学、フロリダ州立大学、クレムソン大学といったACC（※アトランティック・コースト・カンファレンス）に属するその他の大学は、カーに興味を示していた。ボビー・ナイトは彼にインディアナ大学への奨学金をオファーしていた。しかし、カーの選択肢はラサール大学とセント・ジョセフ大学という2つの地元大学に絞られていた。ある晩、彼はコービーと話そうと電話をかけた。

「本気でラサールにしようかと思ってる」とカーは言った。

「あそこなら、お前のスキルをみんなに見せることができるから、いいんじゃないかな」とコービーは答えた。

カーがコービーの返事にどことなく感じた距離感は、後にジョー・ブライアントがカーと兄のダレンに会うためにラサール大学に招待した時に腑に落ちた。

「はっきり言おう」とジョーはカーに言った。「息子は大学に進学しない。コービーにはガードとして初めて（高校から直接）リーグ入りするチャンスがあるんだ。ロッタリーピック（※14位以内でドラフトされる選手）になれるかもしれないという話だ。ドン、この大学が君にとってぴったりだと今でも心から思っている。ここでなら、一試合で40分間出場できるだろう。ボールは常に君の手にあるはずだ。ここでなら、君は信じられないようなことを成し遂げるチャンスがある」。

1996年3月8日、カーはパレストラで19得点を記録し、フィラデルフィア・カトリック・リーグの決勝戦でアーチビショップ・キャロル高校に対してローマ・カトリック高校を57対47の勝利へと導いた。3月11日に、彼はもう一度コービーに電話をかけた。彼はラサール大学に決めたことをコービーに伝え、翌日発表するつもりだと言った。そのあと、二人はお互いに大して何も言わず、まるでカーはコービーが沈黙を破るのを待っているかのようだった。コービーはそうはしなかった。「他の話をしたよ」と、コービーはのちに言った。

ドニー・カーは、実際にラサール大学で信じられないようなことをいくつか成し遂げた。平均24得点近くを記録し、一年生として得点で全国六位にランクインした。その後、彼はのちに間違いだったと認める決断を下した。ＮＢＡのドラフト入りをする代わりに二年生として大学へ戻ったのだ。彼は地元の大学で地元のレジェンドであるスピーディー・モリスの下でプレーする地元っ子で、コービーがほとんど考慮さえしなかった、いわゆる従来の成功への道のりを選んだ。

「選手はペニー株（※一株当たり1ドル未満で取引される安い株）のようなものだ」とカーは言った。「ドラフトではみんな、選手のポテンシャルに賭けている。一旦停滞期に入ると、そこからは下がるしかないんだ」。彼は四年間ラサール大学に残り、最終的に通算２０００点以上を記録したが、四年目で髄膜炎に悩まされ、二度と一年生のシーズンのような成績を残すことはなかった。２０００年のＮＢＡドラフトで彼を選んだチームはいなかった。フランスやトルコでプレーするために海外へ行くと、彼の運気はさらに下降した。骨棘《こっきょく》の手術、右半月板の損傷、左半月板の損傷、膝蓋《しつがい》腱断裂。一時はコービー・ブライアントと同格かそれ以上だと思っており、そう信じる十分な根拠もあったはずのドニー・カーだったが、25歳の誕生日を迎える頃には現実的にプロとしてバスケットボールを続ける希望を失っていた。

職を転々とし、環境業務の主任として雇われては解雇され、体重は１３６キロに膨れ上がり、鬱に陥った後、友人にボランティアとして高校のコーチの仕事をオファーされた。そこから地道に働き、２０１７年にはラサール大学に雇われた。彼はもう一人のコービーの幼馴染であるアシュリー・ハワード（※ラサール大学のヘッドコーチを務めたのは２０２２年まで）のアシスタントとして、現在でもスタッフの一員だ。時間の経過が彼の傷ついた心を慰める役割を果たし、彼は癒されていった。過去や実現しなかった可能性、常にコービーと比較されることには、今ではそれほど傷つかなくなった。

「克服するのに何年もかかったよ」と彼は言った。「皮肉なことに、以前は人に『ドン、君とコービーは昔よくやり合っていたよね』と言われると、彼らは俺のためを思って士気を上げるつもりで言っていても、実際にはそれに押しつぶされていたんだ。あの頃に戻ってしまったからだ。あいつと隣り合わせだったのに、彼は世界一の選手になり、自分は最終的に夢を叶えられなかった」。

のちにコービーはそれを「今世紀一不恰好なアリウープ」と表現した。ダン・パングラジオがトップ・オブ・ザ・キーからバスケットに向かって大体の方向へとボールを投げた。右コーナーにいたコービーはレーンへと走って飛びながら、まずは左手で受け取ってレイアップをしようかと考えた。しかし、その代わりにボールをつかんだ左手をリムに振り下ろし、目を閉じた。

「すると、全員が興奮して騒ぎ出したんだ」とコービーは言った。

彼はこういったプレーを一試合につき最低でも一回は披露するようになっていた。たとえその晩、それ以外に大したことをしなかったとしても、彼の評判や州大会の最初の3ラウンドを通して話題になっていたようなことを立証する瞬間が一度はあった。今回のは、よりによってコーツヴィル高校で行われた一回戦で、エイシーズがシーダークリフ高校と対戦した試合の第2クォーター中の出来事であり、結果として9点差で負けていたところを2点差までに縮めることになった。コービーがずっと即興でやっていたと言いたくなるのは山々だが、実際はそうではなかった。彼はそんなことはしなかった。即興的なスキルは、素晴らしいプレーから息を呑むようなプレーに押し上げることができるような、数少ないチャンスにとっておいた。その場にいた人全員が、高校生にはあり得ないようなプレーを目の当たりにしたとわかるような派手なプレーは、最低限しか披露しなかった。コービーはそのダンクを決めた後でボールを運び、目の前のディフェンダーを見た。「もう一度ダンクしたいけれど、どうせならこいつをからかってやろう」。右へフェイントをかけ、左へスピン、完全に360度回転して再びバスケットに向き直ると、左手のフィンガーロールを決め、試合は同点になった。しかしそういった軽はずみなプレーは、74対62で勝利したその試合の中盤までだった。コービーにとって、これは真剣そのものだったからだ。スクラントン高校との二回戦のためにベスレヘムにあるリバティー高校へと向かう96キロの道のりの道中、彼はスクラントンの選手たちの心持ちについて考えた。彼はナイツ（※スクラントン高校のチーム名）について調べていた。彼らは15勝10敗という成績の若いチームで、前回の州大会で決勝まで行ったウィリアムズポート高校を一回戦で倒すという番狂わせを起こしていた。その結果はあまりにも予期せぬものだったため、ウィリアムズポートを破ることができると思っていなかったスクラントンのコーチ陣はローワー・メリオン高校のスカウトをしていなかったほどだった。スクラントンの選手たちはそんな試合に勝って興奮しており、恐らく自己満足に陥っているだろうと、コービーは理論づけた。「俺たちのようなチームと対戦することになって、萎縮しているかもしれない」と彼はのちに語った。バスが到着すると、エイシーズの他の選手たちが先に体育館へ入っていった。コービーは二人の警備員に挟まれて彼らの後から入った。リバティー高校は、彼らが前年の州大会でヘイズルトン高校に敗れた場所だった。目に映った校舎の景色や、体育館のムッとするような臭いといったあらゆる感覚を経験することで彼の記憶は揺さぶられ、あの晩のことが思い出された。彼はスクラントン高校の選手たちに向かってニヤリと笑った。

「体育館に入ると、知り合いにとある記事を渡されたんだ」とコービーは言った。「相手のスター選手が、俺を相手にプレーして、ガードできる日のことを夢見ていたと書いてあった。夢が叶ったと。『憧れの選手だ。止めることができないのはわかっている』。そういったことが書いてあったんだ。『マジかよ、じゃあ望みを叶えてやる』と思ったね。『サメのように、血の臭いを察知したらそいつを狙う。攻撃するんだ』と。相手がビビっていることは知っていたし、俺に憧れていることもわかっていた。だからとことん狙ってやった」。

スクラントンの最初の4ポゼッションで、コービーはシュートを一本ブロックし、相手のシュートの行き先を二回変え、ボールを一回スティールした。その後ダンクを五つ決め、25得点と12リバウンドを記録した。ローワー・メリオン高校は試合の最初の22点を決め、79対39で勝利した。ナイツは怯えていたというよりは敬意を示しており、コービーと同じコートにいられるだけで光栄だという様子だった。「当然だが、私が見た中でも最高の高校チームと、最高の高校生選手だ」とコーチのジョン・ライオンズは言った。試合後、スクラントン高校の全選手がコービーにサインを求め、それを受け取った。コービーはそのことを光栄に思うと同時に、不思議に思った。「信じられない。たった今、ボコボコにされたんじゃないのか？　腹が立っているべきじゃないのか?」と思った。「でも彼らはニコニコしていて、俺はサインをした」とのちに語った。「よかったよ。楽しんだ」。

ストラウズバーグ高校相手に71対54で勝ち、コービーが36得点を挙げて勝利をもう一つ手にしたことは、単に形式的なもののように感じられた。その後のロッカールームにて、チェスター高校も準々決勝戦に勝ったという知らせをダウナーや他のコーチ陣が耳にした時が、ようやく本当の興奮につながった。水曜日の晩、パレストラで、州大会決勝進出をかけて、再び対戦することになったのだ。その知らせを聞いたチームメイトたちが歓声をあげて大騒ぎする中、コービーは最初は部屋の隅で、その後は帰りのバスの中でも静かだった。前回のチェスター戦後の新聞記事に掲載されたクリッパーズの面々の発言のせいで、地区大会優勝の興奮は消失し、コービーの中では意味のない功績になっていた。今回負けたら、あの勝利に何の意味があるだろうか?「チェスターを倒す。チェスターを倒す。やるしかない。絶対に倒す」。バスが夜道を進む中、彼の頭の中にはそれしかなかった。

チェスター高校との対戦を控えたエイシーズの最初の練習は3月18日、月曜日だった。コービーはその晩、差し迫った用事があり、それは彼以外の同年代の若者にしてみたら確実に気が散るような内容だったにも関わらず、練習に集中しているのは自分だけだと感じた。州大会のチャンピオンシップは、彼とチームメイトたちがやるべきことをすべてやり、誰もが逸脱することなく今に集中することができれば、計画と準備をして勝てるものだと信じていた。彼らはシーズンを通してほとんどそうしてきたが、この練習では、少なくともコービーの基準を満たすほどにはそれができていなかった。「形だけやっているふりをしていたんだ」とコービーは言った。「集中していなかったし、スクリーンに対して激しくぶつかっていなかった」。彼とダウナーはチームのやる気のなさにイライラしていた。とあるドリルでコービーは「チームを活気づけようとして」ボールをコートの中央あたりに運び、小さなレオ・ステイシーが彼を守るポジションに入ると、猛烈なダンクをかますためにバスケットまでの最短距離を思案した。

コービーは意図的にゆっくりとドリブルをしながらぶらぶらと前進し、ボールを後ろに引くとクロスオーバーでステイシーを通り越そうとした。ステイシーがコービーの手からボールを弾こうと手を伸ばした時、彼の頭のてっぺんがコービーの鼻に勢いよくぶつかり、コービーは床に倒れた。

ダウナーはすぐさま顔をしかめた。彼は長いことコービーが練習で怪我をすることを恐れていた。しかしもう何ヶ月も選手たちは自分たちのハッスルを誇りに思っており、まるで戦傷を自慢するかのように床で擦れてできた擦り傷をお互いに見せ合っていた。今さら落ち着けと言えるはずがなかった。クラクラして涙ぐみながらコービーは「仕方ない、鼻をぶつけた。起き上がってまたプレーしよう」と思った。彼は立ち上がろうとした。すると顔面から血が勢いよく吹き出した。

ショーティーはタオルに包んだアイスパックを持って駆け寄った。コービーは右手でタオルを明らかに折れていた鼻に押し付けた。チームの全員が青ざめた表情で彼を見つめ、果たして48時間後にプレーすることはできるのだろうかと考えた。コービーはトレーナー室の方へ一歩進んで、立ち止まった。

「ボール」とコービーは言った。

誰かが優しいバウンスパスでボールを渡した。コービーはスリーポイントラインの1．5メートル後ろで、左手でそのボールを受け取った。すると隣に立っていたトリートマンの方を向いた。「ジェレミー、俺が左手でこのスリーを決められるかどうか5ドル賭けないか」と言った。「決めてみせる」

トリートマンは賭けに乗った。利き手ではない方の片手でコービーはボールをバスケットに向けて打った。

シュパッ

彼はそのままトレーナー室へと歩いて行った。

「他のみんなはただそこに突っ立っていた」とロビー・シュワルツは言った。「『一体何が起こっているんだ？』と思ったよ」。

コービーは、またコートに戻ってもっと練習をしたいとショーティーに訴えた。ステイシーの頭がぶつかる前、コービーのジャンプシュートは決まっていなかったのだ。よりによって、コービー曰く「152センチ、体重も45キロしかないような」レオ・ステイシーに鼻を折られ、練習を続けられないことにコービーは苛立っていた。しかし、ショーティーや他のコーチ陣は断固としてコートに戻ることを許さなかった。それに、この日彼には別に予定があったのだ。

その晩は、シクサーズがシカゴ・ブルズと対戦する二時間ほど前に、夏の間のピックアップゲーム仲間であるジェリー・スタックハウスとヴァーノン・マックスウェルという古い友人たちと、スペクトラムのホーム側のロッカルームで一緒に過ごす予定だった。NBAドラフトが三ヶ月後に迫る中、コービーとの関係を維持し、強化するためにジョン・ルーカスがコービーを試合に招待していたのだ。すると、ルーカスはスタックハウスやマックスウェルとの会話を遮って、コービーが拒否できないような誘いをした。

「マイケルに会いに行こう」

ルーカスはコービーをビジター用のロッカールームへと連れて行った。ジョーダンは記者の集団に囲まれていた。コービーはできるだけ近くまで寄ると、そこにあった壁にもたれかかった。

「コービー」とジョーダンは話しかけた。「調子はどうだ?」。

コービーは周囲を見渡した。「ここにもう一人別のコービーがいるのか? まさか俺に話しかけているはずはない」。

ジョーダンは手を差し出した。「やあ」と彼は言った。「初めまして」。

コービーは、ジョーダンが自分のことを知っているとは思っていなかった。コービーが八年生の頃に少し話したことを覚えていたのだろうか？　それともルーカスが彼について話していたのだろうか？　もしくは、ジョーダンは彼のことを聞いたり読んだりしたことがあったのだろうか？　コービーも手を差し出して、ジョーダンと握手をした。「彼の手はなんて……力強いんだ……」。コービーは緊張はしていなかった。目の前にいるこの人は、世界中が憧れるこの人は、みんなと同じように人間だった。コービーと同じ、ただのバスケットボール選手だった。

以前会った時とは違い、ジョーダンは今回コービーとしばらく話をした。「バスケを楽しめ」と彼は言った。「周りからのプレッシャーや過剰な注目のせいで気が散ってしまうのは簡単なことで、そうするとバスケが楽しくなくなってしまう。他人にそうはさせるな。自分らしさを貫け。コート上で楽しめていれば、全ては上手くいく」。そして最後にジョーダンはこうアドバイスした。「俺に決定権があれば、君はノース・カロライナ大学行きだ。カロライナに行けよ」。彼はもちろんコービーがNBA入りすると決めていたことや、ジーン・マストリアーノにすでに「時間は限られているんだ。いまリーグ入りしなければマイケルとプレーする機会を失うことになる」と言っていたことなどつゆ知らず、三、四回ほどそう繰り返した。

特定の機関や文化の持つ力や人気は、人知れぬうちに移りゆくこともある。そのシーズンは72勝という成績と、ジョーダンとの六つのチャンピオンシップのうちの四つ目に向かっていたブルズは、シクサーズを98対94で倒した。コービーが彼に会ったことは、数日後のフィラデルフィア・インクワイアラー紙で次のように何ともなしに書かれる以上のことはなかった。「月曜日にマイケル・ジョーダンにお目にかかることができた人物がいた……」。世界一有名で、人々の憧れの対象となっていたアスリートと、17歳の大志を抱く若者といった二人の間に、それ以上の関係性を見出そうとするのは馬鹿げていた。それでも、思い出して欲しい。ジョーダンが最後にNBAでチャンピオンシップを手にした年と、コービーが一つ目のチャンピオンシップを手にした年はたったの二年しか離れていない。片方からもう一方へと移ったのは、1996年に誰もが想像した以上に直接的だったのだ。そして2020年には、NBAと提携して『マイケル・ジョーダン：ラストダンス』という全10話に及ぶESPNのドキュメンタリーを制作するほどには、ジョーダンはバスケットボールにおける自分の地位を再確認し、皆に自分の偉大さを再認識させる必要性を感じていた。「私に見出すことができるものは、彼から得たものだ」と、そのシリーズの中でコービーは語る。「彼なしでは、私自身、五つのチャンピオンシップを手にすることはなかった」。そのインタビューの中には、些細だが本質に迫るようなディテールがある。コービーがその言葉を語る瞬間、まるでインタビューをしている相手か、あるいは質問そのものを押しのけるかのようにして、あたかも「早まるな。忘れてはいけない。まずマイケルが先にいた」とでも言わんばかりに右手を動かしたのだ。その注意喚起が必要な理由は、コービーがジョーダンを選手として超えたからではなく、物語として超越したからだった。彼は汚名返上の物語を歩んだ。結婚生活を危うくふいにしかけ、コロラド州イーグルのあのホテルの一室で誰かを傷つけることで自らの名声と評判を台無しにした。数知れぬコーチや選手や同僚との関係をぶち壊し、その後それを修復した。こびりついた汚れをどうにかしてこすり落とし、成長することができた人物と見られるようになり、平安と野望との間の捉えがたいバランスを見出すことができた。自惚れや、過去に犯した凶悪な判断や行動は、もはや大して関係のないことであると、人々を説得することに成功した。人々の感情的かつ精神的な手本となり、全ての人が称賛し、真似をし、取り入れるべきメンタリティの持ち主として新たなアイデンティティを形成した。マイケル・ジョーダンが見せたどんなものよりも、偉大な業をやってのけたのだった。

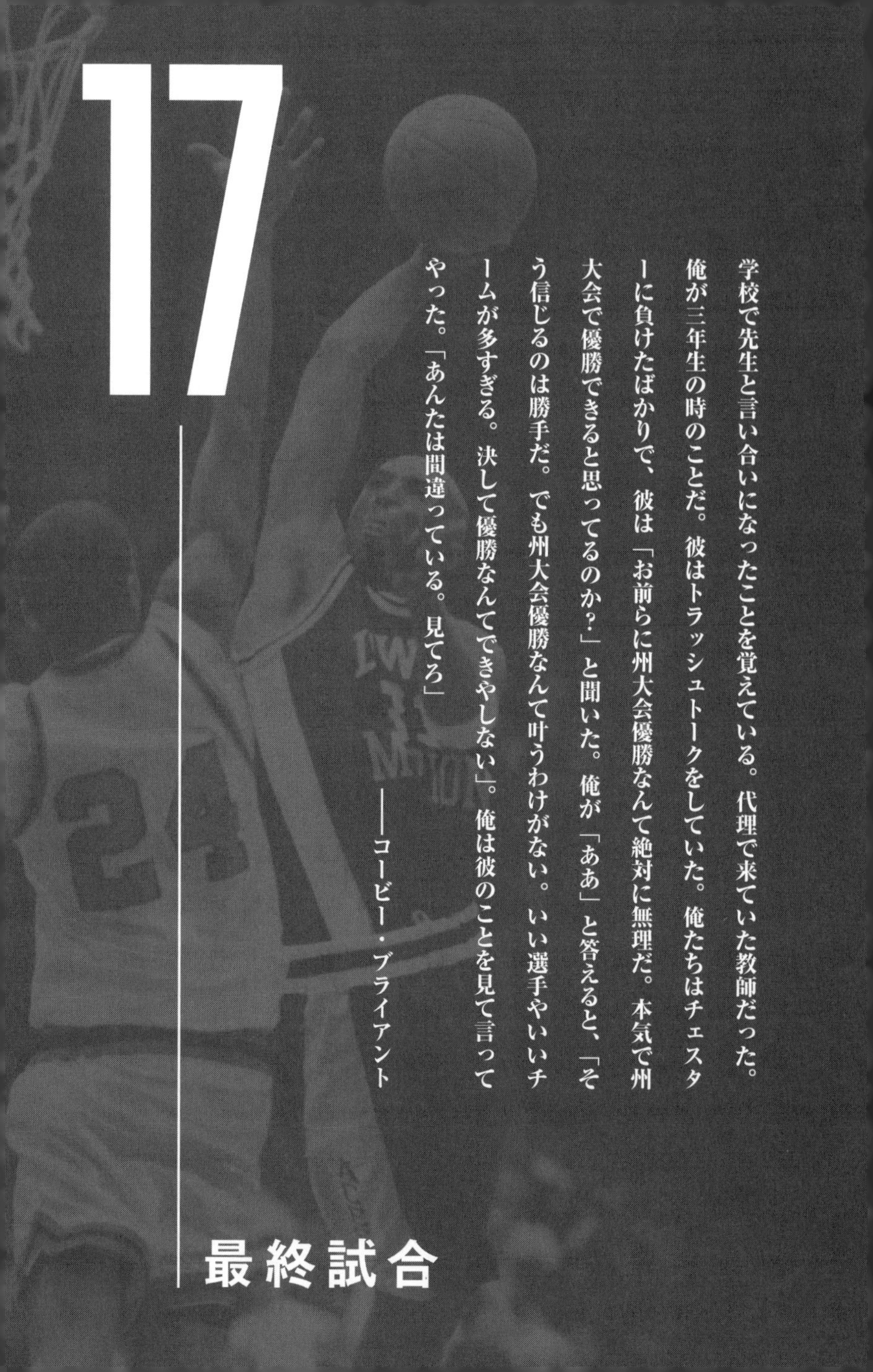

17

最終試合

学校で先生と言い合いになったことを覚えている。代理で来ていた教師だった。俺が三年生の時のことだ。彼はトラッシュトークをしていた。俺たちはチェスターに負けたばかりで、彼は「お前らに州大会優勝なんて絶対に無理だ。本気で州大会で優勝できると思ってるのか？」と聞いた。俺が「ああ」と答えると、「そう信じるのは勝手だ。でも州大会優勝なんて叶うわけがない。いい選手やいいチームが多すぎる。決して優勝なんてできやしない」。俺は彼のことを見て言ってやった。「あんたは間違っている。見てろ」

――コービー・ブライアント

州大会準決勝までの三日間、コービーはそれまでに受け取った個人的な栄誉としてはおそらく最高のものだった喜ばしい知らせに浸ることもできた。彼は全国の最優秀高校生バスケットボール選手としてネイスミス賞を受賞したのだった。しかし彼の頭の中では、歓喜溢れる結果と堪えがたい結果という二つの可能性に対する不安と興奮が入り混じっていた。そこで彼は自分の脳に慣れ親しんだ栄養素を与えることにした。イタリアにいた頃、父の下でバスケットボールを教わっていた時のように、マジック・ジョンソンの動画テープを繰り返し観た。これらのテープには一つ共通点があった。どれも、ジョンソンが彼のキャリアで四回だけプレーしたゲーム7（※七戦四勝制のNBAプレーオフにおける七試合目）のものだったのだ（ジョーダンは彼のキャリアでゲーム7を二回だけ経験していた）。今回は、マジックのノールックパスや、肩を落としたドリブルで速攻を仕掛けるところや、チームメイトたちがいつコートのどこにいるかを予知するところには注目しなかった。コービーは別のことに注意して観ていた。マジックはプレッシャーにどう対処していたのか？　試合そのものに身を任せていたのか？　それとも自らコントロールしようとしていたのか？　いかにしてチームを勝利へと導いたのか？　次に、コービーは自分に注意を向けた。シュートが入らなかったら？　チームメイトたちのシュートが入らなかったら？　パレストラの観客の騒音に自分たちはどうやって耐えるのか？　チェスターにもしリードを奪われたら、自分たちはどう反応するだろうか？　逆境にどう対応するだろうか？　「とても不安だった」と彼はのちに語った。「それと同時に、一生に一度のチャンスだというのがわかっていたから、興奮もしていた。あいつらを倒せることはわかっていた。あいつらに勝てるということに疑いはなかった。自分たちのプレーさえできれば大丈夫だった」。

グレッグ・ダウナーは、そこまで確信を持っていなかった。レオ・ステイシーとの衝突の翌日、チェスターとの試合の前日の火曜日の練習で、コービーは保護用のフェイスマスクを着用していた。ダウナーはリン・フリーランドを体育館の扉の外に配置し、報道陣や生徒や見学者にコービーの『オペラ座の怪人』のような姿を見られないように見張り番をさせた。コービーは実際の試合でも、そのマスクを着用するつもりだった。そうするべきだろうか？　彼は標的にされてしまうだろうか？　チェスターのコーチ陣や選手たちは、怪我について何も知らなかった。チーム以外の誰も知らなかった。鼻が骨折していることを明らかにしたら、コービーに偶然とは言えないような肘が飛んできやすくなるかもしれない。どのみち、マスクは気に入っていなかった。着用すると周辺視野が限られた。しかしマスクを着けないと、さらなる怪我のリスクを負うことになる。

コービーはティップオフのわずか数分前にその答えを出した。「お前ら、さあ戦うぞ」と彼は言った。「こんなもん着けてられるか」。そう言ってマスクを顔から剥がすと、壁に投げつけた。

斯くしてコービーにはマスクがなくなった。その上、まるで両足もなくしてしまったかのようだった。試合前のレイアップラインで感じていた。両足がないような感覚で、力が入らなかった。

ストレッチをしてみた。リラックスさせることで、またバネが戻ることに期待して力を抜いてもみた。ダメだ。ロッカールームの壁に大胆にマスクを投げつけたのは、その瞬間はドラマチックではあったものの、彼やエイシーズがその瞬間から得た感情の昂りやアドレナリンの増加は、まるでシュガーラッシュ（※甘いものをたくさん食べたり飲んだりすることで、一時的に生まれるエネルギーのこと）のようにさっと引いていった。コービーは前半で打った14本のうち、10本のシュートを外し、オープンになろうとするだけでもクリッパーズに苦労させられた。コービーが打ったジャンプシュートはすべて短めだった。試合後に彼がフィラデルフィア・インクワイアラー紙に告げた言葉はあまりにも表現豊かでノスタルジックだったため、言いながら父親のことを考えていたに違いなかった。「いろいろやりすぎていたんだ。ジャムにジェリーを乗せすぎた」。彼はへとへとに疲れていた。パングラジオがスリーを二本沈め9得点してはいたものの、ローワー・メリオンが自分たちのオフェンスを仕掛けるのを、ジョン・リネハンが度々妨げていた。リネハンは第1クォーターだけでスティールを五つも記録した。ハーフタイムではチェスター高校が2点リードしていた。だが、そのリードはもっと大きく感じられた。

コービーは選択を迫られた。解決しなければならない難題があった。このままペリメーター付近に留まれば、誰かの肘や腕が彼の骨折した鼻に当たって試合に出られなくなる危険性は低かった。しかし、それまでのようにすべてのジャンプシュートがリムの手前をかすめるか、リムに当たるような調子で打ち続けたら、エイシーズに逆転のチャンスはなかった。「ハーフタイムで、自分を取り戻したんだ」と彼は後で語った。「オフシーズンにあれだけ努力して身体を鍛えたんだ。疲れているからといって負けるわけにはいかない。自分を追い込んだんだ。『疲れているかもしれないけれど、リムにアタックしなければダメだ』と自分に言い聞かせた」。

自分の意志を試合に反映させるには、第３クォーターの最後までかかった。コービーはバスケットへドライブをしかけ、ダンクを決めてエイシーズに41対39のリードを与えた。彼はそのクォーターで10本中４本しか決めることができなかったものの、極めて貴重な情報が露呈した。その試合で、審判は特に厳しい判定をしていた。少なくとも、チェスター相手にはそうだった。つまり、コービーがバスケットに向かってドライブをすればするほど、フリースローで簡単に得点を重ねることができたのだ。ジャンプシュートに落ち着くのはもはや選択肢としてあり得なかった。コービーが執拗にバスケットに向かうことで、チェスターのディフェンスは彼に注目し、彼の方を向いたため、チームメイトたちはオープンで打つことができた。コービーは第４クォーターで12得点を記録し、試合時間を１分19秒残してエモリー・ダブニーがスリーを決めた時には、ローワー・メリオンは61対56でリードしていた。

ところが、そこから崩壊が始まった。リネハンがフリースローを打った。その後のインバウンズプレーで、コービーがパングラジオに軽いパスを投げると、パングラジオはボールを巡って押し合っていたリネハンにファウルしてしまった。リネハンはフリースローを二本とも決めた。点差は２点になっていた。インバウンズパスを受け取ったダブニーは、すぐにでもボールを手放したいと言わんばかりにパングラジオに向かって投げると、ボールはチェスターのプレスに飲み込まれた。またスティールだ。クリッパーズの選手がジャンプシュートを外すと、コートの反対側にいたパングラジオはエイシーズがリバウンドを取ることを予測して後ろに二歩下がった。ボールはコービーの手に当たってアウト・オブ・バウンズへと飛んで行き、パングラジオは二歩目に左足でチェスター選手のスニーカーを踏みつけてしまった。足首はグネッと曲がった。彼はその場に倒れ込んだ。観客の一人が「折れたのか?」と叫んだ。折れてはいなかった。しかし、ひどい捻挫だった。

ゴール下の押し合いで誰かがコービーの鼻に肘を食らわせ、血が再び流れ出した。血を止めようと鼻をつまみながら振り返ると、床に倒れ、足を掴んで痛みに身をよじるパングラジオが目に入った。「なんてことだ」とコービーは思った。「これでシューターがいなくなっちまった」。四人のコーチがパングラジオの世話をすべく駆け寄ると、トリートマンは一人残され、試合に出ていたコービーとその他三人のローワー・メリオンの選手たちはフラフラとゾンビのようにベンチに戻ってきた。パングラジオは担架に乗せられ、トレーニングスタッフに運ばれていった。

トリートマンは勇気付けられるようなスピーチもなく、あったとしても、それで何かが変わるわけではなかったかもしれない。次のポゼッションで、チェスターのガードであるタヒーア・ラウリーが27.5秒を残してプルアップジャンパーを決め、試合を同点にした。エイシーズの間では焦りの気持ちが膨らみつつあった。ある一人の選手は特にそうだった。ダブニーは左側のサイドライン沿いでインバウンズパスを受け取ると、またしても闇雲にフロアの真ん中に向かって投げた。チェスターのギャレット・マコーミックがパスを奪い、短いバンクショットを外したものの、ボールはまたもやコービーに当たって外へ跳ねた。クリッパーズはここでボールのポゼッションと、勝利へのチャンスを手にした。彼らはタイムアウトを取った。

ダブニーはいよいよ限界に達していた。目には熱い涙が溜まり、パレストラにいた9千人の歓声や落胆の声が彼にのしかかっていた。コービーには彼の考えていることが想像できた。「ああ、シーズンのここぞというところで俺はボールを捨ててしまっている」。しかし、コービーや他の誰かがダブニーを慰める前に、ドリュー・ダウナーが走ってきて、声を張り上げ、誰にも聞こえるようにその二年生のガードに向かって怒鳴った。

「今じゃない！　こんな風に負けてたまるか。諦めるんじゃないぞ、この野郎！　いま辞めるんじゃない。あともう1プレーだ！　まだ辞めちゃダメだ！」

コービーや、別のコーチがあんな風に……いいや、励ましたとしたら、ダブニーは決して立ち直れなかっただろう。しかし、ドリューはダブニーに影響を与えることができ、チームの誰よりも彼を鼓舞し、彼と率直に話すことができた。シーズンの頭の三試合、ダブニーが出場できなかった時も、ダブニーを学業不振から抜け出させることができたのはドリューだった。「脇に呼ばれて『エモリー、お前は何をやっているんだ？　問題があって苦労する生徒もいるけれど、お前にそういった問題はない。ふざけてるだけだ』と言われたよ」とダブニーは振り返った。「『確かに、彼は正しい』と認めざるを得なかった」。

タイムアウト明けにチェスターは、コートの右側のバスケットから約14メートルの位置でリネハンの手に渡るまで、トップ・オブ・ザ・キーでボールを二度回した。クリッパーズのハドルでフレッド・ピケットが指示したセットプレーでは、リネハンがボールをチームメイトに渡す必要があった。ところが、コービーはゴール付近のディフェンスをし、リバウンドを狙うためにレーンの真ん中へ移動していて、リネハンは自分のことを守っているディフェンダーがダブニーだということに気づいた。彼はそのセットプレーを実行しないことにした。目の前にいるのが脆い相手だと勘づいたリネハンは、自分一人で試合に勝ちたいと思ったのだ。

彼は右にドリブルし、左へクロスオーバーした。ダブニーはまるで警察官が腰につけている無線機のように、リネハンの腰の右側にぴたりとくっついていた。ファウルラインまで到達した時点で、リネハンはシュートを打つために飛び上がった。彼より5センチほど高いダブニーは一緒に飛び、左手を伸ばしてシュートをブロックした。ボールが跳ねてセンターラインを越えると同時に、試合時間が終了した。

コービーは右手の拳を高く上げながらベンチまで走って戻った。「この試合には、絶対に負けない。負けるもんか」。延長戦では残り二分でコービーがダブルチームを突破し、レーンに突っ込んでいき、前傾になりながらシュートを打ってローワー・メリオンに67対65のリードを与えた。その後フリースローを二本決め、四点差に広げた。エイシーズが七点リードして、残り20秒の時にリネハンがスリーを外し、ダブニーはリバウンドを取ってコービーにボールを渡した。コービーはベースラインから数フィートのところでそれを右腕の下に抱えた。目の前にはコート全体が広がっていた。チェスターの選手にファウルされるのを待って、時計を止めることもできた。クリッパーズが降伏する気でいるなら、チームメイトへボールを放り投げるか、自らバックコートでドリブルをして、残り時間を使うこともできた。彼はそのどちらもしなかった。

コービーが過去に、フロントチェンジ（※ボールを左右の手で交互にドリブルすること）からバックビハインド（※体の後ろでドリブルをつくること）をして、対戦相手をまるでカラーコーンのように扱ったような数々の試合で、できるからといって相手を辱めるような行為をすることにグレッグ・ダウナーは苦言を呈していた。しかし、そういった派手でこれ見よがしな行為は、今その意義を発揮し、その役割を果たす時が来たのだ。ドリブルを三回つくと、コートの真ん中に到達した。リネハンは最後の望みをかけてスティールを試みた。コービーは彼の横を通り過ぎた。コービーがバスケットに向かうのを止めようと、チェスターの選手が二人、スリーポイントライン手前に寄ってきた。しかし彼らが位置につく前に、コービーはシェイクステップをしてからボールを前の方について、二人の間を走り抜けた。グレッグ・ダウナーからしたら、これぞコービーというようなプレーだった。横の動き、アジリティ、そしてその欲求、すべてが披露されていた。「リムはあそこだ。俺はあそこまで行く。お前には止めることができない」。

コービーはフリースローラインのすぐ内側でボールに追いつくと、もうドリブルをつくことはなかった。そして飛び上がると、ジャージの下に着ていた大きめの白いTシャツがまるでスカイダイビングで着るスーツのようにふわっと膨らんだ。チェスターの選手が後ろからぶつかり、ファウルを告げる審判の笛がピッと鳴ると同時に、コービーは右手でボールを叩き込んだ。両手を高々と上げ、チームメイトたちが駆け寄ってきてから散ると、一人でガッツポーズをして、観客にとにかく叫べと誘うかのように右手を耳に当てた。彼はスコアボードを見上げた。「試合終了だ」。彼はフリースローを決めた。

エイシーズの77対69という勝利において、コービーの39得点中20点は第4クォーターと延長戦で得点したものだった。シュートは29本中12本しか決めなかったものの、最後の5本中4本を沈め、フリースローは17本中2本しか外さなかった。試合が終わり、エイシーズが州大会のチャンピオンシップ・ゲームでプレーすることがわかると、「満面の笑みだった」とコービーは言った。「本当に最高の気分だった。チェスターについてあれこれ書いていた記者たちに向かって笑ってやりたいよ」。その三日後の土曜日20時に、ペンシルベニア・ケーブル放送局によって州全域で放映される中、コービー・ブライアントは決勝戦で、高校生最後の試合をプレーすることになった。

ジミー・カイザーマンは、コービーにサインを貰うチャンスが訪れたときのために、車の中にいつもバスケットボールを入れていた。ある日の練習のあとで、コービーは彼に家まで乗せてもらえるかと尋ねると、彼は快諾した。

「甥のために、これにサインをしてくれるかな？」とカイザーマンは頼んだ。

もちろん、とコービーは答えた。「俺の高校での背番号と、ＮＢＡの背番号、どっちがいい？」

コービーはボールに「KOBE BRYANT #27」と書いた。一番好きな番号が27なのだと言った。


ジョー・ブライアントとソニー・ヴァッカロは１９９６年の3月中、主に仲介人でヴァッカロの友人であるギャリー・チャールズを介して連絡をずっと取り続けていた。Adidas はその気だった。Adidas はコービーを欲しいと思っていて、契約の一部として父親にも報酬を渡す必要があるなら、ヴァッカロとチャールズはそれを実現することができた。しかしジョーは他の選択肢を検討することも、Adidas という選択肢を残すことも、どちらでも構わなかった。ラサール大学のヘッドコーチになる可能性はもう残されていなかった。契約が延長されたスピーディー・モリスはラサールに根を下ろすことになり、シーズンが終わるとジョーとコーチ陣との関係もほぼ終了していた。ジョーの給料支払小切手はシャリアとシャヤが受け取るようになっていた。

ジョーはほかのエージェントやスポンサー候補と連絡を取るようになり、もしコービーがNike や Fila というような別の方向で行きたければその方法を探ると、コービーにもはっきりと伝えた。コービーの将来に関して、できるだけ彼自身や家族が主導権を握っていた方が良いだろ

う と考え、ジョーとパムは「チーム・ブライアント」と呼ぶものを結成した。彼らに加え、サム・ラインズ・シニアとジュニア、そしてロン・ルーバーといった、コービーのことを第一に考えることができるような、信頼できる友人たちだった。しかし、コービーには自分なりの考えがあった。Fila はすでにグラント・ヒルとジェリー・スタックハウスと契約をしていたし、コービーはヴァッカロのことを「素晴らしい人間だ」と考えていた。「マイケル・ジョーダンが最初に Nike と契約した時にも、彼はそこにいた。一緒にいたんだ。失敗したときも、良いことがあったときも、彼を支えていた。俺が正しい方向へ進むためにどうすればいいのかも、わかっている。Nike は頂点にいる。俺は頂点にいるところとは契約したくない。俺が Adidas を頂点に押し上げるんだ」。調べ物等の仕事はジョーが担当した。連絡先もジョーが確保した。ジョーは息子に助言をすることもできたし、特定の選択をするようにそれとなく説得することもできたかもしれなかったが、それにも限界があった。最終的に、その力を持っていたのはいつだってコービー自身だった。あとは、交渉をして金額に同意するだけだった。

1996年、ペンシルベニア州における、生徒数に応じた男女それぞれ四つの分類からなる八つのバスケットボール州大会決勝戦は、同じ町の同じ建物で行われていた。そこは、オフェンス面においてこのスポーツ史上最高の功績が残された場所でもあった。ハーシーが名高い理由は、創設者のミルトン・ハーシーにちなんで名付けられたお菓子工場や、その工場にある薄茶色の二つの尖塔から放たれ、町を包み込み、来る者がチョコレートが食べたくなるような良い香りだけではなかった。1962年の3月2日、ちょうど34年余り前に、フィラデルフィア・ウォリアーズに所属していたウィルト・チェンバレンが、ハーシー・スポーツ・アリーナでニューヨーク・ニックス相手に100得点を記録した。2006年1月にトロント・ラプターズ相手に81得点を挙げたコービーは、その記録に最も近づいた選手となった。ハーシーでの最初で最後の試合の準備をするコービーは、101点取ることもできるし、必要ならばやってやるという自信を持っていた。全校集会の激励会では、全校生徒の前でこう語った。「この試合に負けることは絶対にない。勝ち取ってみせる。俺が保証する」。その週の練習は、それまででも最高ともいえる出来だった。「とにかく最高だった」と彼は言った。「まったくシュートが外れなかった。絶好調だったんだ。不安になってるやつは誰もいなかった。一人もだ。いや、コーチ・ダウナーは多分不安だったな」。

実際にそうだった。彼も、その他のコーチ陣も不安だった。パングラジオの左足はブーツで固定されていた。オマー・ハッチャーが代わりにスタメン入りする予定だった。ハッチャーはパングラジオよりスピードがあり、ディフェンス面での存在感、そして左利きの選手特有の趣向をもたらすことはあった。しかし、パングラジオのシュート力が欠けることは、今度の対戦相手に対してエイシーズを弱体化させることになるのは間違いなかった。エリー・キャシードラル高校は24勝6敗という戦績で、高校フットボールが盛んなことで有名なペンシルベニア州西部において、バスケットボール王朝と呼ぶのに一番近い存在だった。ランブラーズ（※エリー・キャシードラル高校のチーム名）は1993年にＡＡＡＡクラスで優勝し、1994年には州大会の決勝進出を果たし、1995年にも州大会の準々決勝に到達していた。コーチのマルセル・アリビは忍耐強いパターンオフェンスを展開し、相手がぼうっとしている隙にチームはワイドオープンのジャンプショットやバックドアレイアップを決めることができた。彼らはボールをコントロールすることができ、マンツーマンのディフェンスシステムを用いて、コービーにボールが渡らないようにするか、もし渡ってもしつこくガードすることでコービーへの対策もしているはずだった。アリビの作戦では、コービーがボールを手にするのはわずかな時間に限られ、得点の機会も限られるはずだった。エイシーズのフルコートプレスでエリー・キャシードラル高校が慌てるとは考え辛く、ランブラーズをペースの早い展開に持ち込むことも難しいだろう。勝つためには、コービーとチーム全員が共にキレのある、精度の高いプレーをする必要があった。

昼休み中、ダウナーの不安を感じ取ったコービーは彼を落ち着かせようとした。「コーチ、心配するなって」と彼は言った。「俺に任せろ。コーチのために勝ってやる。俺たちのために本当に色々やってくれて、やっとここまで来て、決勝戦にまで来て、負けるわけがない」。しかし、エイシーズがエリー・キャシードラル相手に必要となるはずの精度の高さは、その日の午後ウィンウッドからハーシーへ西へと向かう旅には適用されなかった。彼らはその道すがら、ペンシルベニア・ターンパイク沿いでチームディナーのために休憩を取り、試合前に選手のメンタルと気持ちを落ち着かせ、リラックスする機会を与えるはずだった。バスの旅の途中、ダウナーはモチベーションを上げる作戦の一つとして、チームに映画『勝利への旅立ち』を見せた。インディアナ州ヒコリー高校のハスカーズが、人使いの荒いコーチと一人のスター選手、そして有能なチームメイトたちで1951年にバスケットボールの州大会で優勝するという、アンダードッグの物語を描いたフィクションだ。コービーは『勝利への旅立ち』を観たことがなかった。「俺たちと結構似た話だった」とのちに語った。しかし、バスが高速道路を降り、ハーシーパーク・アリーナから数分離れたレストランに向かうと、ダウナーが作り出そうとしていた上辺だけの落ち着きと余裕は、次に起こった奇妙な一連の出来事のせいで砕け散ったのだ。

ドリュー・ダウナーはその朝目覚めると、インフルエンザか、それに似た何かを患っていた。そこで、チームと一緒にバスに乗るのではなく、彼はトリートマンと二人で別に運転してバスのあとをついていくことにした。ドリューは脱水症状とめまいのせいで、倒した助手席で呻き声を上げ始めた。「どうしてほしいです?」とトリートマンは尋ねた。「病院に寄った方がいいですか?」。ドリューは答えることなく気を失った。レストランに着くと、トリートマンはグレッグに駆け寄り、彼の兄の具合が悪いことを告げた。それを聞いたグレッグはレストランにいた客に向かって、半ば叫ぶように「誰か、医者はいませんか?」と尋ねた。医者はいなかったが、レストランからもアリーナからも近い距離にハーシー医療センターがあった。トリートマンはドリューを救急外来に連れていき、そのあとで試合前か試合の途中でチームと合流するように努めると伝えた。自分の席でジャーメイン・グリフィンとふざけ合っていたコービーは騒ぎに気づかず、バスに戻ってしばらくしても駐車場で停車したままだったことを疑問に思った。「ドリューの具合が悪い？　ドリューが具合悪いってどういうことだ？　一体どうやって具合が悪くなったんだ？」。

病院では水分補給のために看護師がドリューに点滴を打ち、ダウナー家の友人がドリューの世話のために現れると、トリートマンは再び車に乗り込んでアリーナへと急いだ。コービーや他の選手たちはインフルエンザに罹ったコーチのためにスニーカーに「DD」と書いたが、ついでに「GD」と書いた方がよかったかもしれない。ダウナーが試合前のスピーチをしてから選手たちがコートへ出て行ってウォームアップを始めても、トリートマンはグレッグ本人がコートにいないことに気づいた。ロッカールームに戻ると、ダウナーが青白い顔でトイレの個室に座っているのを見つけた。

「ジェレミー」と彼は言った。「出ていくことができない。我々はこの試合に勝てない」。

「一つ言えるとしたら」とトリートマンは答えた。「あなたがここにいたままなら、絶対に勝てません」。

第1クォーターを通して、ローワー・メリオンはダウナーがサイドラインにいようがいまいが、そのシーズンで最も重要な試合のために、最悪の出来をとっておいたかのように見えた。コービーも同様だった。コービーをダブルチームどころかトリプルチームし、エイシーズの他の選手たちが得点するようにけしかけたエリー・キャシードラル高校は、試合開始から7対0で先制し、三分半経ってようやくハッチャーがフリースローを二本決めるまで、エイシーズは得点できなかった。ハッチャーのスティールから、コービーはトップ・オブ・ザ・キーでオープンのスリーを打つチャンスがあった。しかしボールはリムの手前に当たった。コービーは走って戻りながらローワー・メリオンのベンチに向かって、ボールが滑りやすいという、エイシーズがオフェンス面で機能することを脅かすような予期せぬ問題を、身振り手振りを交えながら大声で伝えた。「俺たちはボールをハンドリングして、レッグスルー、そこからクロスオーバーをして、プルアップジャンパーを打つ」と彼は後に言った。「でもあいつらは、ただひたすらボールをついて、パスを出すだけだ」。そのクォーターは、コービーがまたトップ・オブ・ザ・キーからのスリーを外して終わった。ランブラーズが13対5でリードしていた。コービーは無得点。7千席が完売したアリーナで、エリー高のファンが「オーバーレイテッド（過大評価）！」と唱えていた。明らかにフィラデルフィア・インクワイアラー紙を読んでいた観客の一人が、コービーに向かって「ジャムにジェリーを乗せすぎた」と叫んでいた。

コービーは苛立ち、審判にボールのツルツルした表面について文句を言い続け、もっと滑らない物と交換するように求めた。審判はボールをタオルで拭く提案したものの、それ以上のことをするのは拒否した。「なんだよ、ズルするのか?」とコービーは思った。「もういい、わかったよ」。次のクォーターまでの間に、トレーナーのマルセラ・ショーティーが持っていた粘着スプレーの缶を拾い上げた。ショーティーは、選手の足首にテーピングを巻きつける前にそのスプレーを使用していた。粘着質のおかげでテーピングがもっと長持ちするからだった。コービーはそれを両手に吹き付けた。

第2クォーターの最初のポゼッションで、コービーは右ブロックに位置を取った。ハッチャーが彼にボールを投げると、掴む必要もなく手にくっついた。躊躇せずに打ち、右ベースラインから15フィート（※約4．5メートル）のフェイダウェイを決めた。その後、バスケットから10メートル以上離れた位置までドリブルしてコートを見渡すと、エリーのディフェンダーが三人アメーバのようにくっついてコービーと一緒に移動した。そこからグリフィンにパスを出し、ドライブからのレイアップに繋げた。そのクォーターで唯一コービー以外が決めたローワー・メリオンの得点だった。エイシーズはハーフタイムの時点で21対15で負けていた。それは彼らにとって馴染みのある状況ではあったが、不安であることには変わりなかった。チェスターやコーツヴィルといった、得点を重ねるタイプのチーム相手に6点差で負けている場合は別だった。そういう相手の性質上、試合のペースの速さからいって、逆転する機会は十分に与えられる。しかし、ランブラーズのように、コツコツと慎重に試合を進めるようなチームだと話が違う。エイシーズが気をつけなければ、もし第3クォーターで点差を詰めることができなければ、試合は早々に決まってしまいかねなかった。

ロッカールームには不安が溢れていたが、コービーにはエイシーズのフルコートでのマンツーマンディフェンスにエリー・キャシードラルが耐え続けることができるとは考えられなかった。「そのうち折れる。俺たちのプレッシャーに試合を通して耐えられるはずがない」。チームマネージャーのトム・ペティットはコービーのアイディアを利用して、選手全員の手にショーティーの粘着スプレーを吹きかけた。ダウナーは、エイシーズが良いスタートを切って後半に入ることができればまだ試合の主導権を握ることができるという理解と自らの動揺とのバランスを取りつつ、トリートマンを観客席に向かわせ、パングラジオの母ドロシーを探して彼の出場許可を求めるように頼んだ。「あの子はブーツ姿ですよ」と彼女は言った。「出場はさせません」。トリートマンが懇願する間、ダウナーはロッカールームに戻り、チームに話をする前にダッフルバッグから何かを取り出した。白に青いストライプが3つついた、Adidas のスニーカーだった。彼は革靴を脱ぎ、スニーカーを履いた。彼が話し始めるまで、選手たちは困惑していた。

「試合後に祝う時のために、滑りにくい方がいいからな。この試合に勝った後で、コート中を走って狂ったように飛び回るんだから、そのためには Adidas を履かないとな」

「メッセージは伝わったよ」とコービーは後で語った。「これは決勝戦だ。俺たちはなんでこんな風にプレーしているんだ？　やるなら、今しかないんだ」。

後半が始まる直前にドリュー・ダウナーがよろめきながらハーシーパーク・アリーナに到着し、フラフラとベンチに辿り着くと、エイシーズはさらに勇気付けられた。看護師たちにもう十分水分補給はしたから病院を出ても平気だと説得した彼は、まるで殴り合いでもしていたかのように髪の毛はボサボサ、シャツの裾は出たままだった。グレッグが彼を掴んで一緒にハドルに引き寄せると、選手たちは歓声をあげた。「何か忘れたけど、そこで何か言って、また気を失いそうになったよ」とドリューは振り返った。

もし失神していたら、彼は後悔しただろう。エリー・キャシードラルのターンオーバー二つをグリフィンが得点に変えたところを見逃すところだった。ダブニーがスリーを打ち、速攻を先導してパスを出し、コービーがダンクするところも。ブレンダン・ペティットがルースボールを掴んで、インサイドで得点するところも。その11対0の攻撃で、ローワー・メリオンは5点リードした。何週間も、何試合もコービーに頼りきりだったのに、ついにチームメイトたちが自分たちの役割を果たし、それ以上の活躍をしていたのだ。第3クォーターを終え、エイシーズは37対31でリードしていた。残すところ、あと八分。

人間の特性とは不思議なものである。我々が頭の中で思い描く記憶は、当時実際にそう目に映っていればよかったと願うものである場合が多い。後になって当時の未来を予期するような感じだ。「彼女の手に触れた瞬間に、この人と結婚するんだとわかったんだ」「あの宝くじの数字は、見た瞬間にラッキーだと感じた」等々。

コービーは州大会決勝戦について、こう語ったことがある。「4点差でリードした時、もう後戻りはしないとわかった。その時点でもう決まっていたんだ」。

ただ、そうではなかった。第4クォーターが始まって最初の4分半のローワー・メリオンは無得点で、エリー・キャシードラルは彼らの手法通り、ゆっくりと慎重に41対39とリードを取り返し、賢いセットプレーでレイアップを決めた。ランブラーズが点差をひっくり返した後で、ダブニーがエイシーズのオフェンスのセットを指揮した。コービーが片方のコーナーから反対側へ走るとエリー高校の選手がついて行き、ファウルラインへカットすると、ジュリアン・ブランクスというポイントガードがやってきてダブルチームをした。コービーはダブニーのパスを受け取った。ブランクスは手を伸ばした。ファウル。残り3分11秒で、フリースロー二本。両方決めれば試合は同点。一本だけ決めれば、プレッシャーはかかったままだ。一本目を外せば……夢はおそらく消えてしまうだろう。

コービーは大きく深呼吸をして、一本目を放った。もし映画監督が劇的効果のためにボールの行方の演出をしていたとしたら、観客はやりすぎだと思っただろう。ボールはリムの手前に当たり、ふわっと後ろへ飛び、あと四回、リムの後ろ側で小さく跳ねてから、フープを通って落ちていった。

コービーはため息をつき、二本目を投じた。今度はシュパッと入った。41対41。

良い選手のプレーはどこへ行っても通用しなければならず、いかに大変な状況や環境でも素晴らしくなければいけないことをマートルビーチでコービーから学んでいたハッチャーは、ディフェンスリバウンドをもぎ取り、ファウルされ、残り2分43秒でフリースローを両方決めた。エイシーズは二点リードしていた。両チームとも交互に得点し、残り1分22秒でローワー・メリオンが45対43でリードしていた時、その試合で12得点を記録してランブラーズの得点リーダーだったキース・ニースがベースラインジャンパーをリムに当てて外した。シュートチェックをしていたコービーは、何人もの選手が絡み合う中、リバウンドを掴み取った。そのままゴール下で動かないコービーを、二人のエリー高の選手がしつこく邪魔をした。どこにも行く場所がなかった。コービーは飛び上がり、右サイドラインにいたダブニーにボールを投げた……。

ところが、ブランクスがダブニーの目の前を横切ってパスを弾き、ボールがアウト・オブ・バウンズにならないようにチームメイトに投げながら、記者席に倒れ込んだ。ランブラーズはボールを手にし、試合を同点にするチャンスを得た。コービー・ブライアントによるターンオーバーのせいで。数分前に、もう試合に勝ったと思っていたはずだったのに。「その時点でもう決まっていた」はずだったのに。

ランブラーズはペリメーター付近でボールを回し、ディフェンスを探って、良い、正しいショットが打てるのを待った。ブランクスがスリーポイントラインの中へ切り込み、12フィート（約3メートル半）から片手のランナーを打った。ボールはリムにまともに当たって右方向へ飛んだ。ブランクスと他に3人のランブラーズに囲まれ、ローワー・メリオンの選手で唯一ペイント内にいたコービーは、ボールをコーナーへ弾いて掴み、エリー・キャシードラルの選手にそこで囲まれる前にコートを上がって行った。サイドライン沿いを左手でドリブルしながら、ブランクスを追い越し、別のランブラーズの選手を避けて右へカットし、コートの真ん中に到達した。

さあ、どうする？　チェスター高校相手に、勝利がすでに保証されていた状況でコービーはボールを渡すことなく、チームメイトと栄光を分かち合うことはなかった。今度は試合時間残り22秒、チームは2点リードしていた。ラスベガスでサム・ラインズ・ジュニアの望みをかろうじて聞き入れ、試合終盤でチームメイトにボールを渡してから八ヶ月近く、そしてグレッグ・ダウナーがあのモーテルの一室で「チームメイトを尊敬しなきゃダメだ」「向かってくるすべてのチームを自分一人で相手にしようとしてはダメだ」とコービーに語りかけてから三ヶ月近く経っていた。コービーは、今度はどうするつもりだったのだろう？

コービーは一度も顔を上げなかった。前方にハッチャーがいると認識している様子を一切見せることなく、前に向かってレーンの左側へパスを投げた。ハッチャーはドリブルを一回つき、バックボードを使ってレイアップを決めた。左利きだったハッチャーは、より簡単にそうすることができた。「コービーはダブルチームをドリブルで突破することだってできた」とハッチャーは振り返った。「でも友人がレイアップを決めて、優勝を果たすことができると信じたんだ。当初僕らが苦労していたことが、最後には強みになった」。ローワー・メリオンは四点差でリードしていた。時計の針は進んでいた。早めにシュートを打とうと戻っていたニースはトラベリングを取られた。手からボールを離すと、それは一度跳ねてコービーの下へと向かっていった。コービーはそれを脇の下に抱えながら飛び上がり、まるで何かを踏みつけるように両足で着地した。

タイムアウト。コービーへのインバウンズパス。ファウル。一本目のフリースローは外れ、二本目は決めた。エリー高校のエアボール。ブザーの音。ローワー・メリオン高校48、エリー・キャシードラル高校43と記されたスコアボード。そのスコアボードには、コービーの得点が17点と、彼にとってはそのシーズンで二番めに低い得点が記されていたものの、今回に限ってそんなことは一切気にしなかった。センターコートで抱き合う12人の高校生バスケットボール選手。約束通り、コートを狂ったように走り回るグレッグ・ダウナー。ダウナーを抱きしめるコービー。歓喜するトリートマン、イーガン、ドリュー・ダウナー、ジミー・カイザーマン。観客席にはパム・ブライアントとコービーの家族の面々。振り返り、コートを囲っているロープパーテーションやワイヤーを越えようとするコービー。向かおうとした先は母親と二人の姉と祖父母たち、そして……。

「気づいたら、いつの間に親父が降りてきていたんだ」とコービーは言った。

あれから25年近く経って、マイク・イーガンが覚えているのは、その抱擁の長さだった。イーガンやダウナーやトリートマンや当時の彼らのことを知っている者たちにとって、コービーがのちに自分の家族と仲違いしたことに胸を痛めたのは、こういう場面を見ていたからだった。「本当に、誇りに思うよ」とジョーはコービーに言った。そうして父と息子はしばらくお互い抱き合っていた。10秒……20秒……イーガンに言わせれば、まるでお互い離さないかと思うほど、それは丸一分も続くように感じられた。

1960年代終盤のバスケットボールスター選手であり、裁判官、企業幹部、公務員、そして父であり祖父であり、ローワー・メリオン高校におけるコービーの先駆者に一番近いと言える存在であるウェンデル・ホーランドは、その試合をブリンマーにある自宅のテレビで観ていた。2010年にコービーを記念して高校の体育館が命名されるための式典で、彼を紹介する時に初めて、ホーランドはコービーが成し遂げたことをいかに誇りに思うかを本人に伝える機会を得た。

「コービーのおかげで、我々は私がずっと欲しかったものを手に入れることができた。州大会優勝だ」とホーランドは振り返った。「私にとってそれがどれだけ意味のあることか、わからないだろう。わからないと思う。私はローワー・メリオンに関しては気難し屋なんだ。この町が成し遂げた他のことや作り上げた文化も誇りに思うが、母校のことは本当に心から誇りに思っているんだ。馬鹿馬鹿しく聞こえるかもしれないけれど、ヴァーノン・ヤングやチェスターの話のような、そういったちょっとした話も全部含めてね。そういったことまで全てだ。私はそれを誇りに思う。同窓会や殿堂入りの集まりに行くと、バスケットボールチームの同窓生は本当に多文化的なんだ。ダウナーは虹のように様々な選手たちで試合に勝った。本来そうあるべきだと思わないか?」。

「今では、本当に信じられないほど多くの人が私にローワー・メリオンのバスケットボールの話をしたがるんだ。コービーが死んだ時、彼とダウナーが一緒に成し遂げたことを思って、こっちの背番号33番（※自分のこと）がどんなに誇りと痛みを噛み締めたことか。彼はまさに夢を実現したからこそ、胸が痛んだ。彼は我々の夢を叶えたんだ」

チームはその晩遅くウィンウッドに戻った。その頃にはすべての手配は済んでいた。リン・フリーランドは消防署に連絡済みだった。日曜日には、生徒や教員や住人が通りを囲み、アードモアを通るチャンピオンシップ・パレードが予定されていた。そこでコービーとジャーメイン・グリフィンは落ちないように手すりに捕まりながら、繋がれたダルメシアンと一緒に消防車の一台の上に乗ることになる。そこでコービーは人だかりを見下ろし、あの時彼に絶対に州大会優勝は無理だと言った代理の教師を見つけることになる。そして、その教師が通りの角に立って、歓声を上げているところを見るのだった。

「これこそが、唯一俺の求めていたものだった」とコービーはのちに語った。「高校に入学した当初、自分はそれなりに良い選手だと思っていて、個人的な目標を達成するために全力を尽くすつもりだった。でも4勝20敗して、『ちくしょう、負けるのなんか大嫌いだ。もう二度とこんな思いをするもんか』と思った。翌年、俺たちは上達した。その翌年、さらに上達した。その間ずっと『俺は最高だとして知られるようになりたい。最高の選手としてだけでなく、最高のチームの最高の選手だ』と思っていたのを覚えている。それこそに意味があったんだ。俺がチームを州大会優勝へと導くことができるということを、みんなに証明したかったんだ」。

でもそれはすべて日曜日の午後の話だった。その前にまず、コービーとチームメイトたちはチアリーダーの家で開かれたパーティーに行く予定があった。ロビー・シュワルツやブレンダン・ペティットといった何人かの選手はそこに一晩中いて、翌朝七時にのそのそと帰宅した。四年間でペンシルベニア州南東部の高校史上最高である通算２８８２得点を記録し、ローワー・メリオン高校のキャリアにおいて為すべきことをすべてやり遂げ、青年期最後の普通に過ごせる夜を楽しむ機会が与えられたコービー・ブライアントは、そのパーティーに一時間いた後、自分で運転をして帰宅した。

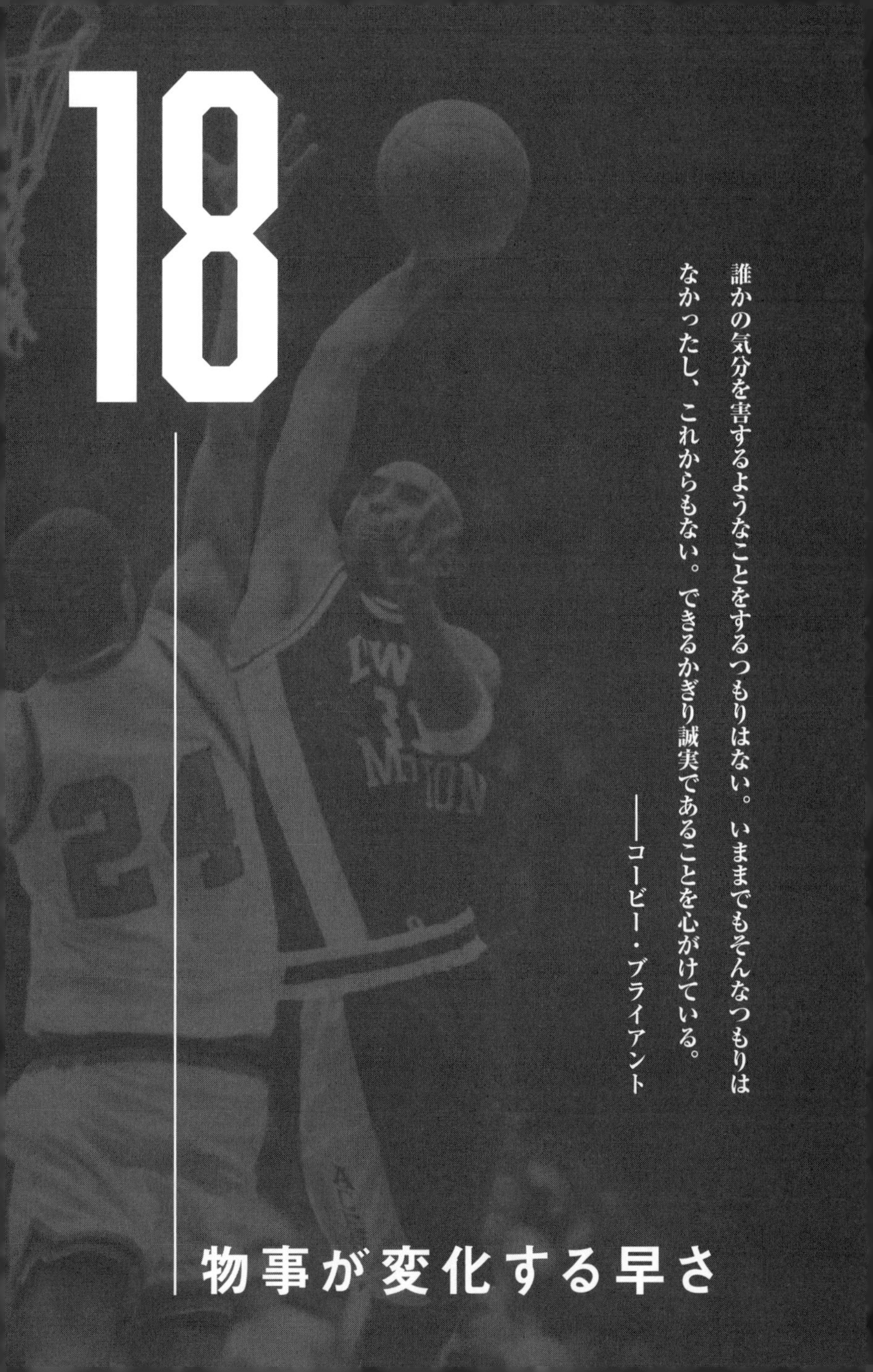

18

物事が変化する早さ

誰かの気分を害するようなことをするつもりはない。いままでもそんなつもりはなかったし、これからもない。できるかぎり誠実であることを心がけている。

——コービー・ブライアント

1996年3月30日、土曜日

全米で最も尊敬されているグラスルーツバスケットボール（※AAUなどのクラブチームで行われるバスケットボール）のスカウトであるトム・コンチャルスキーは、神父にはならずとも、かなり敬虔なカトリック教徒だった。身長198センチのひょろっとした体格で、落ち着きがあって穏やかな彼は、日曜ミサは神聖であると信じていた。スポーツが少年少女の人格を形成する力があることも信じていて、その2つを同じ誠実さで信じていた。神は子供達に後の人生の準備をするためにスポーツを与えた、と彼は言ったこともあった。競い合うことで魂のあらゆる部分が呼び起こされ、それは時に辛いこともあるが、いつだって教えになるのだと。コンチャルスキーはスカウトという任務を行うにあたって、自分の役割は神の恵みに値する若いアスリートを発掘し、評価することだと考えていた。彼は20年近く『高校バスケットボール・イラストレイテッド』というニュースレターに寄稿し、最終的にはそれを引き継ぎ、登録者にスカウトの報告書を送っていた。全国の何百人という大学コーチが、リクルートを行うに当たってそのガリ版刷りの報告書を不可欠だと考えていて、それが理由でコンチャルスキーは全国一権威のある高校生オールスターゲームであるマクドナルド・オールアメリカン・ゲームに毎年出席していた。1996年にピッツバーグのシビック・アリーナで開催された試合と、その前夜に毎年開かれる宴会に参加したのも、同じ理由だった。そしてその宴会で、彼がコービー・ブライアントとその家族と同じテーブルについていた理由も同じだった。

コンチャルスキーは、ブライアント一家がイタリアから帰国して以来、ずっとコービーをスカウトしていた。初めてボストンマーケット（※ファストフードに近いレストランチェーン）に行ったのは1994年12月1日、フィラデルフィアの郊外へコービーに会いに行った時だったことを思い出していた（彼はあまりにも出張が多かったため、五年間自宅で食事をしていなかった）。「コービーには鋼の意志があった」とコンチャルスキーは言った。彼は2021年の2月に74歳で癌で亡くなっている。「彼はとにかく、稀に見る熱心さでバスケに打ち込んでいた。ジョーダンやコービーのような選手を彼らたらしめるのは、その意志の強さだ」。コンチャルスキーは、多くの選手が目立とうとして色々やろうとしすぎるので、マクドナルド・オールアメリカン自体は好きではなかった（コービーも例によって、19分間で13得点をあげたものの、特にいいプレーはできなかった）。しかし、宴会の方はいつも行く価値があった。毎年UCLAの伝説的なコーチであるジョン・ウッデンがゲストスピーカーを務め、メモを見ずにエマーソン（※ラルフ・ワルド・エマーソン。アメリカの思想家）やソロー（※ヘンリー・デイヴィッド・ソロー。アメリカの作家）やシェイクスピアを引用したスピーチをした。選手たちはみんなタキシードを着ていた。「みんなそれについては文句を言うんだ」とコンチャルスキーは言った。「でも全米でトップにいる24人のアスリートほどタキシードが似合う人たちなんているかい？　コービーは威厳があったよ。実にハンサムな若者だった」。

宴会が終わりに近づき、デザートフォークがカチャカチャと皿に当たり、給仕がカップにコーヒーをコポコポと注いでいると、部屋の灯りが落とされ、事前に収録されていたマイケル・ジョーダンから選手たちへのメッセージがプロジェクタースクリーンに映し出された。「マクドナルド・オールアメリカンに選出されたことは、私にとって大きな栄誉だった」とジョーダンは語った。「私に、引き続き練習に打ち込む自信を与えてくれた。諸君、勉学には励むように」。そして締めに「みなさんがNBA入りを果たすことができるよう、願っています。でも、もしたどり着くことができたら、そこでは私が待っています」と言って、ウィンクをした。

夕食後、コンチャルスキーはしばらく残ってコービー、パム、ジョー、シャリア、そしてシャヤと写真を撮った。コービーがコンチャルスキーに話しかけた時にはすでに両親と姉たちは立ち去っていた。コンチャルスキーは当時コービーが大学に進学するつもりがないことはまったく知らなかった。

「世界中で最高の選手たち相手にプレーするのが待ち遠しいです」とコービーは言った。「その頃には準備はできているはずです」

そう言って彼はウィンクした。

1996年4月6日、土曜日

別の賞のために、別の町で、また別の宴会だ。今回はネイスミス賞を受け取るため、ジョージア州アトランタにあるワールド・コングレス・センターを訪れていた。向こうには全国最優秀大学生選手に選ばれたマサチューセッツ大学のマーカス・キャンビーがいた。別の席には全国最優秀コーチに選ばれた、同じくマサチューセッツ大のジョン・カリパリがいた。彼は二ヶ月後に五年1500万ドルでニュージャージー・ネッツのヘッドコーチ兼バスケットボール部門副社長に就任することになる。

記者からケヴィン・ガーネットに倣って高校からそのままNBAへ行くのかと聞かれたコービーは肩をすくめた。「まだ決めていません」。ネイスミス賞を受賞した特典として、賞のスポンサーであるアトランタ・ティップオフ・クラブの厚意で家族か友人のグループをディナーに連れて行くことができた。コービーは地元に戻ると、ローワー・メリオン高校のコーチ陣とチームメイトたちと一緒に行くためにマナヤンクにあるステーキハウスを予約した。

1996年4月8日、月曜日から4月24日、水曜日

コービーの行き先についての正式発表の日は近づいていて、彼の決断が何であるかは日に日に明らかになっていた。そこでマイク・シャシェフスキーは、デューク大学へ進学することがコー

ビーにとって最良の道であることを本人に説得する時間がまだ残されているかを探るために、グレッグ・ダウナーに電話をかけた。

「もし70ヤードのタッチダウンパスを武器として持っているなら、そのパスを投げるのは今です」とダウナーは答えた。

シャシェフスキーは、コービーがデューク大を選ぶべき理由を述べ始めた。「彼を次のグラント・ヒルにしてみせる」「私には宝石鑑定士としての経験が豊富だ。いくつものダイヤモンドを磨いてきた」。彼は5分から10分ほどの間、ダウナーにしてみれば心を動かされるようなペップトークを展開した。もし彼がペンクレスト高校でプレーしていた当時、ボビー・ハーリーやジョニー・ドーキンズのようにブルーデビルズとしてプレーするほど上手かったとしたら、直ちに車に鞄を投げ込んでダーラムへ向かっただろう。しかし、この話の対象となる相手はダウナーではなく、その相手はもう決意を固めていた。

その後コービーは自らシャシェフスキーに電話をかけ、自分の決断を伝えた。シャシェフスキーは幸運を祈り、もしアドバイスが必要な時は、いつでも電話して欲しいと伝えた。「君がきっと大丈夫なのはわかっている」とコービーに伝えた。「君のバスケットボールに対する態度は素晴らしいし、プレーすることを楽しんでいる」。２００８年の北京五輪と２０１２年のロンドン五輪でシャシェフスキーはついにコービーをコーチする機会に恵まれた。アメリカ男子バスケットボールチームにとっての求道心と献身性の水準がコービーのおかげで確立され、そのことが2

つの金メダルに貢献したと讃えた。コービーのことを「献身的」と形容するのは違和感があるかもしれない。しかし、2008年の五輪の前に、コロラド・スプリングスにあるUSAバスケットボールの本部で、コービーはシャシェフスキーの事務所のドアを叩き、全てのスクリメージ、全ての試合で相手チームの一番の選手を守りたいと伝えた。コービーは自分に課した責任と、自国が金メダルを勝ち取ることを手助けしたいという思いに没頭するあまり、シャシェフスキーが「コービーにシュートするのを忘れないように伝えなければならなかった唯一のコーチが自分だった」と冗談を言ったこともあるほどだった。

26歳のキース・モリスはプルデンシャル・セキュリティーズで働き始めて一年目のファイナンシャル・アドバイザーで、父親の一番のファンであり、彼がなんでも話せる一番親しい相手でもあった。そういった理由から、四月下旬の某日、事務所の電話に出たアシスタントにジョー・ブライアントからだと言われた時は大して驚かなかった。当然キースも父親のスピーディー・モリスも、もう数週間ほどラサール大学のキャンパスでジョーを見かけていなかった。彼のことを見かけた人は誰もいなかった。

「もしもし」

「キース、困っていることがあるんだ」とジョーは言った。「コービーはNBAに行きたがっている」。

「それの何が困るんですか?」とキースは聞いた。

「君のお父さんにどう伝えたらいいのかわからないんだ」とジョーは答えた。

「男らしく、自分で伝えるしかありませんよ」とキースは伝えた。しかし、キースはジョーがそれを実行に移すかどうかを待つことなく、電話を切ると自分で父親に電話をかけた。

「デュークじゃなくてNBAに行くと聞いて嬉しかったよ」と何年も後になってスピーディー・モリスは言った。「しばらくずっと祈っていたんだ。『神様、どうか彼がうちに来ますように』と。神様はすべての祈りに答えてくださる。その答えが、時には『ノー』であることもある」。

1996年4月26日、金曜日

「信じられない、なんで俺はここにいるんだ?」。その金曜の晩、マディソン・スクエア・ガーデンで行われた1996年のエッセンス・アワード（※アフリカ系アメリカ人の活躍を讃える賞）で周りを見渡したコービーの頭の中で、その疑問がぐるぐると巡っていたのは間違いないだろう。ハル・ベリー、タイラ・バンクス、ナオミ・キャンベル、トニー・ブラクストンが全員その場にいたのは誰もが予想できただろう。しかし、コービーとシャリアまでそこにいたのは一体どういう訳だったのだろうか?　そしていかにしてこの夜の出来事が、コービーは一体誰をプロムに連れて行くのか、というローワー・メリオン高校で一番差し迫った問題であり、謎に包まれていた噂の答えに繋がったのだろうか？

事の発端は、ラサール大学で冬に開催されたファッションショーだった。シャヤは、学生会館にある大宴会場で開かれたそのショーに参加していた。そこで彼女は、二人の男性がコービーの話をしているところを耳にした。コービーは弟だと彼らに伝えると、そのうちの一人で、マーケティング・マネージャー兼プロモーターをしていたマイク・ハリスは彼女に「Boyz II Menがコービーに会いたがっていると伝えてくれ」と言った。メンバー全員がフィラデルフィア出身のその3人組のR&Bグループは彼のクライアントだったので、ハリスにはそんなことも実現可能だった。数週間後にはコービー自身がヴィラノヴァ大のバスケットボールの試合でハリスに出くわした。二人は電話番号を交換し、友人関係になると、コービーはUPN（※放送局名）で放送が始まったばかりの『モイーシャ』というシットコムの主役を務めるブランディのことが好きだと打ち明けた。その後間も無くしてハリスはコービーに電話をかけ、エッセンス・アワードに招待した。バスケットボール以外のことになるとまだ純粋なところがあったコービーは、それを単なる厚意だと受け止めたかもしれないが、ハリスにとっては別の目的もあった。これは彼にとってバスケットボールにまで手を広げ、コービーをクライアントにするチャンスでもあったのだ。全国が目にするような社交の場で、コービーがどうにかして目立つ方法があれば……。

コービーに同伴していたのはシャリアで、彼女はコービーと同じぐらいモデルやダンサーや歌手や芸能人にワクワクしていた。アワード・ショーのあとで、コービーはハリスと、マイク・マッケリーとウォンヤ・モリスというBoyz II Menのメンバーのうち二人と一緒にリムジンに乗り込み、フォーシーズンズホテルへ向かった。ハリスとモリスは、モリスのスイートルームにコービーを誘っていたのだ。コービーと一緒に部屋に入ると、ハリスは笑い出した。「一体何だ？」とコービーは思った。そして左の方を向いた。そこには、部屋のベッドに腰掛けるブランディがいた。

コービーはぽかんと口を開けた。「こいつらマジかよ、信じられない」と思い、緊張のせいで彼も笑い出した。「調子はどう？」とブランディが聞くと、コービーはほとんど何も言葉にできず、小声で「やあ」と言ったものの、ハリスとメンバーたちの大爆笑にかき消された。自分が何を言ったのかも思い出せないまま部屋の外に出たが、恥をかいたことだけは確かだった。

部屋に戻るとハリスはコービーに「ブランディをプロムに連れて行きたいか？　どうする？」と尋ねた。もちろん、コービーはそうしたかった。答えは簡単だった。その少し前に、ハリスはこの話題作りのチャンスを阻止し得る二点について、すでに手を打っていた。ウァンヤ・モリスは22歳、ブランディは17歳で、一年ほど前から友達以上、公式なカップル未満という関係を続けていた。ブランディと彼女の関係者は、彼女の健全なイメージを守るため、その秘密を明かすことを禁じていた。ローランド・レイゼンビーが書いた二冊のコービーの伝記のうちの一冊である『コービー・ブライアント　失う勇気　最高の男（ザ・マン）になるため さ！』によると、ハリスは世間からなんてかわいい二人なんだろう、と話題にされるように、コービーとブランディが一晩一緒に出かけるという計画に乗るようにモリスを説得した。そしてその晩、ハリスはブランディに電話をかけ、「ブランディ、ブランディ、ブランディ。俺の友達のコービーが、君をプロムに誘いたいそうだ。一緒に行ってくれたら、あいつはこの上なく喜ぶだろう」と伝えた。

ブランディは承諾した。ただ、母親で彼女のマネージャーも務めていたソーニャ・ノーウッドに許可を貰う必要があった。こうして自分でわざわざ誘うこともなく、コービーはプロムのデート相手に芸能人を連れて行くことになったのだ。

その週末の後半、コービーはBoyz II Menに頼まれてフィラデルフィア・コミュニティ・カレッジで開催されたチャリティー・セレブリティ試合に参加した。ブランディはモリスに付いて試合に来ていた。コービーはボールを持つや否やトマホーク・ダンクで観客を沸かせた後で、ハーフタイムに彼女と世間話をした。ブランディは優しくて、まるで学校の女友達と同じように遊んだり話したりできそうな子だとコービーは思った。パム・ブライアントとソーニャ・ノーウッドはのちに話し合い、詳細を確認し合って、プロムについて全員の認識が一致していることを確かめた。コービーとブランディは電話でよく話す仲になった。

「彼女がやっていることを尊敬していた」とコービーはのちに語った。「当時自分はNBA入りしたいことはわかっていて、そうなると自分はカメラや照明の前にいる選手の中でも若い方になる。彼女も若かった。14歳でデビューして、それ以来ずっとカメラや照明の前に立っているんだ。

何事にもうまく対処していて、それをすごいと思ったし尊敬していた。それに彼女の歌も大好きだった」。

コービーはもはやジョセリン・エブロンと一緒に過ごすことはなくなっていた。クリステン・クレメントとはまだ友達だけど、もう長いこと話していないと、トリートマンに話していた。彼のデート相手の正体が人々に知れ渡ると、友人たちは悪意なく驚いてみせた。コービーがブランディを連れて行くことを知ったトリートマンは、カーディナル・オハラ高校でクレメントのチームメイトだったブランディ・バッチのことかと当初は勘違いした。ある日、学校で自習時間の時に、スーザン・フリーランドが誰をプロムに連れて行くのかとコービーに尋ねた。

「ブランディ」とコービーは答えた。

「どこのブランディ?」

「あのブランディだよ、スーズ(スーザンの愛称)」

「どこで知り合ったの?」

「Boyz II Men のやつらの一人を通して」

「うそ!」

フリーランドは信じられなかった。あのブランディだよ、スーズ。Boyz II Men。彼はまるで、それがあたかも普通のことのように言ってのけたのだった。

1996年4月29日、月曜日

NBAのドラフトに参加することを発表するために記者会見を開くというのは、コービーのアイディアではなかった。ジョーが、やりたいかどうかを彼に聞いたのだった。

「わかってるだろ」とコービーは言った。「俺はそういうのは別にどうだっていいよ」。しかし、ジョーとパムにとっては大事なことだというのは感じ取れた。正式な発表をすればコービーの決断に正当性や信用を与えることになるとはいえ、両親は彼が何をどう言うかに固執しているようだった。何しろ他人にとってこのような場は、彼らが才能ある息子をどう育てたかを推察し、人によっては評価を下す絶好の機会だった。ジョーが提案をしてから一週間、彼とパムはコービーに向かって、大人らしさと落ち着きとユーモアのバランスをきちんと保つようにと、しつこく確認した。「『俺より緊張してるよ』と言ってちょっとからかってやったよ」とコービーは後に言った。「俺にとっては、本当にそんなに大したことじゃなかったんだ」。記者会見がいつ、どこで開かれるかについてもどうでも良かったのでジョーに任せたところ、ジョーは月曜日の午後に決めた。ほとんどの手配はトリートマンがすべて担当し、トム・マガヴァーンと一緒にその場に集まる記者や生徒たちのために体育館の準備をし、会見があることをメディアに連絡した。

コービーの決断については、聞かれても答えなかった。そもそも答える必要はあっただろうか？この時点でデュークからラサールへ行くのであれば、わざわざ記者会見を開くだろうか？

クラスメイトたちは何か少しでも情報を得ようと、午前中ずっとコービーに話しかけた。「コービー、午後はラクロスの試合があるんだ。先に教えてよ」。彼らに対してはプロムのことと同じぐらいNBAについても口を固くして、まだわからない、その時になったらその場で決めると答えていた。ジュエリーの彫金の授業では、作っているはずのブレスレットのことをしばし忘れて他の生徒たちが彼を囲み、先生までもがコービーの会話や曖昧な答えに耳を澄ませていた。友達のディアドラ・ボブが「どうするつもりなの?」と彼に尋ねた。

「わからない」とコービーは答えた。「どうしたらいいと思う?」。

「正直、友達として言うと、進学すべきだと思う。あなたはその才能を失うことはない。その才能は神に与えられたもので、どの大学に進学しようと、そのチームで一番の選手になれる。NBAにはいつでも行ける」とボブは言った。

また別の授業を受けていると、リン・フリーランドが彼を見つけ出し、呼び出した。グレッグ・ダウナーは記者会見の場にいるつもりだったが、いずれにせよコービーが口にしなくても発表の内容はわかっていた。フリーランドはコービーに、ドリュー・ダウナーに電話をかけて自分で伝えたいかを尋ねた。「ご案内願います」とコービーは答えた。フリーランドはコービーを生徒指導の事務所へと連れて行き、ドリューの電話番号を渡すと、カウンセラーや秘書たちに席を外すように頼んだ。部屋を出てドアを閉じながら、彼女はコービーが「大人と一緒にプレーしに行きます」と言うのを耳にした。

「彼に理解してもらいたかったのは」とのちにドリューは語った。「これは何年も経って、彼が大人になってからも会うたびに言い続けていたのは、『我々は君のことを大事に思っている。人として、気にかけている』ということだった。特にあいつがＮＢＡの悪役《ヴィラン》になってからはそうだった。誰かと喧嘩になりたくなかったから、サウス・フィリーに出向いてシクサーズの試合を観に行くのを辞めたんだ。私は自分がやったことを大げさに言うつもりはない。あいつを守ろうとしたんだ。大人であろうと心がけた。変なやつが「この雑誌の山にサインしろ」と言ってきても、私は「何者だ？」と聞き返していた。何も見返りを求めなかったということも信頼につながった。彼から何かを期待したことはなかった」。

授業時間があと一限だけ残される中、コービーは英語の授業を休んで準備のために帰宅した。パムは着るものを選ぶのを手伝っていた。コービーは白いシャツに茶色のシルクタイ、そしてロン・ルーバーとその家族が『次なるキャリアでの幸運を祈るため』に贈ったベージュのシルクスーツを選んだ（ルーバーが５００ドル以上したそのスーツを購入した時、セールス担当は「彼のウィングスパンが7フィート2インチ（※約２１８センチ）だって知ってましたか？」と尋ねた）。その衣装を完成させるべく、コービーは額の上に黒い楕円形のデザイナーサングラスを乗せた。「あれは俺のアイディアだったんだ」と彼は後に話した。「サングラスは大好きだったから、『何か新しいことを流行らせてみよう』と思ったんだ」。

ブライアント一家は車で学校へと向かい、その日の最後のチャイムが14時25分に鳴ってから間もなくして到着し、裏に車を停めた。コービーが体育館に入った途端にテレビカメラの照明が目に染みた。蒸し暑い春の日で、外の気温は23度、中は人だかりのせいでもっと蒸し暑くなっていた。ジョーは片手に大きな携帯電話を持ち、もう片手で額の汗を吹いた。コービーは休んだ英語の授業についてあとで教えてくれと、マット・マトコフに頼んだ。孫のせいで皆が騒ぎ立てているのを見たコービーの祖母が「うちの可愛い子にアップルパイを焼いてあげないとね」と言うと、コービーは顔を上げた。「いいね、おばあちゃん」と彼は言った。「二つくらい作ってよ」。コービーは、建物に入った時は何を期待すべきかわからなかった。体育館は満員になっていて、全員が彼の話に耳を傾けるために集まり、コービー・ブライアントがコービー・ブライアントにとって何が最善だと思っているかを聞くためにその場にいた。そしてそれは……楽しかった。心から楽しいと思った。

発表の瞬間を見返すと面白い。体育館の深い茶色の観覧席はニュートラルな背景を作り出し、どんなカメラアングルからでも彼を縁取っていた。完璧に自信に溢れたコービーは講演台に立ち、その胸元にはマイクの束が置かれていた。家族やコーチ陣、チームメイト、クラスメイトたちは記者団に混ざって座ったり立ったりして、彼が話すのを大勢が待っていた。

「僕、コービー・ブライアントは……」

一呼吸置き、まるでディフェンダーを振り払うように頭を揺らした。

「……自分の才能の行き先を……うーん……」

また一呼吸。今度はまるでまだ決めかねているか、忘れたか、その両方かのようなフリをした。何か考えているかのように左手を顎に当て、カメラに向かってその決定的瞬間を精一杯演出して見せた。

そして満面の笑みになって言った。

「なんちゃって。僕は、大学に行かず、自分の才能をＮＢＡで発揮したいと思います」

全部で19秒間だった。その後、大歓声に包まれた。

１９９６年当時、高校生アスリートが自分の将来について宣言をするために記者会見を開くことは、適切だとも、報道価値がある出来事だとも、そのような発表に対してどれだけの関心があるかを測る手段だとも見なされていなかった。むしろそのあけすけな傲慢さを受け入れがたいものだと捉える人が大勢いた。ディアドラ・ボブは一日の授業を終えて体育館に来ていた。コービーが大学へは行かないと聞いて、彼女は少しがっかりした。「わかったよ、コービー」と彼女は思った。「自分に自信があるのね。でも自分がそうしたいなら、私は応援するし、祈っている」。タウンシップにあるシナゴーグ（※ユダヤ教の会堂）のラビであるニール・クーパーは、コービーを批判する説教をした。高等教育の価値と大切さを蔑ろにし、若者に間違ったメッセージを送ってしまうと話した。フィラデルフィア・インクワイアラー紙のビル・ライオンは「これは全て胸が温まるような、素晴らしいことだ。しかし、彼は17歳でもある。子を持つ父親として、私にはただ一つ懸念していることがある。彼が自分の青春を自ら手放してしまわないことを願う」。コービーの話題は、途端にスポーツ・トークラジオ番組で討論の対象となり、まるで朝晩の通勤時間に合わせてアツアツで届けられる怒りの電子レンジ食品のように議論が交わされた。

「あの記者会見が非常識だと思った人も、恐らくたくさんいただろう」とグレッグ・ダウナーは言った。「スポーツをよく知らない人の中には、理解に苦しむという人もいた。あの建物の中には、何事なのかわかっていない人もいた。私にはわかっていた。これは、ただ背の高くてアスレチックなバスケットボール選手の会見ではなかったんだ。これは別の何かだった」。

1996年5月21日、火曜日

午前10時、コービーはマンハッタンのソーホー地区にあるショールームの至る所にいた。コービーは一つの壁の四箇所でダンクしていて、その四つのダンクの一つ一つが183センチほどの高さの写真で捉えられていて、その写真は四枚とも巨大な感嘆符のような効果があった。ハイライト動画はコービーが繰り返しダンクしてダンクしてダンクしまくっているところを映し出し、単調になりすぎないように途中でジャンプショットが二つばかり挟まれていた。Adidasは、左から右へ向かって長さが伸びていく三本のストライプで進歩や向上や未来を表す新しいロゴを披露していた。ある記者がその部屋の中を数えると、ロゴが合計56個あることが確認できた。壁にロゴ、バスケットボールにもロゴ。椅子とマイクにもロゴ。しかもそれは数えることができた物だけのことだった。記者証やスタッフのシャツ、どんな小さな平面にもロゴがついていた。Adidasには控えめである必要が一切なかった。これは最新のクライアントのための戴冠式だったのだ。これはコービー・ブライアントを王にするための第一歩だった。

「彼は、これから10年、20年先のスポーツを形作る次世代アスリートのひとりです」とAdidasアメリカの社長であるスティーブ・ウィンは言った。

ＮＢＡ入りを発表した会見の翌日、コービーとチームメイトたちはペンシルベニア州知事のエド・レンデルに会うためにハリスバーグへ行っていた。彼らは雨漏りするスクールバスという、大抵の高校生バスケットボールの州大会チャンピオンにとっての移動手段である乗り物に、雨の日に乗っていた。コービーはこういうことには慣れていて、かつてならそれで謙虚な気持ちになることもあったかもしれないが、今後はもう二度と体験しなくても良いものだった。ローワー・メリオン高校でも、彼はいつもバスケットボール選手だった。しかし今後の彼は、影響力のあるバスケットボール選手で、スニーカー会社の広告塔で、オゾン層を突破するロケットだった。この契約とソニー・ヴァッカロとの長い付き合いが一時は破談に近づいたことを考えると、信じられなかった。

ジョーとパムに頼まれ、ロン・ルーバーは、ブランディング部門があり、コービーのスニーカー契約を担当することもできるニューヨークの法律事務所に法的意見を求めていた。ブライアント一家には選択肢があったことをルーバーは振り返った。このままヴァッカロとAdidasで行くか、自分たちの道を進むか。しかし結果的には、自ずと答えが出たようなものだった。アトランティックシティーで行われたミーティングで、チーム・ブライアントの面々は彼らがコービーのエージェントを選ぶことを提案した。するとヴァッカロはそれに対する返答としていくつか通告を出した。スニーカー契約はAdidasとすること、コービーのNBAエージェントはアーン・テレムで、バスケットボール以外の宣伝や関心ごとについては、演技や音楽、コービーが興味のあるものはすべて、ウィリアム・モリス・エージェンシーが代理人を務めること。そう言うとヴァッカロは席を立って出て行った。「その場に残る理由はなかった」とサム・ラインズ・ジュニアは言った。「彼が主導権を握っていたので、他の誰かが何かを言うことなんてできなかったんだ」。自分に影響力があることを理解していたヴァッカロと、一番良くて一番長い間オファーされていた広告契約を手放したくないブライアント一家は、マンハッタンのアッパーイーストサイドにあるイル・ヴァガボンドというイタリアンレストランで二度目のミーティングを設けた。最終的にジョーとパムはテレムを雇うことに同意し、コービーのウィリアム・モリス社の代理人となったリック・ブラッドリー曰く「Adidasによる重大な契約」が交わされた。コービーとAdidasは1千万ドル相当（※当時のレートで10億9000万円）の複数年契約を結び、一年目に100万ドル（※1億9000万円）を受け取ることが保証された（コービーはヴァッカロに「もしデューク大に進学していたら、このシューズの契約はできていましたか？」と尋ねたことがあった。NCAAで規制されているので無理だと答えると、コービーは「じゃあ僕は確実に正しい決断をしましたね」と言った)。八月には、彼のシューズのためにテレビで全国的なキャンペーンが展開され、秋にはコービーが独占的にフィーチャーされる予定だった。スローガンは「Feet You Wear(*フィーツーウェア。履ける足、という意味)」。これほど大規模なパートナーシップということで、ジョーはコービーを連れてきたというだけで彼自身も契約金を受け取ることができた。Adidasがジョーのために15万ドルを追加で支払うのはなんでもないことだった。そしてそれはきちんと支払われた。

そんなわけで、そのショールームの最前列には息子と弟の応援に駆けつけたジョー、パム、シャリア、シャヤがいた。ジョーはその場にいた記者たちに、コービーがどこに行くことになろうと一家は彼について行くと、まるでコービーが美しい気球で、一家は彼の下の籠にみんなで乗り込むつもりであるかのように話していた。コービーはティーンエージャーとしてプロのバスケットボール選手になることの危険性について聞かれ、「これは究極の挑戦です。トップにいる人たちから学ぶチャンスなんです。もし彼らにやられても、ボコボコにされたとしても、同時に教わることにもなるんです。結局は全部ためになるはずです」と答えていた。残されていたのは、どのNBAチームが一ヶ月後に彼をドラフトするのかという疑問だけだった。

「理想としては、レイカーズかニックス、もしくはフィラデルフィアやシカゴといったビッグマーケットです」とブラッドリーは言った。「でももちろん、どうなるかはこちらでコントロールできることではありません」。
そう。もちろん、そのはずだった。

1996年5月25日、土曜日

プロムは後回しだ。テレビではバスケットボールの試合をやっていた。ただのバスケットボールじゃない。シカゴ・ブルズのバスケットボールだ。ただのシカゴ・ブルズのバスケットボールじゃない。マイケル・ジョーダンのバスケットボールだった。コービーとジャーメイン・グリフィンは午後中ずっとゴロゴロしながら、ジョーダンがシュートで苦しむところを観ていた（14本中5本を決め、17点だった）。それにも関わらず、ブルズがオーランド・マジック相手に86対67と快勝し、プレーオフのファースト・ラウンドを3試合のスイープで制した（※実際にはブルズとマジックが対戦したのはイースタン・カンファレンス・ファイナルで、この試合は四試合全勝のスイープで制したうちの三戦目。1984年から2003年までプレーオフの第1ラウンドは三勝先取だったが、現在では四勝先取のフォーマットになっている）。試合は東部標準時間の14時半にティップオフしていて、試合が終わってからようやくコービーとグリフィンは準備をし始めた。どのみち、コービーとブランディなしでプロムを開催するわけはなかった。
その試合は、忙しい週末の中でコービーが一息つける時間だった。チーム・ブライアント、特にサム・ラインズ・シニアが入念にすべてを手配し、金曜の晩にはコービーとブランディのためにアトランティック・シティーでバリー・ホワイトのコンサートと花火ショーのチケットを手に入れ、土曜日の夜遅くに再びアトランティック・シティーへと出向くプランを立てていた（ブランディの母親が付き添い役だった）。プロムは、よりによってコービーが一番好きで馴染みのあるピックアップゲームの場でもあった、センターシティーにあるベレビューホテルで開催されていた。ホテル入り口の外のブロード通りでは、フィラデルフィア市警の集団と15台のテレビカメラがセレブ「カップル」の登場を待ち受けていて、彼らはしばらく待たされることになった。コービーはグリフィンを彼のデートの相手であるジョン・ルーカスの娘、ターヴィアの家で降ろし、ブランディを滞在先のマリオットホテルに迎えに行った。コービーは黒いタキシードにスタンドカラーのシャツ、彼女はシャンパン色のモスキーノのドレスを着て、ブレイズに編まれた髪の毛は流れるように肩にかかっていた。「彼女は本当にキラキラしていた」とコービーは後に言った。二人はグリフィンとルーカス、そしてマット・マトコフを迎えに戻った。マトコフの相手がドタキャンしたため、彼はいつも通りコービーの同伴者となり、事を複雑にした。そのうち白いリムジンが五人をベレビューホテルまで乗せて行き、ブランディのボディガードやスタイリストの面々はその跡を追った。

コービーとブランディの車を探しながら、ベレビューにいたテレビのリポーターたちは待ちきれずに他の四年生を止めて、このパーティーでの騒ぎについてリアクションを求めた。「これはコービーのプロムじゃない。ローワー・メリオン高校のプロムです」と、ある女子生徒は言った。別の生徒も彼女と同じことを言った。「私たちはコービーのクラスの卒業生じゃない。1996年クラスの卒業生です」。スーザン・フリーランドは、そういった苛立ちは見当違いだと感じていた。当然プロムは全部が全部コービー中心ではなかったが、「私たち同期生の間にあった魔法や勢いのようなものは、彼のおかげだった」と彼女は言った。あの場にいた警備員や警官やリポーターは、他の誰かのためにいたわけではなかった。

「彼は自分のイメージのためにブランディをプロムに連れて行ったんだ」と、相変わらず忠誠心の強いコービー擁護者だったマトコフは当時語った。「彼のステータスに釣り合う相手と行く必要があったんだ。彼がコービー・ブライアントだという理由で好きになったわけじゃない相手がやっと現れたんだ。彼女自身も有名だったから、そういう動機ではなかった。彼女にとっても同じことだったんだよ。彼も、彼女がブランディだからという理由で好きだったわけじゃなかった。彼は彼女が必要なわけではなかった。そういう共通点があった。だからといって、お似合いじゃなかったわけでもなく……ただ、彼はその辺の馬鹿な女子高生とプロムに行くわけにはいかないことがわかっていたんだ」。

プロムが始まってから三時間後、ようやく白いリムジンはベレビューホテルの外に停車した。フォトグラファーたちは彼らに駆け寄った。警官と警備員らはコービーとブランディの周りを輪になって囲みスペースを確保した。誰かがブランディに、プロムで歌う予定はあるかと尋ねた。

「楽しむために来ているだけです」と彼女は答えた。

17歳の二人の若者がホテルの二階へと続く大理石の階段を登ると、プロムに来ていた他の生徒たちの反応にコービーは腹を立てた。「クラスメイトたちは俺たちについてずっと悪口を言っていたのに」と彼は後で語った。「俺たちが着いた途端に『一緒に写真撮ってもいい？　話をしてもいい？』なんて言うんだ。『あっちにいってろよ』って感じだったよ。言いたい放題言っていたくせに。嫉妬していたのだと思うけど。あいつらのことはどうでも良かったよ。別に友達なんかじゃないし。俺と親しくて、ずっと仲良くしていたやつらやバスケットボールチームのやつらが友達なんだ。あんなやつらは偽物の友達だよ」。ソーニャ・ノーウッドも、コービーと同じように彼らを軽蔑した。「みんなサインを頼んだり、写真を頼んだりしていた」と彼女は言った。「まるでブランディは仕事をしているようだった」。しかし、それが皮肉なことだというのに、彼らは気づいていなかった。この二人の若いスターがプロムで注目を集めたことに対して文句を言ったものの、そもそもこの人為的な関係は二人の若いスターたちが注目を集めるために計画されたものだったのだ。

いずれにせよ、ノーウッドは間違っていた。誰もが魅了されていたわけではなかった。コービーの友人であるオードリー・プライスは二人と一緒に写真を撮るように頼んだが、サインは頼まなかった。「別に彼がスーパースターだからじゃなかった」とプライスは振り返った。「ただ、友達全員と写真を撮っていました。思い出として。思い出に残すためでした。ブランディにドレスが素敵だと伝えたら、彼女は緊張していると言ってました。そのせいで、その晩が台無しになったとは思いません。結局、みんなそれぞれ自分のことをやっていました。なんだかんだ言って、普通のプロムだったと思います」。
コービーと連日アトランティック・シティーでの晩を過ごした後で、ブランディはロサンゼルスの自宅へと戻った。とあるフィラデルフィアのニュース局は、あのプロムが彼女にとって初デートだったと伝えた。そんなおとぎ話のようなことをウォンヤ・モリスが聞いたら驚いたことだろう。

1996年6月

コービー・ブライアントはローワー・メリオン高校の生徒としての最後の日と、ローワー・メリオン高校の卒業生としての最初の日をローワー・メリオン高校で過ごした。卒業式が終わると、四年生らが集まり、ダンスをしたり泳いだり、障害物コースを楽しんだり、お喋りをしたりと、一晩中続くパーティーのために閉ざされた構内に残った。未成年の飲酒や飲酒運転、その他の軽率な行動を防ぎ、同級生と一緒に過ごすのを促すために計画されたことだった。ある生徒はビデオカメラを持ち歩き、卒業生にインタビューするふりをしていた。カメラがコービーの方を向くと、彼は即興だと思われる四行のラップを披露した。

ポケベルが鳴ってるから
ここで一時停止
お前ら全員のために
俺はマイクを掴む

体育館の半分はＤＪのいるダンスフロアのために仕切られていた。そこでコービーは床に腰を下ろし、亀のように丸くなると、背中を床につけて回転し、クール＆ザ・ギャングの『ジャングル・ブギー』に合わせてブレイクダンスを始めた。Ｔシャツを脱ぎ、昔ながらのコーラ瓶が横になって積み上げられたような腹筋を露わにし、引き続きマイクを握ったままＬＬ・クール・Ｊの〝Doin' It〟に合わせて口パクをしながら踊った。

俺はお前が言うプレーヤーなのは間違いない……
そう、俺はゾーンに入ってる
出番が来れば俺は唯一無二

体育館の別のエリアでは、今度はハーフコートの３オン３をプレーするという、彼にとっては最も自然なことをやった。Tシャツはまだ脱いだままで、サイドラインで見物していた20人そこらの生徒たちの何人かはポカンと口を開けていた。

「私がコービー・ブライアントのシャツの下を見たのはあの時が初めてで、うちの高校の女子のほとんどにとっても、彼の固くて鍛えられた身体を見たのは初めてでした」とプライスは振り返った。「あの晩、コービーが見せた一面は面白かった。彼らしくなかった。彼はいつもきちんとしていたんです。あれだけの腹筋があっても、シャツなしで歩き回るような人じゃなかった。それが急にあんな風に開放的になるところを見るのはいつもと違っていて、面白かった。なおさらその晩を楽しむことができました」。

「彼は自分をさらけ出していました。それが最後に会った時の彼の思い出です」

1996年版の『エンキリディオン』という学校のイヤーブックに掲載された自分の顔写真の横に、コービーは次のように書いた。「お母さん、お父さん、僕がアメリカの高校に通う機会を与えてくれてありがとう。良い時も、悪い時も支えてくれたシャリア、シャヤ、ティアーモ・モルティッシモ（イタリア語で「とても愛している」の意味）。マット、お前はいつまでも親友だ……四年間ありがとう、みんな愛してる」。

コービーは、1996年卒業生で男子生徒として「最も成功しそうな人」として選ばれた。そのイヤーブックに掲載されたスナップ写真で彼は黒い革のジャケットを着て、女子生徒として同じく選ばれ、のちに麻酔科医になったアンチュ・ヘルリンに右腕を回して写っていた。コービーはあまりにも当然のチョイスだったため、同級生たちは最優秀男子アスリートには彼のことを選ばなかった。代わりに、その賞にはサッカーとレスリングとラクロスで活躍したショーン・ファーバーが選ばれた。所詮、コービーはたった一つのスポーツしかやっていなかったのだ。

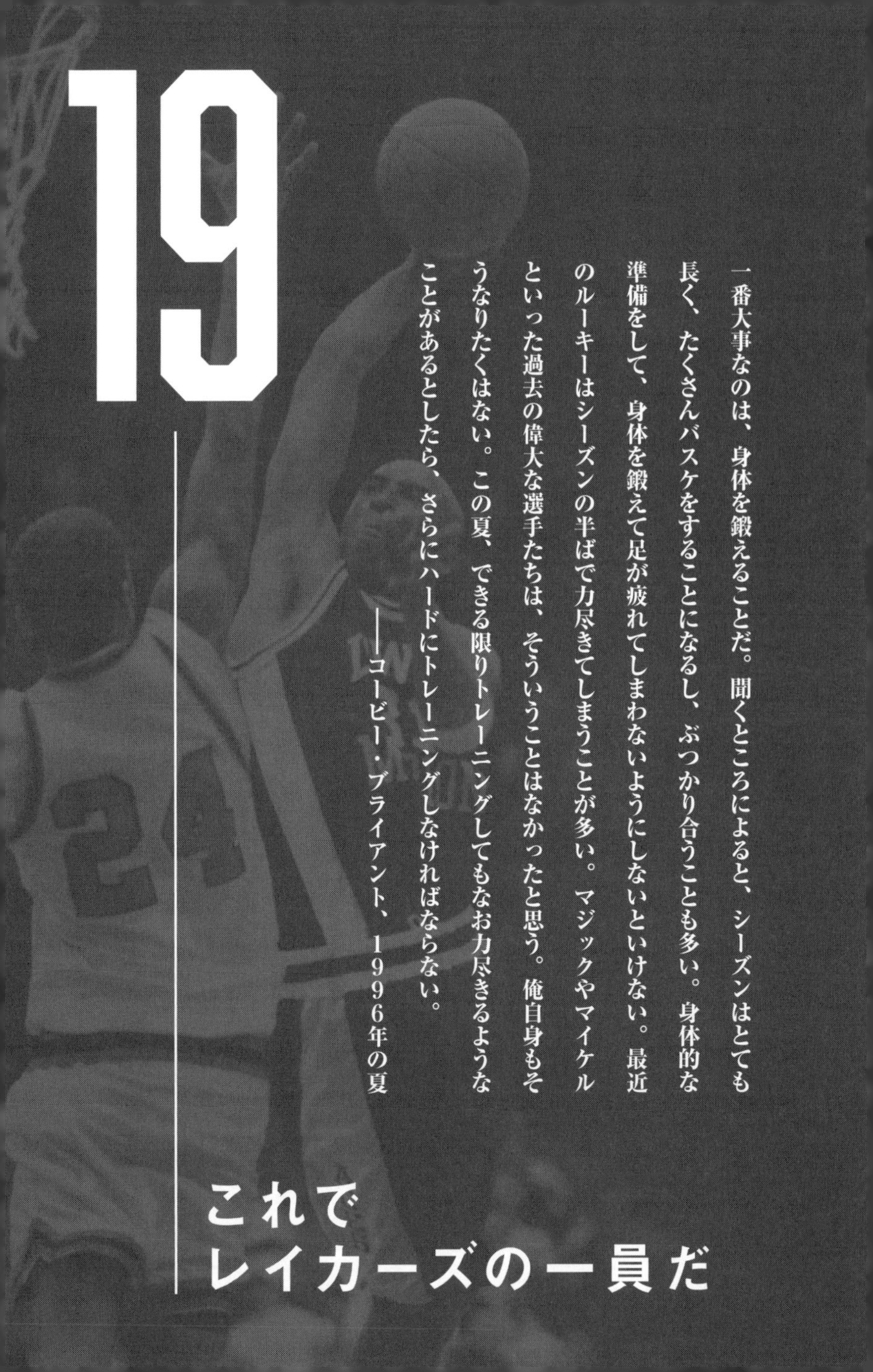

19

これで
レイカーズの一員だ

一番大事なのは、身体を鍛えることだ。聞くところによると、シーズンはとても長く、たくさんバスケをすることになるし、ぶつかり合うことも多い。身体的な準備をして、身体を鍛えて足が疲れてしまわないようにしないといけない。最近のルーキーはシーズンの半ばで力尽きてしまうことが多い。マジックやマイケルといった過去の偉大な選手たちは、そういうことはなかったと思う。俺自身もそうなりたくはない。この夏、できる限りトレーニングしてもなお力尽きるようなことがあるとしたら、さらにハードにトレーニングしなければならない。

――コービー・ブライアント、1996年の夏コービー・ブライアントをウィンウッドから西海岸へと移住させる画策に一番深く関わった二人の男に友情が芽生えたのは、意外な場所だった。いわゆる「マミー&ミー（※親と赤ちゃんが一緒に参加する育児支援）」のクラスだ。アーン・テレムとジェリー・ウェストはNBAで一緒に働く同世代だった。ウェストはレイカーズのジェネラル・マネージャー、そしてテレムは有力なエージェントだった。ジェネラル・マネージャーとエージェントは交渉の場においては逆の立場だったが、ケアレン・ウェストがジョニー・ウェスト、ナンシー・テレムがマティー・テレムと、お互いの妻が1980年代の終りに息子を出産し、その子供達が絵の具や積み木で一緒に遊ぶようになって仲良くなると、彼らは単なる競争相手以上の関係を築くことになった。彼らは家族ぐるみでウェストの実家近くにあるウェストバージニア州のグリーンブライヤーという高級リゾートで一緒に休暇を過ごした。ジョニーとマティーは親友になった。コービーがロサンゼルスに行き、レイカーズ王朝を再生させるという、時間もかかってリスクの高い策略を成功させるには、テレムとウェストがお互いを信頼し合っていたことが鍵となった。

1996年のドラフトに参加したコービーは謎に満ちていた。三月の時点でドラフトに参加予定である旨をジョー・カルボーンに伝え、彼をトレーナーとしてフルタイムで雇った。ジョー・ブライアントは同じくラサール大学の卒業生で、ヨーロッパでプロ選手としてプレーしたこともあり、シクサーズのスカウティング・ディレクターを務めていた友人のトニー・ディレオに、コービーのドラフト前ワークアウトを頼んだ。セント・ジョセフ大学のフィールドハウス・アリーナで毎日一時間ほど、ディレオはコービーに３００本ものシュートを打つドリルを課した。ドリブルからのシュート、移動しながらのシュート、スリーポイントラインからのシュート。コービーが三本連続で外すことがあれば、それがどこであろうと、ドリルを最初から始める必要があった。「彼の内なる意欲を目にしたのはその時だった。偉大になりたいという意欲だ」とディレオは振り返った。「ミスをすると苛立って、またやり直したがった。彼は容赦なかった」。

しかしリーグ内のチームは、コービーと彼のポテンシャルについて正直なところどう思っていたのだろうか？　テレムにはハッキリとはわからなかった。ミネソタ・ティンバーウルヴズの選手人事ディレクターのロブ・バブコックは、コービーを否定的な意味でケヴィン・ガーネットと比較した。「２１１センチある選手としてのケヴィンの能力は圧倒的で、すぐにそれが見てとれた。彼はかなり特別な選手だ。コービー・ブライアントを見ても、そういうものは感じられない。彼のプレーは『自分は特別な才能の持ち主です』と宣言するようなものではない」。デンバー・ナゲッツの大学スカウティング・ディレクターであるジョン・アウトローは「彼にはまだ早いと思う」ときっぱり断言した。１９９５－96シーズンに18勝64敗の戦績を残したシクサーズは、ドラフトロッタリーで当たりを引いて全体一位指名権を手に入れていたが、他に上位一巡目指名権を持っていたチームのほとんどがスモールマーケットのチームだった。もしコービーがバンクーバーやインディアナポリス、もしくはクリーブランドに行くことになれば、コービーとAdidasはいずれもお互いへの投資を最大限に生かすことができなくなる。「俺はレイカーズでプレーしたかった」とコービーは言ったが、レイカーズはドラフトの順番では24番目だった。コービーが彼らを求めていたのと同じように、彼らがコービーを欲しがっているのであれば、もっと高順位の指名権を手に入れる方法を探さなければならなかった。

そこでテレムは、周りのコービーに対する疑念を利用することにした。「我々にはまたとないチャンスがあることに気づいたんだ」と彼は振り返った。ジョー・ブライアントは、ドラフト候補生の中でもコービーは上位に入るとテレムに主張した。候補生のうち、コービーがどの辺りに位置するのかをより正確に把握するために、テレムは高順位の指名権を持つチームとのワークアウトを手配したが、それもすべてのチームとではなかった。特定のチームとのワークアウトを拒否し、彼らがコービーをじかに評価する機会を与えないことで、テレムはそのようなチームがコービーを指名することに対して尻込みするように仕向けることができたのだ。エージェントが舞台裏で行っている陰謀に関係なく、残された選手の中で一番良いとされる選手を指名する傾向のある現在のＮＢＡでは、その作戦は上手くいかなかっただろう。しかし、これは現在のＮＢＡではなかった。１９９６年のことだった。若いクライアントの指示を受けて、テレムが一連の過程を操作するという考えに反感を示す者もいた。この若造は一体何様のつもりなんだ?

コービーはほんの一握りのチームとだけワークアウトを行った。次にテレムは友人に頼んで、コービーとウェストの個人セッションを手配した。

「ジェリーの意見を聞きたかったんだ」とテレムは言った。「『極秘でやりたいんだ。君の意見を知りたい』と頼んだ」。

そこで、コービー曰く「どこか脇道にあるような」イングルウッドのYMCAで二度のワークアウトが行われ、ウェストはコービーがNBAの次なる偉大な選手になることを確信した。一度目のワークアウトでコービーは当時引退したばかりだったマイケル・クーパーをあまりにも圧倒したため、ウェストは15分でワークアウトを切り上げた。クーパーはまだ動ける40歳の元レイカーズのガードで、現役時代はリーグ屈指のペリメーターディフェンダーだった。「コービーは、もしかしたらその時チームにいた選手よりも上手いかもしれないと思った」と自伝の〝West by West〟に綴った。「あのようなワークアウトは一度も見たことがなかった。私がもう十分だ、と言った時、それは本音だった」。クーパーには、コービーの身体の強さ、特にローポストでの強さが印象に残った。それはカルボーンとのトレーニングがいかにためになっていたかの現れだった。二度目のワークアウトは、ウェストと当時のレイカーズのコーチでヒューストン・ロケッツではジョーのコーチでもあったデル・ハリスの前で行われた。この時は、203センチのスモールフォワードで、3月にミシシッピ・ステイト大学を全国大会の準々決勝まで率いたばかりの4年生だったドンテイ・ジョーンズを手荒に扱った。「NCAAトーナメントの地域MVPをボコボコにしているんだ」とコービーは思った。「もし俺が大学に行っていたら、大活躍していた。大暴れしまくっていただろう」。

ホテルに戻ったコービーはテレムに電話をかけた。

「どうだった?」と尋ねるテレムが不安そうなのがコービーには明らかだった。「どうだった?」。

「よかったよ。上手くいった」

「よしよし。本当か? 本当だな? 愛してるよ、愛してる」

「おいアーン、落ち着けよ」

レイカーズは1991年にNBAファイナルに進出してマイケル・ジョーダン率いるブルズに五試合で負けて以来、プレーオフのシリーズを勝ち進んだのは五年間でたった一度だけだった。ウェストはテレムに「この夏、このチームを一新させるつもりだ。コービーを獲得して、彼といま狙っているもう一人の選手を軸にチームを立て直したい」と伝えた。その「もう一人の選手」とは、四年間オーランド・マジックで過ごしたのちにフリーエージェントになろうとしていたシャキール・オニールのことだった。そういう訳で、ウェストは13位の指名権を持っていたシャーロット・ホーネッツとの取り引きをまとめた。もし最初の12チームがコービーを指名しなければ、ホーネッツが彼を指名し、センターのヴラディ・ディバッツと引き換えにレイカーズへトレードする。指名順位13位が回ってきた時に、コービーがまだ指名されていないようにできるかどうかは、テレムとソニー・ヴァッカロとブライアント一家にかかっていた。

コービーは、シクサーズがドラフト一位でコービーを指名するというわずかな可能性に対してどう感じればいいのか決めかねていた。「ドラフトで一番の選手」になるという栄誉は魅力的だった。しかし、彼の後援者だったジョン・ルーカスはもはやいなくなっていた。シクサーズは五月にルーカスを解雇しており、新ジェネラル・マネージャーにブラッド・グリーンバーグ、そして新ヘッドコーチにジョニー・デイビスが就任していた。それに、もしコービーが一番で指名されたとしたら、恨みを持つべきチームがいないことになる。一位指名の選手は、自分の価値が低く見積もられたと言うことはできない。他のチームは一位指名の選手を指名する機会すら与えられないため、彼らに過小評価されたと言うこともできない。一位指名の選手は、誰かにお前は間違っていたと証明することができないのだ。「人に『ああ、彼を指名しなかったのは間違いだったな』と言われたいんだ」と、ドラフト後間もなくしてコービーは言った。「それを求めているんだ」。

リーグ中が思っていたように、シクサーズもそのドラフトで一番の選手はジョージタウン大学のアレン・アイバーソンだと考えてはいたものの、コービーのことを考慮しなかったわけではなかった。ディレオと、その時点でチームのスカウトになっていたジーン・シューは二人ともグリーンバーグにその可能性に対して心を開くよう働きかけ、一巡目指名権をもう一つ手に入れるためにジェリー・スタックハウスをトレードして、アイバーソンとコービーの両選手を指名するような提案までしていた。「彼の可能性を信じていたことはわかっていた」とグリーンバーグは振り返った。「もしジーンやトニーが決定権を持っていたら、コービーを指名していたかもしれないとも思う」（１９９６－97シーズンを22勝60敗の戦績で終えるとシクサーズはグリーンバーグとデイヴィスを解雇した。バスケットボール部門のディレクターを臨時で務めていたディレオはある日、レイカーズのアシスタントGMのミッチ・カプチャックに連絡を取り、彼とウェストにコービーをトレードする気はないかと尋ねた。カプチャックとの電話は長く続かなかった。「彼らはコービーの価値を理解していた」とディレオは言った。「笑われたわけではなかったけれど、まあ笑われたも同然だった」)。マイク・イーガンまでもがドラフトの前日にシクサーズの事務所に電話をかけ、受付係に自分はコービー・ブライアントのコーチで、グリーンバーグと話をしたいと伝えた。その日の午後になってグリーンバーグから折り返し電話がかかってきた時、イーガンは驚いた。のちにグリーンバーグはイーガンと話した記憶はないと言ったが、イーガンはその会話を鮮明に思い返すことができた。

イーガン：私は良い選手というのが、どんなものなのかはわかっています。彼はこのドラフトで一番の選手です。シクサーズファンとして、あなたにそれを伝えなかったら私は後悔します。

グリーンバーグ：彼のどういうところを良いと思うんですか？

イーガン：彼は全てを持ち合わせている選手です。本当に才能があって、アグレッシブで、成熟していて、あれだけのスキルを持っていながら、とても熱心に取り組んでいます。

グリーンバーグ：頭にサングラスを乗せるのは、あまり成熟しているようには見えなかったけどね。

イーガン：彼について言える一番ひどいことはそれだと思います。

しかしグリーンバーグや、その他大勢の人たちにとって、アイバーソンは「このドラフトで最も速く、最も敏捷性があり、もしかしたら最もタフな選手かもしれない」のだった。決定権はグリーンバーグにあり、決めるのは簡単だった。シクサーズはアイバーソンを指名した。テレムは十分に偵察を行い、13番目にホーネッツの番が回ってくる前にコービーを指名する可能性のあるチームはたったの2チームだという確信があった。彼にとって悪夢のシナリオは、ジョーの元チームメイトのマイク・ダンリービーがコーチを務めるミルウォーキー・バックスが四位でコービーを指名し、彼がウィスコンシン州の南東部に追放されてしまうことだった。代わりにミルウォーキーはジョージア工科大学で一年を過ごしてからドラフトに参加したことでNBAスカウトにはコービーよりも確実であると思われていたステフォン・マーブリーを指名した。その後、バックスはマーブリーをミネソタ・ティンバーウルヴズが五位で指名したコネチカット大学のレイ・アレンとトレードした。

「ブラッド・グリーンバーグとマイク・ダンリービーは二人とも、もっと度胸があればコービーを指名していたと言っていた」とテレムは話した。

残すところは八位指名権を持っていたニュージャージー・ネッツだった。ジョン・カリパリと、新GMのジョン・ナッシュだ。

ワシントン・ブレッツはナッシュが六年間GMをしていた間、一度も勝率五割を超えたことがなく、1996年の春には、ブレッツとナッシュは別々の道を進むことになりました、と婉曲表現をされるようなプロスポーツ界ではよくある辞任に追い込まれた。ネッツはその後間もなくして、NBAで働くのが初めてだったカリパリの側で彼を手助けするためにナッシュを雇った。ナッシュがコービーと親しく、ジョー・ブライアントと友人関係であったため、コービーを獲得するにあたってネッツは有利だった。コービーはネッツと三度のワークアウトを行なっており、それは回を追うごとに良くなっていた。ネッツのバスケットボール部門のバイスプレジデントで、1970年代初期の偉大なニックスでセンターを務めたこともあったウィリス・リードは208センチでガタイが良く、両手を広げるとまるでゴルフ用の傘のようだった。彼は片方の手でコービーの上腕二頭筋を掴んで揺らすと「そんなに小さくはないな」と言った（カルボーンはその褒め言葉を誇らしく思った）。コービーは元UCLAのフォワードで1995年にネッツから一巡目で指名されたエド・オバノンと1オン1をし、カリパリはコービーのシュートレンジを試すためにそれを一旦止めた。コービーが続けてスリーを決めると、カリパリはハーフコート近くから打ってみるように促した。

「ここから決められるかな」と彼は言った。

コービーは五本打ち、すべて決めた。

「なんだって？」とカリパリは言った。「どういうことなんだ？　君はシュートが苦手だと思っていたのに」。

コービーは首を振った。かまわない、人には俺がシュートできないと思わせておけばいい。その方が俺にとって有利だ。

ネッツにとってもその方が有利だった。ジェリー・ウェストはすでにナッシュに電話をかけ、八番目の指名権と引き換えにディバッツをオファーしていた。ナッシュはそれを断っていた。ネッツはすぐに勝ちたいわけではない、とウェストには説明した。ドラフトを通して再建を目指しているのだと。「我々はコービーに焦点を定めたんだ」とナッシュは振り返った。「彼こそが我々が求めていた選手だった」。

その年、当時ネッツがホームアリーナとして使用していたニュージャージー州イーストラザフォードにあるコンチネンタル・エアラインズ・アリーナで行われたNBAドラフト前日の6月25日火曜日に、カリパリとナッシュはジョーとパム・ブライアントをディナーに招いた。カリパリとナッシュはあまりにも最近雇われたばかりだったので、二人とも周辺のホテル住まいだった。彼らはブライアント夫妻に、ネッツがコービーを指名したいと伝えた。

「きっとコービーはルーキーとして先発入りして、二年目でオールスターになると思う」とジョーは言った。

「彼らが帰ったあとで」とナッシュは言った。「我々は二人とも『野心のある、典型的な父親だ』と思った。もし実現できたら最高だけど、それを見込んでいたわけではなかった」。

翌日、正午を過ぎたばかりでドラフトまではまだ七時間以上ある状況の中、コービーは他のドラフト参加者と同じホテル内のベッドに横たわっていた。テレムとジョーは彼と最終確認をしていた。

「ネッツが君を気に入っているなら、きっと彼らに指名されるだろう」とテレムは言った。「まだレイカーズが希望かい？　多分コントロールできているはずだが、さらに別のチームが君を指名するリスクは残っている。もしかしたらネッツは君を指名せず、ニュージャージーよりも気に入らない場所に行くことになる可能性もある」。

コービーは手を伸ばし、テレムのシャツを掴み、彼を引き寄せた。

「だからあなたを雇ったんだ」とコービーは言った。「あなたならどうにかするはずだ」。

その頃、カリパリとナッシュはドラフトの計画を報告すべく、ネッツのオーナーシップグループの七人のうちの、ジョー・タープという連絡役の一人とランチを取っていた。コービーというよりも、高校生選手を指名するという考えにタープは落胆し、代わりにシラキュース大学のフォワードだったジョン・ウォーレスを指名することを望んだ。さらにタープは、コービーは時間と金の無駄だとナッシュに示唆した。チームは11年間でたったの2シーズンしか勝率五割を超えておらず、その上、ニューヨーク地域にあるもう一つの、より伝統的に優れているNBAチームの影に長年いたため、コービーは結局機会が訪れ次第出て行くだろうとタープは考えたのだ。「ニックスのせいで、ネッツはひどい劣等感を抱えていたんだ」とナッシュは言った。「一生ニックスを凌ぐことはできないと思っていた」。

コービーがカリパリに、そしてテレムがナッシュに電話をかけたのは、彼らが事務所に戻ったばかりの14時頃だった。彼らは二人とも同じことを伝えた。「ネッツがコービーに関心を持っていることには感謝するが、彼はネッツでプレーするつもりはない。もし彼らがコービーを指名したら、チームと契約してニュージャージーの沼に身を置く代わりにヨーロッパへ戻るだろう」と伝えた。

テレムの予想では、ナッシュは機会があればコービーを指名しただろうが、若いコーチとして上司を満足させたいと思っていたカリパリは格好の標的だと考えた。新しいチームのために作り上げようとしていたカルチャーを気にして、すでにネッツでプレーしたくないと言うような選手を扱うことを避けたがるはずだった。ナッシュは方々へ電話をかけ、レイカーズとホーネッツとの間にある約束について知ったが、テレムに助け舟を出したのは驚くべきことに、テレムの一番のライバルだったエージェントのデイヴィッド・ファークだった。ファークはケリー・キトルズの代理人で、ネッツが彼を八位で指名するように強く推していた。「我々はキトルズのことはかなり気に入っていた」とナッシュは言った。「でも第一希望だったんだ。そこでファークはカリパリに電話をかけ、我々がキトルズを指名しなければ、彼がクライアントに持つフリーエージェントは二度と我々の手に入らないだろうと伝えたんだ」。

ナッシュはファークの脅迫をエージェントの無駄な策略だと捉えたものの、カリパリからすると、コービーを指名するなというプレッシャーはこれで二重になった。二人がアリーナの地下通路を通ってチームのフロント陣が18時に夕食を取ることになっていたネッツのロッカールームへ向かって歩いていると、一緒にいたテレムとファークとヴァッカロとすれ違った。三人のうち一人が「どうするつもりだ?」と尋ねた。

「うちが指名する番になったらわかるさ」とナッシュは答えた。

ただ、ナッシュ自身も知らなかったのだ。引き続きロッカールームへと向かいながら、ナッシュはカリパリに、やつらのハッタリを相手にせずコービーを指名するという最初のプランで行こうと説得を試みた。「ジョン、心配するな」とナッシュは言った。「君は五年契約を結んでいる。仮にこの指名で空振りしたとしても、タダみたいなもんだ。このドラフトの結果のせいで解雇されることはない」。ディナーが始まってカリパリが立ち上がり、その場にいた面々に向かってこう伝えるまで、ナッシュは彼がどうするのかわからなかった。「もし八位でケリー・キトルズが残っていれば、ネッツはケリー・キトルズを指名する。そうでなければ、コービー・ブライアントを取る」。

「一気に力が抜けたよ」とナッシュは振り返った。

コービーは本当にネッツを拒否してヨーロッパに行っただろうか？　「その質問には答えないでおこう」と２０２０年にテレムは言った。「それに答えることはないだろう」。そういった事例がそれまでになかったわけではない。そのつい七年前、１９８９年のドラフトで全体二位指名だったデューク大学のダニー・フェリーが無能なロサンゼルス・クリッパーズに出頭する代わりにイタリアのチームと契約をしていた。しかし、フェリーにはコービーのようなマーケティングやスポンサーの金がかかっているわけではなかった。

「コービーがヨーロッパに行くために八位指名を蹴るなんてことはないよ」とヴァッカロは言った。「常識的に考えればわかることだ。彼を指名することが最善の策だと思っていたなら、何を怖がることがある？　なんのために雇われているんだ？　天下のＮＢＡで全体八位指名になる代わりにイタリアに行くって？　そんなわけないだろう。イタリアなんかに行かれたら、こっちだって困るんだ。虚言で歴史が作られるとこうなる。何度も嘘が繰り返されることになる。会社として、個人として、伝説的な存在として大きければ大きいほど、その嘘は大きい。冗談じゃない。ケリー・キトルズはいい選手だったさ。いいプロだった。でもコービーを『どこか別のところへ行ってしまうと思ったから』なんて言い訳に利用するんじゃないよ。プロとして、自分の考えを実行しただけだろう」。

高い所にあるつり棒から吊るされた分厚くて暗い色のカーテンがアリーナのフロアを仕切って

控室を作っていた。角張って大きすぎるスーツを身に纏った選手たちは、そこで家族やエージェントと一緒にビュッフェの近くに並ぶテーブルについていた。食事をしている者は誰もいなかった。緊張していたのだ。コービーと一緒に座っていたのは、ジョーとパム、シャリアとシャヤ、チャビーとジョン・コックス、ソニーとパム・ヴァッカロ、そしてテレムだった。グレッグ・ダウナーとマイク・イーガンはスタンド席にいて、NBAコミッショナーのデイヴィッド・スターンが指名選手を呼ぶたびに彼を見下ろした。コービーにはカーテン越しにスターンの声は聞こえたが、その姿は近くにあるテレビ画面を通してしか見えなかった。ジョーとパムはソワソワしていた。それぞれがコービーの手をギュッと握っていた。

アイバーソンはシクサーズへ……。

マーカス・キャンビーはトロント・ラプターズへ……。

シャリーフ・アブドゥル＝ラヒームはバンクーバー・グリズリーズへ……。

もし俺が四位で指名されたら、もしくはニュージャージーかサクラメントかどこかへ行くことになったとしても、そんなことは関係ない。俺は本物だ。

アントワン・ウォーカーが六位でボストン・セルティックスへ……。

ロレンゼン・ライトが七位でクリッパーズへ……。

コーチ・カリパリに指名されたら、俺は偉大な選手になれるだろう。

ケリー・キトルズがネッツへ……。

ロサンゼルス、待ってろよ……。

トッド・フラーが11位でゴールデン・ステイト・ウォリアーズへ……。

ヴィタリー・ポタペンコが12位でクリーブランド・キャバリアーズへ……。

コービー、落ち着け、落ち着くんだ。

スターンが、ホーネッツがコービーを指名したことを発表したのを聞いたダウナーとイーガンは喜んだ。シャーロットは飛行機ですぐで、車でも行けなくはない距離だった。一緒に運転してコービーの試合を観に行くこともできる。指名後のインタビューや高揚感の余韻から20分経ち、ジョーはようやく二人を見つけ、こう伝えた。

「コービーはレイカーズ行きだ」


ところがその後、それは実現しないかのように思われた。ディバッツが、ホーネッツに行くぐらいなら引退すると言い出したのだ。シャーロットのGMのボブ・バスはウェストに電話をかけ、トレードを取りやめると言った。「クソ！　ボブ、トレードは成立していたはずだ」とウェストは彼に伝えた。「ヴラディは引退なんかしない。信じてくれ」。テレムもバスに電話をかけ、怒りの集中砲火をぶちまけ、テレムの助手のエリサ・フィッシャー・グラボーはその後何年もそれを忘れることはなかった。足を踏み鳴らしながら叫び、首の血管は浮きだち、口からは唾が飛んでいた。バスにトレードをするように説得するための「動きがまさにカオスでした」とグラボーは言った。ディバッツの妻が引退しないように本人を説得したのち、7月1日にトレードは遂行された。

コービーとテレムは即座に、そして激しく非難された。一人はNBAに向かって条件を提示するような高慢な17歳で、もう一人はクライアントがより魅力的な行き先へと辿り着くのが可能になるよう、夏中計画を企てていたのだった。サクラメント・キングスの選手人事ディレクターのジェリー・レイノルズは「ドラフトに参加するかしないかの決定権がある選手とその代理人が、ドラフトのルールを守ろうとしないのは憂うべきことだ」と言った。フィラデルフィア・インクワイアラー紙のティモシー・ドワイヤーはコービーが「自分自身や自らのイメージを傷つけた。子供っぽい方法で力を誇示し、スニーカーを買うようなファンたちを幻滅させた」と綴った。コービーを獲得し、七月中旬にはオニールと契約を交わしたストレスでウェストはひどく疲弊し、うつ状態になり、数日間入院する羽目になった。しかし求めていたものを手に入れたコービーは、それを実現させるための手段に対する罪悪感も、その過程での疲労も感じてはいなかった。

「これで俺はレイカーズの一員だ」と彼は後日言った。「当初はちょっと驚いたし、衝撃を受けた。でも今では、とにかくただチャンピオンシップを勝ち取りたいという気持ちだ。『いいルーキーシーズンを送って、チャンピオンシップを手に入れられたら儲けもんだ。ウェスタン・カンファレンスのファイナルに行ければそれでいい』なんて思っていない。そういうことじゃない。俺はチャンピオンシップが欲しいんだ。今すぐにそこに辿り着きたいんだ。毎年毎年、同じことだ。来年チャンピオンシップを手にしたら、その次の年も『またチャンピオンシップを勝ち取りたいんだ。シャック、やろうぜ。やってやろう。もう一個手に入れよう。マイケルは四つだ。俺らは五つ手に入れようじゃないか。五つだ』と言うだろう。この先、ずっとそのつもりだ」。

独立記念日にはパティ・ラベルとフィラデルフィア交響楽団をフィーチャーした夜間コンサートが行われ、フィラデルフィア美術館の外にあるベンジャミン・フランクリン・パークウェイでは花火ショーが開催された。気温は24度を超えることなく、雨が降ったあとの空気をそよ風が洗い流すような爽やかで涼しい夜だった。NBAドラフトから八日、トレードが正式に決まってから三日経っていた。従兄弟のシャリーフ・バトラーと一緒にいたコービーは、人に気づかれないよう、野球帽を深く被っていた。

ところが誰かに気づかれてしまった。

最悪だった。何もかもが本当に馬鹿馬鹿しかった。他人から言われることも、コービーの周りにいるときの彼らの態度も、その厚かましさも馬鹿馬鹿しかった。その週末に行ったウェスト・フィラデルフィアでのパーティーには10ドルのカバーチャージ（※入場料）があった。コービーが入口に着くと、知らない女性に話しかけられ、パーティーに入るために10ドル貸してくれないかと聞かれた。貸す？「心配しないで」と彼女は言った。「お金は返す。現金をレイカーズ宛に送るから。あなたがお金を持っているのは知ってる」。信じられるか？　銀行と勘違いしていないか？　「悪い」と彼は言った。「カードしか持ってないんだ。Visa か Mastercard を受け付けているなら君の分も払えるけど、ダメだったらどうする？　このカードを半分に折るか？」何よりも彼女の態度に腹が立った。彼女のことなど一切知らないというのに、まるで彼が払って当然で、彼女にはそれを求める権利があるという姿勢を見せたことが腹立たしかった。

「誰のことも信用できない」と彼はのちに言った。

信用？　無理だ。信用はもうできない。信用なんてものはなくなった。独立記念日のパークウェイでの出来事がそれを物語っていた。もっと目立たないように、小声で「コービー・ブライアントですか？　あなたはコービー・ブライアントですか？」と話しかけるくらいの知性があってもいいはずだ。それが気遣いというものだ。しかし、周りに何百人もいる中で、誰かが振り返って半ば叫ぶように「コービー・ブライアント?!」と言ったのだった。こうして正体がバレ、周りにいた大勢の人たちがサインを求め、ねだり、要求した。「これにサインして」「コービー、頼むよ」「チェスターを倒すところ観てたよ」。しかも、いつ誰や何が飛び出してくるかもわからなかった。警備もなし。ボディーチェックもなし。そういったものは何もなかった。誰かが嫉妬して、何か言い出すかもしれない。銃を持った人だっているかもしれない……。

「落ち着かないよ」と彼はバトラーに言った。「ボディガードなしで出かけるのは、これが最後だ」。

その後10分その場に残り、花火を見て合計30分ほどいただけで二人は帰った。以前も周りの人に気づかれたことはあったし、顔も知られていた。しかし、この短い間でコービーは気づいたことがあった。彼に対する人々の反応は変わっていた。彼から何かを期待し、赤の他人が手を出して彼に要求をしていた。そして彼自身も今回のような反応をするのは初めてだった。周囲の誰もが自分に危害を加える可能性や、誰かが手に何か恐ろしい物を持っているかもしれないというような恐れは、以前は脳裏をよぎることはなかった。しかし、今やこれが彼の人生だった。

１９９６年7月27日、ラップ好きということでいまだに繋がっていたコービーと友人のケヴィン・サンチェズとアンソニー・バニスターの三人は、ウィンウッドのユダヤ人コミュニティセンターで俳優兼ラッパーのウィル・スミスのボディーガードとプロモーターを努めるチャーリー・マックと会った。コービーとサンチェズとバニスターは『Eclectic Iconic Zaibatsu Abstract Words（混然一体　象徴的　財閥　抽象的な言葉）』というまどろっこしい言葉の頭文字を取ったCHEIZAWというまどろっこしい名前のグループを結成していた。マックはブライアント家の音楽業界とのコネを通してコービーとジョー・ブライアントと知り合っていて、この三人グループの曲をいくつか聞く約束をしていたのだ。途中でサンチェズとバニスターが15分休憩を取ってマクドナルドへ買い出しに行ったりしつつ、CHEIZAWはマックのために三、四時間ほどラップを披露した。コービーは18時頃に帰宅した。そのオーディションの結果、数ヶ月後にCHEIZAWはレコーディング契約を結ぶことになったが、コービーのラップキャリアは四年も持たなかった。Sonyは2000年に彼を切った。

その日の午後、ストローマン（※ブランド名）のパンの袋で顔を隠した男がシティアベニューにあるセブンイレブンに強盗に入った。目撃者は八つ並んだ写真の中から、少年犯罪の前科があったサンチェズの写真を選んだ。サンチェズは身長183センチ、体重は84キロだった。目撃者が説明した犯人の体格は173センチ、54キロだった。にもかかわらず、1998年の9月に行われた二日間の裁判の末、サンチェズは強盗で有罪になり、2007年に釈放されるまで最終的に五年以上服役した。「俺が刑務所に行ったのはコービーのせいじゃない」と彼は言ったことがあった。裁判で負けるはずがないと思い込んでいた彼は、コービーがアリバイ証人になるように要求しなかったのだ。コービーは証言することなく、友人は彼の不在を許していた。今やこれもまた、彼の人生だった。


1996年の夏になってから何週間も過ぎていた。コービーはロサンゼルスにあるUCLAの体育館にいて、ピックアップゲームを始める前にコートでストレッチをしていた。その時、まだ会ったことのない人物がドアを開けて入ってきた。

やばい、マジックだ。

マジック・ジョンソンは37歳で、彼のレイカーズのキャリア最後となる1995－96シーズンには32試合に出場していた。過去の選手などではなかった。引退してリーグでプレーした直近の試合から六年経っていたマイケル・クーパーでもなかった。

「若いの、調子はどうだい？」

「調子は良いです」とコービーは答えた。

コービーは真っ先にマジックの格好に気づいた。半ズボンにタンクトップ、スニーカー。マジックとプレーできるのか。最高だ。

二人は最初の数試合は同じチームで、即興でお互いに合わせつつプレーしていた。そこから別チームに分かれた。コービーのチームが三試合勝った。不満に思ったマジックは、翌日戻ってきて今度は彼が三試合勝ち、二人の間にはポップコーンのようにポンポンと冗談が飛び交った。

「覚えているのが」とのちにコービーは語った。「ある時ピックアンドロールをしていて、俺たちがマジックに無理やりスイッチさせたんだ。俺がウィングにいて、マジックと一対一になった。俺はキョロキョロしていて、特に注意を払っていなかったんだけど、『待てよ、俺にマジックがついてるじゃないか。このままバスケットに向かってやろう』と思ったんだ。そこで俺はガッとバスケットに向かって行って、片側からレイアップを決めようとしたらマジックがファウルしようとしたんだ。さらに別のやつがベースラインから一歩入って来たから、俺は空中で反対側からバックボードに当ててレイアップを決めて、アンドワンを貰った。マジックは『なるほど、そうかそうか、いいムーブじゃないか』って感じだったよ」

観客はいない。歓声もない。州大会優勝もかかっていない。そこにはただ世界一有名な笑顔を持つマジックと、口には出されない暗黙の質問があるだけだった。それは、どのバスケットボールコートであろうと、一番重要な質問だった。お前には何ができる？　嫉妬もない。恨みもない。コービーがシュートし過ぎているとか、自分より下手な選手を妨げているなどという文句を言われることもない。ただマジックがコービーはそこにいて然るべき人間なのだと保証しただけだった。なるほど。いいムーブじゃないか。今やこれもまた、彼の人生だった。

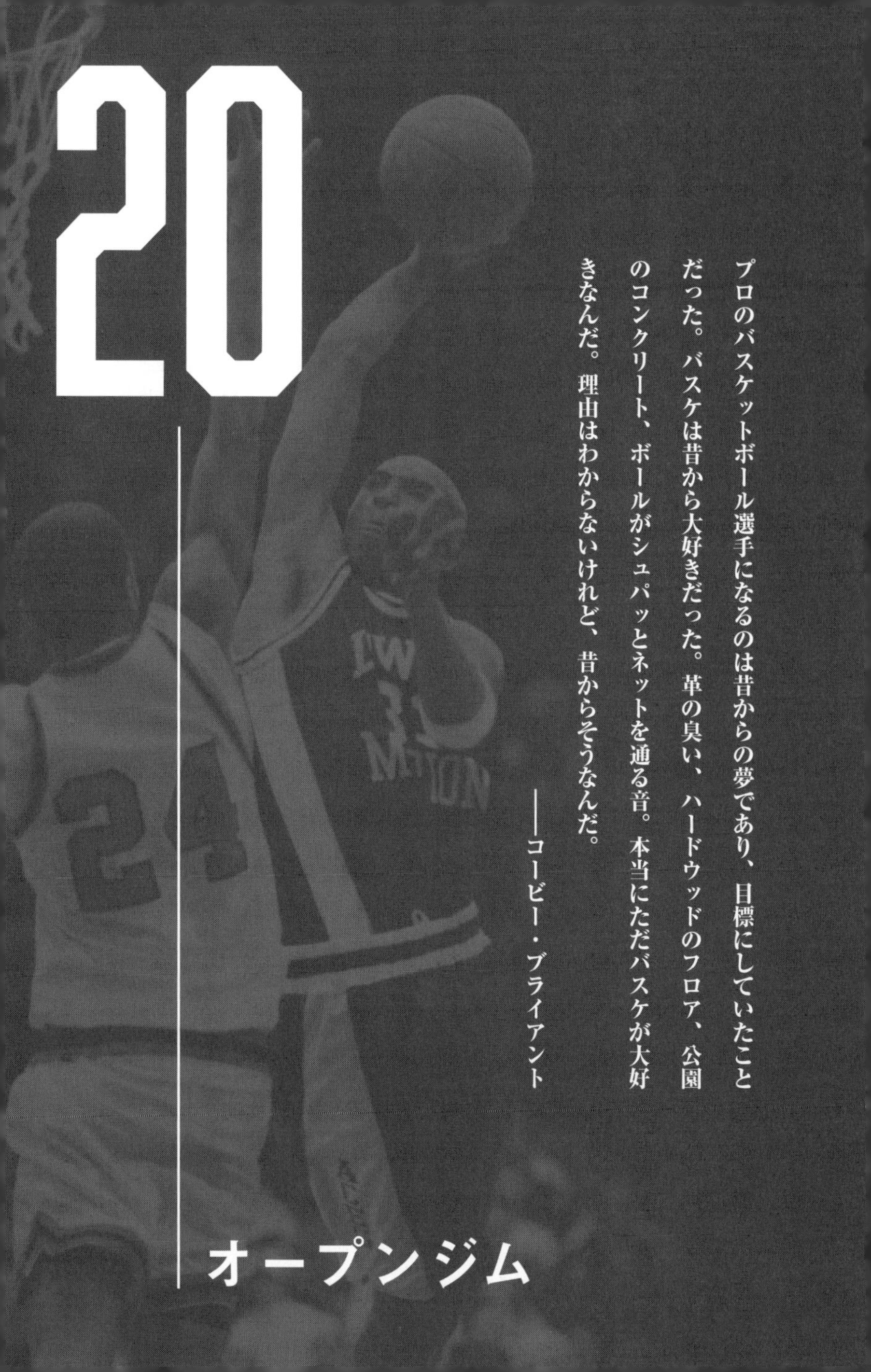

20

オープンジム

プロのバスケットボール選手になるのは昔からの夢であり、目標にしていたことだった。バスケは昔から大好きだった。革の臭い、ハードウッドのフロア、公園のコンクリート、ボールがシュパッとネットを通る音。本当にただバスケが大好きなんだ。理由はわからないけれど、昔からそうなんだ。

――コービー・ブライアント

マリナ・デル・レイにあるジェリーズ・フェイマス・デリの向かいのタウンハウスで、エリサ・フィッシャー・グラボーはコービー・ブライアントから電話がかかってきた時になんと言おうかと考えていた。コービーはソルトレイクシティのデルタ・センターでエアボールを一本……二本……三……四……本打っていたため、そのうち電話がかかってくることはわかっていた。

アーン・テレムの助手として、グラボーはコービーのレイカーズでのルーキーシーズンにおいて不可欠な役割を担っていた。彼女は彼の人生におけるバスケットボールとは無関係な普通の人間で、彼が高校からNBAへと移行する手助けをしていた。彼女はバスケットボールに特に興味もなく、テレムのクライアントの誰かがプレーしていない限り試合も観なかったが、この試合はテレビで観ていた。ウェスタン・カンファレンス・セミファイナルのゲーム5が始まる前に、ユタ・ジャズはレイカーズに3勝1敗でリードしていた。コービーは試合の最後にゲームウィナーとなり得るシュートを打ち……それはバスケットをかすりもしなかった。延長戦でさらに三回シュートを打ち、それらはすべてネットにもボードにも当たらなかった。NBAで82試合をプレーした彼の両足は茹であがったパスタのようになっていて、レイカーズは98対93で試合に負け、シーズンは終了した。

グラボーのことをフィクサーと呼ぶ者もいるかもしれないが、その呼び方では彼女がコービーのためにやっていたすべてのことを表すことはできなかった。彼は彼女のことを「E」と呼んでいた。いつでも「E」だった。元幼稚園の先生で、たった11歳年上だったグラボーはコービーと同世代、もしくは少なくともテレムよりはコービーと上手くコミュニケーションが取れるぐらいには年が近いと感じていた。彼女は彼から何も必要としていなかった。ただコービーを手助けするためだけにいて、今この時、それが必要となるだろうと思っていた。きっと取り乱していることだろう。どうしよう、どうやって元気付けようか?

そして、ようやく電話がかかってきた。コービーはレイカーズのチーム専用機がロサンゼルスに到着するまで待たなかった。彼が電話をかけた時、飛行機はまだ上空にいた。

「パリセーズの体育館を開けてもらっておいてくれ」とコービーは言った。「シュートしに行きたい」。

パリセーズ高校はコービーの自宅から3マイル(※約4.8キロ)以内にあった。コービーからグラボーへの簡潔な要望ははっきりしていた。その晩、コービーが学校の体育館に入れるように、誰かしらを起こして、誰かしらに電話をかけ、どうにかしなければならないということだった。彼は怒ってはいなかった。声が震えていることもなく、試合でのパフォーマンスを恥ずかしいと思っているような様子もなかった。五月の月曜日の夜、西海岸の時刻で22時はとうに過ぎていた。翌朝も授業はあるはずだった。

「確実に開けておいてくれ」とコービーは言った。

もしかしたら、あのひどい晩は自業自得だったのかもしれない。あのいくつものエアボールでかいた恥は、ルーキーシーズンが始まる前の夏、コービーがテレムとしていた会話に対する因果応報の天罰だったのかもしれなかった。11ヶ月もの間、彼が持っていた相反する資質をすべて両立させることは、いずれとてつもないバスケットボール選手になることに繋がったとはいえ、当時は彼がイカロス的な展開に陥るように自らお膳立てしているように見えても無理はなかった。コービーとテレムはスポーツや政治、音楽、歴史など様々な話題について議論した。テレムがある日、ジャズのポイントガードのジョン・ストックトンと対戦することについてどう思うかとコービーに尋ねたことがあった。

「まぁ」とコービーは答えた。「これまでにカトリック・リーグのやつらとはよく対戦したから。ああいう選手とは散々対戦してきた」。

テレムは愕然とした。コービーが言うやつらが何を意味しているのかはすぐにわかった。必死に足掻き、アグレッシブで時にはダーティーなディフェンスをする、背の低くて根性のある白人選手のことだ。「いいか、ジョン・ストックトンだぞ」とテレムは言い返した。1992年のバルセロナ・オリンピックのアメリカ代表「ドリーム・チーム」にいたジョン・ストックトンだ。それまで9シーズン連続で毎年NBAの最多アシストを記録し、オールスター・ゲームにも出場し、アシストとスティールでリーグの歴代記録を残し、ネイスミス・メモリアル・バスケットボール殿堂入りを果たすことになるジョン・ストックトンだ。そのジョン・ストックトンが、コービーに文化的なステレオタイプの例えにされていたのだ。

「問題ないよ」とコービーは言った。「ジョン・ストックトンが誰かはわかっている」。

ESPNのレポーターに「カレンダーで丸く囲った試合はありますか?」と聞かれたコービーは「もちろんありません」と答えていた。それは、なんと言おうか……事実ではなかった。「シャーロットを楽しみにしているのは当然だ」と彼は後に言った。「11月26日のセブンティーシクサーズ戦は楽しみにしている。スタックハウスに懸賞金をかけているんだ」。コービーはイタリアで習ったように、そしてアンソニー・ギルバートが公園のコートで見聞きしたように、依然として父親のために戦っていた。「ジョーからよく聞かされたよ。彼は時代の先を行き過ぎていた。公平な機会が与えられなかったと」とテレムは言った。「息子とはそうやって幼少期のことを吸収するもんだ。しかも彼らは仲の良い家族だった。コービーはこういったことをすべて吸収し、それによって形作られたところもある」。グラボーは、コービーの自惚れた態度は見せかけのものので、野心に溢れた少年が行きたい場所へ辿り着くために使っている手段だと思っていた。彼女からしたら、それ以外考えられなかった。Adidasと契約し、レイカーズとは三年365万ドルの契約を結び、パシフィック・パリセーズの丘高くに家を購入すると、コービーはそこへグラボーを招待し、一緒に引っ越してきていたジョー、パム、シャヤと、数軒先に住んでいたソニーとパム・ヴァッカロも彼女を迎えた。コービーの家は目を見張るものがあった。真っ白な外観、海のパノラマビュー、室内には白い大理石の床。螺旋階段。大きくて心地よさそうなクッションの乗ったソファァ。常に漂うバニラシュガーの香り、クッキーがオーブンで焼ける匂い、息子が愛してやまないパムの手作りフライドチキンとマカロニ&チーズの匂い。母と家族が彼を大事にし、面倒をみて、彼の魂を養っていた。

「俺からしたら、シンプルなことなんだ」とコービーはレイカーズでの一年目が始まる前に言った。「俺はイタリアで育った。姉たちと母親と父親以外に頼る人は誰もいなかったんだ。そこから俺たちは強い絆と友情を築き、こっちに戻ってきてからはそれを形にしたんだ。兄弟姉妹と仲が悪くて、喧嘩をしたり『あんなやつ大嫌い』とか『あいつは嫌いだ』とか言っているのを聞くけれど、俺は早く家に帰って母や父に会いたいし、家族の団欒を楽しみたいと思っている。いつまでもそこにあるものじゃないのは分かってるからね」。

「だから両親も俺と一緒にあっちに住んで、彼らと時間を過ごせることが、自分にとってはとても大事なんだ。そして巣立つ時が来れば、それはその時だ。でも何が起きるかなんてわからないから、彼らがいるうちに一緒に過ごすことを楽しむんだ」


グレッグ・ダウナーとジェレミー・トリートマンは、レイカーズのレギュラーシーズンが始まるのと同時期にロサンゼルスを訪ねた。彼らが着くと、金曜日の晩に家族で映画を見るためにシャリアとシャヤがコービーのベッドに座ってポップコーンを食べていた。飛行機の格納庫ほど大きいコービーのクローゼットにはレイカーズのジャージやAdidasの服、そしてトミー・ヒルフィガー、ペリー・エリス、Guess、ポロ（ラルフローレン）など各社から送られてきたブランドものの服が詰まっていた。「本当に変なんだ」とコービーはトリートマンに言った。好きなシャツやスニーカーを買うだけのお金が手に入ったと思っていたのに、周りがみんな自社の服や製品を宣伝してほしがるため、自分で何も買う必要がなかったのだ。企業は金のない人間に対して値段を引き上げ、でも彼にはそれをタダでくれた。「あれには驚いたよ」。

「自分が体験していることに対して無邪気なところがあった」とダウナーは言った。「うぶだったけれど、優しさもあった」。

コービーは彼らに家の中を案内した。彼のベッド付近には二つの物以外は何もなかった。一つはトリートマンが制作したローワー・メリオンのシーズンを振り返るハイライトのビデオテープで、ＮＣＡＡの男子バスケットボールトーナメントを放送する時にＣＢＳがサントラに使う〝One Shining Moment〟という曲が使われていた。もう一つは、州大会の優勝メダルで、ベッドの支柱の一つからぶら下がっていた。

「他のものはどこにあるんだ？」とトリートマンが聞いた。

「他には何もいらないよ！」とコービーは答えた。「ＮＢＡで何かを成し遂げるようになるまで、これだけで十分だ」。

あまりにも絵に描いたように完璧すぎて、まるでダウナーとトリートマンのためにその二つの思い出の品を出しておいたかのようにも見えた。「いいや」と彼らは言った。コービーはそんなことはしない。コービーは、ただローワー・メリオンを愛していたのだ。

コービーの自惚れた態度は、グラボーが当時思っていたような見せかけのものではなかった。コービーの中で無邪気さと自惚れは同時に渦巻き、状況によって様々な形で現れることがあった。トレーニングキャンプが始まる三週間前、ベニスビーチであったピックアップゲームでコービーは手首を骨折してしまった。「俺がやろうとしていることは、こんなことに止められはしない」とコービーは言ったが、デル・ハリスに止められた。コービーの手首はプレシーズンの試合に二つ出場する頃には回復した。ところがその一つで派手なムーブをしてからプルアップジャンパー（※ドリブルからのジャンプショット）を外すと、サイドラインへ呼ばれ、そういったことは高校ではできたかもしれないがNBAでは通用しない、とハリスに叱られる羽目になった。「あーあ、くそっ」とコービーは思った。「長いシーズンになりそうだ」。彼にとっては実際にそうなった。何年も前にハリスがヒューストンでジョーのコーチだったことでコービーに何か特権が与えられることはなく、その代わりコービーも彼に対して情けはなかった。

ハリスは一体何をしていたのだろうか？　11月下旬の二試合ではコービーを試合に出さなかった。12月のマイケル・ジョーダン率いるブルズとの初対戦では、ユナイテッド・センター（※シカゴ・ブルズのホームアリーナ）で10分も出場させてもらえず、二月にまた対戦したときの出場時間はそこからたった三分増えただけだった。確かに、レイカーズは最終的に56勝した。確かに、シャキール・オニールはコービーの面倒をよく見てくれた。コービーは母親の手作り料理をご馳走するために彼を自宅へ招待し、「シャックは兄貴みたいなもんだよ。出会った時から仲良しだ」とコービーは言った。確かに、ＮＢＡのルーキーゲームでコービーは31得点をしていた。ところが彼は代わりに何をやらなかったか、もしくはハリスに何をやらせてもらえなかったかに執着した。コービーがレギュラーシーズンで71試合に出場し、18歳のルーキーにしてみればかなりの仕事量と言える平均15．5分のプレータイムを得ていたのは関係なかった。ハリスはコービーのオフェンス寄りな傾向に歯止めをかけることはなく、コービーはチーム全体でオニールの次に高い36分換算で平均13．8本のシュートを打っていて、それがエディー・ジョーンズとニック・ヴァン・エクセルという二人の先発ガードよりも高かったことも関係なかった。初めてフィラデルフィアでプレーした試合でコービーは21分間出場し、ローワー・メリオンのコーチや友人が応援する中、12得点を記録し、シクサーズに勝利したことも関係なかった。ジャズ相手のゲーム５で28分以上出すほどコービーを信頼し、第４クォーター終盤で同点の時にレイカーズをハドルに集めてコービーのためのプレーを指示したことも関係なかった。こいつにボールを持たせよう。ユタで一番のディフェンダーのブライオン・ラッセル相手に１オン１をさせよう。リーグで最も輝かしい功績を残しているチームのポストシーズンの運命を、ＮＢＡの最年少選手に託そう。しかし、コービーの目に映ったのは手枷だけだった。コービーの目には、アレン・アイバーソンが40分間出場して毎晩シクサーズのために23、24点ほど得点し、ケリー・キトルズがジョン・カリパリとネッツのために毎晩36分間プレーし、16、17点ほど得点する中、ロサンゼルスのコーチは腹いせにコービーをベンチに残し、彼を妨げていたようにしか映らなかった。

「そもそも、俺がリーグ入りしたこと自体に反対なんだ」とシーズン終了後にハリスのコーチングに対する自分のリアクションについて説明した。「シーズンを通して、何かしら俺がやることにケチをつけようとしていたんだ。人は何が起きているのかを見ようとしないか、知らないかのどちらかで、ちょっと笑えるよ。でも何が起きているのかを無視するのは不可能だ。シャックにも何度か言われたよ。『コートに出ていって、お前のできることをやれ。お前のプレーをしろ。無理やりじゃなく、でも自分らしいプレーをするんだ。それでベンチへ下げられたら、それまでだ。どのみち下げられるんだ』ってね。俺を座らせて、苛立たせるような機会をいつも探しているんだ。でも、どうだっていいよ。あんなやつ、糞食らえだ」。

彼は孤立していた。孤立しないはずがなかった。自立を渇望しつつも、それに慣れていなかったのだ。チームメイトは大人だった。彼はまだ大人とは言えなかった。シーズンが進むにつれ、試合後に真っ直ぐパシフィック・パリセーズに帰らず、代わりにグラボーに電話をかけた。そっちに行きたい。家に帰りたくはなかったが、ほかに行くところがなかった。彼女は29歳で、もう一人の姉のような存在だった。彼女はブラウニーを焼いたりして、時にはHBOで放送されていたイギリスのシットコム『ミスター・ビーン』を何時間も一緒に見た。「彼は『ミスター・ビーン』にハマっていたの」とグラボーは言った。彼女がディナーパーティーで客をもてなしていたり、ルームメイトが友人を招いていることもあったが、そういった場合でもコービーは立ち寄った。みんなから離れた部屋でテレビをつけてグラボーのソファに座り、自己紹介をするような自信もなく、何もかもぎこちなかった。来客の反応は「レイカーズの選手だ！」からそのうち「で、なんでこの人ここにいるの？」に変わった。

「私の友人の輪に加わったというわけではなかったんです」とグラボーは言った。「コービーはあまり社交的ではなかった。誰とでも話せるということはなかったんです。彼はあまり多くの人を信頼していなかったけれど、私のことは信頼していました。だから『お守りを続けるか』という感じでした」。

「彼は面倒を見てもらうのが好きでした。でも、『もう両親といたくない。それはもういらない。一人前になりたい』というごく普通の変化があったように見えました。周りには『あいつはバスト（※結果的に期待はずれになる選手）だ』と言われていたので、全員間違っていることを証明しようと躍起になっていたんです。それで『俺はこれをやるんだ』と視野が狭くなっていたように感じました」

しかしその視野の狭さが、ジャズ相手に5分間で14フィート（※約4．3メートル）のシュート一本とスリーポイントシュート三本をすべてワイドオープン（※近くにディフェンスがいない状況）で打ち、一本もバスケットにかすりもしないという、耐え難い結果を招いていた。これの正確な比喩は何だろうか？　国歌斉唱をする歌手が歌詞を忘れるか、あるいはヒンデンブルク号（※1937年に爆発・炎上したドイツの硬式飛行船）が崩壊したように、あまりにも隠しようもなく公な失敗、挫折、もしくは大惨事だった。もし見ていたら、その哀れな若者に手を差し伸べて助けたくなるようなものだったが、その若者はこう答えただろう。いいや、助けなんて必要ない。俺は平気だ。ファック・ユー。自分でなんとかできる。体育館を開けておいてくれ。

グラボーは電話を切った。コービーは問題を抱えていた。彼女がそれを解決するのだ。パリセーズ高校の運営とコーチに連絡を取る。彼らは夜中に学校へ行き、ドアを開け、コービーに必要なだけ時間を与える。コービーは到着すると、一晩中そこで過ごし、朝日が昇るのを見てから、ジョー・カルボーンに頼んで足の動きやジャンパーの調子が戻るまで三日間ワークアウトやドリルやリフトをして、ようやくオフシーズンを始めることになる。でもまずは、レイカーズの飛行機が安全に着陸しなければならなかった。そして午前二時には無事に到着した。

コービーは自宅に寄らず、飛行場からそのままパリセーズ高校に直行した。当然、新聞はまだ手に入らず、読んでいなかった。彼の四本のエアボールを「リプリーズ（※世界の信じられない物や出来事を描いたリプリーズ・ビリーブ・イット・オア・ノット！という元は新聞紙に掲載された一コマで、漫画やラジオ、テレビ番組、博物館などにもなっている）からそのまま出てきたような場面」と書いたニューヨーク・タイムズ紙の記事をまだ読むことはできなかった。また、困惑したサンバーナディーノのコラムニストが書いたこともまだ読むことができなかった。「試合同点、レギュレーションで最後のショットの時になぜボールは彼の手の中にあったのか？……

シーズン最後の試合でレイカーズはコービーをまるでマイケル・ジョーダンかのように扱った」。ロッカールームでヴァン・エクセルがロサンゼルス・タイムズ紙に「彼はこのリーグで素晴らしい選手になる。でももしかしたら、あのスリーでシーズンの疲れが出たのかもな。どれもちょっと短かった」と言ったのは聞こえていたかもしれない。ロケッツのフォワードのマット・バラードが「私は18歳になるまでにエアボールを四本も打っていない。これは、次世代の若者がシュートを打てないという認識を強めていると思う。彼らはシュート力を磨かないんだ。オープンコートでプレーし、ドリブルで相手を負かしてダンクすることばかり練習している」と述べるまではまだ数日あった。コービーはこういったこと全てを自分の中に取り込み、周りには批判なんて気にならないと言いながらも、実際には彼に向けられた侮辱や疑念や彼の将来に対する懸念の一つ一つはまるで細菌のように彼の中に入り込み、熱でもあるかのように脳に焼きついた。チェスター。ユタ。ドラフト。デル・ハリス。彼は全ての記事を読んだ。昔からいつもそうだった。

駐車場に入る。ベッドの支柱にかけられた州大会の優勝メダル。クローゼットにはパープル&ゴールド。何も変わっていない。しかし全てが変わりつつあった。彼は18歳で、足にはスニーカーを履き、手にはバスケットボールを持って一人で高校の体育館にいた。世の中は彼を出来損ないだと思っていた。それでもいい。むしろ理想的だ。ほとんどの人間が、コービー自身が見ていたように彼のことを見ていなかった。彼らには、コービーがこれまでにやってきたことが見えなかった。これから自分の夢と衝動を永続する何かに変えようとする覚悟があることも見えていなかった。コービーは忘れ難い人生を送るために、夢と衝動を形ある実存するものに変えようとしていた。彼らは彼の物語を知らなかった。少なくとも、まだ完全には。レストランにちなんで名付けられた赤ん坊。地元を団結させた若者。青春が今まさに記憶の彼方と暗闇に遠ざかり始めたティーンエージャー。彼らはいずれその物語を知ることになる。コービーが、彼らが必ず知ることになるようにするのだ。時間はまだある。彼にはまだ時間がたくさん残されていた。

一本目のシュートが指先を離れた。

あとがき――彼の物語、彼の声

ジェレミー・トリートマンはサウス・フィラデルフィアにあるワコビア・センターの121セクションに座った。彼の周りではNBAの試合でよくある選手紹介時の花火が鳴り響いていた。2007年3月、晩冬の金曜の夜に、トリートマンはコービーとレイカーズがシクサーズと対戦するのを観るため、アリーナ（現在ではウェルズ・ファーゴ・センターと呼ばれている）に来た。試合当日の朝、コービーが毎年恒例で訪れるローワー・メリオン高校でトリートマンはコービーに会って話していた。二人は、コービーとフィラデルフィアのバスケットボールファンとの関係について、ファンが彼を受け入れることに抵抗があることについて話した。当時28歳だったこの男は、その態度からして自分は彼らよりも優れていて、彼らとは違うんだと思っているように見えた。コービーは2001年のNBAファイナルにおいて、シクサーズを相手に四戦先勝のシリーズを五試合で勝利したことに興奮したあまり、シリーズ中にシクサーズとそのファンたちの「心臓を切り取ってやりたい」と発言するほどだったため、多くのフィラデルフィア市民は彼を恨んでいた。彼の性格はわざとらしいと思われることもあったし、リアルさに欠けて見えるところがあった。この偏狭な住民たちからすれば、これほど重い罪はなかった。それでもトリートマンは彼に忠実でいつづけ、人々はいずれ彼のことをもっと好意的に思う日が来ると、気楽に考えていた。

「彼はフィラデルフィアを愛している」とトリートマンは言った。「自分のバックグラウンドでもあるフィラデルフィアを大切に思っていると心から信じている」。

その日は2万人以上の人が来ていて、珍しく満員だった。シクサーズはだいぶ前に落ち目になっており、レイカーズ自身も42勝40敗というシーズンの途中で、プレーオフではファーストラウンドでフェニックス・サンズに負けることになる。最後にファイナルに到達してから三年が経っており、シャキール・オニールとコービーを核にしたチームで三年連続優勝してからは五年が経過していた。それ以降平均的なチームに成り下がってしまったチームは非難を浴びた。多くの場合、コービーがその矢面に立たされていた。2004年の9月に取り下げられたとはいえ、性的暴行罪に問われたことやそれが意味することのせいで、彼を軽蔑していた者はさらにその思いを強めた。以前から彼が自惚れていて不快だと思っていた人たちにとって、今では彼は悪役《ヴィラン》だった。究極的に誰がレイカーズの中心になるのかを決めるため、オニールと勢力争いにもなった。陽気なシャックではなく、痛烈で無慈悲なコービーがその争いに勝利した。2004年のシーズン終了後にオニールはマイアミにトレードされ、それ以来レイカーズは苦労していた。フィル・ジャクソンは王朝崩壊の原因として真っ先にコービーが一番の問題であると指摘した。それでもトリートマンは、彼の古くからの友人はそのうち挽回することができるだろうと固く信じていた。

「彼がここでキャリアを終える時、みんなは心から歓声を上げるだろう。最後の契約でここに戻ってくるんじゃないかな。そんな気がするよ」とトリートマンは言った。

コービーが自分のキャリアをフィラデルフィアで終えることを考えていた様子は見受けられなかったが、二人の間の歴史と関係を考えるとトリートマンの言うことにはそれなりに重みがあった。１０８対92でレイカーズが負けたその試合の後、ビジター用のロッカールームで私はいずれシクサーズでプレーする可能性についてコービーに尋ねた。すると彼は咳払いをしてから、言葉を選びながら慎重に答えた。

「ここでプレーできたら素晴らしいと思う」と彼は言った。「高校時代は、そのことばかり考えていた」。

その答えはまさにコービーらしいものだった。その言葉が真実かそうでないかにかかわらず、該当する視聴者層に向けて適切な答えを言おうとしていたのだろうか？　彼は明らかに自分のイメージとそれを修復することが念頭にあり、このコメントも自分のレガシーを清めるための努力であるようにも見えた。彼が27本のシュートを打ち、30得点する間中、満員の観客は彼のすべての動きに対してネガティブに反応していた。選手紹介ではブーイングをし、外した15本のショットの一つ一つに歓声を上げ、四つのファウルが吹かれる度にヤジを飛ばした。彼がジャンパーを決めたりプラスチックマン（※ＤＣコミックスのスーパーヒーローで、体をゴムのように伸縮したり変形することができる）のごとく何人かのディフェンダーを避けるように体をよじってアクロバティックなレイアップを決める度に、思わず敬意を払いつつもうめき声を上げていた。しかし、同じ日のローワー・メリオン高校での雰囲気はまったく違っていた。生徒たちの目に映ったのは、彼らと時間を過ごそうとするスーパースターだった。

「俺が昔馴染みの場所に戻ってくることを知らない人は多い」と彼は言った。「俺がもう全部忘れてしまっていると思ってる人は多い。そんなことはないし、それを理解することができれば、その分だけ俺の本質を覗き見ることができる」。

またただった。その謎めいた答えが「本当のコービー・ブライアントは何者なのか?」という疑問に繋がった。コービーがメディア対応をする頃には、ジェレミー・トリートマンはワコビア・センターを後にしていた。コービーはその後レイカーズで2009年と2010年にチャンピオンシップをさらに二つ手に入れ、他のチーム、ましてやシクサーズのためにレイカーズを去るという考えは、それ以降永久に馬鹿馬鹿しく思えるものになった。しかし、その晩アリーナを後にしたトリートマンは、コービーがきちんと自らのキャリアに幕を閉じるためには、初めて人々の関心をとらえたフィラデルフィア近辺に戻るべきだと信じていた。ロサンゼルスはコービーのホームだと考えられるようになったが、生まれ故郷ではなかった。少年期の彼を導き、親しくなった者だけが、いかにその時代が彼を形作ったかを理解することができた。コービーについて人々が知るべきことはすべて、彼がローワー・メリオン高校で過ごした時間に根ざしているとトリートマンは感じていた。彼の性格や表向きの人格が形成され、初めて明らかになったのは、この場所だった。

私とトリートマンは1996年以来の知り合いだ。コービーが高校を卒業し、NBAへと去って間もなくして出会った。一つの旅が終わり、もう一つの旅が始まるタイミングだった。1990年代終盤にコービーと共著で自叙伝を書こうとしていて、そのために当時コービーにインタビューを何度かしていたトリートマンに、2009年に共同で本を書かないかと誘われた。コービーの高校四年目に焦点を当てた本だ。インタビューのテープは見つからなかったが、彼はそのいくつかを書き起こしていて、グレッグ・ダウナーやロビー・シュワルツ、州大会優勝を果たした1995－96シーズンのエイシーズのチームメンバーの多くともまだ連絡を取っていた。コービーは協力してくれるだろうか？　恐らくそこまでは期待できなかったが、母校を訪れた際や試合後のロッカールームで数分なら話を聞けるかもしれない。それで十分だった。我々にはできるはずだ。

ところが、できなかった。当時は無理だった。私は断れないような新しい仕事のオファーを受けてニューヨークへ行くことになった。引っ越さなければならない。このプロジェクトは断念せざるを得なかった。

しかしコービーの死と、彼の死後、世界中の人々が彼に尊敬の念を抱いたことで、彼の人生は人々により強く響いた。コラムニストとして彼について書いたことはあったものの、そこまで深く掘り下げてこなかったし、できなかった。もっとたくさんあるというのに、彼に関する特定の逸話はこれまでひっきりなしに繰り返され、まるでそのようにすぐ取り出して語れるような記憶のみで彼を説明できるかのようになってしまっていた。さらに、それ以降の彼の人生で起こったあらゆる出来事や論争の数々のせいで、彼がローワー・メリオン高校を州大会優勝へと導いた物語がドラマティックなものだったにもかかわらず、伝記で軽く述べられる程度の話になっていた。以前はただの高校のバスケットボールチームだったチームが、この一人の人物なしでは成しえない優勝を果たすことができたのだ。この物語は、コービーの躍進の背景と、忘れられがちで見過ごされがちだが彼が周りの人々に与えた影響を調べることで、できる限りの誠実さと正確さで伝える価値のあるものだった。ダウナー、ジョン・コックス、コービーの友人たち、コーチたち、チームメイト、ライバルなど、私がその物語を伝えることを喜んで手助けしてくれる人たちがいることを知った。そのすべての人たちに感謝する。特にトリートマンには感謝している。我々は長時間に渡って話し、彼はコービーの考えに対する洞察を深めるために極めて貴重となったインタビューの書き起こし原稿を提供してくれた。

そして2020年12月22日、クリスマスの三日前に彼から電話がかかってきた。何年も持っていたマナヤンクにあるタウンハウスから、ボカラトンへ引っ越すことになっているとのことだった。ガレージを片付け、引越しのために車に荷物を詰めているところだった。

「テープが見つかったよ」と彼は言った。

その時、携帯を落とさなかったことには今でも驚いている。

翌朝早く、私は45分かけて彼の自宅へ車を走らせた。COVID-19予防のためにお互いにマスクをしながら、彼は棚にあった段ボール箱に手を伸ばし、全部で20本のマイクロカセットが入ったジッパー付きのビニール袋と、レコーダー兼プレーヤーを取り出した。いくつかのカセットには「KOBE」と書かれていた。そのうち一本には「JOE」と書いてあった。全部がコービーとのインタビューではなかったが、十分だった。そのテープでは、後に彼がなったような人物とアスリートの片鱗を見ることができ、プロのバスケットボール選手としてのキャリアに対するアプローチを語ったとある部分では特にそれが顕著だった。

「毎晩のように、誰かにボコボコにされる可能性があることに気づかなければならない」と彼は言った。「準備をしなければならないし、俺は自分がちゃんと準備をすることはわかっている。誰かにやられるとしても、ただ黙ってやられはしない。できる限りのことをしてそいつを止めようとするし、それでも叩きのめされたら、ビデオを見てどうやって負けたのかを見る必要がある。次にそいつと対戦する時は、相手のムーブをすべて知っていることになる。それが鼻を触るときや耳を触る時であってもだ。何もかも覚えるんだ」。

そのテープを聞き、18歳か19歳のコービーの声を耳にすると、まるで魂が部屋に入り込んできたかのような寒気に襲われ、次に温かく、愁いのある悲しみに包まれた。この本のために話を聞きたいとヴァネッサやジョーとパム・ブライアントに連絡を取ったものの（両親を通してシャリアとシャヤにも尋ねた）、断られた。彼らが口を開きたくないことについては、理解し受け入れる以外は非常識になる。彼らがいつかあのテープを聞く機会があり、コービーの声が痛みや悲しみを超えて、喜びに近いものをもたらすことが私の願いだ。

訳者あとがき

私は2008年にレイカーズがファイナルでセルティックスに敗れるところを見届けて以来、大のレイカーズファンではあるが「コービーファン」を自称したことはない。コービーのファンじゃないわけではもちろんないし、なんなら大好きだ。ただ特にコービーを追っていたわけではないので「コービーファン」なのかと聞かれると毎回少し困って微妙な返事をしてしまう。とはいえ私がレイカーズを見始めた当時、レイカーズはコービーだったし、コービーはレイカーズだった。その境界線は曖昧で、私が特別コービーファンだと宣言するのが憚られるのはそういう理由もあるのかもしれない。私にとってのコービーは多くの人にとってもそうであるように、ロサンゼルスという場所とレイカーズというチームと絶対的に結びついている。実際にロサンゼルスに住んでいると街の至る場所にコービーの面影を見つけることができる。2020年の事故でコービーが死んでから街中に増えたコービーや娘ジジの壁画もさることながら、試合会場に足を運ばなくともコービーのジャージやTシャツを着た人を目にすることは珍しくなく、もはや街の風景の一部だ。

ところが本書はフィラデルフィア近辺こそがコービーの原点となった場所だと語る。コービーと同様、もはや人生で一番長く過ごしている場所がロサンゼルスである私にとって、それは正直おもしろくなかった。ロサンゼルスという街がコービーを形作り、コービーはロサンゼルスという街を体現するまでになったと感じていた。しかし本書でコービーの生い立ち、特に彼が真剣にバスケと向き合い、NBA入りを現実的な目標として考えるようになった高校時代の話を辿ると、確かにコービーをコービーたらしめる基盤はフィラデルフィア近辺で形成されたのだということがわかる。しかもそれはバスケに限ったことではなかった。

プロ選手の中でも並はずれてストイックにバスケットボールに打ち込んでいたというのに、引退後はコーチや解説者といったバスケに直接関わるような職を目指すのではなく、物語を紡ぎ伝えるストーリーテラーになりたいと話していた。その芽はコービーの高校時代にすでに育まれていたことが本書を読むとよくわかる。ミセス・マストリアーノの授業で読んだ本も書いた物語も、2018年に『親愛なるバスケットボール』という短編アニメ作品でアカデミー賞を受賞する布石となっていたのだ。コービーの背景にそれまでLAの2文字しか見えていなかった私にとって、そこにフィラデルフィアやローワー・メリオンの景色が加わって見えるようになった。

ダブドリ発行人の大柴さんからコービーに関する本を訳すお話をいただいた時、私は当然興奮した。それまでは翻訳協力という形でいくつかのＮＢＡ選手の本に関わらせてもらっていたが、今回は初めて私が担当するということだった。その題材がコービーだ。誇らしく思うと同時に、コービーファンやレイカーズファンに読んでもらうことを考えると身が引き締まる思いだ。実は本書の校正中、同僚が亡くなった。死んだ同僚は間違いなくコービーファンだった。コービーの本を訳していることを彼女に話した時は、とても喜んでくれた。レイカーズの試合がある日は、コービーファンでありレイカーズファンでもあった同僚とよくメッセージを送りあった。レイカーズ関連のニュースや気になる記事があるとリンクを送ってくれた。コービーとレイカーズへの愛を一緒に分かち合ってくれたローレンにここで感謝の気持ちを伝えたい。この本を私に訳す機会を与えてくださった大柴さん、翻訳のチェックをしてくださったモニカさん、かっこいいデザインを手がけたトミさん、ありがとうございます。そして私にコービーとレイカーズを愛するきっかけをくれた夫にも心から感謝を。

二〇二三年七月

永禮　美里

著者プロフィール

マイク・シールスキー

フィラデルフィア・インクワイアラー紙のコラムニストで、3冊の本の著者。2015年には全米のトップスポーツコラムニストとしてAP通信スポーツエディター協会から賞を受賞した。前作の『Fading Echoes: A True Story of Rivalry and Brotherhood from the Football Fields to the Fields of Honor』は2009年に出版。ペンシルベニア州バックス郡に妻と二人の息子と暮らしている。

訳者プロフィール

永禮美里

1979年生まれ、愛知県出身。California Institute of the Arts卒業。デザインの仕事の傍、フリーランスで翻訳をこなす。『I'LL SHOW YOU　デリック・ローズ自伝』『ケビン・ガーネット自伝　KG A to Z』『ヤニス　無一文からNBAの頂点へ』に翻訳協力で参加。本書で翻訳家デビュー。在米歴31年、現在はロサンゼルス在住。